U0873957

21世纪职业教育规划教材

人文艺术欣赏

主　审　庄铭星
主　编　肖育发　上官云　黄鹭璐
副主编　李雪莲　李　伟

中国人民大学出版社
·北京·

本书编委会

主　审：庄铭星

主　编：肖育发　上官云　黄鹭璐

副主编：李雪莲　李　伟

参　编：陈少芳　黄翠红　李昌彧　蔡素芬
　　　　赖海涛　郭育宁　林玲玲　王珊珊

主　任：庄铭星

副主任：林　岩　赖辉煜

委　员：林志峰　沈金寿　肖育发　上官云
　　　　洪丽云　张丽君　陈少芳　黄翠红
　　　　李昌彧　蔡素芬　赖海涛　郭育宁
　　　　林玲玲　王珊珊

前　言

人文素养教育已成为当代职业院校学生素质教育不可缺少的重要组成部分，它与政治素质教育、科学素质教育及身心素质教育等同等重要。我国具有悠久的人文素养教育传统，孔子早就提出“立于礼，成于乐”。蔡元培在《教育独立议》中指出：“教育是帮助被教育的人，给他能发展自己的能力，完成他的人格，于人类文化上尽一分子的责任；不是把被教育的人，造成一种特别器具，给抱有他种目的的人去应用的。”《国家中长期教育改革和发展规划纲要（2010—2020 年）》提出“培养学生良好的审美情趣和人文素养”。

为了贯彻落实《国家中长期教育改革和发展规划纲要（2010—2020 年）》和党的二十大精神，坚持以人民为中心的创作导向，推出更多增强人民精神力量的优秀作品，培育造就大批德艺双馨的文学艺术家和规模宏大的文化文艺人才队伍，满足社会对职业院校人才类型的需要，加强学生人文素养的培养，我们组织编写了《人文艺术欣赏》这本书。在编写过程中，我们广泛征求专家、一线教师和学生的意见，吸取有关人文教材的经验，力求做到形式新颖、体例新颖、内容新颖、版式新颖，突出以下特色：

（1）章节体例模块新颖。本书总计 9 章，每章以专题欣赏形式呈现，改变传统教材以知识点为线索的编写方法：通过故事或者案例（历史典故、历史史料、传说、成语故事等），提出与每个专题相关的问题，导出专题内容；列出专题中最具代表性的内容进行赏析，以点带面；由专题内容拓展出与专题相关的内容；给学生提出开放性思考的问题，拓展思维空间。

（2）注重人文艺术传承。本书在编写过程中，不仅重点突出对艺术作品的欣赏，而且还对入编的艺术作品的创作背景、特点以及一些艺术领域的相关概念作了解释。力求使学生在阅读学习的过程中，提升鉴赏水平，清楚每一个艺术作品在所处年代的地位、文化背景以及对传统人文艺术的深远影响，真正感知和传承人文艺术的内在价值。

本教材为职业院校综合素养培育教材，各专业通用。使用时，可依实际需要，对教材内容进行适当增减，也可根据不同的专业用于开设专题讲座。

本教材由福建省职教学会德育教学委员会理事长、厦门信息学校校长、高级讲师庄铭星任主审。集美轻工业学校高级讲师肖育发任第一主编，负责全书大纲编写、体例制定及最后统稿工作，并联系出版事宜。厦门信息学校高级讲师上官云（任第二主编）、厦门教科院黄鹭璐（任第三主编）协助做好书稿统筹、出版联络工作。唐玉泰、张丽君、洪丽云老师协助联络、文字校对工作。具体编写分工如下：肖育发编写第1章。福建上杭职业中专学校的唐玉泰编写第2章。集美轻工业学校的蔡素芬编写第3章，李昌彧编写第4章，赖海涛编写第5章，郭育宁编写第6章第1、2、3、4节，林玲玲编写第6章第5、6、7、8节，王珊珊编写第7章，张丽君编写第8章。厦门信息学校的上官云编写第9章第5、7节，洪丽云编写第9章第1、2、8、9节，黄翠红编写第9章第3、4节，陈少芳编写第9章第6、10节。

本书编撰过程中，参阅、援引、选用了有关教材、著作、报刊资料，主要参考书目已列文后，亦有有所借鉴但未列于此的，在此一并表示诚挚的谢意。

教材编写是一种创新和探索，鉴于编者学识有限，故虽竭诚努力，缺漏、谬误难免，祈读者批评指正，以图再版时修订完善。

编者

目 录

第 1 章　历史长河——中国悠久历史

第 1 节　中国历史概要

中华文明史源远流长，从黄帝时代算起，已有 5 000 年。有学者指出，中华民族有“三十万年的民族根系、一万年的文明史、五千年的国家史”。举世公认，中国是历史最悠久的文明古国之一。

案例导入

华夏

“华夏”一词最早见于周朝的《尚书》，是中国的别称、汉族的自称。原指西周时期的周朝，后复包举中国全部领土而言，遂又为中国的称呼。

黄帝和炎帝在中原为争夺部落联盟首领而爆发了阪泉之战，炎帝部落战败，并入黄帝部落，炎黄联盟初具雏形。炎黄集团以炎帝部落和黄帝部落为主体，又在涿鹿之战中打败了东夷集团的九黎族首领蚩尤，势力扩大至今日的山东境内，并与山东境内东夷集团的其他部落组成更庞大的大华夏部落联盟，华夏族源流基本固定。公元前 2100—前 770 年，黄河中下游黄帝集团的后裔先后建立了夏朝、商朝、周朝，经过三代的融合，华夏族正式形成。

公元前 221 年，秦朝统一了自春秋战国以来群雄割据的局面。汉族于先秦时自称华夏、华夏族。从汉朝开始逐渐出现“汉”的自称，华夏族有了另一个名字：汉，原先的自称“华夏”并没有消失，而与“汉”一起使用。

问题：

1. 你知道刘邦建立的朝代为什么叫“汉朝”吗？
2. 中国历史上哪个朝代国力最强盛？

专题欣赏

【史前时代（170 万年—4 000 年前）】

按照历史年代，中国远古文化包括了史前文化时期、夏、商、西周的大部分时期人类的社会生活。史前文化是指没有文字记录之前的人类社会所产生的文化。考古学上的中国史前社会从发现古人类开始，下限为发现甲骨文的殷墟年代，也就是商代盘庚迁殷之前的历史时期；历史学所指的中国史前社会是有了文献记载之前的历史时期，即西周有了共和纪年之前的阶段。

巫史

古代从事求神占卜等活动的人叫“巫”，掌管天文、星象、历数、史册的人叫“史”。这些职务最初往往由一人兼任，统称“巫史”。

殷商西周时期，中华民族刚从野蛮时代步入文明时代大门，社会分工日趋细密，专司人神交通的巫史逐渐职业化，在当时社会享有崇高的地位。巫史占卜天地、祭祀神灵、代表天意，有权训御君王的言行。

巫史观天文、测地象、研人体、记史传文，积累了丰富的自然和社会科学知识，培育了中国古代天文学、历算学、医药学，是中国文学的先驱。

赏析

殷人重贾而周人重农，这是殷周文化之根本区别。商人重鬼神，好占卜，而周人质直，不好鬼神。

殷商时期的巫史文化，不仅奠定了中华文化黎明时期的繁荣格局，而且对后世文化的发展产生了深远的影响：学术与现实政治紧密结合在一起，巫史占卜天地、祭祀神灵、记载历史、传播文化，都有明显的政治功利和目的——维护现时统治阶级的政治统治地位；神学与科学交织，中国古代的很多自然科学的闪光思想，都被蒙上了一层厚厚的神学色彩，这正是巫史文化的影响所及；巫史记载历史，是最早的历史学家；巫史载文记言记事，是最早的文学家；巫史探道寻源，是最早的哲学家。从学术流变上看，在中国被冠以“国学”的文、史、哲三家，其学术源头都会聚在“巫史文化”中。

【先秦时期（公元前 21 世纪—公元前 221 年）】

先秦是指秦朝建立之前的历史时代，经历了夏、商、西周，以及春秋、战国等历史阶段，其中，春秋战国时期是我国民族大融合、思想大爆发的重要时期。

百家争鸣

百家争鸣是指春秋（公元前 770—前 476 年）、战国（公元前 475—前 221 年）时期知识分子中不同学派的涌现及各流派争芳斗艳的局面。汉族在古代创造了灿烂的文化艺术，具有鲜明的特色，文化典籍极其丰富。春秋战国时期，各种思想学术流派的成就，与同期古希腊文明交相辉映；以孔子、老子、墨子为代表的三大哲学体系，形成诸子百家争鸣的繁荣局面。至汉武帝时，推行“罢黜百家，独尊儒术”的政策，以孔子、孟子为代表的儒家思想成为正统，统治汉族思想、文化两千余年。

赏析

先秦时期是我国由原始社会进入文明社会的重要历史阶段，是国家产生和完善的重要时期，是中华民族形成和发展的重要时期，是中华文明的奠基时期。

夏朝发明了干支纪年，有了中国最早的历法——《夏小正》，出现了十进位制；商朝有历法、青铜器以及成熟的文字——甲骨文等；周朝时宗法制度已经树立，政权机构也较完善，冶金技术上能制造精良的铁器，在农业上出现了各种灌溉机械，青铜器的冶铸水平也十分高明，中华文明的源头基本上都可以在这一时期找到；春秋战国时期学术思想比较自在，史称百家争鸣，是中国历史上第一次思想解放运动，该时期出现了史书《左传》、《国语》、《战国策》，孔子编成了《诗经》，科技史上出现了墨子，修建史上有鲁班，初次发明了瓦当，奠定了中国修建技术的基础，还出现了原始的瓷器。

【秦汉时期（公元前221年—公元220年）】

秦汉时期是指秦朝和两汉统治的历史时期。秦朝是我国历史上第一个实现大一统的王朝，汉朝则对我国传统的疆域、文化、民俗等多个方面的定型都有过重大的影响。

秦朝的由来

根据传说，秦始皇的“秦”本来不是这么写的，而是上面两个“王”，下面一个“木”，即“琹”字。秦始皇名“嬴政”，他在统一六国后，为了重立国号，动足了脑筋。他认为，一国不能有二王，要大臣们选个同音字当国号。大家想来想去，认为秦始皇统一全国，功劳最大，应该载入史册。而当时，最有名的一部历史著作就叫做《春秋》。秦始皇觉得大臣们的提议很好，沉吟片刻，说道：“对，寡人乃千古一帝，就用‘春秋’各一半组成新字来做国号吧!”他提笔写了个“秦”字，说：“就用这个字做国号。”于是，便有了秦朝。

赏析

公元前221年，嬴政建国称帝，史称秦始皇，是我国历史上的第一位皇帝。秦始皇称帝后，依靠丞相李斯，对全国的政治、经济、军事等多个方面进行了改革：政治上，设立了“皇帝”的称号，秦国的商鞅变法已彻底废除了奴隶制，使中国成为人类历史上第一个废除奴隶制的国家。建立郡县制代替了分封制，并延续至今。不再“国中有国”，使中国的整体国力可以真正凝聚起来，建构了中国人心中这个统一的中国的心理概念。经济上，秦始皇统一了度量衡和货币制度，规定全国统一通用铜币。开创了中国土地私有制的传统。军事上，派兵北击匈奴，修筑万里长城，大大巩固了秦朝疆域。由于秦始皇的许多政策都是具有开创性的，因此秦始皇被称为“千古一帝”。

文景之治

西汉建立以后，经济萧条，汉高祖及其后的汉文帝、汉景帝等，吸取秦朝灭亡的教训，减轻农民的徭役和劳役等负担，注重发展农业生产。文景时期，提倡节俭，重视“以德化民”，社会比较安定，经济得到发展。历来被视为封建社会的“盛世”，史称“文景之治”。

赏析

西汉王朝被视为中国历史上的第一次中兴。

汉代是中国历史上科技与文化非常辉煌的一个时期，国家也非常重视教育和学识。

在史学方面，司马迁的《史记》是中国第一部纪传体通史，也是二十四史中的第一部史书，为以后两千年正史的编纂提供了规范。《汉书》是中国历史上第一部内容完整的断代史，成为以后历代王朝撰写本朝历史的范本。

汉武帝采纳董仲舒的意见“罢黜百家，独尊儒术”后，经学成为学术主流。汉政府设立乐府，搜集民间诗歌，即为乐府诗。赋是一种新的文学体裁。隶书亦渐渐取代小篆成为主要书写字体，而隶书的出现则奠定了现代汉字字形结构的基础，成为古今文字的分水岭。这一时期，还出现了标点符号的雏形。

在科技方面，造纸术成为中国的四大发明之一。东汉张衡制成了世界上第一台能够预报地震的候风地动仪。落下闳等人制定的《太初历》第一次将二十四节气订入历法。张仲景因《伤寒杂病论》而被尊为中华“医圣”、中医之祖。公元前1世纪的《周髀算经》及东汉初年的《九章算术》则是数学领域的杰作。中国的冶炼技术也有长足的发展和进步，铸钱技术成熟。农业技术大幅度提高，东汉早期出现了水排等新式灌溉工具。

汉朝也是中国宗教的勃兴期。佛教在汉明帝时期传入中国，白马寺是中国第一间佛寺。道教也是在东汉时期宣告形成的。

【魏晋南北朝时期（220—589年）】

魏晋南北朝是中国历史上政权更迭最频繁的时期。这一时期，大量少数民族入主中原地区，促进了中华民族的大融合。

草木皆兵

八公山北临淮河，南接淝水，山势险要，是古城寿县、凤台的屏障，历来为兵家必争之地。晋太元八年（383年），前秦苻坚率百万大军南侵，谢玄以少量精兵打了胜仗，这就是著名的淝水之战。苻坚兵败，登寿阳城，见八公山上草木连绵，以为山上布满了晋兵，全军惊惶败逃。“风声鹤唳，草木皆兵”的典故就是出自此战。

赏析

魏晋南北朝时期是中国历史上一个重要而特殊的时期，它在政治、经济制度方面上承秦汉，下启隋唐，具有重要地位。这个时期北方战乱频繁，南方相对稳定，南北民族融合加强。北方出现描述战乱的民歌《木兰辞》；北魏孝文帝改革加速了北方少数民族封建化的进程，经济恢复发展，出现总结北方劳动人民生产经验的《齐民要术》和反映北方游牧民族生活及思想感情的民歌，如《敕勒歌》等；江南得到进一步开发，大数学家祖冲之、书圣王羲之、著名画家顾恺之此时出现在南方，反映了南方社会相对安定。东晋士族制度充分发展，政治黑暗。陶渊明的《桃花源诗》和诗序《桃花源记》反映了对黑暗现实的不满；佛教广泛流行，在政治、经济上势力很大，统治者为宣扬佛教，北方开凿石窟，南方修建寺院，宗教画流行，为反对佛教欺骗，范缜写出《神灭论》。

【隋唐五代时期（581—960年）】

隋唐是经历了五胡乱华和南北朝两个漫长时期后的两个大一统皇朝。由于思想比较开放，因此在政治、军事、经济、文化、科技上都取得了前所未有的发展。其中，唐朝被称为中国历史上最为辉煌的朝代。

科举制度

中国古代科举制度最早起源于隋朝。隋统一全国后，隋文帝为了适应封建经济和政治关系的发展变化，扩大封建统治阶级参与政权的要求，加强中央集权，把选拔官吏的权力收归中央，废除九品中正制，开始采用分科考试的方式选拔官员，他令“诸州岁贡三人”

参加考试，合格者可以做官。

赏析

科举考试是中国古代封建统治者设置的一种让读书人参加的人才选拔考试制度，学而优则仕。科举制度在中国实行了整整1 300年，对隋唐以后中国的社会结构、政治制度、教育、人文思想，产生了深远的影响。

大隋王朝是中国历史上最伟大的朝代之一。政治上，确立了重要的制度——三省六部制，创建了影响深远的科举制度，改革律令；军事上，继续推行和改革府兵制度；经济上，一方面实行均田制和租庸调制，另一方面则采取了“大索貌阅”和“输籍定样”等措施，以增加政府收入。隋朝还兴修了举世闻名的大运河，巩固了中央对东南地区的统治，加强了南北经济、文化的联系。

贞观之治

“贞观”为唐太宗李世民年号，出自《易·系辞下》：“天地之道，贞观者也。”贞，正，常；观，示，意即以正道示人。唐太宗任人唯贤，知人善用；开言路，虚心纳谏，重用魏征等；采取以农为本，减轻徭赋，休养生息，厉行节约，完善科举制度等政策，使得社会出现了安宁的局面，史称“贞观之治”，这是唐朝的第一个盛世，同时为后来的开元盛世奠定了基础。

赏析

唐朝是中国历史上最重要的朝代之一，也是公认的中国最强盛的时代之一。唐朝国力在中国历史上数一数二，因此华人也被称为“唐人”，现今西方华人聚居处也被称为“唐人街”。由于唐朝前期出现了几代的开明君主，使得唐朝在经济、政治、文化等各个方面得到了空前的发展。农业生产工具有新进步，曲辕犁的出现是我国耕作农具成熟的标志。中国历史上第一个状元、三元及第，都诞生于唐朝。唐朝最令人瞩目的文学成就可算唐诗。吴道子的绘画艺术对唐代的绘画有着深刻影响，他被画工尊为“师祖”、“画圣”。当时还产生了至今还有很大影响力的“唐三彩”。

【宋元时期（960—1368年）】

宋元时期是中国封建社会民族融合的进一步加强和封建经济的继续发展时期。这一时期不仅有汉人建立的两宋王朝，而且还有辽、金、元少数民族建立的政权。两宋王朝的经济发达，尤其是南宋王朝的生产总值相当于当时全世界的65%，国力可见一斑。

《清明上河图》

《清明上河图》是中国十大传世名画之一，北宋画家张择端仅见的存世精品，被誉为“中华第一神品”，属国宝级文物，现藏于北京故宫博物院。

《清明上河图》宽25.2厘米，长528.7厘米，绢本设色。作品采用长卷形式、散点透视构图法，生动记录了中国12世纪北宋汴京（又称开封或东京）的城市面貌和当时社会各阶层人民的生活状况，描绘了当时清明时节的繁荣景象，是汴京当年繁荣的见证，也是北宋城市经济状况的写照。

《清明上河图》在中国乃至世界绘画史上都是独一无二的。在5米多长的画卷里，共绘了各色人物814个，牛、骡、驴等牲畜73匹，车、轿20多辆，大小船只29艘。房屋、桥梁、城楼等各有特色，体现了宋代建筑的特征，具有很高的历史价值和艺术价值。

赏析

宋朝在中国古代教育、科技和文化发展史上占有突出的重要地位。陈寅恪先生认为："华夏民族之文化，历数千载之演进，造极于赵宋之世。"宋代书院蓬勃兴起，对后世影响尤大。宋神宗时，在太学实行三舍法，即外舍、内舍和上舍的升级制度，这是中国以至世界教育史上的首创，开现代教育分级制的先河。宋代是中国古代经学发展的最重要时期，完成了由"汉学"向"宋学"的转变，即由章句之学转变为义理之学。宋代是中国古代科技发展的黄金时期，闻名于世的中国古代四大发明中，指南针、印刷术和火药三项主要是在宋代得到应用和发展的。宋代是中国古代史学的鼎盛期，司马光的《资治通鉴》，为中华古史学中足以与《史记》齐名和争辉的经典之著；李焘的《续资治通鉴长编》为中国古代私人撰写的最大编年体史书。人们往往把词称为宋词，标志着宋代是词这种文学体裁的最高水平；北宋开始的新的古文运动，使得名家辈出，散文至今传诵不衰，"唐宋八大家"中北宋即占据六人；陆游的爱国诗，对华夏的精神文明产生了久远的影响。

行省制度

元朝仿效阿拉伯及罗马帝国的行政体制，首次在中国设立行省，即今天的省级区划制度，行省制度是自秦以来郡县制的一大发展，是中国行政管理制度的一次巨大革命，对后来的政治制度影响深远。（行）省从此成为我国的地方行政机构，保留至今。

赏析

元朝结束了中国长期存在的南、北分裂状态，建立了强大的多民族的统一国家，这是元朝首要的政治成就。蒙古族文字产生于这一时期，并沿用至今；元朝也是中国统一王朝史上第一个多民族文字并用的王朝；元朝是我国民族融合的发展时期，这时形成了一个新的民族——回族，丰富了中华民族史；元朝在经济上奉行开放的政策，积极鼓励并参与同世界各国的贸易往来，使得中国成为世界上首屈一指的经济强国；中国人使用阿拉伯数字是从元朝开始的；元朝的戏剧空前繁荣，有《西厢记》、《窦娥冤》等一大批影响深远的作品相继问世，元曲成为与唐诗、宋词并称的中华优秀文学遗产。

【明清时期（1368—1911年）】

明清时期是明朝和清朝的合称。这一时期，君主专制的统治达到了顶峰，中国版图和统一多民族的形式得到了巩固和加强。但是这一时期统治者对民众的思想禁锢比较严重，造成了中国社会发展缓慢。

《永乐大典》

《永乐大典》编纂于明朝永乐年间，由翰林院大学士解缙担任总纂修，历时六年，是中国最著名的一部古代典籍，也是迄今为止世界上最大的百科全书。保存了14世纪以前中国的历史地理、文学艺术、哲学宗教和百科文献。全书共计22 937卷（其中目录60卷），分装成11 095册，约3.7亿字。它的规模远远超过了前代编纂的所有类书，为后世留下许多丰富的故事和难解之谜。

赏析

明朝是中国继周朝、汉朝和唐朝之后的盛世（黄金时代），史称"治隆唐宋"、"远迈汉唐"。明代的小说创作进入一个新的阶段，其中最著名的有《三国演义》、《水浒传》、《西游记》和《金瓶梅》等长篇小说和《三言两拍》等短篇白话小说。科举在明朝是正式的选拔官吏制度，分为两级，每三年举行一次，称为大比。考试内容主要是“四书五经”，考生必须用八股文作答。明朝朝廷极力推崇书法，以行书和草书为主。明朝恢复了中华民族的衣冠制度、典章文物、审美情趣，把中华文化发扬到一个新的高度，第一次向西方世界全面展示中华文明辉煌灿烂的程度。

《四库全书》

《四库全书》是在乾隆皇帝的主持下，由纪晓岚等360多位高官、学者编撰，3 800多人抄写，费时13年编成的。丛书分经、史、子、集四部，故名“四库”。共有3 500多种书，7.9万卷，3.6万册，约8亿字，基本上囊括了中国古代所有图书，故称“全书”。《四库全书》可以称为中华传统文化最丰富、最完备的集成之作。中国的文、史、哲、理、工、农、医，几乎所有的学科都能够从中找到它的源头和血脉，几乎所有关于中国的新兴学科都能从这里找到它生存发展的泥土和营养。

赏析

清朝是中国历史上第二个由少数民族建立的统一政权，也是中国最后一个封建帝制国家，期间，中国从封建社会逐步走向半殖民地半封建社会，对中国历史产生了深远影响。

清朝最突出的贡献是统一全国，最后奠定了中国的版图。

清初以来，所有施政文书都以汉文、满文两种文字发布。自康熙起大力推行以儒学为代表的汉文化，汉传统经典成为包括皇帝在内的满族人的必修课。

清代文学成就最大的是小说。清朝小说杰出者众多，蒲松龄作《聊斋志异》、吴敬梓作《儒林外史》，尤其曹雪芹的《红楼梦》是中国古典小说的巅峰之作。京剧是中国的国粹，起源于明朝的昆曲和京腔，形成于乾隆、嘉庆年间。清朝画坛由文人画占主导地位，山水画和水墨写意画盛行，更多画家追求笔墨情趣。建筑学方面取得了很高的成就，宫殿、园林、寺庙、宅宇、城垣等建筑，盛极一时。清朝的官方和学术界都不重视科学技术和生产技术，这方面的成就和同时代的西方国家相比落后甚远。清朝末年，中国的交通事业有所发展，詹天佑是中国第一位杰出的铁路工程师，他主持修建的京张铁路工程之艰巨是当时世界铁路史上罕见的。清朝规定军民要穿满族服装，禁穿汉服，并强令汉人男子按满族习俗改变发式，剃去前额发，把头发编成辫子。汉人成年之后就不可剃发，男女都把头发绾成发髻盘在头顶。

【中华民国（1912—1949年）】

中华民国是从清朝灭亡至中华人民共和国建立期间的国家名称和年号，简称民国，是中国历史上大动荡大转变的时期，半殖民地半封建社会的终结阶段。在此期间，先后存在过南京临时政府时期、北洋军阀统治时期和南京国民政府统治时期等政权。

学界泰斗　人世楷模

蔡元培，字鹤卿，号孑民，清同治丁卯年十二月十七日（1868年1月11日）生于浙江绍兴府山阴县。蔡元培是20世纪初中国资本主义教育制度的创造者。他明确提出废止忠君、尊孔、尚公、尚武、尚实的封建教育宗旨，倡导以军国民教育、实利主义教育为急务，以道德教育为中心，以世界观教育为终极目的，以美育为桥梁的资产阶级民主主义的教育方针，初步建立了资产阶级的新教育体制。蔡元培的教育实践多在高等教育方面，他任北京大学校长时，提出大学的性质在于研究高深学问，提出“思想自由”、“兼容并包”

的办学方针，主张学与术分校，文与理通科，将“学年制”改为“学分制”，实行“选科制”，积极改进教学方法，精简课程，力主自学，校内实行学生自治，教授治校。

1940年，蔡元培在香港病逝，毛泽东给予高度评价：“学界泰斗，人世楷模！”

赏析

整个民国时期，人们对民主和科学的追求从来不曾停歇，以此为宗旨的思潮和运动接连不断。率先举起这两面大旗的，是“五四”新文化运动。对民主与科学的崇尚，成为民国文化的时代之魂。从“五四”时期起，白话文开始代替文言文，揭露和鞭挞封建蒙昧主义成为中国文艺最为重要的主题之一。鲁迅的《阿Q正传》和《祝福》，巴金的“激流三部曲”——《家》、《春》、《秋》，都是将此一主题与白话文形式完美结合的经典之作。19世纪末，世界开始有了电影。1896年，上海首次放映电影。1905年，中国拍摄第一部电影《定军山》。1931年，中国第一部有声故事片《歌女红牡丹》问世。

20世纪30年代，抗日救亡成为全民族共同的愿望，音乐家用乐曲作为鼓励奋起抗争的有力武器，作曲家聂耳谱写了时代的最强音。一批爱国知识分子执著地在科学、教育、文化领域奋发图强，认为科学技术进步、教育事业发展可以改变中国的落后状况，涌现出创立地质力学的李四光、中国气象事业的开创者竺可桢、中国现代桥梁科学的奠基人茅以升，以及在国内和国外取得突出成就的科学家钱学森、赵忠尧、华罗庚、钱三强等。

【中华人民共和国（1949年成立至今）】

中华人民共和国的成立，使中国工农阶级成为国家的统治者，国内开辟了中国历史的新纪元，半殖民地半封建社会至此结束，中国结束了一百多年来被侵略、被奴役的屈辱历史，真正成为独立自主的国家。

载人航天

载人航天是人类驾驶和乘坐载人航天器在太空中从事各种探测、研究、试验、生产和军事应用的往返飞行活动。其目的在于突破地球大气的屏障和克服地球引力，把人类的活动范围从陆地、海洋和大气层扩展到太空，更广泛和更深入地认识整个宇宙，并充分利用太空和载人航天器的特殊环境进行各种研究和试验活动，开发太空极其丰富的资源。目前仅美、中、俄三国拥有自主载人航天能力。

中国进行载人航天研究的历史可以追溯到20世纪70年代初。在中国第一颗人造地球卫星——“东方红一号”上天之后，当时的国防部五院院长钱学森就提出，中国要搞载人航天。国家当时将这个项目命名为“714工程”（即于1971年4月提出），并将飞船命名为“曙光一号”。2013年6月25日7时5分，“神舟十号”飞船与“天宫一号”目标飞行器分离，从“天宫一号”上方绕飞，顺利完成绕飞以及近距离交会任务，并且在空中授课。

赏析

载人航天是集国家政治、军事、科技实力为一体的高难度系统工程。

1949年中华人民共和国成立后，在中国内地建立了人民当家做主的国家。科学技术飞速发展：1958年8月30日，中国第一座实验性原子反应堆回旋加速器开始运转。1964年10月16日，中国成功地爆炸了自行制造的第一颗原子弹。1967年6月17日，中国成功地爆炸了中国自行制造的第一颗氢弹。1970年4月24日，中国又成功地把一颗名为“东方红一号”的人造地球卫星送上了太空。中国“两弹一星”计划的实现，在国际上引起了巨大的反响，极大地增强了中国的国际地位。袁隆平领军培育出的杂交水稻，是现代生物技术的重大成就，是水稻育种史上继矮化育种之后的又一次重大育种突破，为解决中国和世界粮食安全问题做出了重大贡献。1959年9月，中国成功发现并开发大庆油田，证实了我国学者提出的“陆相地层生油”理论。2008年6月27日16时44分许，中国航天员翟志刚成功走出“神舟七号”飞船的轨道舱，第一次在太空留下了“中国人的脚印”。“嫦娥一号”月球探测卫星于2007年10月24日在西昌卫星发射中心由“长征三号甲”运载火箭发射升空，运行在距月球表面200千米的圆形极轨道上执行科学探测任务，标志着中国在深空探测领域实现了“零的突破”，中国首次月球探测工程取得圆满成功。

为了促进文化艺术事业的发展，1956年，毛泽东同志提出艺术问题上“百花齐放”、学术问题上“百家争鸣”发展科学和繁荣文学艺术的方针，我国文艺创作呈现繁荣景象，积累了一批优秀作品。无论在反映生活的广度、深度上，还是在创作的数量、质量上，都有很大的发展和提高。

知识链接

三皇五帝

“皇”的原始意义为帝王，《说文解字》说“始王天下者”。“帝”，帝王，《说文解字》说“王天下之号也”。秦始皇统一华夏，自认为功过“三皇五帝”，因此将“皇”和“帝”组合发明为“皇帝”这一称号。实际上这个称号同古代部落首领——氏、后、王等没有什么区别，只是修饰了词组，取其尊贵。

传说盘古开天辟地以后，人类迎来了新的时代，原始社会中后期出现为人类做出卓越贡献的君王“三皇五帝”，以口传的历史部落首领为三皇，被《汉书》载入；对于五帝，则一般采取《史记·五帝本纪》的说法。三皇五帝率领民众开创了上古中华文明，现代考古发现了这一时期大量的文化遗址，后人把他们奉为神灵，以各种美丽的神话传说来宣扬他们的英雄业绩。

1. 三皇

“三皇”按照流传最广的道教文化来说是：伏羲、女娲、神农（炎帝）。但是根据典籍记载，众说纷纭，并无定论。

《史记·秦始皇本纪》说，天皇、地皇、泰皇为三皇。

《太平御览》卷七十八引《春秋纬》提出天皇、地皇、人皇为三皇的另一种看法，似乎“泰皇”即人皇。

《尚书大传》和《白虎通义》等，则又主张三皇应为燧人、伏羲、神农。

《运斗枢》、《元命苞》等书载，三皇为伏羲、神农及建立婚姻制度造人的女娲。

《帝王世纪》以伏羲、神农、黄帝为三皇。

《通鉴外纪》又以伏羲、神农、共工为三皇。

《三字经》：“自羲农，至黄帝。号三皇，居上世。”即伏羲、神农、黄帝。

道教中又将三皇分初、中、后三组：初三皇具人形。中三皇则人面蛇身或龙身。后三皇中的后天皇人首龙身，即伏羲；后地皇人首蛇身，即女娲；后人皇牛首人身，即神农。

2. 五帝

至于五位古帝，说法也各异。

《世本》、《大戴礼记》、《史记·五帝本纪》列黄帝、颛项、帝喾、唐尧、虞舜为五帝。

《礼记·月令》以大皞、炎帝、黄帝、少皞、颛项为五帝。

《尚书序》、《帝王世纪》则视少昊（皞）、颛项、高辛（帝喾）、唐尧、虞舜为五帝。

此外，又有把五方天神合称为五帝的神话。东汉王逸注《楚辞·惜诵》中的“五帝”为五方神，即东方太昊、南方炎帝、西方少皞、北方颛项、中央黄帝；而唐贾公彦疏《周礼·天官》“祀五帝”，为东方青帝灵威仰、南方赤帝赤熛怒、中央黄帝含枢纽、西方白帝白招拒、北方黑帝汁先纪。

秦国原有四帝（白帝、青帝、黄帝、炎帝）崇拜，加上黑帝为五帝。按《吕氏春秋·召类》的提法，五帝是主管四方、四时和五行之神。黄帝居中，具土德；大皞居东方，具木德，主春，亦称春帝；炎帝居南方，具火德，主夏，亦称炎帝；少皞居西方，具金德，主秋，亦称白帝；颛项居北方，具水德，主冬，亦称黑帝。

《战国策》指羲（伏羲）、神农、黄帝、尧、舜。

《资治通鉴外纪》指黄帝、少昊、颛项、帝喾、尧。

拓展与训练

一、思考题

1. 如果你有一个时光机，可以回到过去，你会探访哪个朝代？请说出原因。

2. 历史课上，有一位同学对老师说的“中华民族是龙的传人”提出异议。他说：“世上根本就没有龙这种动物，怎么能说我们是龙的传人呢？”你能够说服他接受“中华民族是龙的传人”这个观点吗？

二、训练题

1. 你的老家所在地在春秋时期属于哪个诸侯国？请说出该国的特点。

2. 毛泽东《沁园春·雪》：“惜秦皇汉武，略输文采。”通过对秦始皇和汉武帝的了解，你知道如何客观评价历史人物吗？请你列出其中你觉得最有影响力的十位中国历史人物。

3. “领略迷人的西域风情，聆听沙的呼吸，触摸历史的脉搏——追寻丝路。”这是某旅行社刊登的广告。现有顾客上门咨询，请你当一名导游，依据上述广告简单介绍旅游路线情况。

4. 我国历史典故很多，包含了丰富的历史知识，如“管仲相齐”、“退避三舍”、“卧薪尝胆”、“纸上谈兵”、“三家分晋”、“田氏代齐”等。你还知道其他吗？

5. 邓小平说：“中国在世界上的地位，是在中华人民共和国成立以后才大大提高的。”体现这一论断的具体史实有哪些？对广大青年学生共圆中华民族伟大复兴的中国梦有哪些启迪？

第 2 节　中国悠久的文明

中国历史起伏延绵，辉煌灿烂。中国是世界上保持、延续文明历史最悠久的国家，被称为世界四大文明古国之一。中华文明亦称华夏文明，是世界上最古老的文明之一，也是世界上持续时间最长的文明。

案例导入

算盘

算盘是中国传统的计算工具，迄今已有2 600多年的历史。人们往往把算盘的发明与中国古代四大发明相提并论。算盘为长方形，框中嵌有细杆，杆上串有算盘珠，算盘珠可沿细杆上下拨动，通过用手拨动算盘珠来完成算术运算。

现存的算盘形状不一、材质各异。一般的算盘多为木制（或塑料制品），矩形框内排列一串串等数目的算珠，中有一道横梁把珠统分为上下两部分，算珠内贯直柱，俗称“档”，一般有9档、11档或15档。档中横以梁，梁上2珠（财会用为1珠），每珠为5；梁下5珠（财会用为4珠），每珠为1。用算盘计算称珠算，珠算有对应四则运算的相应法则，统称珠算法则。相对一般运算来看，熟练的珠算不逊于计算器，尤其在加减法方面。用时，可依口诀，上下拨动算珠进行计算。珠算计算简便迅捷，为我国商店曾经普遍使用的计算工具。

问题：

1. 算盘起源有哪些传说？
2. 你知道什么叫筒车吗？

专题欣赏

【农业生产】

曲辕犁

耒、耜是我国最原始的两种翻土农具。耒实际上只是一尖头木棒，后来在尖头木棒的下端安装了一个短棒，用于脚踏，这便发明了耜。由于耒和耜本身是木质农具，使用效率不高，后来随着金属工具和兽力在耕作中的使用，耒、耜合二为一便形成了“犁”。

到了秦汉时期，犁已发展出犁铧、犁辕、犁底等多种部件，但当时多为直的长辕犁，回转不灵便，尤其不适于南方水田的使用。到了唐代，在江东一带出现了一种改直为曲的辕犁，这便是曲辕犁。曲辕犁不仅能够调节耕地的深浅，而且还节省了操作者的力气，因此大大提高了耕作效率。

赏析

春秋时期，开始使用铁农具和牛耕，标志着我国社会生产力的显著提高。

农业生产工具自春秋战国以来称为“田器”、“农器”和“农具”。制造农具的原料，最早是石、骨、蚌、角等。商、周时代出现了青铜农具，种类有锛、臿、斧、斨、镈、铲、耨、镰、犁形器等。这是中国农具史上的一个重大进步。中国铁的冶铸技术发明始于春秋时期。春秋战国之际，先后出现了生铁冶铸、炼钢和生铁柔化三项技术，使铁器成为富有广阔前途的锐利工具，加快了铁农具代替木、石、青铜制农具的历史进程。铁农具的使用是农业生产上的一个转折点，它能清除大片森林，使之变为耕地、牧场，也使大面积的田野耕作成为可能，甚至使农业生产关系、土地耕作制度和作物栽培技术等也发生一系列的变化。

【天文历法】

《夏小正》

《夏小正》为中国现存最早的科学文献之一，也是中国现存最早的一部汉族农事历书。《夏小正》由“经”和“传”两部分组成，全文共400多字，按一年12个月，分别记载每月的物候、气象、星象和有关重大政事，特别是生产方面的大事。《夏小正》记载的生产事项，包括农耕、渔猎、采集、蚕桑、畜牧等，但无一字提到“百工之事”，这是社会分工还不发达的反映，所有这些都表明《夏小正》历法的原始和时代的古老。

赏析

我国是世界上最早发明历法的国家之一。上古时期，人们根据不同的农牧业生产情况，分别产生过太阳历法和太阴历法。《春秋》作了世界上哈雷彗星的最早记载，比欧洲早600多年。春秋时历法已成固定系统，基本确立19年7闰原则，早欧洲160年。战国时期的《甘石星经》，是世界上最早的天文学著作。汉武帝时的“太初历”，开始以正月为岁首，成为中国第一部较完整的历书。西汉有被世界公认的太阳黑子的最早记载。东汉张衡对月食作了最早的解释，他发明的地动仪，早欧洲1 700多年。唐僧一行制定的《大衍历》，较准确地反映了太阳运行规律，表明中国古代历法的成熟。北宋沈括改革后的“十二气历”更简便，有利于农事安排。元初设立太史局编制新历法。郭守敬创制了简仪和高表等天文观测仪器，主持了全国范围的天文测量。他主持编定的《授时历》，比现行公历早300年。

【医学药物】

《神农本草经》

《神农本草经》（简称《本草经》或《本经》）是中国汉族传统医学四大经典著作之一。作为现存最早的中药学著作，约起源于神农氏，代代口耳相传，于东汉时期集结整理成书，作者不详。《神农本草经》全书分三卷，载药365种，按三品分类法分上、中、下三品，文字简练古朴，成为中药理论精髓。

赏析

战国时“脉学之宗”扁鹊采用的四诊法，成为我国中医的传统诊病法。西汉编定的《黄帝内经》是我国现存最早的医书，战国时问世、西汉编定，是中医学思维方式和理论体系的奠基之作，它总结了前人医疗实践经验，提出经络学说。东汉的《神农本草经》，是中国第一部完整的药物学著作。“神医”华佗发明麻沸散，早西方1 600多年。“医圣”张仲景的《伤寒杂病论》创造性地提出辨证论治的方法，奠定了后世中医临床学的理论基础，被后世医家誉为“万世宝典”。唐孙思邈的《千金方》，全面总结历代和当时的医药学成果，并有许多创见。《唐本草》是世界上最早由国家颁行的药典。吐蕃元丹贡布编纂的《四部医典》，在国内外有重大影响。明朝李时珍的《本草纲目》，全面总结了16世纪以前的中国医药学知识，有“东方医药巨典”之称。

【古代数学】

《九章算术》

现传本《九章算术》成书于何时，目前众说纷纭，多数认为在西汉末到东汉初，公元

1世纪前后。《九章算术》的内容十分丰富，全书采用问题集的形式，收有246个与生产、生活实践有联系的应用问题，其中每道题有问（题目）、答（答案）、术（解题的步骤，但没有证明），有的是一题一术，有的是多题一术或一题多术，这些问题依照性质和解法分别隶属于方田、粟米、衰分、少广、商功、均输、盈不足、方程及勾股九章。

赏析

《九章算术》是中国古代第一部数学专著，是《算经十书》中最重要的一种。该书内容十分丰富，系统总结了战国、秦、汉时期的数学成就。它的出现标志中国古代数学形成了完整的体系。

数学在中国历史久矣。

在殷墟出土的甲骨文中有一些是记录数字的文字，包括从一至十，以及百、千、万，最大的数字为三万；司马迁的《史记》提到大禹治水使用了规、矩、准、绳等作图和测量工具，而且知道“勾三股四弦五”；据说《易经》还包含组合数学与二进制思想。2002年在湖南发掘的秦代古墓中，考古人员发现了2 200多年前的九九乘法表，与现代小学生使用的乘法口诀“小九九”十分相似。

南北朝是中国古代数学的蓬勃发展时期，计有《孙子算经》、《夏侯阳算经》、《张丘建算经》等算学著作问世。祖冲之、祖暅父子的工作在这一时期最具代表性。他们着重进行数学思维和数学推理，在前人刘徽《九章算术注》的基础上前进了一步。

隋唐时期的主要成就在于建立中国数学教育制度，在当时的算学馆，《算经十书》成为专用教材对学生讲授。

公元11—14世纪的宋、元时期，是以筹算为主要内容的中国古代数学的鼎盛时期，表现为涌现出许多杰出的数学家和数学著作。中国古代数学以宋、元数学为最高境界。在世界范围内，宋、元数学也几乎是与阿拉伯数学一道居于领先地位的。

明代珠算开始在全国普及。1592年程大位编撰的《直指算法统宗》是一部集珠算理论之大成的著作。

知识链接

中国古代数学的卓越成就

1. 十进位制记数法和零的采用。源于春秋时代，早于第二发明者印度1 000多年。公元前6世纪的春秋战国时期，中国出现了筹算，至明初，筹算发展为珠算。在筹算和珠算里有一、二、三、四、五、六、七、八、九的自然数，遇到零时，就用空位表示。汉字里有一至九数目字，零记为“零”或“〇”，有时也用“有”、“又”表示。

2. 二进位制思想起源。源于《周易》中的八卦法，早于第二发明者德国数学家莱布尼兹（1646—1716）2 000多年。从《易经》上可以看到二进制的起源。我国上古的伏羲时代就有了《易经》，《易经》是研究日月之间变化的一门科学，通过卦爻来说明天地之间、日月系统以内人生与事物变化的大法则。究其研究方法，就是借助二进制手段来实现的。

3. 几何思想起源。源于战国时期墨翟的《墨经》。《墨经》中有8条论述了几何光学知识，阐述了影、小孔成像及平面镜、凹面镜、凸面镜成像原理，还说明了焦距和物体成像的关系，这些比第二发明者古希腊的欧几里德（约公元前330—前275）的光学记载早百余年。

4. 勾股定理（商高定理）。早于第二发明者古希腊的毕达哥拉斯（公元前 580—前 500）550 多年。战国至西汉时期的数学著作《周髀算经》中记录着商高同周公的一段对话。商高说："故折矩，勾广三，股修四，径隅五。"意思就是说：当直角三角形的两条直角边分别为 3（短边）和 4（长边）时，径隅（就是弦）则为 5。后人简单地把这个事实说成"勾三股四弦五"。由于勾股定理的内容最早见于商高的话中，所以人们又把这个定理叫作"商高定理"。

5. 幻方。幻方又称为魔方、方阵，最早起源于我国。宋代数学家杨辉称之为纵横图。我国最早记载幻方法的是春秋时代的《论语》和《书经》，早于国外 600 多年。

6. 分数运算法则和小数。中国完整的分数运算法则出现在《九章算术》中，它的传本 1 世纪已出现，早于印度 500 多年。印度在 7 世纪才出现了同样的法则。中国运用最小公倍数的时间早于西方 1 200 年，运用小数的时间早于西方 1 100 多年。

7. 负数的发现。这个发现最早见于《九章算术》，早于印度 600 多年，早于西方 1 600 多年。早在 2 000 多年前，我国就了解了正负数的概念，掌握了正负数的运算法则。三国时期的学者刘徽在建立正负数上有重大的贡献，他首先给出了正负数的定义："今两算得失相反，要令正负以名之。"

8. 最精确的圆周率"祖率"。早于世界其他国家 1 000 多年。

9. 增乘开方法。在现代数学中又名"霍纳法"。我国宋代数学家贾宪最早发明于 11 世纪，比英国数学家霍纳（1786—1837）提出的时间早 800 年左右。

10. 中国剩余定理。实际上就是解联立一次同余式的方法。这个方法最早见于《孙子算经》，1801 年，德国数学家高斯（1777—1855）在《算术探究》中提出这一解法，西方人以为这个方法是世界第一，称为"高斯定理"，但后来发现，它比中国晚 1 500 多年，因此为其正名为"中国剩余定理"。

11. 数字高次方程方法，又名"天元术"。金元年间，我国数学家李冶发明设未知数的方程法，并巧妙地把它表达在筹算中。这个方法早于世界其他国家 300 年以上，为以后出现的多元高次方程解法打下很好的基础。

拓展与训练

一、思考题

1. 中医的"四诊"、"八纲"是指哪些？何谓"针灸"？

2. 请说出农历与公历有何不同。

二、训练题

1. 请分析：中国古代有如此之多的科学技术发明，为什么到了近现代却严重落后于西方？

2. 中国算学的一大特色计算法是"珠算"，它由以竹签作筹码进行运算的"筹算"发展而来，至元末明初已得到普遍应用。详细说明珠算算法的著作很多，影响巨大且流行最广的是明代程大位所著的《直指算法统宗》。珠算还流传到日本和韩国。

有人提议学校恢复珠算课，你的观点是什么？

3. 试从农业工具的进步看其对生产力发展的影响。

4. 今天在你的家里或农村里看到的还有与古代相似的农具吗？你会使用吗？从中你会想到什么？

5. 想一想，《易经》与日常生活、生产有哪些关系？

第3节 中华民族对人类的贡献

英国哲学家弗兰西斯·培根曾这样评价中国的四大发明：印刷术、火药和指南针“这三种东西改变了世界的面貌。第一种在文字上，第二种在战争上，第三种在航海上，由此引起了无数的变化。这种变化如此之大，以至没有一个帝国，没有一个宗教教派，没有一个赫赫有名的人物，能比这三种发明在人类的事业中产生更大的力量和影响”。

案例导入

石磨

鲁班长年四处奔波，给人干活。一次，他忙了一天，坐下来休息等东家做饭吃。但见这家人拿来麦子，放在石臼里，用沉重的石杵去捣。捣麦的人累得满头大汗却捣碎了很少一点。因为麦粒是椭圆的，用劲小了，砸不碎；劲大了，又把麦粒砸跑了，真是有劲使不上。当时，人们都是用这种办法将麦粒捣成面粉。鲁班看在眼里，想着改进这种笨重的捣麦方法。

又一天，鲁班来到另一个地方干活，恰巧看到一个老妇人捣麦子，由于年岁大了，举不起石杵了，只能扶着石杵，在石臼里研着麦粒。鲁班走过去一看，石臼里的麦粒有不少已经磨成了粉。鲁班从这里得到了启发。

回到家，鲁班找来两块大石头凿成两个大圆盘，在每个圆盘的一面凿出一道道槽，其中的一个大石盘上面凿个洞，并安上木把，将两个圆盘摞在一起，凿槽的两面相合，中心装了个轴。在圆盘的中间洞上放麦子，然后转动上面的石盘，麦粒从洞眼漏进两个石盘之间，很快从两石盘缝里转出来变成面粉。这就是2 000年来在我国农村曾经广泛使用过的石磨。

问题：

1. 石磨的发明说明了什么？
2. 历史上还有哪些跟石磨类似的发明？

专题欣赏

【古代发明一】

万户飞天

500多年前，一位名叫万户的明朝官员制造了一把“飞天椅”，在椅子后面捆绑了47支“飞龙”火箭，他坐到椅子内，手持两只大风筝。点燃火箭，随着一阵阵轰响声，“飞龙”火箭把座椅推向半空，随风筝飞了起来，但很快，一声爆炸，“飞天椅”在火光中摔到山坡下，万户不幸献出了宝贵的生命。

万户是世界上第一个利用火箭向太空搏击的英雄。他的努力虽然失败了，但他借助火箭推力升空的创想是世界上第一个，因此他被世界公认为“真正的航天始祖”。为了纪念他，世界科学家将月球上的一座环形火山命名为“万户山”。

赏析

火药是中国古代四大发明之一，有着“着火的药”的意思。火药并非某一个人发明的，它是我国古代的道士们误将硝酸、木炭等物质加入炼丹炉炼丹时产生小型的爆炸，再经过反复的实验所得。火药不能解决长生不老的问题，又容易着火，炼丹家对它并不感兴趣。当炼丹的配方由炼丹家转到军事家手里，就成为中国古代四大发明之一的黑色火药。

火药的发明对后世产生了极大的影响，火药最早的应用是娱乐，如制作鞭炮、烟花等。13 世纪初期和中期，火药传到阿拉伯国家；13 世纪下半期，欧洲知识分子才从阿拉伯书籍中得到有关火药的知识；14 世纪上半期，欧洲开始制造火药武器。从最初的投石机上的简易火炮，到现在的火枪、炸弹，可以说，火药的存在对社会的发展起到了巨大的推动作用，它在民用方面、军事方面的发展，影响了人类社会的变革和发展。

【古代发明二】

竹简奏章

西汉时有个叫东方朔的人，想给汉武帝提安邦定国的建议，就用竹简写奏章，因为有满肚子的话要说，一下子就用了 3 000 根竹简。东方朔面对这 3 000 根竹简发了愁，因为他手无缚鸡之力，无法拿动这么庞大的奏章，最后只好请了两位大力士抬进宫里去。据《史记・滑稽列传》说，汉武帝花了两个月的时间才看完那一大堆竹简。

赏析

在纸质工具出现以前，古埃及是用莎草纸记载文字，欧洲是用羊皮纸，而中国最早的文字甲骨文则是刻在甲骨上的。但是每一块甲骨十分的巨大，使用起来很不方便。到了春秋时期，人们便开始运用木片和竹片来代替兽骨和龟骨。战国时的思想家惠施是一个爱书之人，他旅行时也爱学习，随车装着爱看的书。其实这些书是一捆一捆的竹简和木牍，一共装了 5 辆车，“学富五车”的成语就是这么来的。

中国的造纸术在 7 世纪由朝鲜传入日本，8 世纪中叶传到阿拉伯联合酋长国，到 12 世纪，欧洲才有国家开始效仿中国开始设厂造纸。蔡伦改革后所造的纸携带方便，书写容易，可用于绘画，并且价格低廉，在百姓之中流传很广，对文化的传播和发展起到了巨大的推动作用，对文明的发展和社会进步的积极作用也最为显著。纸的广泛使用，使得信息的记录、传播和继承，都有了革命性的进步。

【古代发明三】

司南

“司南”是世界上最早的“指南针”，是我国人民利用磁铁制造的一种指示方向的工具。“司南”就是指南的意思。战国时期，有人去采玉，怕在荒山中迷路，就带上司南。当时已发现磁石吸铁的现象，并用天然磁石制造“司南之勺”，“其柄指南”。根据专家们的研究，司南大约是把整块的天然磁铁轻轻地琢磨成勺子的形状，并且把它的南极琢磨成长柄，使重心落在圆而光滑的底部正中。司南做好以后，还得做一个光滑的底盘。使用的时候，先把底盘放平，再把司南放在底盘的中间，用手拨动它的柄，使它转动。等到司南停下来，它的长柄就指向南方，勺子的口则指向北方。

司南的底盘是用青铜做的，有的是涂漆的木盘，青铜和漆器都比较光滑，摩擦的阻力比较小，司南转动起来很灵活。这种底盘内圆外方，四周还刻有表示方位的格线和文字。现在的出土文物中，就有这样的铜盘和涂漆的木盘。东汉时候的一幅石刻，刻着一个小勺子放在一个小方台上，有人认为这就是司南。

赏析

指南针是用来判别方位的一种简单仪器，是古代航行中的必备之品。指南针的出现对中国文明的发展起到了巨大的推动作用。它极大方便了人民的生活，古代战争中、航海中都用指南针指引方向。同时，指南针对欧洲历史也产生过举足轻重的作用。如果没有指南针，像哥伦布、麦哲伦这些航海家便无法顺利开展全球航行的计划，也就无法发现新大陆。

【古代发明四】

印刷术

人们没能掌握印刷技术之前，所有的书籍都得人工手抄，非常费时。而从唐朝开始，人们开始运用雕版印刷。这是较为原始的印刷方式，每印一页书就需要雕刻一块板，而且雕错一个字就要全部重新排版，所以在当时并不十分实用。

到了宋代，刻字工人毕昇发明了一种胶泥活字排版印刷术，从此印刷术取得了巨大的飞跃。毕昇的印刷术是将质细且带有黏性的胶泥做成多个四方形的长柱体，在上面刻反写的字，一个字一个字地雕刻，一个字一个字地印，然后再将柱体放入土窑里面用火烧硬，形成活字，最后再将需要印的文章的字，按照顺序逐个排版进行印刷。这种印刷技术非常原始简单，但是却与现代的铅字排印原理一样，可以说，这种印刷术是现代印刷术的鼻祖。元朝时，中国的这种活字印刷术被带到了欧洲。

赏析

活字印刷术由隋朝的雕版印刷演变转化而来。印章和石刻给印刷术提供了直接的经验性的启示，用纸在石碑上墨拓的方法，直接为雕版印刷指明了方向。中国的印刷术经过雕版印刷和活字印刷两个阶段的发展，给人类的发展献上了一份厚礼。15世纪，印刷术在欧洲各地开始推广。

印刷术的出现推动了文化的发展，使得更多的人可以接触到书籍知识。印刷术传到欧洲之后，改变了欧洲的教育状况，不仅僧侣可以受到教育，更多的平民也得到了学习的权利，对欧洲教育事业的发展起到了巨大的推动作用。

【古代发明五】

鸡缸杯

鸡缸杯是明成化斗彩杯之一，为饮酒用具。造型为敞口、浅腹、卧足，杯身以斗彩描绘鸡啄虫哺雏，姿态栩栩如生，辅以牡丹、兰花、柱石纹。据《成窑鸡缸歌注》：“成窑酒杯，种类甚多，皆描画精工，点色深浅，瓷质莹洁而坚。鸡缸上画牡丹，下有子母鸡，跃跃欲动。”“斗彩鸡缸杯”不足一掌大小，烧制于明代成化时期（1465—1487年），因其杯壁上画有公鸡母鸡，故称鸡缸杯。

赏析

鸡缸杯在古代就一直享有盛名。从器形、工艺、色彩、绘画上看，鸡缸杯都非常精致，能代表明代的制瓷水准。明成化鸡缸杯自问世以来深受多朝皇帝的喜爱，清代历朝官窑仿制很多。但后世仿制无出其右。

瓷器是一种由瓷石、高岭土、石英石、莫来石等组成，外表施有玻璃质釉或彩绘的物器。自汉代瓷器发明之后，各个朝代都涌现出不同代表的瓷器种类。如汉代的陶瓷、唐代的青瓷和白瓷，元代的青花瓷更是瓷器中的珍宝。

瓷器取代陶器，不仅方便了人们的日常生活，更证明了中华民族是具有伟大创造力的民族。其在每一个工艺中凝聚的古代先民的智能和辛勤汗水，更是蕴涵了重要的历史价值和艺术价值。瓷器在汉唐以后源源不断地输出到世界各地，促进了当时中国与外界的经济、文化交流，并且对其他国家人民的传统文化和生活方式产生了深远的影响。

【古代发明六】

丝绸

关于丝绸中国有一个悠远的传说：远古时代，黄帝打败了蚩尤，“蚕神”亲自将她吐的丝奉献出来以示敬意。黄帝命人将丝织成了绢，以绢缝衣，穿着异常舒服。黄帝之妻西陵氏嫘祖便去寻找能吐丝的蚕种，采桑饲蚕。后世民间崇奉嫘祖为养蚕的蚕神，黄帝为织丝的机神。采桑养蚕与制丝织绸，成了中国古代社会几千年的基本劳作手段。

赏析

古代的时候，丝绸是指用蚕丝（以桑蚕丝为主，也包括少量的柞蚕丝和木薯蚕丝）织造的纺织品。现代凡是经线采用了人工或天然长丝纤维制造的丝织品，都可以叫做丝绸。丝绸的历史源远流长，盛泽、杭州、苏州、湖州被并称为中国四大丝绸之都。

丝绸的发明，开启了世界历史上第一次东西方大规模的商贸交流，历史上称为“丝绸之路”。丝绸带去的，不仅仅是一件件华美的服饰，更是将东方古老灿烂的文明传播到了世界各地。

【古代发明七】

八咫镜

“八咫”有大或美的意思。八咫镜起源于中国的水镜，又称“鉴”。就是在一个金属盆中放上水，用以照面。后来逐渐发展成铜镜，背面绘刻有松、竹、梅、龟、鹤等吉祥图案。在日本弥生时代，镜子从中国传入日本。

赏析

在铁器发明之前，人们都是使用木头、竹子、动物的骨头等材料来制作农具，这些木质和骨质的工具质地相当脆，因此极大地影响了农业生产。自从中国人掌握了冶铁技术后，人们生活的方方面面都受到了巨大的影响，小到农具的变革，大到武器的使用，铁器的身影无处不在。

唐朝时，与阿拉伯帝国作战失败，阿拉伯人俘虏了很多唐朝工匠。就这样，唐朝工匠将冶铁技术教给了阿拉伯人，后来阿拉伯人又将冶铁技术传到了欧洲。

中国的冶铁技术传到了日本，日本人开始视铁器为非常珍贵的东西。日本天皇代代相传有“三种神器”，即八咫镜、八尺琼曲玉和草薙剑。其中八咫镜和草薙剑两件都是铁质器具，可见铁器在当时的珍贵程度。

【古代发明八】

交子

交子即旧时纸币，行于宋。宋初币制混乱，四川用的铁钱体大值小，交易不便，大铁钱每千文重25斤，中者重13斤，一匹罗卖2万钱要用车载。故四川商人发行一种纸币“交子”，以铁钱作为准备金，称“钞本”。兑现时铁钱为主，亦有金银和“度牒”的。交子用钢版印刷，版画图案精美，三色套印，上有密码、图案、图章等印记。交子是由私交子演变为官交子的。最初私商零散发行，形制不统一，后由益州16家富商联合发行，每年向政府缴纳一定费用。此种交子形制统一，面额仍依领用人所交现款临时填写，不限多少，兑现时，每贯收手续费30文。后常因发行人破产而不能兑现，争讼不息，政府遂禁止私人发行，改为官办。

赏析

交子是北宋仁宗天圣元年（1023年）发行的货币。初始发明人为成都知府张咏，被认为是世界最早使用的纸币，而张咏也被公认为“纸币之父”。

“交子”的出现，便利了商业往来，弥补了现钱的不足，是我国货币史上的一大业绩。此外，“交子”作为中国乃至世界上发行最早的纸币，在印刷史、版画史上也占有重要的地位，对研究我国古代纸币印刷技术有着重要意义。

知识链接

中国古代科技著作成就

农学专著：(1) 北朝时期，贾思勰的《齐民要术》系统地总结了6世纪以前黄河中下游地区农牧业生产经验、食品的加工与贮藏、野生植物的利用等，是中国现存最早最完整的农书。(2) 明朝时期，徐光启的《农政全书》综合介绍了我国传统农学成就，建立了一个比较完整的农学体系。书中还引入了“泰西水法”，介绍了欧洲先进的水利技术和工具。全书60卷，分12门，其中“救荒”一门占全书1/3，表明作者关心民间疾苦，也说明当时灾荒的严重和政局的衰败。

手工业专著：战国时期，出现了手工业专著《考工记》，记述了齐国官营手工业各个工种的设计规范和制造工艺，不但在我国工程记述发展史上有重要地位，在当时世界上也是独一无二的。

科技论著：北宋科学家沈括的《梦溪笔谈》总结了我国古代主要是北宋时期的许多科技成就，在我国和世界科技史上有重要地位。英国学者李约瑟称沈括是“中国科技史上最卓越的人物”，《梦溪笔谈》是“中国科学史的里程碑”。

生产技术综合著作：明代宋应星的《天工开物》总结了明代农业、手工业的生产技术，收录了一些国外传来的记述，这表明海外技术的不断传入已成为人们不可缺少的知识。国外称它为“中国17世纪的工艺百科全书”。

拓展与训练

一、思考题

1. 除本节列举的几个发明，请说出中国古代还有哪些对世界具有重大影响的发明。

2. 鲁迅说过，外国用火药制造子弹御敌，中国却用它做爆竹敬神；外国用罗盘针航海，中国却用它看风水；外国用鸦片医病，中国却拿来当饭吃。请评论这些现象。

二、训练题

1. 古代发明对人类社会的进步与发展有什么意义？

2. 每项发明的背后，都有不同的时代背景和动人的故事，请你搜集并与大家分享。

3. 寻访“丝绸之路”活动。需要为5个小组（丝路路线组，丝路古代名人组，丝路名胜古迹组，丝路诗歌组，民族、物产及东西方交流组）准备哪些素材？

4. 未外传造纸术之前，埃及人用草纸书写；两河流域苏美尔人用泥版；印度人用桦树皮；西欧人用羊皮。中国用纸，你知道汉代纸的原料吗？假如没有纸，你能用什么书写？

5. 创新是一个民族的灵魂，请根据本节史实谈谈你的观点。

第2章　璀璨明珠——中国传统文化

第1节　中国传统文化的生成背景

中国传统文化，指的是以中华文化为源头，中国境内各民族共同创造的、长期历史发展所积淀的、保留在中华民族中间具有稳定形态的中国文化，包括思想观念、思维方法、价值取向、道德情操、生活方式、礼仪制度、风俗习惯、宗教信仰、文学艺术、教育科技等诸多层面的内容。

案例导入

支公养仙鹤

古时候有个叫支公的人，非常喜欢仙鹤。他常爱到仙鹤出没的地方，远远地欣赏仙鹤吃东西、散步时的一举一动，简直看得入了迷。他常常想：要是能有仙鹤长久为伴，那该多好啊！

一位深知支公爱好的老朋友给他送来了一对仙鹤。支公高兴极了，像对待自己的儿女一般对待仙鹤，给它们吃好的食物，细心照料它们的起居，高兴的时候，支公还常把仙鹤搂在怀里跟它们说话。仙鹤的活泼可爱也使支公的晚年一点都不寂寞，它们跟支公做伴，跳舞给支公看，时间久了，支公和仙鹤的感情越来越深厚。

时光飞逝，仙鹤的羽毛很快长齐了，它们天天扑棱着翅膀，想飞到属于它们的遥远的地方去。支公实在舍不得仙鹤离开，犹豫再三，还是用剪刀把仙鹤的翅膀剪短了。

这下子仙鹤真的没有办法飞起来了。它们总是先扑打一阵翅膀，然后又回头看看，接着就沮丧地低下头，无精打采地走来走去。仙鹤再也不像以前那样欢叫起舞了，没有了活力，没有了生气，连眼睛都一天天地暗淡下去。

支公对这一切看在眼里，疼在心里。他后悔极了，告诉自己说："既然仙鹤有直上云霄，去见识更广阔的天空的志向，我又怎么能强行把它们留在我跟前，只供自己观赏呢？"

支公从此更加精心饲养两只仙鹤，它们的翅膀很快又长齐了。于是支公就带着仙鹤来到野外，把它们放到地上，依依不舍地对它们说："仙鹤啊，快飞吧，到远方去实现你们的理想去吧！"仙鹤拍打着翅膀飞上蓝天，鸣叫着在支公头上盘旋了几圈，好像在感谢他的恩情，然后自由自在地向遥远的天边飞去。

问题：

1. 中国传统文化对中国人有什么意义？
2. 中国文化有哪些特征？

专题欣赏

【生成背景一】

传统文化的地理环境

中国地处亚洲东部、太平洋西岸，除东南及东部面向海洋外，东北、北部、西北、西部、西南皆与欧亚大陆连接，被河流、沙漠或高原峻岭所阻隔，形成了一个相对封闭的地理单元。因此，四周都有天然阻隔、相对封闭便成为中国地理的第一大特点。中国地理的第二大特点是地势西高东低，自西向东呈现出三大阶梯式的地形地貌：青藏高原为第一阶梯，平均海拔在 4 000 米以上，号称"世界屋脊"；青藏高原以北、以东为第二阶梯，海拔在 2 000～1 000 米；第三阶梯为北起大兴安岭，中经太行山，南至巫山、云贵高原东侧一线以东的中国东部地区，平均海拔在 500 米以下。中国地理的第三大特点是季风气候显著，各地干湿冷暖差别悬殊。就干湿度而言，中国大陆以距离海洋远近形成了从东南向西北由湿润、半干旱到干旱的逐渐递变。东部阶梯除华北以外一般湿润多雨，中部阶梯除云贵高原以外一般为半干旱、干旱气候，西北内陆则成为最干旱地区。就冷暖度而言，中国大陆由南向北以名山大川为天然分界，呈现出热带、亚热带、暖温带、中温带、寒温带的递变。

赏析

在中国，由于四面有明显的天然屏障，而且这些屏障在史前甚至上古时期都是难以逾越的，因此它与世界其他地区的文明区缺乏联系，中华文明只能在本地起源，是世界上少有的原生性文明。

中国自然地理环境对传统文化的影响是多方面的：一是文化的多样性与多元一体格局。中国古代就形成了东南、中原以农耕为主，而西北以畜牧为主的人文生产景观。二是文化的封闭性大于开放性。中国四周的天然阻隔和相对封闭的自然地理特点，使中国古代一直缺乏对外开放、向外进取的条件和动力。相对优越的地理环境，加上中华先民的勤劳智慧，使古代中国在西方近代文明兴起之前，长期成为世界东方乃至整个世界最富足、最强大的国度，因而产生了"中华帝国，无求于人"的自我陶醉、自我封闭观念。中国古代"五刑"（死、流、徒、杖、笞）之中，流刑仅次于死刑，就是强迫犯罪的人远离故国、故乡、故土，利用地理环境和心理因素对之进行惩罚。

【生成背景二】

传统文化的经济基础

中国古代的农业一直保持着世界领先的地位。经过夏、商、周三代的经验积累，中国农业生产在春秋战国时期实现了一次较大的飞跃，主要表现在铁制农具的广泛使用、牛耕的推广、水利灌溉工程的大量兴修、耕地的大量垦辟和小农经济的出现等方面。秦汉时期，由于楼车、代田法的出现及以铁犁为代表的生产工具的改进，大大提高了生产效率和生产效益，促使农耕区向西北方向扩展，江淮、关中也出现了大大小小的灌溉区，全国垦田面积达到 800 万顷，人口 5 900 万。魏晋南北朝时期，由于北方战乱，大批人口南迁，南方农业水平迅速赶了上来，长江以南、五岭以北的广大地区及巴蜀一带逐渐成为我国重要的农业区。隋唐时期，中国农业经济重心开始移向长江流域，长江中下游地区成为中央政府的主要财政来源地，所谓“天下以江淮为国命”。宋元明清各代，中国的农耕和养蚕重心一直在南方，南方的粮草通过大运河源源不断地运往北方。唐宋以来，筒车、曲辕犁、梯田、施肥、套种、育种、园艺、农书等为代表的工具、工艺或技术远远走在了世界的前面，棉花、花生、玉米、番薯等经济作物和高产作物不断地从世界各地引进。清末，中国人口已达 4 亿。正是古代辉煌的农业文明，才支撑了中国这一庞大的人口基数。

赏析

中国传统的经济形态是农耕经济，农业给古老的中华民族提供了基本的衣食之源，因此，农业是中国传统文化最深厚的经济基础。中国国土广袤，民族众多，各地经济发展水平参差不齐，呈现出多姿多彩的文化景观，在文化景观众多的要素中，农业占有十分重要的地位。它不仅有其本身的表现形式，如农田水利、河流森林，并且还影响到农村聚落、道路交通，以及农民的精神生活如信仰与禁忌、娱乐与礼俗等。

中国的农业文化造就了中国文化的延续力，传统农业的持续发展保证了中华文明的绵延不断，使其具有极大的承受力、愈合力和凝聚力；同时，农耕经济的多元结构造就了中国文化具有个性突出和兼容并包相结合的包容性特点，中国文化不仅包容百家学说和不同地区的文化，而且长期吸纳周边少数民族的优秀文明，使其具有务实的精神和崇尚中庸的特征。

【生成背景三】

传统文化的社会政治环境

宗法制度是中国古代维护贵族世袭的一种制度，也是中国古代社会政治结构的一个显著特点。所谓宗法，就是中国古代社会规定嫡庶系统的法则。秦汉以后，严格意义上的宗法制已不复存在，但它的基本精神却以另外的形式顽固地存在于整个中国封建社会，这就是家族制度或者叫宗族制度。宋代以后，修族谱、建宗祠、置族田、立族长、订族规等这些中国封建社会后期家族制度的具体内容被人们逐渐接受了下来。中国古代社会政治结构的另一显著特点是存在着一个延续了两千多年且不断得到强化的君主专制的官僚政治体制。秦始皇扫平六国、统一全国后，建立了一个皇帝独裁、专制的中央集权的封建政治制度。它规定：皇帝自称朕，命为制，令为诏，印称玺，“天下事无大小皆决于上”。

赏析

中国传统文化的社会政治环境主要体现在以下两个方面：宗法制度的长盛不衰和君主专制制度的高度发达。宗法制度和伦理道德色彩浓厚的中国文化对中国社会产生了多方面的影响。首先，宗法特征导致中国文化形成伦理学范式，中华民族的凝聚力增强，人们注重道德，中国成为礼仪之邦。其次，宗法制度和君主专制制度使中国文化形成政治型范式，中国人将整体观念、国家利益置于民族最高利益的位置上。最后，宗法伦理特征在中国文化上反映为伦理政治化和政治伦理化，突出表现为内圣外王的心态，即修身、齐家、治国、平天下的人生理想和追求。

【政治思想文化】

周公安民

周武王攻下了商朝，召见邵公，问他："商朝的士人和百姓，怎么处置他们？"邵公回答说："把有罪的杀掉，无罪的留着。"武王说："不行。"邵公出去后，周公觐见。武王问："你认为该怎么办？"周公说："让他们各自居住在自己的家里，耕作自己的田，不要因为旧朝新臣而有所改变，只亲近仁义的人。"武王说："对啊！"于是听从了周公的话。

赏析

在丰富多彩的中国传统文化宝库中，政治思想文化对中国传统文化的形成起到了至关重要的作用，其影响大体包括以下几方面的内容：

（1）儒家的"仁政"、"德治"思想。周公是后世为政者的典范，孔子的儒家学派把周公的人格典范作为最高典范，最高的政治理想是周初的仁政，孔子终生倡导的是周公的礼乐制度。孔子曰"仁者爱人"，"仁"的基本含义就是对他人的尊重和友爱。孔子主张在社会上广泛地推行"仁爱"思想，更希望以"仁爱"思想来安邦治国，即所谓"为政以德"。

（2）道家的"无为而治"。道家所主张的"无为而治"是一种超越式的政治文化思想。所谓"无为"并非真的无为，而是要顺应天道自然，因势利导，人与社会方能和谐共存。道家的创始人老子的理想社会是"小国寡民"，国家虽然很多，但是个个国土面积小，人也少。在这种均衡的环境里，才不易爆发战争，人民才能安居乐业。

（3）墨家的"相爱相利"和"尚贤"。墨家认为理想的政治是"兼爱"天下人，如何爱天下人呢？那就是给天下人以"利"。

（4）法家的"法治"。法家所追求的理想政治是一个"法治"的社会。为了使国家强大而有序，法家主张尚法明刑，强化法令刑律。并且提出除国君之外的任何人，不论亲疏贵贱，都应当"一断于法"。韩非认为，对建立专制主义中央集权政治来说，"法"、"术"、"势"三者是必不可少的条件。所谓"法"，指成文法令；"术"，指国君统御臣下的手段；"势"，指国君所拥有的至高无上的权威。三者统一于君主专制，实现其稳定的统治。

（5）阴阳家的"五德终始"。阴阳家将构成物质世界的金、木、水、火、土这些"小物质"推及到广大的宇宙，认为这个世界都是由它们构成的。物质世界是变化运动的，其变化运动来自于"五行相胜"。

【伦理道德文化】

《二十四孝》

《二十四孝》全名《全相二十四孝诗选》，为中国古代宣扬儒家思想及孝道的通俗读物。其作者有三种说法：第一种是元代郭居敬编录，第二种是其弟郭守正著，第三种是郭居业撰。由历代二十四个孝子从不同角度、不同环境、不同遭遇行孝的故事集合而成。由于后来的印本大都配以图画，故又称《二十四孝图》。其故事大都取材于西汉经学家刘向编辑的《孝子传》，也有一些故事取材《艺文类聚》、《太平御览》等书籍。

赏析

中国传统文化有着非常浓厚的道德色彩，中国自古就是礼仪之邦，而古代思想家们的思想和理论中随处可见他们对道德的论述，道德甚至成为他们全部思想的焦点。

中国伦理文化中，最为典型的便是儒家伦理。儒家伦理大致可分为家庭伦理、社会伦理和国家伦理等几个内容。

(1) 家庭伦理：孝悌是“仁爱”的根本内容，孔子认为孝悌就是孝顺父母，尊爱兄长。其本质就是要求人们要长幼有分、男女有别、家庭和睦。

(2) 社会伦理：将家庭伦理推及社会就变成了社会伦理。信、义、宽、惠、温、良、恭、让、敏、行等都是人与人在社会上相处的基本准则。即做人不能不讲信义，为人要宽容、体谅他人，为人要温和善良，为人要有谦让精神，为人要聪明睿智、要善于践行等。实际上，孔子是将整个社会看作一个大家庭，人与人相处，就应该像与家人一样和睦共处，这是孔子的理想社会伦理。

(3) 国家伦理：将家庭伦理推及整个国家就是国家伦理。治国如同治家，国君就是一家之长，所以作为家里的“掌门人”，对于自己的家人（臣民）要有仁爱之心。只有将家人（臣民）看的最重的家长（国君），才能治理好这个家庭（国家）。同理，家人（臣民）要发扬孝顺父母、尊爱兄长的精神，忠于家长（国君），大家各尽其职。

【丰富多彩的民俗文化】

拜年

拜年这一习俗起源甚早，其详细情况虽不可确定，但宋代以前肯定已有。拜年是中国民间的传统习俗，是指新年拜家中尊长及到亲友处祝贺，是人们相互走访祝贺春节，表示辞旧迎新的一种形式。柴萼的《梵天庐丛录》解释说：“男女依次拜长辈，主者牵幼出谒戚友，或止遣子弟代贺，谓之拜年。”我们通常知道的是正月初一家长带领小辈出门谒见亲戚、朋友、尊长，以吉祥语向对方祝颂新年，卑幼者叩头致礼，谓之“拜年”。主人家则以点心、糖食、红包（压岁钱）热情款待之。

赏析

中国是一个多民族国家，中华民族五千多年的文化传统中，离不开丰富多彩的民俗文化。民俗文化对民众的生活往往能起到制约、规范、调和等重要作用。

(1) 传统节日。中国传统文化中的吉庆节日，是一个不断发展丰富的过程。中国主要传统节日有春节、元宵节、清明节、端午节、中秋节、重阳节等，少数民族如蒙古族还有那达慕大会、祭敖包等节日。每个节日都有其独特的节日活动和节日习俗。

(2) 衣食住行习俗。衣食住行习俗是每个民族生存必不可少的物质文化形态，既有相似性，又有差异性。中华民族在衣食住行方面有自己独特的文化传统。汉族服饰的冠、衣裳、履种类繁多，少数民族的服饰绚丽多彩；中华民族的饮食文化将物态文化、行为文化和精神文化巧妙地结合在食、酒、茶等文化中，达到一种精神愉悦的境界；传统建筑文化里，我们可以看到中华民族在居住方面流传下来的最优秀的建筑——园林文化；交通方面，北方的车马、南方的船舟，种类繁多，形制精巧。

(3) 民间信仰。求神拜佛是民俗文化中一个重要的文化式样，是古代社会人们寻求精神安慰的重要途径，反映了人们的天命思想。

（4）祭祖、求子。在中国民俗文化中，沿用了远古时代的原始宗教信仰，特别是对祖先的崇拜，“与天地崇拜、神灵崇拜一道，初步构成了中国早期崇拜与信仰的三元结构”。在民俗文化中，常见求子活动，求子活动的方式多种多样，如求祖先神灵保佑，求神仙显灵，求王母娘娘送子（佛教传来后又增加了求观音送子）等。祭祖、求子作为中国农业社会的生活反映，是重要的民俗活动。

知识链接

文化

“文”的本义是指各色交错的纹理。对“文”作解释较早的是《易经・系辞下》：“物相杂，故曰文。古者包牺氏之王天下也，仰则观象于天，俯则观法于地，观鸟兽之文与地之宜，近取诸身，远取诸物，于是始作八卦，以通神明之德，以类万物之情。”这段文字中“观鸟兽之文”，就是指观察鸟兽身上的各色交错的纹理。后来，在此基础上，“文”字又有许多引申意义：

（1）引申为文字、文章。在此基础上又引申为诗词曲赋。

（2）引申为古代的礼乐制度，在此基础上又引申为法令条文。

（3）引申为精神修养，在此基础上又引申为文采。

（4）在礼乐制度和修养的基础上还引申为美、善、德行之义，如成语“文质彬彬”（《论语・雍也》）中的“文”即指文采和修养德行。

总之，“文”在古人心目中，起初指纹理，后来又引申出近十几种引申义。其中，文字、文章、修养、德行与现在人们理解的“文化”一词的意义最为接近。

“化”的本意有三个方面：一是变化，二是生成，三是造化。主要指事物动态变化的过程。《庄子・逍遥游》中的“化而为鸟，其名曰鹏”，“化”即指变化。《易・系辞下》“男女构精，万物化生”中的“化”即生成，“化生”也是生成。雌雄构精，于是生成各种动物及某些植物。以上最基本的是指改变、变化，即事物形态或性质的改变。在此基础上，后来又引申为风俗、风气教化等。“化”字的引申义与现代人理解的“文化”一词最相近的是“教化”，也即伦理德行的化成，如“潜移默化”。

西汉以后，“文”与“化”经常连用，后来渐渐凝固为一个词。但并未出现现代意义上人们常见的“文化”一词。按照古人的理解，“文化”就是“以文教化”。近代（五四运动前后）在译介西方有关语汇（拉丁文 culture）时，借用中国固有的“文明”、“文化”等词，赋予新义，产生了我们今天通常所理解的“文化”一词。中国的“文化”一词侧重于精神领域的“文治教化”，“文明”一词则兼容物质创造和精神创造。

文化的实质性含义是“人化”或“人类化”，是人类改造自然界而逐步实现自身价值观念的过程。简言之，“自然的人化，也即人化自然，是文化的本质”。

拓展与训练

一、思考题

1. 简述中国传统文化成长的基本地理环境。

2. 学术界通常把文字、铜器和城市等作为文明的标志或基本要素。你的观点呢？

二、训练题

1. 查找资料，请说出中国传统文化都包括哪些方面。
2. 谈谈中国古代龙凤的象征意义及其所特有的龙凤文化。
3. 如何理解中国发达的山水文化？其意义何在？
4. 谈谈你对“君子”这一文化现象的看法。

第2节 中华传统文化发展概要

悠远浩博的中国文化，从孕育发生到恢宏壮大，有一个漫长而曲折的发展历程。中国传统文化实际上从汉武帝始分为前后两个不同的阶段：前期，诸子并存、百家争鸣，在春秋战国时期缘于当时的社会形势达到极盛，开创了中国文化发展的高峰；后期，儒家思想成为中国封建社会的主导意识形态，封建国家以政权强行推崇，虽然在当时和后来起到了巩固封建统治、强化中央集权的作用，但从总体上看，文化学术被束缚，人们思想被禁锢，儒家学说自身在皇权的笼罩下日趋式微、没落、保守、落后，成为阻碍中国社会发展的官方学术。

案例导入

殷商文化

殷商文化是十分典型的巫神文化和贵族文化，表现为尊天事鬼、迷信天命、崇拜祖先。日常生活中，事无巨细，都要问神占卜，把鬼神看作是支配自然和社会的绝对神秘力量，无条件地加以服从。在众神当中，“帝”或“上帝”被看作宇宙的最高神，主宰世界万物。但商人又认为，“帝”并不直接干涉人间事务，而是派一代表来统治管理人间，所谓“天命玄鸟，降而生商”，他们的祖先契是“帝”的儿子，是上帝派契来到人间统治万民的。这是最早的“君权神授”的思想。因此，祭天和祭祖在商人看来是密不可分的。殷商时期的自然科学有了一定的发展，天文、历法、青铜器制作等都达到了很高的水平，文字（甲骨文）诞生。

问题：

1. 中华传统文化起源有什么特点？
2. 中华传统文化发展贯穿哪条主线？

专题欣赏

【中国传统思想文化的孕育】

龙的崇拜

我国对龙的崇拜历史久远。1994年，在距今8 000年的内蒙古兴隆洼文化遗址发现了一条以褐色石块精心雕塑的龙，长19.7米。仰韶文化时期，我国南北各地的崇龙现象已经非常普遍，商周以后，龙已经渗透到了社会生活的各个领域。作为王权的象征或民间的雨神，龙的形象可以说无处不在。数千年来，无论是钟鼎、雕造、漆器、陶瓷，还是绘画、丝织、建筑、服饰、风俗等，无不以龙为题材。威猛奔放、喷水吐火、腾云驾雾，这些龙的色彩正是中华民族精神（龙的传人）的体现。

赏析

自然崇拜是远古人类对强大的自然现象感到无法理解、敬畏和难以控制而产生的。当时的人们普遍认为万物有灵，一切自然现象，包括动物、植物、无生物都有灵魂。继自然崇拜之后，人类社会出现的另一原始崇拜形式是祖先崇拜。当时的人类对自身的构造及繁衍缺乏理性认识，经常在梦中看到自己和周围的人，甚至死去的人，使他们感到除了自身肉体之外，还有一个平时看不到的灵魂存在着。上古社会“国之大事，在祀与戎”，祭祀祖先被看得特别重要，正是由于祖先崇拜的发展渗透，古代中国才发展成了宗法社会，伦理道德体系也由此建立起来。因此，中国传统文化中的诸多精神含义，都与尚老崇祖的古老习俗密切相关。

【中国传统思想文化的奠基】

五行

“五行”一词，最早出现在《尚书》的《甘誓》与《洪范》中。在《甘誓》中是指“有扈氏威侮五行，怠弃三正，天用剿绝其命”。《洪范》中则指出：“鲧堙洪水，汩陈其五行；帝乃震怒，不畀洪范九畴……鲧则殛死，禹乃嗣兴，天乃锡禹洪范九畴，彝伦攸叙……五行：一曰水，二曰火，三曰木，四曰金，五曰土。水曰润下，火曰炎上，木曰曲直，金曰从革，土曰稼穑。润下作咸，炎上作苦，曲直作酸，从革作辛，稼穑作甘。”

赏析

西周时期，觉得“天命靡常”，对天产生了怀疑，商代夏、周代商变革天命的事实更使人们觉得天不可信，在不动摇天命的前提下，强调人事的重要性，提出了“顺天应人”的思想。人们开始认为，单靠虔诚地祭天崇祖是无济于事的，关键还在于统治政策是否“宜民宜人”，而“民之所欲，天必从之”，因此，作为统治者，除要“敬天”，又要“保民”。与此同时，以研究八卦、五行、阴阳等矛盾关系为特征的原始唯物主义和朴素辩证法思想也出现。春秋战国时期，“轻天重民”、“民贵君轻”思想被社会广泛认同，这种思想成为后世反对专制主义的理论依据和思想源泉。先秦是中国传统思想文化的奠基时期，后世中国文化诸形式，特别是思想制度、礼仪、风俗等，无不源于这一时期。

【中国传统思想文化的统一】

罢黜百家，独尊儒术

汉武帝建元元年（前 140 年），下令举贤良方正，在对策中，《春秋》博士董仲舒建议：“诸不在六艺之科，孔子之术者，勿使并进。”随后，汉武帝罢黜秦朝所立各家博士，专立儒学五经博士，起用好儒术的田蚡为相，把黄老刑名等各家之言排斥于官学之外，从而正式确立了儒家的正统地位。

赏析

秦汉文化的一个特点是，从战国末期开始，随着统一趋势的愈加明显，统治阶级内部一直在寻找一种统一的思想文化模式。从吕不韦的《吕氏春秋》兼采各家之学，到秦始皇采用法家之说，焚书坑儒、以吏为师，再到西汉初年，混合道家无为与法家专制的“黄老刑名之学”，都是这种谋求统一的尝试。秦汉文化的另一特点是对外文化交流的加强。西汉时期，对外文化交流方面发生了两件大事：一是汉武帝两次派张骞出使西域，开辟了沟通东西方的“丝绸之路”，加强了中国与中亚、西亚、南亚的联系；二是佛教传入中国，佛教的传播对中国传统思想文化产生了深远影响。

【中国传统思想文化的变异】

竹林七贤

竹林七贤指的是晋代七位名士，成名年代较“建安七子”晚一些，包括魏正始年间的嵇康、阮籍、山涛、向秀、刘伶、王戎及阮咸。七人常聚在当时的山阳县（今河南修武一带）竹林之下，肆意酣畅，故世谓竹林七贤。七人是当时玄学的代表人物，他们的思想倾向略有不同：嵇康、阮籍、刘伶、阮咸始终主张老庄之学——“越名教而任自然”，山涛、王戎好老庄而杂以儒术，向秀则主张名教与自然合一。

赏析

魏晋南北朝到隋唐时期，中国封建生产关系有了新的变化，门阀士族长期把持政权，经济中心随一次次的人口南迁而逐渐移至江淮流域。长期的民族战争，大规模的民族迁徙流动形成了以汉族为中心的又一次民族大融合。同时，中外交流更加频繁，外来文化作为新鲜血液不断补充到中国文化的肌体之中。一是儒学的独尊地位不断受到异端思想的冲击，魏晋南北朝时期，儒学陷入危机，玄学应运而生；二是佛教东来并逐渐本土化；三是唐朝的政治制度给亚洲各国，特别是朝鲜、日本以深刻影响。魏晋南北朝隋唐时期，中国传统文化的其他形式也呈现出繁荣局面，如建安文学、两晋民歌、唐代诗歌、石窟艺术、绘画艺术、书法艺术、史学、地理学、数学、天文、医学、农业技术、建筑等都有不朽之作。

【中国传统思想文化的定型】

《资治通鉴》

《资治通鉴》，简称《通鉴》，是北宋司马光主编的一部多卷本编年体史书，共 294 卷，历时 19 年告成。它以时间为纲，事件为目，从周威烈王二十三年（公元前 403 年）写起，到五代的后周世宗显德六年（公元 959 年）征淮南停笔，涵盖 16 朝 1 362 年的历史。它是中国第一部编年体通史，在中国官修史书中占有极重要的地位。

赏析

宋元时期，社会经济，特别是南方经济继续发展，城市经济异军突起，趋于繁荣；社会生产关系，特别是劳动者的身份地位发生了很大变化；民族矛盾和民族冲突持续不断；重文轻武的社会风气延续不衰，产生了理学；科学技术高度发展，中国古代四大发明有三大发明是在这一时期完成的；封建正统文学继续发展，不仅宋词、元曲彪炳史册，而且在城市经济的推动下，通俗的市民文学趋于繁荣，显示出强大的生命力；编史撰志之风空前浓厚，史学巨著《资治通鉴》问世。

【中国传统思想文化的终结】

存天理，灭人欲

《礼记・乐记》说道：“人化物也者，灭天理而穷人欲者也。于是有悖逆诈伪之心，有淫泆作乱之事。”这里所谓“灭天理而穷人欲者”，就是指泯灭天理而为所欲为者。“存天理，灭人欲”是朱熹理学思想的重要观点之一。朱熹说：“圣人千言万语只是教人存天理，灭人欲。”“学者须是革尽人欲，复尽天理，方始为学。”

赏析

明清时期，中国封建社会步入晚期。政治上，一方面专制主义中央集权更为加强，另一方面官僚政治更加腐朽。经济上，一方面农业经济萎缩不前，另一方面城市经济相当繁荣，并且在个别地区出现了资本主义萌芽。封建政治经济上的矛盾反映在文化上：思想方面，一方面有适应封建统治需要的王阳明心学，封建政府为总结传统文化而大编类书、丛书，考据之风盛行，另一方面又有李贽、顾炎武、黄宗羲、王夫之的异端思想；中外文化交流方面，一方面是天朝在上，闭关锁国，另一方面是西学东渐，西洋传教士东来，传播西方的先进科技文化；文学方面，一方面是“前后七子”的复古运动，另一方面是市民文学的勃兴。小说成为明清时期成就最高、最有影响的文学形式。《水浒传》、《三国演义》、《西游记》、《红楼梦》中的人物成为家喻户晓、妇孺皆知的艺术形象。

鸦片战争以后，宗法的、伦理的、专制的中国封建文化在西方列强坚船和利炮的轰鸣中，在民主思潮和革命思想的激荡下，如日薄西山与秋风残叶，不可挽回地衰落了下去。

知识链接

中国文化

中国文化是中华民族根据自己的美学或哲学观点与思维模式，在认识与改造自然、社会与民族自身过程中所创造与积累的全部文明成果，具有自身的民族与国度特色。

其一，“中国”，其内涵经历了一个逐次扩展的过程，上古时期的华夏族（即汉族自称），主要活动于黄河流域，自认为居天下之中央，故称“中国”，中心之国之意。秦汉之后，中国由分散状态逐渐朝着集中统一的状态迈进。元代中国疆域最辽阔，元代的中国版图曾一度扩展到中亚地区和俄罗斯。清代疆域包括今蒙古人民共和国全境和俄罗斯的部分领土，新中国建立后中国的疆域最终定位，在论述中国文化时，在地域范围上，以现有的雄鸡形为界。

其二，中华民族是中国文化的创始主体。中华民族是现今中国境内华夏族（汉族）及55个少数民族的总称。“中”意思是居四方之中；“华”本义为光辉、文采、精粹，用于族名，蕴涵文化发达之意。在漫长的历史年代里，中国各民族都参与了建设中国文化的共同活动，都为中华民族的统一作出了自己的贡献，如蒙古族开创了元代，满族创造了清帝国，其饮食、服装对汉族有很大影响。

其三，中国文化具有自身的民族与国度的特色。中国文化的基本内容包括以下几个部分：一是独具特色的语言文字（方块字、表意、表形、表声），能把写字作为艺术、书法；二是瀚如烟海的文化典籍，如古典、经学、史学、类书和丛书等；三是惠及世界的科技工艺，四大发明带动了世界文明；四是精彩纷呈的文学艺术，如《诗经》、诸子散文、唐诗、宋词、元曲、明清小说；五是充满智慧的哲学宗教，如先秦百家争鸣时期的哲学，孔子、孟子、老子、庄子的哲学著作，起始于中国的道教，中国化的佛教；六是完备深刻的道德伦理，如三纲五常、三从四德等维持了当时的人伦关系。以上六个方面，既是中国文化民族与国度的特色，又共同构成了中国文化的基本内容。

拓展与训练

一、思考题

1. 秦汉及隋唐时期文化的特点各有哪些？

2. 试论民族振兴与文化重塑的关系。

二、训练题

1. 什么是中国文化？它包括哪些基本内容？

2. 你是如何认识神话传说的？

3. 春秋战国时期，我国思想界异常活跃，概述这种文化现象的突出特征，并分析形成这种文化现象的社会原因。

4. 收集一些社会生活中的实例，说明传统思想文化对现实生活的影响。

5. 战国后期，诸子已开始尝试以自己的学说统一思想。《吕氏春秋·不二篇》宣称："听众人议以治国，国危无日矣。""故一则治，异则乱。一则安，异则危。"反映了当时思想界怎样的发展趋势？原因何在？

第3节 中国传统文化基本精神

"持中贵和"不仅是中国传统文化中极其重要的思想观念，而且也培育了中华民族的群体心态，在中国文化的各个领域都有明显的体现。"极高明而道中庸"、"执其两端而用其中于民"、"致中和"等，无不是农业自然经济和宗法社会培育的人群心态。经过长期的历史积淀，和谐精神逐渐泛化为中华民族普遍的社会心理习惯。

案例导入

说文解字——人

"人"的初始字是"大"，是个象形字，有首，有四肢，有躯干，就像人平展双臂、岔开两腿站立的样子。后来造"大"字的时候，考虑到这个字的字义很抽象，不好表达，必须有所比较才能显示字义，于是就把"大"人假借（也是一种造字法）过来，古人认为，天地之间人为大，因而就把"大"由人变成了大，成了会意字。后来再造"天"字的时候，就在"大"字头上添上一横，表示万物之中天最大，天在人头上。

原来的"大"人被假借走了，只能再造一个，于是出现了现在的"人"字。《礼运》上说："人者，天地之德，阴阳之交，鬼神之会，五行之秀气也。"原来人是五行（金、木、水、火、土）的秀气孕育而成的，这一撇一捺，代表了"天地之德、阴阳之交、鬼神之会"。生而为人，可不简单，想一想，能否配称这"天地之德"呢？全凭这一撇一捺支撑着，才能成个直立的人。

问题：

1. 中国汉字背后有很多文化含义，你知道多少？

2. 请说说你的名字有哪些文化含义。

专题欣赏

【自强不息　厚德载物】

大禹治水

禹为鲧之子，又名文命，字高密。尧在位的时候，黄河流域发生了很大的水灾，庄稼被淹了，房子被毁了，老百姓只好往高处搬，尧召开部落联盟会议，商量治水的问题。他征求四方部落首领的意见：派谁去治理洪水呢？首领们都推荐鲧。鲧花了9年时间治水，没有把洪水制服。鲧临死前嘱咐儿子“一定要把水治好”。

禹改变了他父亲的做法，他带领群众凿开了龙门，挖通了九条河，把洪水引到大海中去。他和老百姓一起劳动，戴着箬帽，拿着锹子，带头挖土、挑土，脚常年泡在水里连脚跟都烂了，只能拄着棍子走。

经过十年的努力，终于把洪水引到大海里去，地面上又可以供人种庄稼了。

赏析

《周易》：“天行健，君子以自强不息；地势坤，君子以厚德载物。”曾子说，读书人不可以不心胸宽广大度，意志刚强坚韧，因为他重任在身而路程遥远。《史记·太史公自序》言：“盖文王拘而演周易，仲尼厄而作春秋；屈原放逐，乃赋离骚；左丘失明，厥有国语；孙子膑脚，兵法修列；不韦迁蜀，世传吕览；韩非囚秦，说难、孤愤；诗三百篇，大抵圣贤发愤之所为作也。”反映了中华民族越遭受挫折，越奋起抗争的精神状态和坚忍不拔的意志。

无数志士仁人，为了维护国家统一和民族团结，鞠躬尽瘁，不息奋争。诸如“剑外忽传收蓟北，初闻涕泪满衣裳。却看妻子愁何在，漫卷诗书喜欲狂”（杜甫《闻官军收河南河北》）式的激动；“出师未捷身先死，长使英雄泪满襟”（杜甫《蜀相》）、“遗民忍死望恢复，几处今宵垂泪痕”（陆游《关山月》）式的感慨；“王师北定中原日，家祭无忘告乃翁”（陆游《示儿》）、“会挽雕弓如满月，西北望，射天狼”（苏轼《江城子·密州出猎》）式的雄心，都是以高度的自信自尊而表现出的自强精神。正是这种自强不息的精神，凝聚、增强了民族的向心力，哺育了中华民族的自立精神和反抗压迫精神，以及中华一体、国家一统的精神。

【贵和持中　崇尚礼仪】

贵和尚中

“贵”是追求、注重、重视的意思；“和”在《说文解字》中被解释为和谐、协调。“贵和”就是追求人与人社会关系的和谐。“贵和”的思想往往和“尚中”之义联系在一起，“尚中”是实现“贵和”为人处世的集体准则。所谓“尚中”，其实就是“中庸之道”。中庸之道又称为君子之道，其大致意思是教导人们做人做事要平平常常，不可走极端：说话做事不可不及，也不可过满，不偏不倚正好。中庸之道的真谛在于：坚守中正，寻求适度，不偏不倚，无过无不及。

赏析

《论语·学而》：“礼之用，和为贵。”把“和”作为处事、行礼的最高境界。《中庸》第一章开篇曰：“喜怒哀乐之未发，谓之中；发而皆中节，谓之和。中也者，天下之大本也；和也者，天下之达道也。致中和，天地位焉，万物育焉。”和而不同是和思想的一个特征。如音乐，五音的高低疾缓臻于完美，就称为和；又如饮食，五味的多寡浓淡搭配得宜，也称为和；又如身体，阴阳之气平衡饱满，称为和；再如德行，处事不刚不柔曰和。

何谓“中庸”？据宋儒说，不偏不倚谓之中，恒常不易为之庸。儒家文化的这种中庸之道塑造了中国人的中庸之德，使中国人形成了中庸的思维与行为方式、处事作风和人格境界。在生活实践中，守中、不走极端，成为古代中国人固守的人生信条。在今日的语境下，“中庸”就是要正确把握度并协调好各种关系，以益于社会的和谐稳定、持续进步。

【正道直行　持节重义】

苏武牧羊

西汉前期，与汉交恶多年的匈奴族单于主动送回被扣在漠北的汉朝使臣，以示和好。汉武帝遂派中郎将苏武率团出使匈奴。当苏武完成使命即将返回时，匈奴祸起萧墙：缑王乘单于出猎之机，密谋杀害重臣卫律，劫持单于之母附汉，结果事败。苏武因其副手参与此事而受牵连。单于命卫律刑讯苏武一行。苏武担心属下贪生怕死，愧对家国，便慷慨陈词，激励众人：“屈节辱命，虽生，何面目归汉！”然后拔出佩刀自刎，以明心志。卫律见状大惊，速召巫医救治，后又以高官厚禄诱降。苏武对卫律的行径痛加斥责：“汝为人臣子，不顾恩义，叛主背亲，为降虏于蛮夷，何以汝为见？”卫律无奈，将苏武的表现如实上报。单于下令押送苏武去北海牧羊，佯称待公羊产下羔羊就放他南归，妄图迫其俯首就范。苏武身在异乡，但心向汉室，日复一日，年复一年，“杖汉节牧羊，卧起操持，节旄尽落”。直到汉昭帝初年，苏武才得以归汉。不辱使命的苏武，“始以强壮出，及还，须发尽白”（《汉书・苏武传》）。

赏析

孔子推崇“士可杀不可辱”，“三军可夺帅也，匹夫不可夺志也”。他说：“志士仁人，无求生以害仁，有杀身以成仁。”（《论语・卫灵公》）战国时，孟子提出了大丈夫要“养浩然之气”。后来，儒家学说将“气”与表示身份地位的“节”结合到一起，形成了中国人特有的气节观。气是一个人的奋发之态和豪放精神；节是一个人的本分，不该超越的不能超越，不该丧失的不能丧失。这两者结合形成了中国人几千年中基本的操守与品格。我国经过了奴隶社会、封建社会的漫长时期，每个时代都有很多这样有骨气的人。

【忠孝传家　勤俭持家】

丁忧

古代，父母死后，子女按礼须持丧三年，其间不得行婚嫁之事，不预吉庆之典，任官者并须离职，称“丁忧”。此源于汉代。西汉时规定在朝廷供职人员丁忧（离职）三年，至东汉时，丁忧制度盛行。此后历代均有规定，且品官丁忧，若匿而不报，一经查出，将受到惩处。但朝廷根据需要，不许在职官员丁忧守制，称夺情。明清时期丁忧三年终制，重新出来任职为起复。

赏析

所谓的忠孝，就是对自己的国家忠心耿耿，对自己的长辈恭敬从命。忠孝传家远，诗书继世长。一等人忠臣孝子，两件事耕田读书。虽在草野，不忘诗书。贫不废读，富则兴学。忠贞的官员始终以国家和民族利益为重。南宋抗金英雄岳飞背刺“尽忠报国”四字，昭示爱国心迹，历来为人称道。

传统中国非常讲究“孝道”，号称“百善孝为先”，皇帝标榜“以孝治天下”，选官则“举孝廉”，所谓“求忠臣于孝子之门”，儒家经典有《孝经》，通俗读物有《二十四孝图》，“老吾老以及人之老”被设想为“孝道”的最高境界。

中华民族总体上是一个农业民族，其主体世代定居在中华大地上，根据气候、季节的变化从事农业生产。中华民族在辛勤劳作中，深深懂得一分耕耘一分收获，形成了勤劳质朴的品格。

金缨《格言联璧·齐家》：“勤俭，治家之本。和顺，齐家之本。谨慎，保家之本。诗书，起家之本。忠孝，传家之本。”

【民为邦本　平均平等】

均田免粮

明末农民大起义中，李自成起义军提出了“均田免粮”的口号。李自成自潼关原之战失败后，被困于商雒山、鱼腹山，休养生息，积蓄力量，总结经验，1640 年（崇祯十三年）从巴西突围第二年进入河南时提出了这个口号。这个口号一提出便得到了广大人民群众的热烈拥护，“执香迎导，远近若狂”。“均田免粮”四字：“免粮”，是免除田粮，取消封建的赋役剥削。“均田”，怎么解释呢？意见就有分歧了，大约有以下三种：平分土地；“免徭役”、“平均赋役”；让豪绅富户捐输财物，充领军饷，赈济贫民。

赏析

“民为邦本”在整个中华文化中是一个一以贯之的传统，突出了中国文化的人本主义特色，在儒家学说中有典型、集中的反映。孔子主张富民、教民，所重的是民、食、丧、祭。孟子坚持“民为贵，社稷次之，君为轻”（《孟子·尽心下》）。荀子提出：“君者，舟也；庶人者，水也。水则载舟，水则覆舟。”

汉唐时期，民为邦本的思想得到了进一步发展。唐太宗李世民说：“君依于国，国依于民。”（《资治通鉴》卷一九二）宋元明清时期，民本思想得到进一步强化。北宋司马光认为民是“国之堂基”（《惜时》），明末清初的王夫之说：“君以民为基……无民而君不立。”（《周易外传》卷二）

“平均平等”的思想，在中国文化中主要表现为经济利益上的彼此一样。管子说：“仓廪实而知礼仪，衣食足而知荣辱。”汉代王莽称帝后，复古改制，重点即在恢复井田制，将全国土地定为国有，称为王田，不得买卖，按人口授田。平均平等的思想，在农民思想中根深蒂固。历代农民起义，大都以平均平等为号召。毫无疑问，中国文化中的平均平等思想是小农经济的产物。这种思想主张在自然经济条件下，均调社会财富，损有余补不足，对于减轻剥削、防止兼并、维持农民最起码的生存条件、安定社会等，起了积极的作用。但是，历史上这种平均平等的思想，带有绝对平均主义的色彩，因而是不可能实现的，也有其弊端。

【心忧天下　敢为人先】

心忧天下

左宗棠自幼聪颖，14 岁参加童子试，考中第一名，并写下了“身无半文，心忧天下；手释万卷，神交古人”的对联以铭志。20 岁中举。23 岁新婚时，他将 14 岁时写下的对联略加修改，贴在了洞房中：“身无半亩，心忧天下；读破万卷，神交古人。”

赏析

孔子曾经说过，“士而怀居，不足以为士矣”（《论语·宪问》）。就是说，一个人如果成天想的都是自己的小家，自己的小日子，那么这个人就不能够成为一个真正的君子。孟子曰：“天将降大任于斯人也，必先苦其心志，劳其筋骨，饿其体肤，空乏其身，行拂乱其所为，所以动心忍性，增益其所不能。”郑板桥是康熙秀才、雍正举人、乾隆进士，又是清代著名的诗人、金石家、书画家。他在山东潍县任知县时，为官清廉，关心民间疾苦，深为百姓拥戴。

历史传说中，炎帝制耒耜，种五谷，开发了华夏的原始农业，是农耕文化的创始人。神农尝百草、辨药性，开创医药之先河。黄帝身上集中了古人的各种优点、诸多发明和制作，如文字、音乐、历数、宫室、锅、镜子、舟车、衣裳等，结束了上古时期人们茹毛饮血、穴居野处的生活，带领华夏族从野蛮向文明发展，被人们奉为中华民族的人文始祖。

【天下兴亡　匹夫有责】

苟利国家生死以，岂因祸福避趋之

力微任重久神疲，再竭衰庸定不支。
苟利国家生死以，岂因祸福避趋之？
谪居正是君恩厚，养拙刚于戍卒宜。
戏与山妻谈故事，试吟断送老头皮。

1842 年 8 月，林则徐被充军去伊犁，途经西安，口占此诗留别家人。林则徐还作自注：“宋真宗闻隐者杨朴能诗，召对，问：‘此来有人作诗送卿否?’对曰：‘臣妻有一首云：更休落魄耽杯酒，且莫猖狂爱咏诗。今日捉将官里去，这回断送老头皮。’上大笑，放还山。东坡赴诏狱，妻子送出门，皆哭，坡顾谓曰：‘子独不能如杨处士妻作一首诗送我乎?’妻子失笑，坡乃出。”诗中表明了林则徐在禁烟抗英问题上不顾个人安危的态度，虽遭革职充军也无悔意。

赏析

“天下兴亡，匹夫有责”是清朝初年著名儒者顾炎武的社会主张，意思是说，国家民族的存亡，每个普通人都有责任。

“风声雨声读书声，声声入耳；家事国事天下事，事事关心。”中国的读书人历来将读书与国家的命运联系在一起，“读书不忘救国”，至今仍有积极意义，成为中国知识分子特有的优良传统。

【求是务实　豁达乐观】

鼓盆而歌

庄子妻死，惠子吊之，庄子则方箕踞鼓盆而歌。惠子曰：“与人居，长子老身，死不哭亦足矣，又鼓盆而歌，不亦甚乎!”

庄子曰：“不然。是其始死也，我独何能无概然！察其始而本无生，非徒无生也而本无形，非徒无形也而本无气。杂乎芒芴之间，变而有气，气变而有形，形变而有生，今又变而之死，是相与为春秋冬夏四时行也。人且偃然寝于巨室，而我噭噭然随而哭之，自以为不通乎命，故止也。”（《庄子·至乐》）

赏析

中国文化以人心和人生为观照，因而是面向现实、重视人生的。实事求是历来是中国人的认识原则和道德信条。孔子主张“学而时习之”、“每事问”、“知之为知之，不知为不知”、“毋意，毋必，毋固，毋我”。法家反对“前识”，注重“参验”，强调实行，推崇事功。道家主张“知人”、“自知”、“析万物之理”。这些都是求实精神的表现。在民族性格心理中，深深打上了求是务实的烙印。中国人的性格朴实无华，立身行事讲究脚踏实地，循序渐进，“摸着石头过河”，鄙视华而不实的作风。

在中国人看来，人生的意义、个体的价值，存在于现世的生活中。积极进取、自强不息的人生态度，始终以乐观主义为基调，从而可以淡化悲观心理。对真理的追求、对光明的向往，使人们对未来满怀希望。个人际遇的不顺，可以用“艰难困苦，玉汝于成”来自我调适，将抑郁之情导向乐观之态。团体的事业受到挫折，可以看做是新的成功的契机，低潮可以视作两次高潮间的过渡。社稷倾覆，可以通过卧薪尝胆来光复。历来传诵的“无平不陂，无往不复”、“否极泰来”等格言，表达了人们对未来美好前景的坚信。“道路是曲折的，前途是光明的”，便是这种乐观精神的积淀和转化。

【天人合一　物我相亲】

天圆地方

古人把天地未分、混沌初起之状称为太极，太极生两仪，就划出了阴阳，分出了天地。古人把由众多星体组成的茫茫宇宙称为“天”，把立足其间赖以生存的田土称为“地”，由于日、月等天体都是在周而复始、永无休止地运动，好似一个闭合的圆周无始无终，而大地却静悄悄地在那里承载着我们，恰如一个方形的物体静止稳定，“天圆地方”的概念便由此产生。

赏析

天圆地方是阴阳学说的一种体现。中国传统文化，博大精深，阴阳学说乃其核心和精髓。阴阳学说，具有朴素的辩证法色彩，是我国先哲们认识世界的思维方式，几千年的社会实践证明了它的正确性，“天圆地方”是这种学说的一种具体体现。天圆地方是“天人合一”的一种注解。在中国思想史上，“天人合一”是一个基本的信念。季羡林先生对其解释为：天，就是大自然；人，就是人类；合，就是互相理解，结成友谊。“天人合一”的思想就是强调人与自然的统一。人的行为与自然协调，人的道德性与自然理性相统一。只有如此，人的自我身心的平衡才能与自然环境的平衡相统一，以及追求人道与天道的和谐统一。

知识链接

中国士人“气节”之所寄——松、石

中国人对“气节”品质中坚忍不拔、不屈不挠、遗世清高的特性最普遍的联想就是青松。

孔子说：“岁寒，然后知松柏之后凋也。”司马迁理解孔子这句话的深意，所以在评论伯夷时说：“岁寒，然后知松柏之后凋也。‘举世混浊，清士乃见’。”他显然是在用青松抗霜雪的特点类比“气节”中清高的品质。陶渊明有“抚孤松而盘桓……临清流而赋诗”的

诗句，是在借孤松、清流表达自己的志趣和追求。

曹魏时刘桢亦以松柏岁寒后凋来赞扬其从弟的品性，其诗曰：

亭亭山上松，瑟瑟谷中风。
风声一何盛，松枝一何劲。
冰霜正惨凄，终岁常端正。
岂不罹凝寒，松柏有本性。

这里仍然是将松比喻为刚毅正直的人品气节。

石头因其固有的坚硬和色彩特性也多被用以类比“气节”的某些方面。

《吕氏春秋》上有此联想：

石可破也，而不可夺坚；丹可磨也，而不可夺赤。坚与赤，性之有也。性也者，所受于天也，非择取而为之也。豪士之自好者，其不可漫以污也，亦犹此也。

这明显是用石、丹喻指人物性情中真诚和廉洁的品质。

拓展与训练

一、思考题

1. “天人合一”里的“天”是什么意思？

2. 试述“重义轻利”的传统思想对当代中国人的影响。

二、训练题

1. 查阅资料，请分析最初孔子所说的“中庸之道”和后来的“中庸之道”最大的不同在哪里。

2. 什么叫做文化遗产？中国文化遗产有哪些？你身边有吗？

3. 中国传统文化中的人本主义与西欧 14—16 世纪文艺复兴时期兴起的人文主义在文化精神上存在什么本质区别？

4. 每一句成语背后，往往隐含很多历史故事、名人轶事、风俗文化等知识。请你列出与中华传统文化精神有关联的成语。

5. 中国人对“气节”品质中坚忍不拔、不屈不挠、遗世清高特性的联想还有哪些？

第 4 节　汉字的艺术

汉字古称“文”，“文”这个称谓强调它的象征性，《说文解字·序》所谓“仓颉之初作书，盖依类象形，故谓之文”。后来又称为“字”，《说文解字·序》所谓“其后形声相益，即谓之字。字者言孳乳而浸多也”。到了战国以后又称为“书”，《说文解字·序》将其解释为“著于竹帛谓之书，书者，如也”。这些称谓中喻含着对汉字特点的确认，即强调这是一种具有“依类象形”特点的文字，它是在对现实世界的模仿中产生的。

案例导入

2008 年北京奥运会会徽

2008 年北京奥运会会徽，上面的笔画，像字非字，似画非画；融字于画，寓画于字；

笔画之间，舞姿翩翩；舞韵之中，笔墨纵情，充分显示了汉字“入画”的美感。像一个“人”，又像一个“京”字，还像一个“文”字，预示着我们首都北京将举办一个“人文奥运”。我们仿佛看到，一个满怀热情和希望、富有激情和活力的舞者，正舞出中国人民的豪迈欢腾；一个充满生机与朝气、坚强与超越的运动员，正奔跑出奥运会“更快·更高·更强”的理念；一个龙腾虎跃的中国，正以满腔热情欢迎各国喜爱运动、热爱和平的人们。

问题：

1. 汉字与英文在结构上有什么不同？
2. 汉字的产生，有哪些说法？由一个人创造发明一种文字可能吗？

专题欣赏

【汉字的起源】

结绳记事

《易·系辞》上说：“上古结绳而治，后世圣人易之以书契。”意思是上古时代没有文字，人们用结绳来帮助记忆，到了后世，圣人才用文字取代了结绳。结绳记事就是原始人用给绳子打结来记时间、人数、男人或女人，打结的位置和不同形状，表达不同的意思，我国古书里有“结绳为约，事大，大结其绳，事小，小结其绳”的记载。不仅我国，古埃及、波斯、非洲、澳洲的土人，都曾结绳记事，帮助记忆，传递消息。

赏析

关于汉字的起源，中国古代文献上有种种说法，如“结绳”、“八卦”、“图画”、“书契”等，古书上还普遍记载有黄帝史官仓颉造字的传说。鲁迅在《门外文谈》中说：“他（原始人）的画一只牛，是有缘故的，为的是关于野牛，或者是猎取野牛，禁咒野牛的事。”他还讲到“有的在刀柄上刻一点图，有的在门户上画一些画，心心相印，口口相传，文字就多起来，史官一采集，便可以敷衍记事了”，形象地讲述了汉字的起源。也就是说，图画是用来记事、表示意思的，它和文字的发展有着直接的关系，但不等于就是文字。只有当图画的线条趋于简单一致，能够读出音来，并表示一个确定的意思的时候，才成为最初的文字。

【汉字的结构】

六书

许慎在《说文解字》中解释道：“天，颠也。”天就是人头顶上方的无垠的空间。天的意象，是通过人的形象来体现的。我们也不难看出：在古人眼里，天是具有人的性格的。因此，在中国上古时期，山川林木、江河湖海、风雨雷电，举凡自然界中的重要物类，都被先民们赋以人格、尊为神祇而加以崇拜、祭祀。因此，可以说汉字结构的基本特征就是以象形字为全部汉字的基础，“象形”统摄着六书，几乎渗透于所有汉字的字形。

赏析

象形 “象形者，画成其物，随体诘诎，日月是也。”“诘诎”，即弯曲。意思是说，象形字就是字形画成字义所表示事物的形状，随着物体的外形而曲折字的笔画，“日”、“月”就是这种字。

一类是独体象形字，即通过描摹事物的轮廓以表示该事物，如“日、月、鸟、鱼、鹿、山、水、牛、羊、象”等字，它们的甲骨文写法，就像这些物的形状。另一类是合体象形字（又称烘托象形、依附象形），这类字描画的往往是事物的分体，即便是整体，特征也不鲜明，容易造成对象间的混淆，需要附加背景，用相邻近、相关联的事物加以烘托、陪衬。象形造字法是一种最简单的造字法，很难用于表示意义抽象的或没有具体形象的概念，有很大的局限性。但是它却为指事、会意、形声字的构成创造了条件。

指事　“指事者，视而可识，察而见意，上、下是也。”“视而可识”，是说一眼看上去就可以认识大体，“察而见意”是说仔细观察就能发现意义所在。

指事字所表示的东西是抽象的，或者虽不抽象，却是局部的，不便单独表示出来的。用简单的符号表示抽象的、复杂的、不能象形的意义，终究是比较困难的。而且，真正抽象的意义，既然无形可象，也就难以“指点”出来。所以，汉字里指事字比象形字还少。《说文解字》中，指事字只有 125 个。汉代以后，基本上没有再造指事字。

会意　“会意者，比类合谊，以见指㧑，武、信是也。”意思是，会意字是并列两个以上的字，会合它们的意义，来表现该字义所指向的事物，“武”、“信”就是这种字。

会意字是合体字，由可独立成字的偏旁组合而成，偏旁都参与表义。字义是组成偏旁的意义的会合，记录了一个新词。

涉

会意是为了补救象形和指事的局限而创造出来的造字方法。和象形、指事相比，会意法具有明显的优越性：第一，它可以表示很多抽象的意义；第二，它的造字功能强。《说文解字》收会意字 1 167个，比象形字、指事字多得多。直到现在，人们还用会意的方法创造简体汉字或方言字，会意字是由两个或两个以上的形体组合而成的，组合的方式多种多样，交叉错综，这就是会意的方法所以“高产”、会意字所以多于象形字和指事字的原因。

形声　“形声者，以事为名，取譬相成，江、河是也。”形声乃是以形符标明该字的意义类属，取声音相近的字（声符）注明该字读音，搭配而成的造字法。形声字是由两个文或字复合成体，其中的一个文或字表示事物的类别而另一个表示事物的读音。例如“忍耐”的“忍”：“心”是形，表示“忍”属于属于心理活动；“忍”是声，表示“忍”的读音。又如“一唱一和”的“和”，“口”是形，“禾”是声。形旁的来源主要是象形字，如“口、心、衣”等。

形声字有两大优点：第一，它的造字方法简单，选择一个同音或近音字做声旁，再配上一个合适的形旁，就可以造出一个新字来；第二，它有表声成分，例如“防”、“机”、“驾”、“枫”等字，我们只看字的一半，大概就能知道这个字的读音。中国有句俗话说“秀才识字认半边”，这主要是对形声字而说的。意思就是从形旁可以认识字的意思，从声旁可以念出字的声音。比方说“湘”字：看字的右半边“相”，知道它的读音，看字的左半边知道它的意义大概跟水有关，是水的名称（湘江、湘水）。这样看来，汉字不是很容易学的吗？

转注　“转注者，建类一首，同意相授，考、老是也。”转注就是用一个部首来统帅部内的字，意义相同的字之间可以互相解释。转注字是一种完全同义词。简单来说，转注字就是由原来的一个字通过改换声调，或者在字形上进行一些变化而得来的字。转注字有三个条件：第一，两字同一部首；第二，两字的读音相近；第三，两字可以互相解释。例如“老”和“考”字，甲骨文的“老”字像一个长发、屈背老人扶杖的样子。后来“老”字的读音发生了变化，为了反映这种变化，成为“考”。“老、考”同属“老”部，意义相同，可以互相注释。

假借　“假借者，本无其字，依声托事，令、长是也。”假借字是本来没有造出那个字来，要记录时就从现成的字中选取一个读音相同或相近的字来表示。“令”字、“长”字就是这样的。

假借字有两类：一类是本无其字的假借，例如“北”字是二人相背，无形无象，就借语音相同的“背”来表示北方的意思。另一类是本有其字的假借。本有其字的意思是在日常使用的文字当中本来有表示某个词义的书写形式，但是在使用当中不用本来约定俗成的字形而写为另外一个意义不相涉而音同或音近的字。如借“汤”为“荡”；《诗经·豳风·七月》的“七月食瓜，八月断壶”中借“壶”为“瓠”。本有其字，为什么还要另外写一个假借字呢？原因可能有两种：一种是古代的写书者仓促间写为一个音同的字，历代传抄因其旧而不改；另一种是某一时期、某一地区或某一师承，经常习惯以某字代某字用，后世传写也就一仍其旧。

【汉字艺术一】

婚礼横匾

某人于婚礼上送一横匾，上书“北比白舅”四字，旁人皆不解其意。

那人解释说：“‘北’字正如二人互不相识时背靠背的样子；‘比’是一个向另一个开展追求的样子；‘白’是二人面对面互相倾谈的样子；‘舅’是二人结婚生下一男的样子。”众人听罢，拍手叫绝。

赏析

汉字是一个服务于汉语表达的书面符号系统。从某种程度上说，汉字是中国社会多姿多彩的投影，汉字可以反映汉族人民从心理、礼俗到生活习惯的许多情况，提供了解中国社会和文化发展的许多线索，以至于有不少专门研究汉字的学者认为：“解释一个汉字常常就是作一部中国文化史。”

“形美”是汉字重要的审美特质。汉字独特的美学价值植根于汉字与生俱来的象形性。中国自古以来就有所谓“书画同源”之说，汉字直接脱胎于图画。“近取诸身，远取诸物”是早期汉字的构形原则。所以汉字在一定程度上或直接或间接地表现了古代中国人的思想特点和思维方式。

【汉字艺术二】

苏东坡让道

某日，宋代大学士苏东坡郊游，见众多农夫在挑塘泥肥田。他信步走到一条小田埂上，不想迎面碰上一挑泥农妇。二人相对，各不让路。苏学士出大言道：“万般皆下品，惟有读书高。吾乃读书之人，汝妇当让道于我。”妇人一笑，说道：“既自称读书人，当能对?”东坡说：“胸藏斗牛，当然能对!”妇人于是脱口而出：“一担重泥挡子路。”苏东坡大惊，半晌无言以对，两旁田埂上送泥返回的人都望着他的窘态，哈哈大笑。苏东坡见此情景，忽有所悟，赶忙“借梯”下台对道：“两行夫子笑颜回。”他虽然对了下联，但心有余悸，心想，村野之中竟有如此聪颖农妇，再不能等闲视之而作此狂态，遂脱鞋袜下水田，拱手让路。

赏析

汉字使我国产生了某些独有的艺术，例如“对联”，俗称“对对子”，像“天对地，雨对风，山花对海树，大陆对长空”之类。就是利用汉字的各个独立、音节分明、声调匀称、相对整齐排列的特性而形成的一种语言形式。

【汉字艺术三】

宋徽宗测字

南宋高宗在位时，有一次微服私访，见谢石在大街测字。高宗举杖在地上画了“一”横，让谢石测字，谢石大吃一惊，要高宗再写，高宗又用杖在地上写个“問”字，谢石见此倒头便拜，低声呼“万岁”!

高宗很惊异：“何以看出朕的身份?”

谢石解答：“地上一划，则是‘土’上加‘一’，为‘王’也。‘問’字，则左右为‘君’。便知万岁到了。”

赏析

中华文化博大精深，汉字的魅力无穷无尽，测字之术也非蒙人之术，很早人们已发现字与人的内心存在着必然的联系。汉朝方言学家、大文学家扬雄曾提出“言者，心声也；书者，心画也”的著名论点。换句话说：“言为心声，字为心画。”现代人不也说“字如其人”吗?

当你写出一个字时，本身的一些信息也带在了字上，高明的测字者便能分解出来，真不知道是测者的高明，还是汉字的神奇。

【汉字艺术四】

小处不可随便

于右任的书法是自成一家的。有一天，于老发现他家后院外墙有人小便，便从自己的书房里随意找出一张宣纸，在上面写了“不可随处小便”贴在院墙上以警示路人。刚贴上不久，有一路人——一个书法爱好者——一看这幅字，不得了，是大书法家的手笔，喜爱至极，就小心地揭下来带回家赏玩。但总觉得“不可随处小便”这句话十分不雅，难以示人。这名书法爱好者灵机一动，将这幅字剪切后重新拼组，并拿去装裱后悬于厅堂正中。这副字重新拼组后变成了“小处不可随便”。如此，俗句成了警世雅言，真是巧夺天工。

赏析

汉字丰富多彩的字体和形体，加上独具一格的书写工具和材料，经过我们祖先长期的创造和努力，成为世界上一门特别的艺术——书法。汉字笔画千姿百态，它所表现的美，可概括为“运动美、力量美、速度美、浑厚美、犀利美、飘逸美、舒缓美”。前三种美是事物内在的美，必须借助一定的形式才能体味；后四种美是事物外在的美，是形式本身具有的表现。各种美往往又互相交融，体现于同一艺术形态中，共同构筑了不同的汉字。其中篆书的字体最具典型性，不仅两边完全对称，正反两面也完全相同，相映生辉。著名文字学家孙星衍先生曾用篆书竖行书写了一副对联：“金简玉策自上古，青山自云同素心。”上款“山尊先生”，下款“孙星衍”。横额匾题“幽兰小室”，高雅别致，可以两面欣赏，令人叹为观止。

知识链接

汉字体系的形成

从原始汉字的产生到汉字体系的形成，汉字的发展经历了漫长的发展过程。

1. 产生了大量的表意字

随着生产的发展和社会的进步，人们的交际越来越频繁，交际的范围也越来越大，原始图画逐渐发展起来，在此基础上表意文字大量产生，同时吸收少数原始几何符号为记号字。

2. 广泛使用假借字

假借，就是借用某个表意字去表示跟它声音相同或相近的字。例如用表示日落时候的“莫”表示否定性不定代词“莫”、用像锯形武器的“我”表示第一人称代词“我”等，大大增加了记录汉语的能力，扩大了汉字的使用范围。

3. 形声字得到发展

假借字得到发展的同时也促进了形声字的发展。假借字的广泛应用和词义引申的结果，就是一个字往往要表现多种意义，很容易造成字义不够明确的情况。为了增强文字表义的准确性，人们开始把某些表意字当作表示字义类别的符号，加在假借字或本字上，以减少歧义。例如为了区别“其”的本义和假借义，人们就在“其”上加竹字头作“箕”让它表示本义，而让“其”表示假借义。另外，人们在一些表意字上加注音符，使它跟它代表的词在语音上的联系更加紧密。用这种办法造成的新字就是形声字。形声字的迅速发展，使汉字数量迅速增加，汉语的汉字体系逐渐形成。

拓展与训练

一、思考题

1. 汉字有哪些特点？

2. “南腔北调”典故出自哪里？类似反映汉字语言的成语还有哪些？

二、训练题

1. 请以具体的汉字为例，解释汉字的字形艺术和发音艺术。

2. 同学称为“书友”，唱歌叫“歌咏”，算术题的答案叫“得数”，出门在外不是“搭车”就是“搭船”，这些旧时的日常用语你知道多少？

3. 在各种“福禄寿双喜”字创作中，都不同程度地结合具象造型，你会几种？

4. 阅读下段文字，体验汉字魅力。

字，点点滴滴，滂滂沱沱，淅淅沥沥，一切云情雨意，就宛然其中了。视觉上的这种美感，岂是什么 rain 也好 pluie 也好所能满足？翻开一部《辞源》或《辞海》，金木水火土，各成世界，而一入“雨”部，古神州的天颜千变万化，便悉在望中，美丽的霜雪云霞，骇人的雷电霹雹，展露的无非是神的好脾气与坏脾气，气象台百读不厌，门外汉百思不解的百科全书。（余光中《听听那冷雨》）

5. 现在汉字听写大赛风靡海内外，在信息化输入汉字的时代，你还能用手正确写出多少个汉字？

第 5 节　姓氏与名、字、号

“尊姓大名？”这是中国人和陌生人打交道时必问的一句话。名字对每个人来说都十分重要，所以一些新爸爸、新妈妈绞尽脑汁要为孩子想一个好名字，有的人甚至为此踏访仙山庙宇，寻求高人的帮助。每个名字中，都包含着一种美好的愿望，但中国人的名字绝非仅此而已，姓名字号的背后有着更加丰富有趣的故事。

案例导入

《百家姓》

《百家姓》是一本关于中文姓氏的书，成书于北宋初。原收集姓氏 411 个，后增补到 504 个，其中单姓 444 个，复姓 60 个。《百家姓》采用四言体例，句句押韵，虽然它的内容没有文理，但读来顺口，易学好记，与《三字经》、《千字文》并称“三百千”，成为中国古代蒙学中的固定教材。该书颇具实用性，熟悉它，于古于今都有裨益。《百家姓》是中国独有的文化现象，流传至今，影响极深：它所辑录的几个姓氏，体现了中国人对宗脉等的强烈认同感。姓氏文化，或谱牒文化，是中国文化的重要组成部分。

问题：

1. 中国现在哪个“姓”的人最多？

2. 中国古人除了起名，还会起字和号，有什么用处？

专题欣赏

【古人姓名、字、号一】

“萧”姓起源

据《元和姓纂》、《古今姓氏书辨证》等有关资料所载，“萧”姓为周代宋国微子启的后裔。《通志·氏族略》："萧氏，古之萧国也，其地即徐州萧县，后为宋所并，微子之孙大心平南宫长万有功，封于萧，以为附庸，宣十二年楚灭之，子孙因以为氏。"由于宋微子是殷商后裔，而萧国是由微子之孙大心所建，故"萧"姓源流可追溯到上古圣君商汤。后世"萧"姓大多认可此说法。

赏析

《通志·氏族略》曰："三代以前，姓氏分而为二，男子称氏，妊人（女子）称姓。氏所以别贵贱，贵者有氏，贱者有名无氏。姓所以别婚姻，故有同姓异姓庶姓之别。氏同姓不同者，婚姻可通；姓同氏不同者，婚姻不可通。三代之后，姓氏合而为一，皆所以别婚姻而以地望明贵贱。"

姓氏是指姓和氏，两者本有分别，姓起于女系，氏起于男系。秦汉以后，姓、氏合一，通称姓，或兼称姓氏。

姓，《说文解字》解释说："人所生也。古之神圣母感天而生子，故称天子。从女、从生，生亦作声。春秋传曰：天子因生以赐姓。"作为血脉延续的姓氏，最早出现在中国。据考证，中国人在五千年前就有了姓。那时是母系社会，人们只知有母，不知有父。所以"姓"字是"女"和"生"组成，形象地说明最早的姓跟母亲有关。

由此可见，中国人的姓是标志所由出生的血缘关系。母系氏族时，盛行族外婚制，有"同姓不婚"的习俗。由于人口不断繁殖，一个母系氏族繁衍为若干个女儿氏族和孙女儿氏族，这些新的近亲氏族仍然保持原来的血缘关系不变。随着近亲婚配的限制日益扩大，氏族之间也不再准许通婚。于是原来作为一个氏族标志的姓就扩大为这些近亲氏族的共同标志，这样一个姓至少代表一个部落。而在同一部落内的各个氏族，又必须各有新的标志，这就是氏。

姓氏作为一种独特的文化现象，在中国通常是维系血缘的隐形纽带。在人们熟悉的《百家姓》背后，还隐藏着约 4 000 个不常见的姓氏和 20 000 个鲜为人知的姓氏。

夏、商、周时，人们有姓也有氏。"姓"是从居住的村落，或者所属的部族名称而来；"氏"是从君主所封的地、所赐的爵位、所任的官职，或者死后按照功绩追加的称号而来。所以贵族有姓，有名，也有氏；平民有姓，有名，没有氏。同"氏"的男女可以通婚，同"姓"的男女却不可以通婚，因为中国人很早就发现这条遗传规律：近亲通婚对后代不利。

姓作为"远禽兽，别婚姻"的符号，是中华民族文明进步的重要标记，经过数千年的繁衍发展，至今中国历史上使用过的姓氏已有 2.2 万多个，这些姓氏有的已经退出了历史舞台，但是绝大部分代代相传，延绵不断，成为中华民族生生不息的血缘纽带。

【古人姓名、字、号二】

以名得大魁

乾隆末年，乾隆皇帝年事已高，取阅殿试的十本卷子，看到最末一名叫胡长龄，龙颜大悦，说："胡人乃长龄耶?"就把此人点为状元。（《清稗类钞》）乾隆皇帝大概觉得这个名字是个好兆头，预示他这能长寿，所以赶紧把胡长龄点了状元。

赏析

据《周礼》"婚生三月而加名"，婴儿出生三个月后由父亲取名，百日时行命名礼。现在所看见最早的名是商代人的名。当时的习惯，崇尚以天干为名。也往往以其生日干支来命名，主要以天干（甲、乙、丙、丁、戊、己、庚、辛、壬、癸）命名，如太乙、天乙（成汤）、太丁、盘庚、帝辛（纣）、外丙、仲壬、太甲……武丁等。周代以后对命名有所讲究。春秋鲁桓公问命名应遵守的礼节时，大夫申提出“信”、“义”、“象”、“假”、“类”五条（“五则”），即根据其出身特点，或从追慕祥瑞、托物喻志、褒扬德行、寄托父辈期望等几个方面比照取名。到战国时，很多贵族通过占卜来给自己的儿子命名，如屈原“皇揽揆余初度兮，肇锡余以嘉名”。

随着儒学的兴起，对起名的讲究越来越复杂，成书于战国年间的《周礼》中对命名除了前面提的主要注意的五条之外，还规定了“六不”：不以国，不以官，不以山川，不以隐疾，不以畜牲，不以器币。

秦汉以后，随着封建专制的加强，在命名方面除了对“五则”、“六不”同样讲究外，还禁止使用一些寓含王霸意义的字眼，如“龙、天、君、王、帝、上、圣、皇”等字。有些朝代不禁。

明清以族谱命名为特征，影响很大。至今，从农村族谱中可看出这一现象。其字当然是些寓意吉利的字，如“文武、富贵、昭庆、德祥、龙凤、昌盛”等。

1744 年，乾隆为孔子后裔定了三十个字：

希言公彦承，宏闻贞尚衍。
兴毓传继广，昭宪庆繁祥。
令德垂维佑，钦绍念显扬。

起名是一种文化行为，中国人的起名更体现了我们中华民族的传统文化和思想观念，一个人的名字即体现了一种文化修养，也寄予了人们追求的志趣、品位和方向。所以起名是很有学问的。名字的暗示作用是很大的，名字对每个人都起着潜移默化的作用，或是积极向上的激励作用，或是碌碌无为的消极作用。

【古人姓名、字、号三】

孔子姓名的由来

孔子是神国公孙嘉的后代，公孙嘉字孔文。我国古人有的以祖先的“字”为姓，如鲁公子牙字叔，他的孙子就叫叔得臣。孔子也是以这种方式为姓的，故姓孔。为什么人们叫孔子为“孔老二”呢？原来，孔子的父亲叔梁纥，是鲁国的一个将军，他原有九个女儿和一个儿子，这仅有的一个儿子是个瘸子。在当时男尊女卑的情况下，叔梁纥当然很不满意。于是，他就和妻子一起到曲阜东南的尼丘山求天神另赐一子。后来，果然又生下了孔子，叔梁纥以为这是在尼丘山上求来的，就给他取名为孔丘，字仲尼。“仲”字是排行，表示“第二”的意思，因为孔子是叔梁纥的第二个儿子，所以人们又叫孔子为“孔老二”。

赏析

“字”只是限于古代有身份的人。

《礼记》中说：“男子二十，冠而字；女子许嫁，笄而字。”这里说的是古人的一种礼俗，那时候，小孩子生下来 3 个月由父母命名，男子到了 20 岁，由父亲在宗庙主持冠礼，把头发束起来，在头顶盘成髻，这表示可以娶媳妇，有资格参军与参加祭祀了。然后由身份高的老人根据男孩的名取字。有了字的男子，才算成年。女孩子到 15 岁举行笄礼，取字。所谓笄，就是在头发上插簪子，表示女孩可以找婆家了。过去说的“待字”就是待嫁，“未字”就是未嫁，“字人”就是出嫁的人。取字的目的是为了让人尊重他，供他人称呼。一般人，尤其是同辈和属下，只许称尊长的字而不能直呼其名。

“字”是中国古代姓氏文化与礼仪文化的产物，是在长期封建制度与礼仪风俗的发展中形成的一套中国文化特有的模式和规则。古人的名、字、号，甚至斋室号都应是有着一定含义，彼此间都是内在联系的有机组合。

取字是适应周代的礼法产生的，也适合中国封建社会的礼教，所以它是中国的特产。“字”要译成外文是很困难的，因为除了中国，别的国家没有用字的。现在的人完全没有了取字的必要，仅有一些国画家、书法家还爱用“字”。

【古人姓名、字、号四】

五柳先生

田园诗人陶渊明每于劳作之余，在亭亭如盖柳荫下击节而歌，聊以慰藉，自号“五柳先生”，他在《五柳先生传》中自述：“宅边有五柳树，因以为号也。”

赏析

按《辞海》的解释，号，指人的名、字以外的自称，又称别号。旧时给自己取号的，大都是士大夫和文人墨客，因均属通晓翰墨之人，无不别出匠心，各有所爱所好。

起号之风，源于何时，文献资料上没有详细记载，大概在春秋战国时就有了。像“老聃”、“鬼谷子”等，可视为中国最早的别号。东晋时陶渊明自号“五柳先生”，南北朝时期有更多的人给自己起了号，唐宋时形成普遍风气，元明清达到鼎盛，不但人人有号，而且一个人可以起许多号。如明朝画家陈洪绶有“老莲”、“老迟”、“悔迟”、“云门僧”等四个号。延至近代，用号风气一直不衰，如苏玄瑛号“曼殊”、齐璜号“白石”、何香凝号“双清楼主”。现代以来，文人的号逐渐被笔名所代替。

古人起“号”，主要是为了表明处境、记述心情、显示兴趣和标榜志向。如今我们研究古人的字号，便于人们阅读古代文献。它自身的内涵值得我们注意，不难发现，在古人的字号中，往往能从另一个角度体现出一个时代的更迭。古人的字号影响着今人起名以及生活风俗文化习惯。例如，现在有很多人给别人起外号，便是由古人起“号”演变而来。

知识链接

古人在交往中称呼方面的规矩

古人一向重视礼仪，在日常交往中的自称和相互称呼方面，形成了一套较严格的规矩。

一般来说，在相互交谈或书信往来中，凡提到自己的则用谦称或卑称。在古人的自我谦称中，较为常见的有以下几种：“鄙人”，即自谦为见识浅陋之人；“不才”、“不佞”，即自谦为无才能之人；“不敏”，即不聪明之自称；“不肖”，即自谦为不贤之人。此外，一般男子自称“臣”、“仆”，女子自称“妾”、“奴”、“奴家”，年轻者在年长者面前自称“学生”、“晚生”、“后学”，老百姓在官吏面前自称“小人”、“小民”等。即使是地位尊显的帝王和诸侯也有谦称，一般自称“孤”、“寡”。后来，“孤家寡人”渐渐成为帝王的专门自称。

与此不同的是，古人在相互称呼对方时，往往使用尊称。古时常用的尊称有：“父”、

“子”、“长者”、“先生”、“公”、“君”、“足下”等，对象不同，使用的尊称也不同。“父”，是对年长男子的尊称，如仲尼父、伯禽父；“子”，多用来表达学生对老师的敬意，如孔子、孟子，也有的在字的前面加“子”，如子产（公孙侨）、子贡（端木赐）；“长者”，一般是对有德行之人的尊称，一些古代名人如伍子胥、信陵君等，都被人称为“长者”；“先生”，古人对师长、老人、有德行者均称“先生”。至于“公”、“君”和“足下”，它们运用范围广泛。在古代官场中，还有一些专用的尊称，如君称臣作“卿”、“爱卿”，臣称君作“陛下”。另外，人的字、号，也属尊称，但只能用于特指的个人。

拓展与训练

一、思考题

1. 中国姓氏有哪些各自的地理“基础”？

2. “字”和“号”都有哪些区别？

二、训练题

1. 取名有哪些文化含义？

2. 海峡两岸姓氏有哪些文化渊源？

3. 请查找资料分析中国姓氏文化对周边国家有哪些影响。

4. 中国的姓氏起源种类很多，如“李”姓，原为“理”，源于皋陶任尧时大理职务（司法官），子孙为之，后为姓氏。你了解你的姓氏来源吗？

5. 中国古代用 12 种动物与“子、丑、寅、卯、辰、巳、午、未、申、酉、戌、亥”十二地支相配，组成十二生肖。生肖与取名有关系吗？

第3章　智慧思辨——中国古代哲学与思想学说

第1节　哲学价值与中国古代哲学起源

西方哲学、印度哲学、中国哲学并称为世界三大哲学传统。中国古代哲学，最初是从原始宗教中逐渐分化出来的。中国古代哲学萌芽于殷周，原始人在自己的劳动中了解自然界，有了唯物论萌芽的基础。阴阳五行的观念，是中国原始的朴素的唯物论和辩证法的胚芽。

案例导入

我不是我了

在古希腊流传着这样一个故事：一个人一次外出忘了带钱，便向他的邻居借。过了很久，这个人总不还钱，邻居便向他讨债。这个人没钱可还，便说："一切皆变，一切皆流。现在的我，已经不是当初借钱的我了。"赖账不还。邻居很生气，一怒之下打了他一记耳光。赖账人要去见官告状，这位邻居也说："一切皆变，一切皆流。现在的我，已不是打你的我了。"赖账人无言以对。

问题：

1. 你认为这个世界是思维产生了物质，还是物质产生了思维？
2. 你知道有哪些著名的唯心和唯物哲学家？

专题欣赏

【哲学基本问题一】

郑人买履

《韩非子》记载了这样一个故事：郑国有个人，准备到集市上买一双鞋子。他事先量了自己的脚，随手把量好的尺寸丢在了座位上，出门时却忘记了带尺寸。

来到集市上，挑好了鞋子，伸手一摸，这才想起来，说：“我忘记带脚的尺寸了。”于是，他急忙回家去取。

等他再赶回来的时候，集市已经散了，卖鞋子的人已经离去，结果他没有买到鞋子。这时有人问他：“你为什么不用自己的脚试一试呢?”他回答说：“我宁可相信尺码，也不相信自己的脚。”

赏析

哲学基本问题又称哲学的根本问题、哲学的最高问题，是指思维和存在、意识和物质的关系问题。哲学主要包括两个基本问题，即思维与存在、意识与物质的关系（何者为本原），以及思维能否正确认识存在（思维和存在有没有同一性）。

郑人买履，只相信尺码，不相信实际。在这里，郑人的脚是客观实际，属于物质的范畴。而依据脚量出的尺码属于意识范畴，是第二性的东西。辩证唯物主义认为，物质第一性，意识第二性，物质决定意识，意识是物质的反映。而唯心主义者恰恰颠倒了物质和意识的关系，因而，在理论上错误的，在实践中是有害的，郑人买不到鞋子，空跑了两趟，便是明证。

【哲学基本问题二】

偷鸡贼

一个人专门偷邻居的鸡。有人劝告他：“快不要偷了，这是不道德的。”他说：“我决心痛改前非。不过我偷瘾很重，一下子不偷也很困难。这样吧，从今天起我减少到3个月偷一只，到明年就可以不偷了。”明知是不道德的事就应及早改正，为什么还要等到明年呢?

赏析

意识能够反作用于客观事物。正确的意识能够指导人们有效地开展实践活动，促进客观事物的发展；错误的意识则会把人的活动引向歧途，阻碍客观事物的发展。因此，我们一定要重视意识的作用，重视精神的力量，自觉树立正确的思想意识，克服错误的思想意识。故事中的主人公明明知道偷窃是错的，为什么不及时改正，还要等到明年呢?

【中国哲学的起源一】

阴阳说

阴，《说文解字》曰：“暗也，水之南、山之北也。”阳，《说文解字》曰：“高明也。”

阴阳是古人对宇宙万物两种相反相成的性质的一种抽象，也是宇宙对立统一及思维法则的哲学范畴。中国贤哲拈出“阴阳”二字来表示万物两两对应、相反相成的对立统一。

阴阳，代表一切事物的最基本对立面。阴为寒，为暗，为聚，为实体化。阳为热，为光，为化，为气化。阴中有阳，阳中有阴，冲气以为和。

中国古代哲学有着自己的一套独特的范畴和体系。如果说西方哲学是逻辑推理的分析哲学，那么由阴阳、五行、八卦、《易经》发展而来的中国哲学，就是由伦理道德观念发展来的伦理哲学。

赏析

“阴”、“阳”是中国古代哲学用以表示事物的两个对立面的哲学范畴，殷商和周代已有了原始的“阴”、“阳”概念，最初是指日光的向背，向日为阳，背日为阴。古代的思想家看到一切都有正反两个方面，就用“阴”、“阳”这两个概念来解释自然界两种既对立又统一的物质现象。

中国古代辩证法源于阴阳学说，“阴”、“阳”是中国古代哲学的一对范畴。古人对“阴”、“阳”关系的研究和运用，反映了对立统一的辩证观在中国古代就产生了。这虽不能完备地解释世界，但它的基础理念却是辩证的，主要有：世界的本源是物质的，大自然是一个物质性的整体，自然界的一切事物都有阴与阳既对立又统一的两个方面，而阴、阳的对立统一运动是自然界的一切事物发生、成长、变化、消亡和转化的根本原因。阴阳学认为，阴阳关系是矛盾的，相对应的。比如，美与丑、难与易、祸与福、高与低、内与外、寒与热等，都反映了阴阳对应关系。世界一切事物无相对应的矛盾双方，就构不成事物对立统一的阴阳范畴。阴阳关系是抗衡的，相互制约的。阴阳之间一强一弱的不平衡是常态，阴阳的任何一方过于强盛，对方就会受到抑制而趋弱；或者任何一方过于不足，亦会导致对方相对亢奋。阴阳关系是不能单独存在的，是相互为根又相互为用的。阴阳学认为，阴阳关系是相互转化的，当事物的阴阳消长变化到一定限度时，就会发生根本性的转变，主要发生在事物矛盾运动的“极”或“重”的阶段。即所谓“物极必反”、“物之极由乎变”、“重阴必阳，重阳必阴”也。老子《道德经》亦曰：“祸兮福之所倚，福兮祸之所伏。”

这些说明了中国古人用阴阳的相反相成和相辅相成关系，从不同侧面揭示了事物矛盾运动对立统一的规律，朴素地表述了事物矛盾运动的辩证法。

【中国哲学的起源二】

五行说

金、木、水、火、土五类物质各有不同属性，如木有生长、发育之性；火有炎热、向上之性；土有和平、存实之性；金有肃杀、收敛之性；水有寒凉、滋润之性。五行说把自然界一切事物的性质、类别纳入这五大类的范畴。

五种元素在天上形成五星，即金星、木星、水星、火星、土星，在地上就是金、木、水、火、土五种物质，在人就是仁、义、礼、智、信五种德性。古代人认为这五类物质在天地之间形成串联，如果天上的木星有了变化、地上的木类和人的仁心都随之产生变异，这色彩十分浓厚的占星术就是以这种天、地、人三界相互影响为理论基础衍生而来的。

赏析

五行是中国古代哲学的基本概念。五行观念的萌生稍晚于阴阳学说，中国古代人民在长期的生活和生产实践中认识到木、火、土、金、水是必不可少的最基本物质，并由此引申为世间一切事物都是由木、火、土、金、水这五种基本物质之间的运动变化生成的。五行相克表示的是物质基本形态的变化，五行相互作用，产生万物无穷的变化。在事物的相互关系中，基本的作用方式是相生（促进）与相克（抑制），这是一对矛盾，矛盾的任何一方又可分为两方面，即“我生”、“生我”、“我克”、“克我”四种变化。

五行最初专指五星（水星、火星、金星、木星、土星）的运行，至战国时代，著名阴阳家邹衍把地上的金、木、水、火、土这五种人们生活中不可缺少的物质，依照天上星象的五行运动，建立了五行学说，借以说明自然界多种事物之间既相互滋生又相互制约，在不断的相生相克运动中维持着动态的平衡。并将其与阴阳学说结合起来，论述自然界事物的产生及运动规律，从而形成了中国传统哲学思想的源头。它强调整体概念，描绘了事物的结构关系和运动形式。如果说阴阳是一种古代的对立统一学说，则五行可以说是一种原始的普通系统论。

【中国哲学的起源三】

八卦说

八卦是中国古代的一套有象征意义的符号，由三条长画和三条断画组成八种图式。八卦传说起源于三皇五帝之首的伏羲，伏羲氏在天水卦台山始画八卦，一画开天。八卦表示事物自身变化的阴阳系统，用"—"代表阳，用"- -"代表阴，用三个这样的符号，按照大自然的阴阳变化平行组合，组成八种不同形式，叫做八卦。对于八卦不要有过多神秘色彩，它在汉族文化中与阴阳、五行一样是用来推演世界空间、时间各类事物关系的工具。每一卦形代表一定的事物。乾代表天，坤代表地，坎代表水，离代表火，震代表雷，艮代表山，巽代表风，兑代表沼泽。八卦就像八只无限无形的大口袋，把宇宙中万事万物都装了进去，八卦互相搭配又变成六十四卦，用来象征各种自然现象和人事现象。

赏析

八卦是中国古代的基本哲学概念，所谓"太极生两仪（即阴阳），两仪生四象（即少阳、太阳、少阴、太阴），四象演八卦，八八六十四卦"，此为伏羲八卦，也叫先天八卦。中国古代医学家们根据四象划分人体阴阳之气，并以此与人的生理特点和外表形态结合来解析人的个性类型。

【中国哲学的起源四】

《易经》说

《周易》亦称《易经》，简称《易》。"易"有变易（变、化）、简易（执简驭繁）、不易（相对永恒不变）三义，相传系周人所作，故名。内容包括《经》和《传》两部分。《周易》以高度抽象的六十四卦的形式表征普遍存在的双边关系中可能发生的各种各样的变化，并附以卦爻辞作简要说明。传说周文王演《周易》，其背景是周文王与商纣王之间的斗争。周有周密、周遍、周流等义，是建立在"乾坤一元、阴阳相倚"基础上对事物运行规律加以论证和描述的书籍。

赏析

《易经》是中国哲学的根源。庄子认为"《易》以通阴阳"。阴阳问题是中国哲学基本问题。近代有学者认为《周易》是我国现存最古老、最系统的哲学著作。《童子问易》进一步指出：《易经》持有的是生生不息的宇宙观，是本体论的生命哲学。它既讲世界观，又讲方法论。认为世界是"有"（太极）；其方法论包括辩证法和一分为二（"分阴"、"分阳"）、"复"观的方法，要求当见"天地之心"，天地之心不是所谓的"道心"，而是德心；还有"穷则思变、变以从道"、"极深研几、见机而作"、"钩深致远"、"物相杂"、"杂而不越"、"善持盈"、"进德修业"等方法。

作为中国文化的第一部经典之作，《易经》对于中国传统文化和中国古代哲学的影响是深远的，多层次的。中国古人大到哲学问题的思考，小到生活琐事的决断，无不深受《易经》思维模式的规范。中国哲学中阴阳相生相克、对立统一的基础理论，便根植于

《易经》。后人从《易经》中发展出了复杂的哲学系统，儒家和道教的学说均明显受到《易经》的影响。今人更是从《易经》中解读出哲学、政治、历史、军事、民俗等诸多方面的研究价值。

知识链接

中国古代哲学的范畴体系

中国古代哲学在其发展的行程中，从先秦到“五四”运动，构筑了一个相互联系的整体哲学范畴体系。这一范畴体系是中华民族在认识客观世界的过程中逐渐形成的，反映了中华民族理论思维和认识外部世界的水平逐渐深化的过程。这个范畴体系基本由五个方面构成：

（1）属于宇宙论方面的范畴有：阴阳、五行、天、天道、理、气、太极等。

（2）属于本体论方面的范畴有：有无、体用、一多、本末、动静等。

（3）属于知识论方面的范畴的有：知行、能所、言意等。

（4）属于历史哲学范畴的有：王霸、义利、理势、理欲等。

（5）属于人生论（或道德哲学）范畴的有：仁、义、礼、智、诚、心、性、情、欲等。

这五个方面的概念范畴又相互交叉，形成中国哲学的范畴网络。

（资料来源：李中华：《中国文化概论》，34 页，北京，华文出版社，1994。）

拓展与训练

一、思考题

1. 中国哲学起源于哪些学说？

2. 研究哲学的基本问题对于我们人类有哪些作用？

二、训练题

1. 你知道有哪些哲学典故？

2. 中国古代哲学有哪些基本特征？

3. 请辨析：哲学基本问题的意义仅在于为人们提供一个划分唯物主义与唯心主义的标准。

4. “仓廪实而知礼节，衣食足而知荣辱”，有没有体现哲学的基本问题？

5. “没有景物，何来感情”与“没有感情，何来景物”，哪句正确？为什么？

第 2 节　中国古代哲学思想

中国哲学思想异常活跃，其中影响最大的四大思想资源是原始儒家、原始道家、中国佛学、宋明理学。春秋战国时期，百家争鸣，最终由儒家和道家思想占据统治地位。自宋代开始至元明清三代，占统治地位的哲学是宋明理学，它是儒、释、道三教交融的产物。历代王朝多以儒学教化百姓，以道学修炼身性、养生，以理学规范天下，以佛学安抚民心。

案例导入

诸子百家

“诸”是指各个；“子”是对“士”的尊称；“百家”是指学派林立的现象。诸子百家是对春秋战国时期各种学术派别的总称，据《汉书·艺文志》的记载，数得上名字的一共有 189 家，4 324 篇著作。其后的《隋书·经籍志》、《四库全书总目》等书则记载“诸子百家”实有上千家。西汉司马谈将诸子百家概括为“儒、墨、道、法、名、阴阳六家”，刘歆又补充了“农、纵横、杂、小说”四家，形成了十家有影响的学派。在春秋战国时期，各种思想学术流派的成就，与同期古希腊文明相辉映。以孔子、老子、墨子为代表的三大哲学体系，形成诸子百家争鸣的繁荣局面，各学派都有自己鲜明的观点和特征。

问题：

1. 诸子百家对中国文化有什么影响？
2. 要想了解中国文化，就应当学习中国哲学，你觉得有道理吗？

专题欣赏

【儒家哲学】

春服舞雩

典出《论语·先进》：春秋时期的思想家孔子，经常同他的弟子讨论问题。有一天，子路、曾点、冉有、公西华四人陪孔子坐着，孔子就向弟子提了问题：“如果有人任用你们，你们想干些什么呢？”

子路急忙回答道：“一个拥有 1 000 辆兵车的国家，夹在大国中间，常受别国军队的侵略，加上内部又有饥荒。让我去治理，只要 3 年，就可以使人们勇敢善战，而且懂得遵守礼仪。”孔子听了，笑了笑。

冉有说：“一个六七十里的小国家，让我去治理，只要 3 年时间，百姓就可以丰衣足食，至于国家的礼乐，只有等君子来实行了。”

公西华说：“在宗庙的祭祀工作中，我愿意穿着礼服，戴着礼帽，做一个小小的赞礼人。”

孔子于是问曾点。曾点放慢弹瑟的速度说：“暮春时节，天气转暖，穿上春天的衣服，邀五六个朋友，去沂河里洗洗澡，在舞雩台上吹吹风，一路唱着歌走回来。”孔子赞许说：“这正是我所向往的啊！”

赏析

孔子创立了儒家哲学，提出了以仁为核心的人生价值之学和社会伦理之学。孔子的主要学术贡献是整理古代典籍，述而不作。这就是后来中国哲学的经典著作《诗》、《书》、《礼》、《乐》、《易》、《春秋》。

儒家学派是中国哲学思想中最重要的学派，儒家哲学对鬼神持怀疑态度、敬而远之，提倡中庸之道。

儒家思想是以“仁”为内在思想核心，以“礼”为外在行为规范，以“中庸”为其辩证思维方法，以“知、行、学、思”为认识论的一套严密的关于人伦道德的学说，重视血亲人伦，重视现世事功，重视道德修养。在天道观方面，儒家继承了西周史官文化以“天命”与“人德”相配合的思想，把自然的信仰放到了现实人生的从属地位。在历史观方面，儒家将捍卫三代的典章文物当作自己神圣的使命，同时也不排斥对不符合时代潮流的礼俗政令加以适当的修改。在社会伦理方面，儒家以“仁”释“礼”，试图把社会外在的规范化作为个人内在的道德伦理意识的自觉要求。在修身论方面，儒家设计出一套由小及大，由近及远的发展人格和安邦定国的方案，为巩固封建政权体制提供了切实可行的途径，也就是说，儒家思想学说，守旧而又维新，复古而又开明。

儒家的哲学不是从认识论、反映论的角度，而是从精神境界、道德修养、自我完善的角度去探讨哲学的真谛。儒家哲学更侧重人生哲学，研究处世之道。儒家的辩证思维方法是“中庸”之道，把中庸思想当作最高的道德标准、根本的哲学原则、治国的根本方略。

【道家哲学】

顺其自然

禅院的草地上一片枯黄，小和尚看在眼里，对师父说：“师父，快撒点草籽吧！这草地太难看了。”

师父说：“不着急，什么时候有空了，我去买一些草籽。什么时候都能撒，急什么呢？随时！”

中秋的时候，师父把草籽买回来，交给小和尚，对他说：“去吧，把草籽撒在地上。”起风了，小和尚一边撒，草籽一边飘。“不好，许多草籽都被吹走了！”

师父说：“没关系，吹走的多半是空的，撒下去也发不了芽。担什么心呢？随性！”

草籽撒上了，许多麻雀飞来，在地上专挑饱满的草籽吃。小和尚看见了，惊慌地说：“不好，草籽都被小鸟吃了！这下完了，明年这片地就没有小草了。”

师父说：“没关系，草籽多，小鸟是吃不完的，你就放心吧，明年这里一定会有小草的！”

夜里下起了大雨，小和尚一直不能入睡，他心里暗暗担心草籽被冲走。第二天早上，他早早跑出了禅房，果然地上的草籽都不见了。于是他马上跑进师父的禅房说：“师父，昨晚一场大雨把地上的草籽都冲走了，怎么办呀？”

师父不慌不忙地说：“不用着急，草籽被冲到哪里就在哪里发芽。随缘！”

不久，许多青翠的草苗果然破土而出，原来没有撒到的一些角落里居然也长出了许多小苗。小和尚高兴地对师父说：“师父，太好了，我种的草长出来了！”

师父点点头说：“随喜！”

赏析

道家是中国古代哲学的主要流派之一。以“道”为世界的最后本原，所以称为道家。老子是我国古代伟大的哲学家和思想家，道家学派的创始人，他所创立的道家哲学思想，具有辩证法思想，对后世影响很大。

先秦道家以老子、庄子为代表。老子的思想，首先，以“道”为本体的宇宙观，表示自然天象的运行规律以及人类社会的发展规律和人的行为准则。其次，从本体论出发，老子主张“无为”（顺应自然），这是老子的核心思想。再次，“静观”、“玄览”的神秘主义认识论。最后，“反者道之动”的辩证法思想。人类社会和自然界存在着大量的矛盾，矛盾双方处在对立统一之中，都是互相联系、互相依存的，可以向相反的方向转化。

庄子的思想，首先是继承了老子关于“道”的思想，并有所发挥。其次是以相对主义为基础的认识论。与老学相比，庄学的基本特色是十分注重个体人生，是一种充满东方智慧的人生哲学，所要解决的主要问题就是作为主体的个人如何消除种种祸害，如何摆脱种种束缚，获得完全的精神自由和开放独立的人格，提出了齐万物、齐物我、齐生死的相对主义思想，认为只有这样才能获得无条件的精神自由，“逍遥游”。最后是顺天听命，认为自然是人所不能干预的，也是用不着干预的。

道家哲学影响到整个中国古代哲学的发展。在中国历史上，道家哲学有时被一些非官方儒学的重要人物改造与继承，如汉代的扬雄、桓谭、王充等；有时为官方儒学所吸收，如宋明理学；曾经一度成为官方哲学或一时代的统治思潮，如汉初的黄老学和魏晋玄学。此外，道家哲学还深深地影响到中国的道教与佛教两大宗教哲学思想的发展。道教尊老子为太上老君，奉《道德经》为道教基本经典，奉《庄子》为《南华真经》，并且用老庄哲学来论证道教的神仙学，建立了道教的宗教哲学体系。两晋时期的佛教般若学，则更是佛玄结合的产物。

【墨家哲学】

一毛不拔

语出《孟子·尽心上》：“杨子取为我，拔一毛而利天下，不为也。”差不多与墨子同一时期，有一位叫杨朱的哲学家，反对墨子的“兼爱”，主张“贵生”、“重己”，重视个人生命的保存，反对他人对自己的侵夺，也反对自己对他人的侵夺。

有一次，墨子的学生禽滑釐，问杨朱道：“如果拔你身上的一根汗毛，能使天下人得到好处，你干不干？”禽滑釐说：“天下人的问题，决不是拔一根汗毛能解决得了的！”

禽滑釐又问：“假使能的话，你愿意吗？”杨朱默不作答。

当时的另一位大思想家、儒家学派代表人物孟子，就此对杨朱和墨子作了评论：“杨朱主张的是‘为我’，即使拔他身上一根汗毛，能使天下人得利，他也是不干的；而墨子主张‘兼爱’，只要对天下人有利，即使自己磨光了头顶，走破了脚板，他也是心甘情愿的。”

赏析

墨家是中国东周时期主要哲学派别之一，与孔子（儒家）、老子（道家）为代表的三大汉族哲学体系形成了诸子百家争鸣的繁荣局面。墨家约产生于战国时期，创始人为墨翟（墨子）。

墨子哲学思想的主要贡献是在认识论方面。他以“耳目之实”的直接感觉经验为认识的唯一来源，认为判断事物的有与无，不能凭个人的臆想，而要以大家所看到的和所听到的为依据。墨子从这一朴素唯物主义经验论出发，提出了检验认识真伪的标准，即三表：“上本之于古者圣王之事”，“下原察百姓耳目之实”，“废（发）以为刑政，观其中国家百姓人民之利”。

墨家哲学中的社会哲学主张是积极进取的，充满“舍我其谁”的态度，不但从理论上抒发国与国、家与家、人与人之间兼爱、非攻的思想，主张贤人政治，还透过实际行动，亲身参与各种反战行动与建设事业，在知与行上完全奉行从百姓到天子“尚同于天”的原则，希望达到世界大同的理想。由于其站在平民角度上立论，讲究节俭刻苦、杜绝浪费，使其文化哲学理论呈现朴素保守之风。

【法家哲学】

昭侯醉酒

韩昭王有一次喝醉酒以后和衣睡着了，典衣（专门管衣服的人）不在，典冠（掌管国君帽子的侍卫）怕他着凉，就给他盖上一件衣服。韩昭王睡醒后很高兴部属对他如此关心，问左右说："谁给我盖的衣服？"左右回答说："是典冠给您盖的。"韩昭王于是将典衣和典冠一同处罚。处罚典衣官，是因为他失职；而处罚典冠官，是认为他越权。君主并不是不厌恶受凉，只是认为失职和越权这事比着凉更厉害。

赏析

韩非是法家最后的也是最大的理论家，在他以前，法家有三派，各有自己的思想路线。第一派以慎到为首。慎到与孟子同时，他以"势"即权势为政治和治术的最重要因素。第二派以申不害为首。申不害强调"术"（办事、用人的方法艺术，也即政治手段）是最重要的因素。第三派以商鞅为首。他最重视"法"（法令、法制）。

韩非子总结了前期法家的思想和实践，提出了以法为中心的"法（政令）、术（策略）、势（权势）"三者合一的封建君主统治术。韩非子还发挥了法家进步的历史观，认为历史是向前发展的，反对"法先王"。

【理学哲学】

吟风弄月

程颢、程颐两兄弟年少的时候，奉父命投学于周门，周子教二程寻求"孔颜乐处"，并求"所乐何事"。程颐后来又见周敦颐，感慨道："自再见周茂叔后，吟风弄月以归，有'吾与点也'之意。"

在周敦颐看来，孔子的弟子颜回便是学习的榜样和典型。"颜子，一箪食，一瓢饮，在陋巷，人不堪其忧，而不改其乐。夫富贵，人所爱也。颜子不爱不求，而乐乎贫者，独何心哉。"这便是理学家们津津乐道的"寻孔颜乐处"。

赏析

宋明理学大致分为程朱理学和陆王心学。宋明理学亦称"道学"，指宋明（包括元及清）时代，占主导地位的儒家哲学思想体系。汉儒治经重名物训诂，至宋儒则以阐释义理、兼谈性命为主，因有此称。宋明理学融合了儒、释、道三家学说。

朱熹是宋代理学的集大成者，《四书集注》被明清两代定为教科书，强调道德理性对人的情感欲望的制约，人心必须服从道心，"人欲"必须服从"天理"，提出"存天理，灭人欲"、"心包万理，万理居于一心"。为了涵养心性，要求人们"居敬"（专心一致）、"穷理"（深入研究）。还要求人们"格物致知"，即"穷天理，明人伦，讲圣言，通世故"，向天理和社会学习。

王阳明又叫王守仁，他建立了理学界的"心学体系"，在朱熹的知先行后观点的基础上，提出了"知行合一"的观点，一方面要求人们在内心精神上下工夫，另一方面要求人们言行一致，表里一致。

在方法论上，宋明理学把道德提高到本体的高度，要求人们的道德标准达到理性的境界，认为提高道德可在强化“主意”上多下工夫，以“内统外”来提高道德境界，还要发扬儒家传统，实现有无合一的境界。用反求内心的修养方法，以达到与“万物一体”的境界。

一方面，宋明理学在元明清几代都是官方的哲学，传到日本后，其影响达 400 年。在培养气节操守，重视品德，讲求以理统情，自我克制，发奋立志等建立主体结构方面起了重要的作用。另一方面，宋明理学维护专制等级统治，存天理，灭人欲，压制和扼杀人的本性，把理和封建纲常伦理结合起来，推行残酷的天理——三纲五常，给中国人民带来了精神压抑的灾难。

知识链接

中国哲学的宇宙观念和人生境界

中国哲学的宇宙观：宇宙就是无限的时空及其所包含的一切，东南西北上下六方为宇，古今往来之时间为宙，这是至大无外的宇宙观。宇宙间万事万物是不断变易的，宇宙间的一切变动流转之中，变化是普遍的，没有终极的。宇宙不是孤立的，静止的，而是普遍联系的整体。

中国哲学的人生境界：人生境界是指中国哲学家追求的理想人格之极致的一种精神状态，这种精神状态在儒家可用一个故事形象地说明，那就是“孔颜之乐”，“知之、好之、乐之”中的“之”可以理解为生活、事业、人生。冯友兰将古人所说的人生境界划分出四个等级：自然境界、功利境界、道德境界、天地境界。

拓展与训练

一、思考题

1. 理学与儒学在哲学思想上有何区别？
2. 通过欣赏本节，你觉得中国古代哲学大师们对宇宙是怎么认识的？

二、练习题

1. 请从哲学的角度分析佛家所提出的“色即是空”。
2. 请从哲学的角度分析培根所提出的“知识就是力量”。
3. “诸子百家”指哪些？
4. 哲学所要解决的基本问题是什么？不同历史时期，为什么会有不同的哲学流派？
5. 生活中有许多哲学原理，请你和大家分享。

第 3 节 中国古代思想学说

中国古代的思想学说是中华民族智慧的集中体现，可以说是中国文化的核心部分，在整个中国文化系统中起着主导作用。文学、艺术、伦理、教育、科学等莫不受它的引导和影响。从历史的发展看，中国思想学说源远流长。从孔子到孙中山 2 000 多年的历史中，中国出现了许多思想家和思想流派，他们各自体现了时代的精神面貌，代表着认识前进运动中的各个发展阶段。

案例导入

教亦为政

有人问孔子说："夫子为什么不出仕治理国政呢?"孔子回答说,《尚书》上说:孝啊,唯有孝顺父母,友爱兄弟,又能将此孝友之心作为管理家族的指导思想,使长幼都能和睦相处,没有不归于正道的。用这种品德去影响施政者,就是为政,何必非要求个一官半职,才叫做为政呢?

以孝著称的曾参连连点头,对身边的仲由说,如果每个人都能谨守孝道,推而广之,达到仁的境界,天下就大治了,那每个人也就算是参与了政治。"夫子所言是极。"

问题:

1. 你知道儒家思想的核心主张是什么吗?
2. 儒家、道家、法家的代表人物都有谁?

专题欣赏

【儒家思想】

孔子吃黍

某天,鲁哀公请孔子进宫叙谈。哀公请孔子吃桃子,边上还有一盘黍子,孔子恭敬地吃掉了黍子。

哀公笑道:"夫子,侍人送上来的黍子,是用来擦桃子上的毛的,不是吃的。"

孔子正色对哀公说:"主公啊,我不是不知道。但是,黍米是五谷尊者,是帝王用来祭祀天地及宗庙中最上等的谷物,其地位是很高的。但桃子地位是比较低贱的,祭祀时从不用。用尊贵的东西去擦拭低贱的东西,是君子所不为的。今天用五谷之长的黍米去擦拭低贱的桃子,臣以为这是违背周礼的。故我不敢那样做。"鲁哀公听了,大加赞赏地说:"夫子所言,真是妙极了。"

赏析

儒家思想,又称儒学、儒家学说,或者儒教,但是儒教并非宗教,它只是一个思想流派。因为儒家奉孔子为宗师,故而又被称为孔子学说。儒家学说是由孔子所创,并被之后的孟子、荀子等人所继承和发扬,是当时诸子百家之中的主流思想之一。

儒家思想崇尚"礼乐"和"仁义",提倡"中恕"和不偏不倚的"中庸"之道。

儒家基本上坚持"亲亲"、"尊尊"的立法原则,维护"礼治",提倡"德治",重视"人治"。儒家思想对封建社会的影响很大,被封建统治者长期奉为正统。

儒家"礼治"主义的根本含义为"异",即使贵贱、尊卑、长幼各有其特殊的行为规范。只有贵贱、尊卑、长幼、亲疏各有其礼,才能达到儒家心目中君君、臣臣、父父、子子、兄兄、弟弟、夫夫、妇妇的理想社会。国家的治乱,取决于等级秩序的稳定与否。儒家的"礼"也是一种法的形式,以维护宗法等级制为核心,如违反了"礼"的规范,就要受到"刑"的惩罚。

儒家的"德治"主义主张以道德去感化教育人。儒家认为,无论人性善恶,都可以用道德去感化教育人。这种教化方式,是一种心理上的改造,使人心良善,知道耻辱而无奸邪之心。这是最彻底、最根本和最积极的办法，断非法律制裁所能办到。

儒家的“人治”主义，就是重视人的特殊化，重视人可能的道德发展，重视人的同情心，把人当作可以变化并有很复杂的选择主动性和伦理天性的“人”来管理、统治。

同时，在教育上，儒家也有着自己的主张。孔子主张教育“有教无类”和“因材施教”，认为人不分贫贱，都应享有受教育的权利。而教师应该对自己的学生有充分的了解和认识，并根据每个学生各自的性格特点“因材施教”，让学生们各尽其才，有所进步。

【道家思想】

再授孔子

孔子与老子相别，转眼便是十七八年，至五十一岁，听说老子回归宋国沛地隐居，特携弟子拜访老子。

老子见孔子来访，问道：“一别十数载，闻说你已成北方大贤才。此次光临，有何指教?”孔子拜道：“弟子不才，虽精思勤习，然空游十数载，未入大道之门。故特来求教。”老子说：“道，深沉矣似海，高大矣似山，遍布寰宇矣而无处不在，周流不息矣而无物不至，求之而不可得，论之而不可及也！道者，生育天地而不衰败、资助万物而不匮乏者也；天得之而高，地得之而厚，日月得之而行，四时得之而序，万物得之而形。”孔子闻之，感到如腾云中，如潜海底，如入山林，如沁物体，天我合为一体，己皆万物，万物皆己，心旷而神怡，不禁赞叹道：“阔矣！广矣！无边无际！吾在世五十一载，岂知寰宇如此空旷广大矣!”老子道：“圣人处世，遇事而不背，事迁而不守，顺物流转，任事自然。调和而顺应者，有德之人也；随势而顺应者，得道之人也。知此大道也，日月交替、天地震动、风吼海啸、雷鸣电击而泰然处之。”孔子不禁心旷神达，说：“吾三十而立，四十而不惑，今五十一方知造化为何物矣！造我为鹊则顺鹊性而化，造我为鱼则顺鱼性而化，造我为蜂则顺蜂性而化，造我为人则顺人性而化。鹊、鱼、蜂、人不同，然顺自然本性变化却相同；顺本性而变化，即顺道而行也；立身于不同之中，游神于大同之境，则合于大道也。”言罢，起身辞别。

赏析

道家以道为世界的本原和普遍法则，认为天道无为，道法自然，据此提出无为而治、贵柔守雌、以柔克刚等政治、军事策略。

老子的思想主要是“无为而治”和“小国寡民”；庄子是无君论的宗师。道家思想是百家争鸣时期最重要的思想学派之一，并对后世产生过深远的影响。西汉初年，文、景二帝依照道家思想治国，使人民从秦朝的苛政中得以休养生息。虽然后来汉武帝“独尊儒术，罢黜百家”，使道家思想退出了主流思想的舞台，但是其在民间依然有着巨大的影响力。道家思想在西方也传播很广，不论是叔本华的唯意志主义哲学和悲观主义生活态度，还是海德格尔的本体论与存在主义，都受到了不同程度的影响，而关于自然无为的生活态度也被很多西方人所接受。

【墨家思想】

聚徒讲学

墨子以“兴天下之利，除万民之害”为己任，到处奔走，宣传行义。经过几年的实践，他深感靠一个人的力量不够，必须组织更多的人为义献身。约在三十岁之前，他创办了人类历史上第一个设有文、理、军、工等科的综合性平民学校，培养了大批人才。史称“弟子弥丰，充满天下”，其学说成为“言盈天下”的显学。

赏析

墨子，战国时期著名的思想家、教育家、军事家，墨家学派的创始人及主要代表人物。墨子是历史上唯一一位农民出身的哲学家，在历史上有着重要的影响力，其主要思想被记录在《墨子》一书中。

墨子提出了“兼爱”、“非攻”和“尚贤”的思想主张。“兼爱”是指人不分贵贱，都应该一视同仁，无差别地博爱，将对亲人、朋友的对待方式，扩展到其他陌生人身上。“非攻”是指反对发动不正义的战争，为万民塑造安定的生存环境。墨子认为不正义的战争是伤人命、损其才的破坏行为，根本毫无意义。“尚贤”是指任命官吏应以才能为准，打破旧式的世卿世禄制度，从而使“官无常贵，而民无终贱”。

墨子的思想后来曾被其他学派广泛吸收，到战国末期逐渐不受重视。

【法家思想】

定分止争

“一兔走，百人追之。积兔于市，过而不顾。非不欲兔，分定不可争也。”意思是说，一个兔子跑，很多的人去追，但对于集市上的那么多的兔子，却看也不看。这不是不想要兔子，而是所有权已经确定，不能再争夺了，否则就会违背法律，要受到制裁。

赏析

法家是先秦诸子中对法律最为重视的一派。他们以主张“以法治国”的“法治”而闻名，而且提出了一整套的理论和方法。这为后来建立中央集权的秦朝提供了有效的理论依据，汉朝继承了秦朝的集权体制以及法律体制，这就是我国古代封建社会的政治与法制主体。

法家重视法律而反对儒家的“礼”。法家认为人都有“好利恶害”或者“就利避害”的本性，商鞅得出结论：“人生有好恶，故民可治也。”法家反对保守的复古思想，主张锐意改革，认为历史是向前发展的，一切的法律和制度都要随历史的发展而发展，既不能复古倒退，也不能因循守旧。商鞅明确地提出了“不法古，不循今”的主张。韩非则更进一步发展了商鞅的主张，提出“时移而治不易者乱”，把守旧的儒家讽刺为守株待兔的愚蠢之说。

当然，法家思想和我们现在所提倡的民主形式的法治有根本的区别，最显著的一点就是法家极力主张绝对的君主集权。

【阴阳家思想】

邹衍吹律

传说：某年春天，邹衍来到渔阳郡（今密云西部），见此地依然还是冬天，寒气太盛，草木不长，百姓生活很苦，他上了郡城南边不远的一座小山上，吹起了律管，演奏春之曲。之后，这座小山便飘来暖风，阳光明媚，冰消雪化，树叶绿了，花儿开了，跟着整个渔阳大地变暖。后人把邹衍吹律管的小山命名为黍谷山，山上曾建邹夫子祠，立有“邹衍吹律旧地”碑，明洪武十年建密云城时在东门外重新建祠立碑，传承至今。

赏析

阴阳家可以说是春秋战国时期诸子百家中最神秘的一个学派。其代表人物为战国末期齐国的邹衍。

阴阳家的思想主要源于孔子创立的儒家和儒家所推崇的"六经"。在自然观上，利用《周易》经传的阴阳观念，提出了宇宙演化论；在地理观上，又从《尚书·禹贡》的"九州划分"进而提出"大九州"说，认为中国为赤显神州，内有小九州，外则为"大九州"之一（胡适曾在其《中国中古思想史长编》中大为赞叹阴阳家的这一地理观念）；在历史观上，则把《尚书·洪范》的五行观改造为"五德终始"说，认为历代王朝的更替兴衰均由五行所主运；在政治伦理上，"止乎仁义节俭，君臣上下六亲之施"，赞成儒家仁义学说。同时强调"因阴阳之大顺"，包含若干天文、历法、气象和地理学的知识。有一定的科学价值。

【纵横家思想】

螳螂捕蝉，黄雀在后

春秋时，吴王欲伐楚，曰："敢有谏者，死！"此时，其下有一年少者，自知人微言轻，谏必无用，徒遭横死。惟日怀弹弓，游于后园，露沾其衣，如是者三。吴王问之，对曰："后园有树，上有蝉正饮露，不知螳螂在后欲捕之也！而螳螂作势欲扑，竟不知黄雀蹑其旁也！黄雀伸颈仅顾啄螳螂，而不知树下之弹弓也！彼皆欲得前利而不顾后患也！"吴王听后，甚觉有理，乃不出兵。

赏析

纵横家是春秋战国时期以从事政治外交活动为主的一派，其学派创始人为鬼谷子。而鬼谷子最有名的两个弟子，就是同为纵横家的张仪和苏秦。

所谓"纵"、"横"的来历，据说是因南北向称为"纵"，东西向称为"横"。如果是南北六国联合抗秦，就叫"合纵"；而六国分别与秦国东西结盟，就叫"连横"。合纵派的代表人物是苏秦，连横派的代表是张仪。

在诸子百家之中，纵横家是最讲实务的，他们明确奉行的是"进取之道"，所作的每一件事目标性都非常强，要么合纵，要么连横，个个讲求"有为"。纵横家以"进取有为"作为其人生哲学的行为准则。

《鬼谷子》、《战国策》是纵横学说的代表作。

纵横家其实是一类杰出的谋士和辩家，他们个个都是外交高手，一直是战国社会舞台上的活跃分子，并且举足轻重，被形容为"翻手为云，覆手变雨"，操纵着整个战国斗争的局势。

【名家思想】

白马论

一天，公孙龙骑着白马来到函谷关。关吏说："你人可入关，但马不能。"

公孙龙辩道："白马非马，怎么不可以过关？"

关吏说："白马是马。"

公孙龙说："我公孙龙是龙吗？"

关吏一愣，但仍坚持说："按照规定，只要是赵国的马就不能入关，管你是白马还是黑马。”

公孙龙微微一笑，道：“‘马’是指名称而言，‘白’是指颜色而说，名称和颜色不是一个概念。‘白马’这个概念，分开来就是‘白’和‘马’或‘马’和‘白’，这是两个不同的概念。比如说你要马，给黄马、黑马可以，但是如果要白马，给黑马、给黄马就不可以，由此证明‘白马’和‘马’不是一回事！所以说白马非马。”

关吏越听越迷糊，被公孙龙这套高谈阔论搞得晕头转向，被侃晕了，不知该如何对答，无奈只好让公孙龙骑白马过关。

赏析

“名”不是有名的名、出名的名，而主要是指人、事、物、业的旗帜、标识与概念、意念。

名家，通俗地讲，就是辩论家，是春秋战国时期的诸子百家之一，主要以诠释“实”与“名”来阐述观点，代表人物有惠施和公孙龙。

名家学说可以说是我国最古老的逻辑学思想，为中国古代逻辑空间的发展和认识，以及对哲学形而上学的判断提出了一种方式方法，对老庄“无为”逻辑认识作出解说的可能，甚至成为对刑法之术进行认识的逻辑前提。但是由于名辩之学本身相当艰涩难懂，大大影响了其发展。再加上当时的主流文人不懂逻辑学，因此名家学说在当时遭到了排挤。

【兵家思想】

明修栈道，暗度陈仓

刘邦在汉中时，采用著名谋士张良的建议，烧毁了栈道。“栈道”是从关中翻越秦岭，南通汉中、巴蜀的古代交通要道。“陈仓”是宝鸡的古名，这里特指渭河北岸的陈仓古渡口。栈道在关中的出口斜谷，距陈仓古渡约70千米。

公元前206年，刘邦手下的大将军韩信用“明修栈道，暗度陈仓”之策开始军事行动，韩信先派樊哙、周勃率兵一万佯修已被刘邦进汉中时烧毁的栈道，摆出要从褒斜道出兵的架势，章邯闻讯立即加强斜谷防御。韩信却率大军西出勉县转折北上，顺陈仓小道入秦川，渡渭河于陈仓古渡口，倒攻大散关。章邯急忙率军赶到陈仓城，与韩信激战。此时，明修栈道的樊哙、周勃也出斜谷，与韩信会师。章邯兵败自杀，司马欣、董翳先后投降，刘邦遂定三秦。从此，关中成了刘邦打败项羽，统一天下的基地。

赏析

中国古代兵家管理思想是中华民族灿烂的古文的重要组成部分，是我国历代军事家对战争决策、指挥、统筹及其规律方面的理性认识的总和。

中国古代兵家管理思想包括若干科学的管理观点，它既把政治、经济、军事、天文、地理、国际关系等各种客观因素作为决定胜负的条件，又把它们看成是相互关联的管理决策的统一整体，还把战争主观指导，即主体的决策、指挥、组织、运筹等军事素质（所谓的“将能”、“将才”）作为一项基本因素，并由此而引出争取战争胜利的一系列战法。

关于计谋（战略）的论述，可以说是中国古代兵家管理思想中内容最丰富的，它所揭示的许多带有规律性的原则，是至今仍必须遵守的。许多名言已成为脍炙人口的管理格言，诸如“知彼知己，百战不殆”、“知天知地，胜乃可全”、“居安思危”、“三军可夺气，将军可夺心”、“密察敌之机，而速乘其利，复疾击其不意”等。这些著名的兵家管理格言，与现代科学理论不仅基本精神一致，在语言上也有明显的渊源关系。

知识链接

儒家历史地位的变迁

春秋战国时期的孔子是儒家思想的奠基人，他的思想和政治主张核心是“仁”和“礼”。孔子认为，君主只有实行仁政，修身养性，方能富国富民。孔子的这种追求人格自我完善的理想政治诉求由于见效慢，而且其效果究竟如何也存在着很大的不确定性，因此先秦时期并不被各路诸侯所欣赏。

后来的“亚圣”孟子将儒家进一步完善和发展，他在实行“仁政”的基础上，进一步提出了要“政在得民”，反对苛政，主张给农民一定的土地，并且宽刑薄赋。

之后到了汉武帝时期，董仲舒以儒学为基础，以阴阳五行为框架，集法家、墨家等诸子学说之精华，建立起了新儒学，并将其推荐给了汉武帝。由于新儒学的核心是“天人感应”和“君权神授”，符合帝王统治者的利益，因此汉武帝“罢黜百家，独尊儒术”，从此儒学成为中国政治统治思想。

到了汉末时期，政治制度化的儒学礼教，一方面压制和约束了人们自然的感情，另一方面也成为不少伪君子沽名钓誉的工具，因此儒学在当时引起了不少人的不满。而此时玄学乘机而起，成为调和儒教与自然（性情）之间矛盾的良药。如此一来，虽然儒学还依然在政治上保持着统治地位，但是在思想修养层面的功能，已被玄学以及后来的道家所取代。

魏晋南北朝及隋唐时期，外来佛教日益兴起，其影响逐渐超过了玄学，并在士大夫的思想修养方面起到了重要的作用。以至于到了两宋时期，一些儒者对佛教学说深为忧虑，认为佛教的修身养性之道，使很多儒者不守儒学礼法，会危及社会的统治秩序。但是也有些儒者认为佛教的思想并非全部与儒学相冲突，如果能将佛学加以利用，对儒学是一个很好的补充。于是北宋五子（周敦颐、张载、邵雍、程颢、程颐）便据此又开创了复兴儒学的学说——理学。理学是吸收和融合玄学、佛教、道教（和道家）的理论学说，强调“天理当然”、“自然合理”等，大大丰富了儒学的知识论和修养论理论。如今我们所说的儒学，基本就是宋明时期的理学。

拓展与训练

一、思考题

1. 请分析孔子的“仁爱”与墨子的“兼爱”二者有什么区别。

2. 请说出原始儒学与现在的儒家在哪些方面有所不同。

二、训练题

1. 查阅资料，请用简略的语言说出老子的“道可道，非常道”是什么意思。

2. 查阅资料，对比分析我国春秋战国时期的“百家争鸣”与西方的“文艺复兴”有哪些相同点和不同点。

3. 春秋战国时期为什么会出现“百家争鸣”的学术繁荣局面？主要学派有哪些？代表人物分别是谁？

4. 阅读材料：

材料一：学而时习之，不亦说乎？

材料二：知之为知之，不知为不知。

材料三：三人行，必有我师焉。

回答：(1) 以上三段材料是我国古代什么时期哪位大思想家、大教育家说的？他的言论被他的弟子编入哪部书中？

(2) 根据上述三段材料，分别说明他对学生是怎样要求和教育的。

(3) 他是我国古代哪一家学派的创始人？

5. 合作探究学习：

(1) 在诸子百家中，你最欣赏哪种观点？为什么？

(2) 在治理国家的问题上，儒、法、道三家的思想主张有什么不同？

(3) 编写辩论词。代表儒、法、道的三方因开展辩论，急需辩论词，请你帮忙。

第 4 章　心灵净土——中国传统宗教

第 1 节　多神信仰和三大崇拜

中国文明是一种农业文明，农民以自给自足的小农经济为本，这便造成中国人讲究现实利益的文化心态，其宗教信仰也谋求对现实生产和生存现状的直接救助，因而中国人崇尚多神信仰，对天地、祖先、君师的崇拜是最为突出的，认为天地是人的生存环境，祖先是人的生理纽带，而君师是引导社会前进的人物。

案例导入

八仙

民间传说中道教八个仙人的故事已见于唐、宋、元人记载，元杂剧中有他们的形象，但姓名尚不固定。至明吴元泰《八仙出处东游记传》里，始确定为铁拐李、汉钟离、张果老、蓝采和、何仙姑、吕洞宾、韩湘子、曹国舅八人。八仙与道教许多神仙不同，他们均来自人间，都有多彩多姿的凡间故事，之后才得道，与一般神仙的形象截然不同，所以深受民众喜爱。八仙也常出现在年画、刺绣、瓷器、花灯及戏剧之中，相传八仙也会定期赴西王母蟠桃大会祝寿，所以“八仙祝寿”也成为民间艺术常见的祝寿题材。宋、元以来，人们不断把民间的种种传说加到八仙的身上，使八仙的故事越来越丰富、离奇和富于神采，差不多成了老百姓心目中神仙的总汇与顶级代表。

问题：

1. 民间有很多关于神仙的传说，你知道哪些故事？
2. 你家乡有哪些祭祀风俗？

专题欣赏

【天地山川崇拜】

秦始皇封禅

历史上第一个举行封禅大典的是秦始皇。秦朝统一中国后，秦始皇于公元前219年巡行东方，先到邹峄山，行祭礼，刻石颂秦功业。同时召集齐、鲁的儒生稽考封禅礼仪，众儒生诸说不一。始皇帝遂自定礼制，整修山道，自泰山之阳登山，在岱顶行登封礼，并立泰山碑颂其德。自泰山之阴下山，行降禅礼于梁父山。秦始皇封泰山时祭文和祭礼秘而不传。

赏析

在中国古代的所有信仰中，可以认为天地是最神圣的。天神称为“皇天上帝”，地神称为“后土地祇”，合称“皇天后土”。这种崇拜表现在封建国家的祭祀仪式上。祭祀天地的仪式很多，以“封禅”最为隆重。

封禅，是一种表示帝王受命有天下的典礼。它起源于春秋战国时期，是当时齐、鲁的儒生为适应兼并争霸趋于统一的形式而提出的祭礼。封是祭“天”，禅是祭“地”。古人认为，中国大山，五岳为最，五岳之中，泰山独尊，离天最近，可以直接与天神对话；同时泰山为东岳，东方主生，是万物起始、阴阳交替的地方。天子受命于天，只有登泰山祭告天地，才算完成了天子就位的礼制。泰山封禅，赋予了帝王取得上天承认、证明自己是“天子”的神圣意义。

封禅大典成了泰山独有的古老礼仪，也构成了泰山崇拜与信仰的重要内容。由于这种礼仪的执行者是历代帝王，所以格外引人注目，其影响更为深远，形成了从传说中的古史到宋代皇帝，贯穿于原始社会和封建社会延绵相续的礼仪传统。

自秦始皇起，封禅活动成为强调君权神授的重要手段。

山川是大地的组成部分，也是大地的象征。古人崇拜山岳，大约是因其高大，云遮雾绕，能兴风雨，似有神灵居住；崇拜大河，则因它终年流动，或利或害，神力无边；封建帝王祭祀山川则有事天地而礼山川、保天下而护山河的用意在内。

古时祭祀以“五岳”、“四渎”、“四海”为最重要。

【祖先崇拜】

蔡莫烧纸

蔡伦刚发明出纸时，买卖很好。蔡伦的嫂子慧娘就让丈夫蔡莫向蔡伦学习造纸，回来开了一家造纸厂，但蔡莫造的纸，质量不好，卖不出去，二人很着急。后来，慧娘想了一个办法，摆脱了困境。

某天的半夜，慧娘假装因急病而死。蔡莫伤心欲绝，在她的棺材前悲哀不已，他边烧纸边哭诉：“我跟弟弟学造纸，不用心，造的纸质量太差了，竟把你气病了。我要把这纸烧成灰来解心头之恨。”他烧完了又抱来纸烧，烧了一阵之后，只听见慧娘在棺材里喊：“把门开开，我回来了。”这可把人们吓呆了，人们把棺材打开，慧娘装腔作势地唱道：阳间钱能行四海，阴间纸在做买卖。不是丈夫把纸烧，谁肯放我回家来？

慧娘唱了很多遍说：“刚才我是鬼，现在我是人，大家不要害怕。我到了阴间，阎王就让我推磨受苦，丈夫送了钱，就有许多小鬼帮我，真是有钱能使鬼推磨。三曹官也向我要钱，我把全部的钱都送了他，他就开了地府后门，放我回来了。”蔡莫装作糊涂：“我并没有送钱给你啊?”慧娘说：“你烧的纸就是阴间的钱。”这样一说，蔡莫又抱了几捆纸烧给他的父母。

在场的人们一听，便以为烧纸有很大的好处，都向蔡莫买纸。慧娘慷慨地送给乡亲，这事一传十，十传百，远近的乡亲都来买蔡家的纸烧给自己死去的亲人。不到两天，积压的纸被抢购一空。慧娘“还阳”那一天正是农历十月初一，因此，后人都在十月初一祭祀祖先，上坟烧纸，以示对祖先的怀念。

赏析

祖先是人类延续的根本，远古时代的“生殖器”崇拜就是祖先崇拜的反映，及至周代初年形成宗法制，把祖先崇拜制度化。自那时以来，不但帝王祭祖，官员百姓也要祭祖。

在中国儒家的观念中，“忠”、“孝”是最重要的美德，即使对已经去世的先人，也要像他们依然活着时一样尊敬，在节日中要供奉、祭祀。在中国，对祖先的崇拜并不是一种宗教信仰，而是日常要遵守的行为准则。

中国人对祖先的崇拜表现在定时扫墓、祭拜，在逝者下葬时，随同准备许多日常生活应用物品纸样一同烧毁，如同送先人到另一个世界生活一样，并定时烧纸（送钱），甚至在不同季节送不同衣物的纸样烧毁。

在中国历史上，祖先崇拜成为各族人民生活中的一种强烈信仰，也是宗族结合的精神支柱。祖先崇拜与图腾崇拜不同，图腾崇拜的对象主要是动植物，祖先崇拜的对象主要是有功绩的远祖和血缘关系密切的近几代祖先。所以说，祖先崇拜也叫灵魂崇拜，“灵魂不减”的观念一直深居中国人的宇宙观里。人是有灵魂的，一旦死亡，肉体归于土，灵魂到称为“阴间”的另一个世界去，住在阴界的亡魂仍过着与人世相同的生活，还是有衣、食、住、行等日常生活需求，而这必须由阳世子孙来供奉。他们相信祖先可以保佑自己的子孙，但若得不到适当的供养也会降祸惩罚子孙。所以民间的祭祖观至今仍以古时供养亡灵、求亡灵庇荫以至繁荣子孙为本。

【君师圣贤崇拜一】

祭祀黄帝

从虞、夏、商、周到秦、汉、隋、唐、宋、元，除了有的时段将黄帝同时作为“天神”、“帝王”祭祀外，都无一例外地将黄帝作为祖先祭祀；明、清两代更加重视陵庙的祭祀，将桥山黄帝陵列为国家“祭典”；民国时期，每年清明节公祭黄帝；中华人民共和国成立后，公祭黄帝典礼于清明节在陕西省黄陵县桥山黄帝陵举行。

民间对轩辕黄帝的祭祀活动也是从古绵延至今。民间祭祀一般在清明节前后和重阳节期间，北宋以来，则多在农历九月初九的重阳节举行。

赏析

几千年来，祭祀黄帝成为中华民族的文化传统。海内外的炎黄子孙以黄帝后裔的身份祭祀黄帝，有着报答祖先功德和继承祖宗基业的深刻含义。

祭祀黄帝有着重大而深远的文化意义。中华民族在缅怀黄帝功德的历史过程中形成了黄帝文化，而黄帝文化的核心是中华民族同根共祖的认知，是承认和接受黄帝是中华民族

“人文初祖”的观念，突显了中华民族很强的凝聚力。炎黄子孙同心祭祖，血脉相连，紧密团结，是中华民族伟大复兴事业的强大动力；黄帝文化集中体现了中华民族的首创精神，与中华文明的起源联系在一起。黄帝文化涉及科技、制度、道德等诸多领域，内涵十分丰富，最根本的便是“创造、奉献、团结”。黄帝文化是华夏文化的基石，祭祀黄帝的深远意义就在于要继承和弘扬黄帝文化所蕴涵的崇尚文明、竭诚奉献、团结和谐和勇于创新进取的中华民族精神，从而实现中华民族的伟大复兴。

【君师圣贤崇拜二】

祭孔

祭孔是民间的一种对“先贤”的尊敬、仰慕和追思的纪念活动。祭祀大成至圣先师孔子的典礼，称为“释奠礼”。释、奠都有陈设、呈献的意思，指的是在祭奠中，陈设音乐、舞蹈，并且呈献牲、酒等祭品，对孔子表示崇敬之意。

孔子死后第二年，鲁哀公下令在曲阜阙里孔子的旧宅立庙，即今天的曲阜孔庙。孔子生前所住的三间房屋改成寿堂，将孔子生前使用的衣、冠、车、琴、书册等保存起来，并且按岁时祭祀。这是诸侯祭孔的开始。

赏析

祭孔，实际上是封建国家尊崇教育的一种体现，是汉代以来独尊儒术并以儒学作为统治思想的必然结果。

历史上祭孔，始于孔子死后第二年，即公元前478年。一直到公元前195年，汉高祖刘邦由他的家乡沛（今江苏省沛县）还长安，过曲阜，亲祭孔。这是封建帝王祭孔的开始。到汉元始元年（公元1年），汉平帝追封孔子为“褒成宣尼公”，这是孔子受封的开始。

南朝宋元嘉二年（425年），为孔庙设专职管理官员一人；元嘉二十年（443年），又规定祭孔用乐，这表明祭祀仪式的进一步升级。

唐贞观四年（630年），诏令天下州县立庙，实行全国性的祭孔，孔子由此成为全国知识分子必须朝拜的对象。

孔子的最高封号是“大成至圣文宣先师”，古代的祭孔分为“秋祭”和“春祭”。

【君师圣贤崇拜三】

化草救商

湄洲之西，有一个地方叫文夹（今名文甲），为湄洲湾出入的要冲，礁石夹杂满地。

一次，有艘商船经过这里遭到飓风袭击，船角触礁，海水涌进船舱，情况十分危急，船中人哀号求救。妈祖知道后，非常焦急，忙对村民说：商船即将沉没，应赶快前去援救。可是大家看着狂风巨浪，不敢向前。在这紧急关头，妈祖信手找了几根脚边小草，抛向大海。刹那间，几根小草变成大杉，排驾流向船旁，商舟有大杉相附，因而不致沉没。不一会，风平浪息，船上的人相庆大难不死，都以苍天相助互相庆贺。待到船将靠岸，忽发现大木不知去向，经询问乡人，才知化草成杉附舟，乃是妈祖的神奇功力。

赏析

妈祖信仰，距今已经有1 000多年的传承历史。“妈祖”，也称“天妃”、“天后”、“天后娘娘”，两岸奉为海神，其实是宋代初年的一位女性，姓林，善观气象，可预知海上风浪，使当地渔民免除许多海难，死后被奉为神灵，祭祀香火不断。

妈祖节，相传为农历三月二十三和九月初九，分别是妈祖的诞生日和忌日。每到这两日，数以万计的海民都来朝圣妈祖。

妈祖信仰覆盖了中国沿海地区，福建的湄洲岛是妈祖的故乡，闻名遐迩的妈祖文化发祥地。千年氤氲的妈祖庙具有广泛的国际影响，是独具特色的人文资源。台湾是中国妈祖文化圈的又一中心。

台湾信仰奉祀妈祖最为虔诚，“湄洲妈”、“温陵妈”、“银同妈”、“开台妈”、“北港妈”、“大甲妈”、“关渡妈”等，虽然因为分灵地缘的关系名称不一，但实际是同一尊神。从纯朴乡村到繁华城市，处处都有妈祖庙的兴建。每一座妈祖庙，因其创建背景、神像来源之不同，呈现多采多姿的面貌。在台湾，妈祖不但深受民众的膜拜，而且成为唯一的海神，妈祖信仰仪式保存十分完整；妈祖信仰还是民众生活的一部分，它的祭祀仪式至今还延续和保存着原初形态。

从妈祖短暂的一生来说，她未有什么著作，也没有什么思想体系，但她的见义勇为、扶危济困、无私奉献的高尚情操，赢得人民的敬爱，尤其台湾地区，饱受异族欺凌，并有多数人在海上讨生活，终年与波浪搏斗，妈祖的大爱精神成为他们的守护神以及精神上的依托，因此说妈祖文化在我国台湾发扬光大并不为过。

妈祖信仰是中国最有代表性的民间信仰之一，随着中国人的足迹传遍世界各地。在新加坡、马来西亚、日本、印度尼西亚、泰国、巴西、加拿大、墨西哥等地的华人居留地，也有妈祖庙的踪迹。法国巴黎的“真一堂”更称妈祖为国际和平女海神。据《世界妈祖庙大全》统计，目前全世界已有妈祖庙近 5 000 座，信众近 2 亿人。

知识链接

崇尚多神信仰的民间习俗

我国民间信仰是多神信仰，也是非宗教信仰，有着强烈的民间特色。大致可以概括为自然神、职业神与人神。

1. 自然神

自然神是指各种自然现象被人格化而后上升为神，以下介绍几种有影响的自然神。

玉皇大帝是民间信仰中很普遍性的信仰。玉皇大帝贵为万神之主，地位无比尊贵，民间又称玉皇、玉帝。对王母娘娘的崇拜也是民间最广泛的神崇拜之一，王母娘娘又称为西王母或者瑶池金母。

商周至明清时期，国家以社稷为地神，社为土神，稷为谷神。商周时期很注重祭祀社稷，社稷被看作是一统天下的象征。此后，历代王朝均把社稷坛作为国家祭祀社稷的神圣场所。

此外还有山神、东岳大帝、城隍老爷、星辰之神等。

2. 职业神

对职业神的崇拜也是民间多神崇拜的重要组成部分。与生产行业相关的神有泰山娘娘、灶王神、门神等。

我国各民族很注重繁衍后代，多子多孙多福寿在传统观念中具有相当地位，因此产生了对送子观音、广生娘娘、泰山娘娘等的崇拜。其中泰山娘娘原为道教的女神，是东岳大帝的女儿泰山玉女。在宋代，她被宋真宗赐封为碧霞元君，专门管理妇女生子事项，是保护母婴平安的神仙。

灶神又名灶王爷，被每家每户供奉在灶头。他专司全家的生死福祸、记人功过，按时向玉皇禀告。上天根据人的罪行大小给人定罪。

我国民间信仰中最受欢迎的神祇之一是门神，门神历史之久、流传之广、种类之多，是其他神远远无法比的。两千多年间，门神形象多变，最初为神荼、郁垒，后来有了专门捉鬼的钟馗。甚至隋唐著名武将秦琼、尉迟恭等也被奉为门神，属武将门神。经世世代代的变迁，门神已经演变为具有多重功能的保护神，拥有了驱魔除鬼、保卫家宅、祈降吉祥等功能，是最受欢迎的民间神之一。

3. 人神

我国民间不仅仅信仰神，也相信有鬼魂存在。民间信仰中，一方面要祭祀列祖列宗、三皇五帝，另一方面要为许多对百姓有贡献的人立祠祭祀，以示对他们的敬仰与缅怀，让他们的灵魂有归宿。

中国民间把英雄好汉当作神来祭祀的现象不是很多，主要有岳飞与关羽。对关羽的崇拜是我国民间信仰中最普遍的现象。中国古代关帝庙几乎遍布每个村子，甚至远至日本、南洋等地。

我国崇尚多神信仰的民间习俗自人类文化开始以来，就在各个民族之间慢慢形成。古代人们之所以信仰多神，无非是希冀排解心中疑惑、得到家庭和睦、解决社会纷争、对抗恶劣的自然环境等。人们诉诸神明，希望得到神的帮助、救济与庇佑。

拓展与训练

一、思考题

1. 简单回答我国民间会产生多神崇拜的原因。
2. 关公被我国人民誉为“武圣”，请简单解释关公的忠义精神。

二、训练题

1. 你知道祭孔仪式吗?
2. 搜集关于秦叔宝与尉迟恭的故事，说说他们成为门神的原因。
3. 我国是世界著名的“礼仪之邦”，在我们生活的方方面面都有一定的礼仪规范，比如清明节我们都要去扫墓，表达对先人的追思。现在请你去采访周围的长辈，找一找在我们的生活中还有哪些礼仪规范，将你所了解的礼仪规范和同学进行交流，议一议这些礼仪制度在我国社会发展中发挥了什么作用。
4. “南朝四百八十寺，多少楼台烟雨中。”（杜牧《江南春》）许多寺庙出现的原因是什么?
5. 请你为公祭黄帝写一篇祭文。

第2节　中国的道教文化

道教，又名道家、黄老与玄门等，是中国土生土长的固有宗教。早在春秋时期，老子就创立了道的哲学。但是道教的实际创始人是东汉顺帝时期的张道陵，所以张道陵又被尊称为“张天师”。它正式形成的时间虽晚于佛教，但它的渊源却很早。道教的基本信仰是所谓的“道”，也称“大道”。这是从道家那里借来的一个概念，因此与老子所讲的“道”既有联系又有区别。道教认为，道是“虚无之系，造化之极，神明之本，天地之元”，“万象以之生，五行以之成”，即宇宙、阴阳、万物都是由它化成的。

案例导入

张天师住火神庙

有一天，张天师碰见了火神爷。张天师问火神爷干什么去，火神爷说：“我去火焚扬州。”张天师说：“你别去啦，我替你代劳吧！”火神爷说：“这个事你可办不到。”张天师说：“我怎么办不到？你回去吧。”张天师到了扬州，安排全城百姓张灯，可以灭灾。扬州家家张灯，满天通红，火神一看，就知道扬州已经烧了。

后来，天神发现扬州没烧，就追问火神爷，火神爷说：“扬州烧了，是张天师替我烧的。”天神说：“烧了，为什么扬州还好好的？”火神爷就问张天师，天师说：“我到了扬州，看到老百姓很可怜，所以我就没烧。”火神说：“你让我遭了罪，我得让你遭罪，凡是你的庙，我都烧掉。”火神爷就把张天师的庙全烧了。张天师没办法，找到火神爷说：“你烧了我的庙，我就住你的庙。”打那时起，张天师就住火神庙了。

问题：

1. 道教的“三清”指的是哪三位神仙？
2. 你对道教的文化了解多少？

专题欣赏

【道教的起源】

太平道

灵帝建宁时期（168—171年），张角得于吉等人所传《太平经》，从中受到启发，遂以创教救世为己任。他创立的太平道，以黄天为至上神，认为黄神开天辟地，创造出人类。又信奉黄帝和老子，认为黄帝时的天下是太平世界，是人类最美好的事情。在这个太平世界里，既无剥削压迫，也无饥寒病灾，更无诈骗偷盗，人人自由幸福。在此基础上，张角提出了“致太平”的理想。

赏析

《太平经》并非一人一时之作，内容庞杂，包括阴阳五行、祀神驱鬼、灾异、符箓、巫术等。其社会思想以宣扬封建伦理道德为主，但也反对统治者聚敛财物而不救济贫困，要人们自食其力，其中还提出了修炼精气神的思想。《太平经》后来成为道教的主要经典著作，是流传至今的最早道教经典。

道教继承了古代的巫术，因此道教中的念咒、祈祷、符箓和镇鬼等法术都与巫术有关。

神仙方士之说后来成为道教的直接来源，道教的基本思想就是长生不死。

道教把老子的道加以宗教化，因此老子便成为道教的尊神。

道教是继承华夏民族古代原始宗教之血脉，从敬天祭祖到殷商时代的天神崇拜，春秋战国时的黄老道家，秦汉时期的神仙方术以及民间信仰，东汉的“五斗米道”、“太平道”一路走来的。

唐宋两朝的统治者都提倡和扶植道教，涌现出一批著名的道教学者，其著述丰富了道教理论，促进了医学、药物学、养生学及哲学等的发展。

【道教文化】

“狐仙堂”的来历

朱元璋登基后，号称明太祖。他对张天师很崇拜，曾拨大量银两扩建天师府，并赐额“大真人府”。洪武年间，杭州太守飞奏朝廷，称西湖内常闹鬼怪，致使美景关闭，人不敢游。朱元璋立即下旨四十三代真人张宇初赴杭州为民除害。张宇初真人与随行人员商议，决定先观察，然后设法擒拿。第二天走到西湖一看，见湖水掀波逐浪，浪中有一怪物很像老鼠。天师断定这是“老鼠精”作怪，随即想到狐狸是老鼠的最好克星，马上焚香祷告，邀请狐仙速到钱塘降妖。狐仙接到天师符命，迅速来到杭州，纵身跳入湖中，仅用几个回合便将老鼠精擒拿上岸。张天师命令拦腰一斩，然后悬挂湖畔示众。自此，西湖闹鬼闹妖之事平息。前来西湖游览的人们，无不称赞说：张天师真了不起，一举斩除了妖魔，我们世代子孙都要铭记天师的功德。

张宇初天师从杭州回到龙虎山天师府后，随即赶到云台山答谢黄、白二位狐仙并同她们交流道法。狐仙毕竟修炼多年，道法犹在天师之上，张宇初天师也获益匪浅。后来，朱元璋命张宇初编纂《道藏》，当时交通不便，收集经典十分困难，两位狐仙还为此走遍全国的名山宫观，协助搜集到许多上古失传的经典。据说四十三代天师羽化之时，曾留下法旨：“百余年来，云台山二狐对吾道贡献良多，已成仙果。天师府内可为其塑金身以祀。”四十四代天师张宇清遵从遗命，把西客厅辟为“狐仙堂”并塑了神像。

赏析

道教起源于中国古代先秦王朝的道家，奉老子为教祖和最高天神。道教同时承袭了中国古代社会巫术和求仙方术，是土生土长的本民族宗教。在东汉晚期逐渐形成，长久用于民族文化心理、风俗习惯、科学技术（如火药的发明和中医药理论的形成都与道教有关）及社会政治经济生活等广泛领域。道教文化是中国传统文化的重要组成部分，对中国社会的影响是巨大和深远的。

道教奉老子为教主，基本信仰是道，但与老子的道既有区别又有联系，继承老子的道而加以宗教神化。由道演绎出“三元”，“三元”生“三宝”，“三宝神仙”思想是道教的中心思想，即道教的三清尊神。天地间的万事万物都是由这三清尊神创造的。三清尊神是创世主，这是道教基本信仰的核心。道教修炼丹药的目的就是为了长生不死成为神仙。

道教的正式戒律形成于魏晋南北朝时期，一般都托言是元始天尊或太上老君下传的，有十二戒，归纳起来主要是两个方面：一是恪守社会公德，二是修身养性。

道教文化依然有其独特的存在价值。“无为而无不为”、“见素抱朴”、“上善若水”、“无量度人”、“性命双修”、“道法自然”等思想的积极因素，有益于巩固社会和谐，进而为构建社会主义和谐社会服务。

【道教与医药】

“药王”的由来

传说孙思邈一天在太白山采药，他的徒弟上山传信，说长安城贴下皇榜，皇帝诏请名医为娘娘治病。于是他师徒下山，在长安揭了榜文。娘娘是皇帝的老婆，自然是十分娇贵的，给她治病的医生，摸她的脉时不能见她的面。当时孙思邈想了个悬丝诊脉的办法。用丝线一条，一端拴在娘娘的手腕上，另一端自己拿着，孙思邈由娘娘脉搏的跳动而震动的丝线中知道了娘娘的病。诊断为娘娘怀了胎儿，是胎儿抓住了母亲的肝，所以不能分娩而造成的疾病。于是给娘娘扎了一针，太子出生，娘娘病愈。皇帝十分高兴，就赏给他许多财物，他不要，又给他官作，他也不要。皇帝无奈，说：“给你什么都不要，难道你想当王吗?”孙思邈立即跪下说：“谢主隆恩。”于是皇帝就封他为“药王”。

赏析

隋唐之际的著名道士孙思邈，根据医学理论和临床经验，著有《备急千金方》30卷，合称《千金方》，共收集800多种药物，5 300多个处方。他首创复方，提出一方治多病或多方治一病的方法；主张独立设科，重视妇科和儿科；在研究炼丹术的过程中，对火药的发明有所推动。孙思邈在今天仍有影响，医学上开处方有时仍用孙思邈的处方，中医学院的学生仍将孙思邈的文章当作医学古文来研读。

自道教创兴之时，道教就把医术作为其传道济世的工具。而且随着魏晋神仙道教理论体系的建立，道教徒更是把医药视为其追求和达到长生的必要辅助手段和必备知识。

道教医学在长期的临床实践中，摸索出一整套方药、针灸、推拿、食疗等医术；在养生手段方面，总结出一整套调息、按摩、导引、行气等养生术。

道教医学的形成与发展，是以其对生命和宇宙的本质认识为基础的，认为人与天地万物同源于气，注重对“上药三品，神与气精”的把握，强调“不治已病治未病”，要求为医者“不知年之所加，气之盛衰，虚实之所起，不可为工”和“审查病机，勿失气宜”。并把修炼内丹的成就用于诊治疾病，从而形成了庞大复杂的道教医学体系。

道教医学的中心部分，如本草、针灸、汤液等与现代中医学大致相同。其导引、调息、内丹、辟谷、内视等，是道教医学中最具特色的部分。而道教医学中的符、占卜、咒语、法水、斋醮、祭祀、祈祷等，与道教的神秘文化分不开，具有心理疗法的功能。

道教对古代医学的影响，还表现在气功方面。现在早晨和夜晚市民们练气功已成为城市文化一道璀璨的风景线，而这都源于道教，只是现代人对道教修养方法的一种运用，比如要求清静、息虑、守丹气，都是古代道教的现代化运用。

【道教与文化】

《张天师断风花雪月》

吴昌龄的杂剧《张天师断风花雪月》写的是书生陈世英与桂花仙子在中秋之夜遇合相恋的故事。在剧本中，桂花仙子是来自月宫的仙女，是根据民间传说中的桂花女神创作出来的形象。桂花本是中秋节的节令物品，传说月宫之上的那团像是树的黑影就是桂树，民间有吴刚伐桂的传说，也有对桂花仙子的崇奉。这出戏可以看作是关于中秋节的故事。主人公的爱情故事不仅发生于中秋节赏月之时，而且他的意中人竟也是中秋节故事中的形象：桂花仙子。其实整个故事框架可以概括成一句话：中秋之夜一个书生风花雪月的故事。其中出现的风姨、花仙、雪神，再加上月色，正好组成“风花雪月”。

赏析

道教的神仙实有、修仙可成的信仰历来是中国文学中的一大题材。神仙故事、仙境传说又为文学创作提供了素材和典故，对文学的影响比较明显。比较突出的是中国古代的神话传说。唐诗有大量的道教色彩很浓的作品，如李白自号谪仙人，写了许多与道教有关的作品，促成游仙诗的兴起和山水诗的繁荣。小说从魏晋南北朝到明清许多作品深受道教的影响。如魏晋南北朝时的志怪小说代表作干宝的《搜神记》，共20卷，多记叙神怪灵异之事。唐代传奇短篇小说中也有不少宣扬道教的作品。明代余象斗等人的《东游记》、《南游记》、《北游记》写了八仙、灵官大帝、真武大帝等的故事，许仲琳的《封神演义》，借武王伐纣的故事、神魔斗法大力宣扬“三教合一”。冯梦龙的“三言”（《喻世明言》、《醒世恒言》、《警世通言》）、凌濛初的“二拍”（《初刻拍案惊奇》、《二刻拍案惊奇》）中也有一部分篇章是宣扬道教的。在戏剧方面，元杂剧分十二科，第一科就是“神仙道化”。

道教绘画的创作题材以神仙为主，神仙画注重画面气氛的渲染，道教版画随着民间信仰的需求，在明代以后得到长足发展，内容多为门神、财神、土地神、灶神、福禄寿星等，从形式、构图到技法都洋溢着浓郁的民族特色。

对音乐的影响。道教音乐用于斋醮仪式，包含了独唱、吟唱、齐唱、鼓乐、吹打乐和器乐合奏等多种音乐形式。曲式和情调着意表现神仙意境，风格多样；道教音乐吸收包容了宫廷音乐和民间音乐，一些曲调还从道观流向民间，如流行于陕西、山西的道情调，流行于浙南地区的大词，即由道乐衍生而来。

对建筑的影响。道教建筑称为“道观”，道观的平面布局深受中国庭院式民居的影响，中轴对称，与一般的中国建筑相比，道观更注重风水，大多坐落于蔚然深秀的幽山清水之间，追求清虚幽静，在文化意蕴上别具清幽的特色。

对城隍、土地爷、灶君、门神、财神等道教俗神的崇拜，几乎遍及各地，渗透到千家万户，对信道和不信道的各族人民都有影响，结婚拜天地，几乎流传至今。在当今的农村，人们对道教供奉的众神都很恭敬，祭台上贴上“上天言好事、下地保平安”，旨在为一家人祈福保平安，还有桃符，在汉代是用桃木木板画神像，后来在桃木板上写上神的名字，最后演变为用红纸写春联。这些风俗均出自道教。年画上的钟馗、关公都是道教崇拜的神仙。

在科技领域里，道教的炼丹术、修炼养生术，对中国古代的化学、药物学、人体科学等做出了贡献。炼丹有内丹外丹，其目的是企图成仙，长生不老，本身是荒谬的，但从化学上讲，炼丹是一种科学实验，通过实验认识到物质变化的一些规律，积累了一些经验，直接和间接地促进了中国古代四大发明中火药的发明和传统食品中酒、豆腐等的酿造和制作技术的提高。

知识链接

中国道教胜迹

1. 武当山

武当山是我国著名的道教圣地，太极拳的发祥地。武当仙境，神秘空灵。

元末明初，武当道士张三丰在武当山集其大成，创立太极拳，被尊为武当武术的开山祖师。武当武术在继承古代武术攻防理论的基础上，遵照道教道法自然、保合太和的思想，运用《易》中的原理，参以道教内丹功法的经验，逐渐形成自己的理念体系和独特的套路风格。其理论核心是阴阳消长、八卦演变、五行生克。以养生为宗旨，视技击为末学，具有尚意不尚力、牵动四两拨千斤、以柔克刚、后发制人、延年益寿、祛病御疾等特点和功能，以其松沉自然、行动走架如浮云流水连绵不绝的独特风格在武林中独树一帜，成为中华武术的一大名宗，素有北崇少林、南尊武当之谓。

2. 青城山

青城山是中国道教的发源地。143 年，道教鼻祖张道陵创教于青城山中，次年定居青城山天师洞，立 24 治（教区）。张道陵四世孙张盛后裔在龙虎山建天师府后，历代天师均要到青城山朝祖。青城山是中国道教十大洞天中的“第五大洞宝仙九室之天”，山内有全国最集中的道教宫观建筑群，体现了我国西南民俗民风的特色。虽然都是道教圣地，但是青城山与武当山的建筑风格有些不同。武当山体现的是宫廷建筑特色，青城山的道教建筑群更加古老、自然和悠久。青城山道教自创建至今，宗派繁衍，久盛不衰，香火未断。如今，青城山集道教武功、道教建筑、道教易学和青城丹法于一山之中，也是道教著名圣地之一。

3. 齐云山

齐云山位于安徽省休宁县城西 15 千米处。唐宪宗元和年间，道教传入本山，后历经宋、元两朝，基业初奠。明嘉靖、万历年间，江西龙虎山张真人祖孙三代奉旨驻留齐云山，建醮祈祷，完善道规，修建道院。之后便香火日盛，渐渐成为江南道教活动中心，以嘉靖皇帝敕建的“玄天太素宫”为主体的月华街一带是道士和香客向往的圣地。

4. 龙虎山

龙虎山是中国道教发祥地，道教正一派“祖庭”，在中国道教史上有着承先启后、继往开来的地位和作用以及重大影响。相传因第一代天师在此炼丹，丹成而龙虎见，故改名龙虎山。张道陵第四代传人——张盛，由鹤鸣山转到这里，至民国末年已承袭 63 代，历 1 900年，为道教“第三十二福地”和张天师子孙世居之地。贵溪县上清镇东面的上清宫，是历代天师祀奉太上老君和朝会之处，也是我国最古老、最大的道宫之一。

拓展与训练

一、思考题

1. 道教所提倡的“长生不老”的观点，反映出道教什么样的主张？
2. “老子”和“张道陵”在道教中的关系该如何理解？

二、训练题

1. 道教作为我国最重要的本土宗教，你认为他的文化内涵在哪些方面？
2. 任选一个角度，阐述道教与传统科技、文艺及民俗文化之间的联系。
3. “天有天道、地有地理、人有人论、物有物性”，你怎么理解？
4. 简述道教的基本信仰。
5. 你家乡民俗活动、庆典中有哪些道教的影子？

第3节　佛教与中国文化

佛教自东汉传入中国以后，千余年来一直是中国人民的主要信仰，其间经历代高僧大德的弘扬提倡，许多帝王卿相、饱学鸿儒也都加入这个行列，终于使佛教深入社会各个阶层，“家家阿弥陀，户户观世音”正是其真实的写照。而佛教的哲理部分则与儒、道等相结合、融会、激荡，然后汇入了中华文化源远流长的大海里，形成了中华文化的主流之一。

案例导入

莫高窟

莫高窟俗称千佛洞，被誉为20世纪最有价值的文化发现。坐落在河西走廊西端的敦煌，以精美的壁画和塑像闻名于世，始建于十六国的前秦时期，历经十六国、北朝、隋、唐、五代、西夏、元等历代的兴建，形成巨大的规模。现有洞窟492个，壁画4.5万平方米，泥质彩塑2 415尊，是世界上现存规模最大、内容最丰富的佛教艺术圣地。近代发现的藏经洞，内有5万多件古代文物，由此衍生专门研究藏经洞典籍和敦煌艺术的学科——敦煌学。

问题：

1.《西游记》里有哪些与佛教有关的故事？

2. 你知道佛教的哪些经典语录？

专题欣赏

【佛教文化】

法门寺

法门寺地处陕西省宝鸡市扶风县法门镇，始建于东汉末年恒灵年间，至今有1 700多年历史，有“关中塔庙始祖”之称，周魏以前称作“阿育王寺”，隋文帝时改称“成实道场”，唐高祖时改名“法门寺”。法门寺被誉为皇家寺庙，因安置释迦牟尼佛指骨舍利而成为举国仰望的佛教圣地。法门寺佛塔被誉为“护国真身宝塔”。

法门寺珍宝馆拥有出土于法门寺地宫的两千多件大唐国宝重器，为世界寺庙之最。

赏析

佛教于两汉之际由西域传入中国内地，东汉末到魏晋南北朝是佛家在中国的发展期。教义的流行可分为两个阶段：前期以般若学为主，用“空观”看世界，认为一切事物和现象都是空幻不实的；后期以涅槃学为主，主要讲如何成佛、成佛的理据以及成佛的阶段等。

隋唐是佛教发展的鼎盛期，出现了天台宗、三论宗、法相宗、华严宗、律宗、禅宗和净土宗等佛教宗派，其中禅宗和净土宗因简便易行，信仰者众多，流布也最为广泛。

禅宗为中国佛教所独创，被视为佛教中国化的典型，故禅宗又被称为“中国禅”。禅是“禅那”的简称，汉译为“静虑”，意思是静中思虑，一般叫“禅定”。禅宗的创始人是惠能。禅宗讲顿悟成佛，秉承了中国传统的注重直觉与顿悟的思维方式；讲人人都有佛性，人人都能成佛，与中国儒学“人皆可以为尧舜”的人性论学说相契合；禅宗破除了偶像和佛经的权威，混同了出世与世俗间的界限，在一定程度上消解了佛教的神圣性，这些都是中国佛教能够与本土的儒学与道教在相互排斥的同时又相互吸收的内因之一。

宋代以后，理学成为中国封建社会后期的主流，理学的最大特点是儒、佛、道“三教归一”。一些佛教学说经儒学化而被摄入理学的思想体系中。如佛性论讲人皆有佛性，有佛性者皆能成佛，理学讲心性，主张去欲存理，成贤成圣；佛教讲“止观”、“定慧”的宗教修持，理学讲“主敬”、“立诚”的伦理实践；佛教以“空观”看世界，理学将其改造为人伦物理的“实有”之道。宋明理学援佛入儒，既表明佛教的进一步中国化，同时也表明三教合流已成为历史趋势。

元代，西藏的喇嘛教受到皇帝的高度重视。元朝的“国俗”是先受佛戒，然后即位登基。因此元代大修寺庙做佛事。明代皇帝极力保护佛教，大建寺庙，仅北京就建了千所以上。清朝承袭元明尊崇佛教的政策，皇帝亲修佛经，康熙、雍正、乾隆无不如此，由此可见，佛教自汉代至清代，一直在中国化的道路上前进，并得到了历代统治者的重视。现在，佛教也受到党和国家领导人保护，藏传佛教尤其受重视，班禅受封即是例证。当今中国重视佛教，设有中国佛学院和中国佛教协会。

【佛教与中国文化一】

弘忍选人

据《坛经》记载，禅宗五祖弘忍要选择继承人，特命每个弟子作一首诗，以考察对佛家教义的理解。开始时，弟子们面面相觑，谁也不敢动笔，只有神秀思考数日之后，写下这样四句：

身是菩提树，心如明镜台，时时勤拂拭，莫使惹尘埃。

显然，这是渐修成佛的意境，弘忍认为这首偈子只到了佛理的门外，未入门内。惠能本是一字不识的舂米的粗僧，他口授了两首偈子：

菩提本无树，明镜亦无台；佛性常清静，何处有尘埃？

心是菩提树，身为明镜台；明镜本清静，何处染尘埃？

显然，这是认为心有佛性，顿悟成佛的意境。弘忍认为他才是禅宗的真正继承人。他就是禅宗六祖，慧能和尚。

赏析

佛教对中国古典哲学有深深的影响：魏晋时，佛教始则依附于玄学，继则给玄学以影响，丰富和发展玄学，最终则取代玄学的地位，而在南朝，佛学一度成为最重要的统治思想。隋唐二代，是佛教传入中国后最繁荣的一个阶段。上至统治者下至普通百姓，无不受佛家思想的影响，人人都想成佛。华严宗的“理事无碍”论认为，理在一切事物中，每一个事物都包含着理，事有分限，理则无分限，二者相互依存，交融无碍，这一学说对朱熹创立“理一分殊”论有着直接的启发；朱熹的“一旦豁然贯通”的修养论，脱胎于禅宗的“顿悟”说；陆九渊强调本心的“自作主宰”学说，吸收了禅宗“佛性在心中”的思想；王守仁的“心外无物”说，源于禅宗的“心性生万物”等。清代几个皇帝也把佛教作为进行思想统治的工具。在中国历史上，儒、释（佛）、道三教一直是统治中国的三大哲学和宗教体系。

【佛教与中国文化二】

发归濑三瀑布望两溪

谢灵运

我行乘日垂，放舟候月圆。沫江免风涛，涉清弄漪涟。积石竦两溪，飞泉倒三山。
亦既穷登陟，荒蔼横目前。窥岩不睹景，披林岂见天。阳乌尚倾翰，幽篁未为邅。
退寻平常时，安知巢穴难。风雨非攸悋，拥志谁与宣？倘有同枝条，此日即千年。

赏析

“净土”，是大乘佛教所说佛所居住的世界。被誉为南朝佛法隆盛时期元嘉之世的佛学“巨子”谢灵运，修行净业，用十六观法审视自然，使其诗歌山水之境染上了浓浓的佛教色彩。在其山水诗中，对日、水、树的描绘是较多的。其净土实践修行转化到山水文学审美中，“诗为禅客添花锦，禅是诗家切玉刀”，以禅助诗，以禅入诗，以禅喻诗。

许多文学家信奉佛教，在他们的作品里也充满了佛教色彩。唐代诗人王维，诗中有画，诗和画中都有佛教所追求的“意境”。南朝刘勰是个佛教徒，花了十余年博览佛教经论，参加整理佛经的工作，他的《文心雕龙》是从佛教的角度来分析和评论文学的。

佛经转读与文人对诗歌声律的研究相结合，发现了四声的规律。将四声规律运用到文学创作中，便诞生了永明声律说，从而为唐代近体诗的形成奠定了理论和创作上的基础。自禅宗创立以后，佛教以禅入定、由定生慧，进而进入物我冥合的“无我”之境的思维方式，对诗人的意境创造有着直接的影响。禅宗对唐以后的诗歌评论中的“妙悟说”等也产生过影响。

佛教对中国通俗文学的影响也很广泛。唐代流行的变文、俗讲等说唱俗文学，均植根于宣扬佛教教义的深厚土壤。佛教为小说、戏曲提供了丰富的创作素材，对古代小说、戏曲的立意也有间接的影响。

在中国文化史上有名的人物，有许多都崇信佛教，并有“居士”称号。比如，李白：青莲居士，白居易：香山居士，苏东坡：东坡居士，欧阳修：六一居士，李清照：易安居士，唐伯虎：六如居士，蒲松龄：柳泉居士。佛教的道德思想和因果思想也在中国人的深层思维沉淀下来，无形中起到对社会道德的规范作用。

【佛教与中国文化三】

《辋川图》

此图是王维晚年隐居辋川时所作。画面群山环抱，树林掩映，亭台楼榭，古朴端庄。别墅外，云水流肆，偶有舟楫过往，呈现出悠然超尘绝俗的意境。在王维的山水画中，尤其这幅《辋川图》所创造的淡泊超尘的意境，给人精神上的陶冶和身心上的审美愉悦，旷古驰誉。元代在其所著《画鉴》中说：“其画《辋川图》，世之最著也。”此卷为唐人摹本，构图着色尚存唐人气息。

赏析

许多历史上有名的书法家也是深谙佛教的，作品中渗透着一定的佛学思想。在艺术创作方法方面，佛教富于幻想和想象力，促进了浪漫主义创作方法的发展及成熟。

佛教绘画在中国绘画史上有着重要的地位，如敦煌莫高窟壁画场面宏大，色彩富丽，线条飘逸自如，人物栩栩如生，面部表情多呈安详之状，形神兼备，体现了高超的艺术造诣。

唐代诗人画家王维特别信奉佛教，有时竟以“谈玄终日以为乐”。他画的《辋川图》据说是“意出尘外”的佳作。南宋的法常、元代的吴镇、清代的石涛等，或出家为僧，或隐居山林，但不管是在寺庙作画，还是在民间作画，他们的绘画也都透出佛教境界。诗人、书法家、画家受到佛教思想的影响，按照佛教所设计的道路安排生活，在自己的作品中阐释或反映自己所体验到的佛教徒的理想和愿望。

佛曲从西域传入后，中国僧人将梵音佛曲加以改编或新创，形成融汇中外的宗教音乐。佛教音乐的旋律以远、虚、淡、静为特色，是中国民族音乐的组成部分之一。

佛教雕塑在中国雕塑史上留下了大量的艺术精品，从敦煌、云冈、龙门石窟到遍布各地的大小寺庙，佛像、菩萨像、天王像及罗汉像等琳琅满目，千姿百态。

佛教对中国建筑的影响。寺院、塔、石窟等佛教建筑传入中国后，经改造和发展，融入了中华文化的因素。

佛教对中国文化的影响：一是直接影响，即佛教徒创作文艺作品。佛教入华，使得中国的文学艺术增了一个新的种类：佛教艺术，它包括佛教建筑、佛教雕塑、佛教绘画、佛教音乐、佛教文学等。鸠摩罗什主译的《大方广佛华严经》就是一部宏伟壮阔、想象瑰奇、文学色彩极浓而受到历代文人喜爱的佛教经典，日本有学者赞其为英国的宗教小说《天路历程》。二是间接影响，在形式方面，佛经宣传中的转读、梵呗、唱导三种形式，推动变文、宝卷、弹词、鼓词的相继产生。佛经的翻译和诵读催生了声律说。大量佛教典故和新词汇丰富了古代文学作品的语言表达能力，汉语中有 35 000 多个词汇皆来源于佛典的翻译。

在艺术风格方面，佛教入华，促进了阴柔之美的发展。田园山水诗、绘画、书法的静、幽、淡、雅都有阴柔之美。

知识链接

佛教与四大名山

中国有四大菩萨，因此有四大修行道场。

五台山：文殊菩萨道场。文殊菩萨七佛之师，以大智慧如狮子吼，故以狮子为坐骑。五台山也称清凉山，位于山西五台县东北角，周围 300 千米，以五峰高耸、顶巅皆平坦如台而得名。住僧分青、黄衣两派，黄衣为喇嘛教。文殊菩萨曾在此山为智者大师演讲《法华经》。

峨眉山：普贤菩萨道场。普贤菩萨以大愿大行著称，所以以大象为坐骑。峨眉山位于四川峨眉县西南，因山势逶迤“如螓首峨眉，细而长、美而艳”得名。佛道两家都将其作为道场。佛教称光明山，道教称灵虚洞天。周围 500 千米。东汉时道教兴起，唐朝时佛教兴盛。晋时，有人见普贤菩萨现迹于此。

普陀山：观世音菩萨道场。位于浙江定海县舟山群岛中，全山纵横 18 千米。唐朝时，一印度僧亲见观世音菩萨在此现身说法，五代后梁贞明二年（916 年），日本僧人慧锷从五台山偷得一观音像，归国途中，船行至此，辗转不前，即就地建寺，名“不肯去观音院”，此山也以印度观音道场菩提洛迦取名。因中国素有“家家阿弥陀，户户观世音”的习俗，故普陀山观音道场佛事兴隆，烟火鼎盛，居四大名山之首。

九华山：地藏菩萨道场。九华山位于安徽庆阳县西南20千米，占地100平方公里，有99峰，其中九峰最为雄伟，原名九子山。唐代诗人李白至此，见九峰耸立如莲花，更名九华山。其山川之秀，素有“东南第一山”之称。唐朝时期新罗国王子金乔觉也称金地藏来此苦修，后圆寂于此。金地藏被认为是地藏菩萨化身，广为尊崇。自此，九华山被认为是地藏菩萨应化度生的道场、地藏信仰的中心。

拓展与训练

一、思考题

1. 你如何看待“佛教汉化”这种现象？

2. 请简述佛教的世界观和命运观。

二、训练题

1. 佛教对中国古代哲学、文学、书法、绘画、雕塑、建筑及至名山大川都有巨大而深刻影响。你知道多少？

2. 查阅资料，佛教文物和佛教胜迹有哪些？你身边有吗？

3. 你当地的民俗活动和各类庆典活动，有哪些佛教的影子？

4. 何谓“禅宗”？其主要理论是什么？为什么说禅宗的创立标志着佛教的进一步中国化？

5. 佛教对中国文化的影响是多方面的，任选一个角度，对此作简要说明。

第 5 章　绚丽瑰宝——多彩的中国文学

第 1 节　中国文学起源

中国文学的产生，最早可追溯至远古时期。原始人通过口头相传的神话、传说、歌谣等，可以说是文学艺术的雏形。但是由于当时没有文字，单纯的口传心授容易导致原始文学变异，所以后世所记载的原始文学很难说是其原貌。这些远古歌谣和神话，可以称为传说时期的文学。

案例导入

杭育杭育派

鲁迅先生《且介亭杂文·门外文谈》中说："我想，人类是在未有文字之前，就有了创作的，可惜没有人记下，也没有法子记下。我们的祖先的原始人，原是连话也不会说的，为了共同劳动，必需发表意见，才渐渐地练出复杂的声音来，假如那时大家抬木头，都觉得吃力了，却想不到发表，其中有一个叫道'杭育杭育'，那么，这就是创作；大家也要佩服、应用的，这就等于出版；倘若用什么记号留存了下来，这就是文学；他当然就是作家，也是文学家，是'杭育杭育派'。"

问题：

1. 文学起源有哪些观点？
2. 最早的文学体裁是什么？

专题欣赏

【中国文学起源说一】

《蜡辞》

《礼记·郊特牲》所载伊耆氏时代的《蜡辞》，是一首具有明显咒语性质、带有浓厚巫术色彩的祝辞，是一首古老的农事祭歌，属于中国远古时期的歌谣。它集中反映了原始先民面对地质灾害、洪水灾害、动物灾害、植物灾害等众多自然灾害侵袭时的复杂矛盾心理状态。四句诗，句句既是祈求，也是命令；既是祝愿，也是诅咒。全诗既反映了原始先民饱受自然灾害侵袭的深重苦难，也反映了他们相信利用巫术咒语能够消除自然灾害的乐观心理。

赏析

早期口头文学的主要形式之一是原始歌谣。这是诗歌的鼻祖，也是最早产生的文学样式。在开始乃至其后相当长的时期里，它是与乐、舞结合在一起的。歌谣是在生产力极为低下，没有文字记录的原始时代产生的，是出现最早的文学样式，是上古先民集体的口头创作。上古歌谣最初起源于劳动，是先民在劳动过程中，为协调劳动节奏、减轻疲劳、激发劳动热情而喊出的“杭育杭育”之类的劳动号子。后来随着劳动对先民思维能力、发音器官和语言能力的锻炼发展，有节奏的呼喊逐渐为有意义的语言所代替。这样，一种富于韵调和节奏感的真正诗歌便产生了。再后来作为一种有节奏的语言形式逐渐固定下来，成为先民反映生活、抒发情感的一种特有形式。于是，即便不在劳动场合，它也同样使用，从而显示出上古歌谣的丰富多样性。上古歌谣尽管比较丰富，但因为是口头创作，没有文字记录，绝大部分没有保存下来，古籍里偶有记载，也多是后人的伪托。

上古歌谣的艺术特征有：它是集体性、综合性的艺术形式，上古歌谣绝大部分是与上古音乐、舞蹈在劳动中三位一体同时出现的。上古歌谣源于生活，又直接表现生活，它对生活的再现是直接的、即兴的，生活是什么就是什么，纯任自然，坦白直率。这与《诗经》选择典型的生活现象和富于特征的细节展现现实和抒发情感的现实主义创作方法虽有所不同，但它明显是《诗经》现实主义精神的源头。我国上古歌谣语言都极为简朴，大都是二言、三言或四言，复杂一点的句子很少见。这首先是因为当时生产、艺术落后，劳动动作简单，劳动节奏短促、鲜明、整齐，因而与之相伴的诗歌也就自然简短。其次与先民的思想能力和语言水平较低有关，简单的思维表现为简单的语言，发为诗歌，自然也简短质朴。最后是当时艺术表现手法不成熟，叙述手法单一，没有雕琢，没有夸饰，质朴无华。上古时歌谣虽然简朴，但并不平淡寡味。歌谣以赋为主，汉代文人曾把《诗经》的艺术表现手法概括为“赋、比、兴”三种。三种之中，上古歌谣最常用的是赋的艺术表现手法，“比兴”极其少见。这是因为“比兴”的形成有一个历史和艺术的长期积累过程，而赋是一种即兴式的直接铺陈事物的艺术方法，不需要这个过程，因而它成为我国上古歌谣的基本表现手法。

【中国文学起源说二】

刑天舞干戚

“刑天与帝至此争神，帝断其首，葬之常羊之山，乃以乳为目，以脐为口，操干戚以舞。”

刑天是《山海经》里提到的一位无头巨人，原是炎帝的手下。自炎帝被黄帝在阪泉之战打败之后，刑天便跟随在炎帝身边，定居南方。当时，蚩尤起兵复仇，被黄帝铲平，因而身首异处，刑天一怒之下便手拿着利斧，杀到天庭中央的南天门外，指名要与黄帝单挑独斗。最后刑天不敌，被黄帝斩去头颅。而没了头的刑天并没有因此死去，而是重新站了起来，并把胸前的两个乳头当作眼睛，把肚脐当作嘴巴；左手握盾，右手拿斧。因为没了头颅，所以他只能永远与看不见的敌人厮杀，永远战斗。而在陶渊明的《读〈山海经〉》中有："精卫衔微木，将以填沧海。刑天舞干戚，猛志固常在。同物既无类，化去不复悔。徒设在昔心，良辰讵可待！"赞颂刑天的精神。

赏析

刑天舞干戚的故事出自《山海经・海外西经》。《山海经》是我国最古老的一部奇书，书里记载着众多的上古神话资料，但它不是一部神话书。早期口头文学的一个重要领域是神话。从严格意义上说，神话不直接等同于文学，因为它是原始人类对自然现象和社会生活的原始理解，是他们的综合意识形态。它产生于生产力极低的远古蒙昧时期，那时人的思维极其简单，难以解释种种自然现象和林林总总的天地万物。因无知而恐惧，因恐惧而崇拜，遂产生了冥冥中有一种神奇力量在支配着一切的模糊观念，继而通过想象、幻想，结合自己的生活体验，创造出了人格化的神的形象、神的故事，以解释自然，并企图以此征服、支配自然。因此，神话实质上是原始人类的接近于百科全书式的知识体系。

神话具有重要的文学意义和价值，这主要表现在：一方面，它充满了瑰丽奇谲的想象，能带给人美妙的艺术享受（这与形象思维有共同之处），表现的是人类不自觉的创造力。另一方面，它是文学史上浪漫主义的源头，为后世文学的发展提供了取之不竭的营养。

由于神话是口头流传，所以今天很难见其原貌。而且我国没有系统记载神话的专门典籍，因此只能借助于《山海经》、《淮南子》、《庄子》、《列子》、《楚辞》等相对较多保存了一些神话片断的书。根据这些仅存的内容，大致可将其分为创世神话、自然神话、英雄神话和传奇神话等几类。自然神话：以山川风雷和鸟兽草木为对象，反映先民敬畏和征服自然的心态，如精卫填海、夸父逐日。创世神话：以对世界形成和人类起源的探索为基本主题，反映先民对宇宙开辟和人类起源勇于探索、积极创造的精神，如盘古开天、女娲造人、女娲补天。英雄神话：以半人半神和受神力支持的"英雄"为主角，反映先民自我意识的觉醒，朦胧意识到自身成为世界的中心、宇宙的主人，如鲧禹治水、共工触天。传奇神话：描述异域奇国和怪人神物，反映先民企图突破自然条件限制，改造自身生活环境的愿望与理想，表现出超现实、超自然的想象力，如吐丝女、长臂国、羽民国。

【中国文学起源说三】

福建人以蛇图腾纹身的习俗

上古三代时，福建境内至少居住着 7 支互不相属的土著部族，古文献称为"七闽"。春秋末，楚灭越国，部分越人遁入福建，史称这个时期的福建土著为"闽越"，他们喜欢傍水而居，习于水斗，善于用舟，最重要的习俗是以蛇为图腾、断发纹身，盛行原始巫术。《说文解字》在解释"闽"字时说："闽，东南越，蛇种。"所谓"蛇种"，意谓闽越人以蛇为先祖，反映他们对蛇的图腾崇拜。在相当长时期内，这种崇拜一直存在于闽越族的后裔中。如闽侯疍民，直至清末仍"自称蛇种"，并不讳言。他们在宫庙中画、塑蛇的形象，定时祭祀。在船舶上放一条蛇，名叫"木龙"，祈求蛇保佑行船平安，若见蛇离船而去，则以为不祥之兆。清代，福州一带疍民妇女，发髻上多插着昂首状蛇形银簪，其寓意亦为不忘始祖。

赏析

“图腾”一词最早见于1791年在伦敦出版的英国商人人类学家龙格所著的《一个印第安译员兼商人的航海探险》一书中。将“图腾”一词引进我国的是清代学者严复，他于1903年译英国学者甄克思的《社会通诠》一书时，首次把“totem”一词译成“图腾”，成为中国学术界的通用译名。“图腾”原系印第安语，意为“他的亲族”。原始人相信某个氏族与某种动物、植物或者无生物有特殊的血缘关系，此物就成为该氏族的“图腾”，也即保护者和象征。图腾有时又成为全氏族的忌物，他们一并举行祭祀，形成图腾崇拜。

图腾文化，就是由图腾观念衍生的种种文化现象，也就是原始时代的人们把图腾当做亲属、祖先或保护神之后，为了表示自己对图腾的崇敬而创造的各种文化现象，这些文化现象英语统称为totemism。图腾文化是人类历史上最古老、最奇特的文化现象之一，核心是图腾观念，图腾观念激发了原始人的想象力和创造力，逐步滋生了图腾名称、图腾标志、图腾禁忌、图腾外婚、图腾仪式、图腾生育信仰、图腾化身信仰、图腾圣物、图腾圣地、图腾神话、图腾艺术等，从而形成了独具一格、绚丽多彩的图腾文化。

图腾标志或称图腾徽号，即将图腾形象作为群体的标志和象征。它是中国历史上最早的社会组织标志和象征，具有识别和区分的作用。图腾标志与中国文字的起源有关。

中国古籍中虽然没有“图腾”这个词，但图腾及图腾崇拜在古籍中却有大量记载，内容十分丰富。中国的文化古籍和许多古老的民间传说，为研究图腾文化提供了最完整、最丰富的资料，因此可以说，研究图腾及图腾文化，最肥沃的土壤在中国。《礼记·礼运》说：“麟、凤、龟、龙，谓之四灵。”麟、凤、龟、龙，实际都曾经是中国古代的图腾，是中国先人们的崇拜之物。郭沫若在《关于晚周帛画的考察》中说“凤是玄鸟，是殷民族的图腾”，“龙是夏民族的图腾”。中华民族的崇拜物，别的不说，单就麟、凤、龟、龙这“四灵”而言，在中国古籍和民间传说中就不知有多少。

【西方文学起源】

模仿说

“模仿说”是古希腊早期流行的观点，是古希腊对文艺与现实关系的朴素表达与概括。古希腊早期，赫拉克利特首先提出“艺术模仿自然”的论点，后来，德谟克利特提出“文艺模仿自然”，再后来，苏格拉底提出“艺术模仿自然”，之后，柏拉图提出“理式论模仿说”，认为理式不依赖于物质存在，也不是人的意识，而是一种超时空、非物质、永恒不灭的“本体”，认为“文艺是自然的模仿”，这个“自然”是以理式为蓝本的“自然”，“理式”是第一性，“自然”是第二性的，“自然”只是理式的摹本和影子。文艺模仿自然只能模仿事物的外形和影像，而不能表现事物的本质。在《理想国》中，他以床为例说明他的理论，认为有三种床：第一种是床之所以为床的床的“理式”，第二种是木匠依床的理式造出来的个别的床，第三种是画家依照木匠造出的个别的床画出来的床。

赏析

自古以来，许多文艺理论家对文学起源的问题发表过见解，比较有影响的说法有以下几种：

（1）模仿说。古希腊的德谟克利特首先提出艺术起源于对自然的模仿。亚里士多德在《诗学》中也认为诗歌起源于对自然和社会生活的模仿，而模仿的本能植根于人的天性之中。古罗马的卢克莱修、贺拉斯，和亚里士多德的观点相似。文艺复兴时期意大利的马佐尼，既把诗看成是模仿的艺术，又把诗看作是游戏，实际上是把文学的起源归之于模仿的游戏。

(2) 神示说。从古希腊的柏拉图开始，就把诗歌的产生解释为神的灵感在诗人身上的凭附。欧洲中世纪的托马斯·阿奎那则认为艺术起源于人的心灵，而心灵是上帝的形象和创造物。这种观点在文艺复兴时期很流行。

(3) 游戏说。16 世纪的马佐尼，在倡导模仿说的同时，披露了“文艺是游戏”的观点。德国哲学家康德，进一步把诗歌看成是“想象力的自由游戏”。到了席勒，正式形成了艺术起源的“游戏说”。席勒认为人在现实生活中受到物质与精神两方面的束缚，渴望运用过剩的精力去达到自由，这就是游戏；而艺术活动，即在游戏中导源。

(4) 心灵表现说。把艺术看成是人类心灵（包括思想、情感等）的一种表现，早在古希腊哲学中就露出端倪。19 世纪，它广泛地为浪漫主义艺术家、理论家所提倡。俄国作家托尔斯泰则认为艺术是人类表达感情的工具，起源于人们把自己体验过的感情传达给别人。

(5) 巫术说。19 世纪以来，以泰勒、弗雷泽、哈特兰特为代表的人类学家，对现存原始部族的巫术进行了深入研究，为艺术起源的“巫术说”提供了丰富材料。法国考古学家雷纳克，在这些资料基础上提出艺术起源于原始人交感巫术的论点，认为原始艺术实际上是巫术的一种，目的是祈求狩猎的成功。

(6) 劳动说。明确地认为艺术起源于劳动的观点，实际上始于 19 世纪晚期的一批民族学家、艺术史家。德国的毕歇尔在《劳动与节奏》中指出，劳动、音乐和诗歌最初是三位一体地联系着的，它们的基础是劳动。梅森认为最原始的诗歌是劳动诗歌，其目的是为了加强劳动的效果。

知识链接

文学

“文学”这个词早在先秦就出现了，但它的含义和我们今天对“文学”的理解不同。“文学”这个词原是指古代的典籍。

汉朝人对“文学”的理解有了变化，那时所谓“文学”是指学术。值得注意的是，汉代在“文学”之外另有“文章”这个词，指学术之外的词章。

从汉人“文学”、“文章”之分再进一步，南朝遂有“文”、“笔”之分。有韵者，文也；无韵者，笔也。

古今中外都曾把一切用文字书写的书籍文献统称为文学。现代专指用语言文字塑造形象以反映社会生活、表达思想感情的艺术，故又称“语言艺术”。中国魏晋南北朝时期，曾将文学分为韵文和散文两大类，现代通常分为诗歌、散文、小说、戏剧、影视文学等体裁。

1. 孔门四科之一。《论语·先进》：“文学，子游、子夏。”邢炳疏：“若文章博学，则有子游、子夏二人也。”亦指教贵族子弟的学科。《宋书·雷次宗传》：“上留心艺术，使丹阳尹何尚之立玄学，太子率更令何承天立史学，司徒参军谢元立文学。”

2. 辞章修养。元结《大唐中兴颂序》：“非老于文学，其谁宜为?”

3. 官名。汉代置于州郡及王国，或称“文学掾”、“文学史”，为后世教官所由来。汉武帝为选拔人才特设“贤良文学”科目，由各郡举荐人才上京考试，被举荐者便叫“贤良文学”。“贤良”是指品德端正、道德高尚的人；“文学”则指精通儒家经典的人。魏晋以后有“文学从事”之名。唐代于州县置“博士”，德宗时改称“文学”，太子及诸王以下亦置“文学”。明清废。

4. 期刊名。(1) 左联机关刊物之一。1932 年 4 月 25 日在上海创刊，半月刊，刊有冯雪峰、瞿秋白关于大众文学的文章。仅出一期即被国民党政府查禁。(2) 文学刊物。1933 年 7 月在上海创刊，月刊，郑振铎、傅东华、王统照先后任主编。发表文学创作与文学理论，是 20 世纪 30 年代影响较大的文学刊物。1937 年 11 月出至第九卷第四期停刊，共出 52 期。

拓展与训练

一、思考题

1. 龙图腾的起源有哪些传说?
2. 中国各地有哪些图腾文化?

二、训练题

1. 什么是文学?
2. 上古歌谣有哪些文学特征?
3. 中国文学起源学说与西方文学起源学说有哪些异同?
4. 你家乡有哪些传说?
5. 你家乡有哪些习俗与图腾文化有关？请与大家分享。

第 2 节　中国古典文学

文学是人类借助语言对于世界、社会以及人生进行的审美观照，中国文学就是中华民族对于自然、社会以及人生的审美认知，其承载着中华民族从古至今的喜、怒、哀、乐。中国文学和其赖以存在的载体——汉字、汉语和中国文化一样，历经数千年持续发展而没有中断，同时也吸收了各种外来文学和文化因素丰富着自身，至今仍然如 21 世纪的阳光、空气一样滋养着当代的中国人。

案例导入

四大奇书

“四大奇书”，又称“明代四大长篇小说”，即《三国演义》(作者：罗贯中)、《水浒传》(作者：施耐庵)、《西游记》(作者：吴承恩)、《金瓶梅》(作者：兰陵笑笑生)。这四部小说被明末著名通俗文学家冯梦龙称为“四大奇书”，这一称谓一直沿用至今。它们分别开创了历史演义传统、英雄传奇传统、神魔小说传统和世情小说传统。

“四大奇书”之称与明中后期的资本主义萌芽、市民文化勃兴、传统儒家经典遭到怀疑、大众文化需要确立自身经典的社会文化背景相关联，与通俗小说成为大众的主要文化消费对象、通俗文学对大众精神生活和文化生活产生重大影响的社会现实相关联，因此，“四大奇书”的命名具有深刻的文化意义。

所谓“奇”者，不仅指它内容或艺术的新奇，还包含着对它们所取得的创造性成就的肯定。现在则常将《三国演义》、《水浒传》、《西游记》、《红楼梦》称为四大名著。

问题：

1. 你阅读过哪些中国古典名著？
2. 古典文学有哪些体裁？

专题欣赏

【古典文学——诗歌一】

关雎

关关雎鸠，在河之洲；窈窕淑女，君子好逑。
参差荇菜，左右流之；窈窕淑女，寤寐求之。
求之不得，寤寐思服；悠哉悠哉，辗转反侧。
参差荇菜，左右采之；窈窕淑女，琴瑟友之。
参差荇菜，左右芼之；窈窕淑女，钟鼓乐之。

赏析

中国文学的长河，是以诗歌为主流的。中国诗歌的历史源远流长，如果从《诗经》算起，也有三千多年了。从那时以来，出现了众多优秀的诗人和优秀的作品，诗歌的优良传统一直没有中断过。

在中国，诗歌和社会生活的联系是十分密切的。古代祭神的时候要唱诗，朋友宴会离别的时候要赠诗，青年男女表示爱情常以诗歌相赠答，出外旅行遇到名胜古迹往往要题诗。就连科举考试也要考做诗，诗做得好就可以考取功名，获得做官的资格。

中国古代诗歌的主要功能是抒情，以表现意境为追求目标。中国古代将不合乐的称为诗，合乐的称为歌。古代文学往往与音乐紧密联系，诗歌、戏剧、散曲能读能唱，自不必说，小说也往往搬上舞台表演。

《诗经》是我国第一部诗歌总集。它反映了从西周初年到春秋中期500多年广泛的社会生活，共选录305首诗，主要是四言诗，分风、雅、颂三部分。《诗经》各篇都是可以合乐歌唱的，所以司马迁说孔子曾弦歌305篇。《诗经》就艺术特色而言，其表现手法主要分为赋、比、兴三类，和风、雅、颂一起被称为《诗经》“六义”。

《诗经》是我国文学光辉的起点，它的出现以及它的思想性和艺术成就，是我国文学发达得较早的标志，在我国乃至世界文化史上都占有极高的地位。

【古典文学——诗歌二】

《离骚》

《离骚》是战国时楚人屈原的作品。关于篇名，司马迁在《史记·屈原列传》中解释为“离忧”；王逸在《楚辞章句》中解释为“别愁”；近人或解释为“牢骚”，或解释为“楚国曲名《劳商》的异写”。

赏析

《离骚》是中国古代诗歌史上最长的一首浪漫主义的政治抒情诗，也是一篇光耀千古的浪漫主义杰作。它的出现标志着我国文学浪漫主义创作方法的成熟，主要表现为大胆的想象和奇特的联想，糅合深化传说中的历史人物和自然现象，编织了一系列幻想的情景。《离骚》还广泛运用比兴手法，如以香草象征诗人的高洁；以男女关系比君臣关系；以众女妒美比群小嫉贤；以驾车比治理国家，使全诗生动形象，极富感染力。因为屈原是《楚辞》的主要作者，《离骚》又是屈原的主要作品，所以《楚辞》又名《离骚》。中国文学史上，诗歌创作一直是文学的主基调，其中《诗经》是现实主义的源头，而《离骚》则被视为浪漫主义的先河，二者被后世文人合称为“风骚”，成为我国诗歌的两大源头。

【古典文学——诗歌三】

十五从军行

十五从军行，八十始得归。道逢乡里人：“家中有阿谁?”“遥望是君家，松柏冢累累。”兔从狗窦入，雉从梁上飞。中庭生旅谷，井上生旅葵。舂谷持作饭，采葵持作羹。羹饭一时熟，不知贻阿谁，出门东向望，泪落沾我衣。

赏析

“乐府”的含义是有演变的。两汉时指官府所设立的音乐机关，乐即音乐，府即官府，这是它的原始意义。到魏晋六朝时将乐府所唱的诗也叫乐府，于是所谓乐府便由机关的名称变成带有音乐性的诗体的名称。汉代通过乐府机关大规模搜集民间歌辞，是在汉武帝时代，内容分两大类：一类是供朝廷祭祀祖先所用的郊庙歌辞，其性质与《诗经》的“颂”相同。另一类是从全国各地采集来的俗乐，都是无名氏之作，后代称为“乐府民歌”。而“乐府民歌”正是乐府诗的精华之所在。

汉乐府诗分为两类：一类是民歌；另一类是文人采风写的歌功颂德、祭祀求福的诗歌，配上乐曲能歌唱。其中最优秀的是来自民间的民歌，皆“感于哀乐，缘事而发”，真实而深刻地反映了社会生活的各个层面。汉乐府大部分是叙事诗，颇能描摹人物的口吻神情，创造性格鲜明的人物形象，有比较完整的故事情节，较《诗经》“国风”中的叙事之作，演变之迹甚明，开拓了叙事诗的新阶段。

【古典文学——诗歌四】

《梦游天姥吟留别》

《梦游天姥吟留别》又名《别东鲁诸公》，是唐代著名诗人李白创作的一首七言古诗。这是一首记梦诗，也是游仙诗。诗写梦游仙府名山，着意奇特，构思精密，意境雄伟，感慨深沉激烈，变化惝恍莫测于虚无缥缈的描述中，寄寓着生活现实，虽离奇，但不做作。内容丰富曲折，形象辉煌流丽，富有浪漫主义色彩。

赏析

李白的诗豪迈奔放，表现了诗人的个性；李白才思敏捷，遣词用句常常喷薄而出，一泻千里，成为屈原之后中国文学史上浪漫主义的又一个巅峰，人称“诗仙”；“清水出芙蓉，天然去雕饰”，是李白诗歌语言最生动的形容和概括。这和他认真学习汉魏六朝乐府民歌是分不开的。李白的诗具有反叛传统的精神，形成了对传统美学规范的强大冲击，成为李白诗歌无可抗拒的魅力所在。

中国是一个诗的国度，唐诗是诗歌中最为辉煌的高峰。

所谓“熟读唐诗三百首，不会作诗也会吟”，唐诗成了后代文人士子乃至市井百姓学诗、吟诗、寄情、抒志的典范之作。唐诗是古代诗歌的宝库，也是人类文化史上的一大奇观。

唐诗流派纷呈，风格众多。流派方面，有以王维、孟浩然为代表的田园山水诗人，描写幽静宁谧的自然世界；有以岑参、高适为代表的边塞诗人，歌颂从军报国、建功立业的英雄气概等。而从创作方法看，成就最大、影响最远的，无疑是以李白为代表的浪漫主义诗歌和以杜甫为代表的现实主义诗歌。唐代诗人不计其数，李白、杜甫、白居易并称为“诗国华岳三峰”。正是他们，把唐诗推上了一个巅峰。

【古典文学——词】

菩萨蛮

郁孤台下清江水，中间多少行人泪。
西北望长安，可怜无数山。
青山遮不住，毕竟东流去。
江晚正愁余，深山闻鹧鸪。

赏析

辛弃疾，南宋词人。词作的背景：北宋灭亡，南宋偏安一隅。淮水以北的土地都归金统治，人们流离失所。宋人慨叹国耻国难的作品也多出现。

词是一种音乐文学，是与乐器相配合的歌辞，在词的初期，歌辞依附于乐曲，所以词被称为“曲词”或“曲子词”。“曲”指音乐。“词”指与音乐相配套的文辞。真正成为一代文学之胜，并在古代诗歌史上堪与唐诗交相辉映的是宋代的词。

词这种特殊的诗体产生于初、盛唐，是一种合乎音律，用来歌唱的曲辞。宋朝时期，词的用途非常广泛，无论朝廷盛典、士大夫的宴会，还是长亭离人送别、歌楼艺人卖唱，都离不开词；同时宋代几乎与外患相始终，少数民族的金戈铁马，使宋朝人枕不安席，于是收复中原、伤时忧国，成为词人咏叹的又一主题。在这种大背景下，前者形成了婉约词派，后者形成了豪放词派。

婉约派词人代表是北宋的柳永和两宋之际的李清照，其风格委婉含蓄，细腻感人，内容以咏叹个人身世、写景抒情为主。北宋的词坛几乎是婉约派的一统天下。

豪放派词人以北宋的苏轼和南宋的辛弃疾为代表，风格豪放激愤，气势雄伟，内容以记事、说理为主，表达内心感慨。

在宋词中，可以看到不同于诗的另一种境界，它尖新细窄：题材上注重个人的情感而不是社会现实；表现功能上长于抒情而短于叙事；风格上偏重阴柔而不是阳刚（豪放派不占优势）。宋词更亲切、细腻地表现人的各种心情意境。

【古典文学——散文】

《洛神赋》

《洛神赋》是三国时期魏国著名文学家曹植写的浪漫主义名篇。其原名《感甄赋》，曹植用“其形也，翩若惊鸿，婉若游龙，荣曜秋菊，华茂春松。髣髴兮若轻云之蔽月，飘飖兮若流风之回雪”来形容洛神。《洛神赋》是曹植模仿战国时宋玉《神女赋》对楚王梦巫山神女之事而作，虚构自己在洛水边与洛神相遇的情节，全篇想象丰富，描写细腻，词采流丽，对洛神的描绘，诸如“婉若游龙”、“秾纤得衷，修短合度”、“气若幽兰”等，皆可见巫山神女的影子。此赋“感宋玉对楚王神女之事”，是对《楚辞》中以男女关系譬喻君臣关系的继承，其亦屈子之志也。另一说为感甄氏而作。

赏析

我国古代，为区别于韵文、骈文，凡不押韵、不重排偶的散体文章，包括经、传、史在内，一律称为散文。

《尚书》是古代文献总集，是文章的源头，标志着散文的形成。

先秦散文包括历史散文和诸子散文两大类。历史散文，主要指春秋末期的史书，从文学角度讲，它们就是历史散文。其中《左传》是先秦历史散文中文学价值最高的一种。先秦散文中的另一大类是诸子散文。春秋末年，诸子蜂起，百家争鸣，产生了以论说为主的哲理散文。这个时期的主要作品有《论语》、《孟子》、《老子》、《墨子》、《庄子》、《荀子》、《韩非子》等。

汉赋是汉代特有的文学形式。赋的名称始于战国赵人荀卿的《赋篇》。到汉代形成特定的体制，讲究文采、韵节，兼具诗歌和散文双重性质。接近于散文的称“文赋”，接近于骈文的称“骈赋”。汉赋体物写志，注重铺陈，辞藻华美，色彩绚丽，吸收了《楚辞》的特点。

魏晋南北朝时，文学进入自觉时期，文学创作个性化，文学价值受到重视。内容上，抒情色彩越来越浓，表达社会政治见解和抒发个人感慨往往密切结合，有写山水景物的散文、抒情小赋；形式上，骈偶化倾向逐渐明显，更加讲求遣词造句的艺术技巧，体裁愈益多样化。

唐宋时期，自中唐古文运动的兴起，出现了大量以古文撰写的散文。宋代的散文文风平易，长于议论，涌现出八大散文家。

明清两代仍有不少散文家写了不少古文体散文，但其成就远未超过唐宋。

中国古代的散文，一向被看作是“经国之大业，不朽之盛事”，文人借助文章可以雄视千古，名垂百代，可以表达自己的功业道德和治国理想，因此历代文人都很重视散文创作。

【古典文学——元曲】

《窦娥冤》

《窦娥冤》全称《感天动地窦娥冤》，是元朝关汉卿的杂剧代表作，它的故事源于《列女传》中的《东海孝妇》。但关汉卿并没有局限在传统故事里，去歌颂为东海孝妇平反冤狱的于公的阴德；而是紧紧扣住当时的社会现实，用这段故事真实而深刻地反映了当时中国社会的黑暗、残酷、混乱，表现了人民坚强不屈的斗争精神和争取独立生存的强烈要求。它成功地塑造了“窦娥”这个悲剧主人公形象，使其成为被压迫、被剥削、被损害的妇女的代表，成为社会底层善良、坚强而走向反抗的妇女的典型。

赏析

元曲，与唐诗、宋词被誉为中国诗词高峰的三颗明珠。

元曲是盛行于元代的一种文艺形式，包括杂剧和散曲，杂剧是戏曲，散曲是诗歌，属于不同的文学体裁。元杂剧的成就和影响远远超过散曲，因此也有人以“元曲”单指杂剧，元曲也即“元代戏曲”。杂剧是宋代以滑稽调笑为特点的一种表演形式。散曲是金元时期在北方民间流行起来并兴盛于元明时代的一种诗歌体裁。它包括篇幅短小的小令和套数（套曲、散套或大令）两种主要形式。与词相比，散曲在音节和用韵上都比较自由，句子长短更为参差，而且可以加衬字，多用方言俗语和当时的新词，增加了语言的灵活性和通俗性。其题材广阔，语言幽默通俗、明快泼辣，形式活泼，描绘生动，手法多样，对后来的诗歌与戏曲创作产生了深远的影响。

【古典文学——小说】

章回小说

章回小说是长篇小说的一种，是我国古典小说的主要形式，其特点是分回标目、段落整齐、首尾完整。它是由宋元讲史话本发展而来的，讲史说的是历史兴亡和战争故事，如《金相平话五种》、《五代史平话》、《宣和遗事》等。说话人不能把每段故事有头有尾地在一两次说完，必须连续讲若干次，每讲一次就等于后来的一回。在每次讲话以前，要用题目向听众揭示主要内容，这就是章回小说回目的起源。从章回小说中经常出现的“话说”和“看官”字样，可以看出它和话本之间的继承关系。章回小说与“笔记体”、“传奇体”、“话本体”等小说文体共同构成了中国古代小说的文体系统。

赏析

中国叙事文学的源头可推至上古神话传说和先秦散文中的叙事片断以及汉史传作品，但真正的文学创作则始于魏晋小说。

中国的小说，兴起于魏晋南北朝时期。唐代由于城市的繁荣，出现了适合市民欣赏、情节曲折离奇的短篇小说——传奇，唐传奇的出现标志着文言小说的成熟。

北宋后期，随着城市商品经济的发展，市民阶层的兴起，市民对于文化娱乐的要求不断提高，两宋京城涌现了许多市民技艺表演的活动场所，即“瓦舍勾栏”，各色艺人在这些场所中靠演艺为生，其中就有以“说话”，即讲演故事为职业的一种小说家，小说家说话的文本叫做“话本”，“话本”就是民间“说话”艺人讲故事所用的底本。后来，一些文人参与其中，专门为说话艺人编写话本，话本小说即由此而产生，并且成为宋元时期颇为盛行的一种文学形式。

明清两代是中国古典小说兴盛繁荣的时代，特别是白话小说广泛流行，达到了很高的艺术水平。最为著名的是明代“四大奇书”——《三国演义》、《水浒传》、《西游记》、《金瓶梅》和清代长篇小说中的“双璧”——《儒林外史》和《红楼梦》。

《三国演义》是历史小说，而不是通俗历史。书中把刘备的宽仁爱民、知人善任，周瑜的儒雅才略，鲁肃的诚恳忠厚，张飞的疾恶如仇，都刻画得惟妙惟肖，栩栩如生。《三国演义》通过全景式的历史图画，把谋略在政治、军事、外交斗争中的运用展示给了平民百姓。

《水浒传》塑造了众多的英雄人物，个性鲜明。林冲的坚毅，鲁智深的豪爽，李逵的莽直，武松的勇猛均写得栩栩如生。《水浒传》对后世文学特别是戏曲影响极大，明清两代的许多戏剧皆取材于《水浒传》。

《西游记》在中国长篇小说史上，首次突破了忠奸对立的传统二维模式。《西游记》的艺术结构是金线贯珠。“珠”是相对独立的众多短篇——八十一难，“线”是孙悟空等取经人。

《金瓶梅》是第一部由文人独立创作而成的长篇小说，它的题材由《水浒传》中武松杀嫂演化而来。这是我国第一部以商人家庭生活为题材的长篇小说，描写了西门庆一家平常的家庭生活，夫妻、妻妾、主仆之间的种种矛盾斗争以及饮食穿戴、起居游乐等。

《儒林外史》采用画廊的形式，表现了百丑图式的内容，最突出的成就是讽刺。它旨在批判科举制度和这个制度在知识分子的生活中所产生的极端恶劣的影响。

《红楼梦》的语言多样丰富，是中国古代小说的最高典范。现在已成为一门专门学问——“红学”，全国有几个专门研究所，其菜谱、药学、建筑、对联、书法、绘画均有科学研究价值。

知识链接

古诗的分类

“古诗”是个含义非常广泛的词语。通常所说的“古诗”，包括“古体诗”和“近体诗”两大类。古体诗又称古诗或古风，是唐代人对唐代以前诗歌的称说，包括汉魏六朝时各种形式的诗歌，如汉魏乐府、南北朝民歌、六朝文人诗、杂体诗，古体诗的共同特点是每首句数不限，字数有四言、五言、六言、七言、杂言多种，不讲究平仄对仗。唐朝以后的人仿照古诗的形式所写的诗歌也叫古体诗，一般称为“古风”。近体诗又称今体诗，是同古体诗相对的诗歌体裁，是唐代出现的格律诗，分为律诗和绝句，又各分为五言律诗、七言律诗；五言绝句、七言绝句。近体诗中的律诗格律严格，篇有定句（每首八句），句有定字（五字或七字），字有定声（平仄相对），联有定对（中间两联对仗）。

拓展与训练

一、思考题

1. 请根据自己的理解，说说古代诗词与古代辞赋有什么不同。

2. 中国古代的散文，一向被看作是“经国之大业，不朽之盛事”，为什么？

二、训练题

1. 李白写《蜀道难》“噫吁嚱，危乎高哉！蜀道之难，难于上青天”，表达了诗人什么样的情怀？写一篇300字的赏析。

2. “山重水复疑无路，柳暗花明又一村”是广为流传的佳句，你认为人们会在什么情况下引用它？为什么？

3. “在天愿做比翼鸟，在地愿为连理枝。天长地久有时尽，此恨绵绵无绝期。”出自谁写的诗篇？其中有什么典故？

4. 中国历史名著中有许多脍炙人口的故事、名句，你记得哪些？

5. 唐诗、宋词兴盛的原因是什么？明清小说繁荣的原因是什么？

第3节　中国现代文学

“现代文学”即“用现代文学语言与文学形式，表达现代中国人的思想、感情、心理的文学”。它不仅用现代语言表现现代科学民主思想，而且在艺术形式与表现手法上都对传统文学进行了革新，建立了话剧、新诗、现代小说、杂文、散文诗、报告文学等新的文学体裁。在叙述角度、抒情方式、描写手段及结构组成上，都有新的创造，具有现代化的特点，从而与世界文学潮流相一致，成为真正现代意义上的文学。

案例导入

莫言获奖

2012年10月11日，北京时间19点，2012年诺贝尔文学奖揭晓，中国作家莫言获奖。瑞典皇家科学院诺贝尔奖对莫言的颁奖词是："将魔幻现实主义与民间故事、历史与当代社会融合在一起。"

在莫言30余年的创作生涯中，《红高粱》、《丰乳肥臀》、《檀香刑》、《生死疲劳》、《蛙》等一批小说，都以其暴烈的叙事狂欢及魔幻而非凡的想象力，使之在中国当代文坛独树一帜——既融合中国古典浪漫情怀，又有天马行空的怪诞虚构，从西方现代派、后现代派借鉴的各种叙事技艺，保证了莫言小说的繁复与博大、深湛与激情。

莫言是作品被翻译得最多的中国当代作家之一。他笔下的"乡土魔幻中国"受到西方译者青睐，许多重要作品被译成英文、法文、德文、意大利文、瑞典文、韩文、日文、荷兰文等多国文字。尤其是在诺贝尔奖的所在地瑞典，瑞典汉学家陈安娜一人就翻译出版了莫言的三本代表作——《红高粱家族》、《天堂蒜薹之歌》、《生死疲劳》。

问题：

1. 现代文学家中，你知道多少？
2. 你是否知道我国现代文学起源的作品标志？

专题欣赏

【现代小说一】

鲁迅弃医从文

1902年，21岁的鲁迅东渡日本，起初选择的并不是文学，而是医学专业。1905年，学校里发生的一件事，给鲁迅的刺激很大：一次上细菌课后放映纪录片，内容是宣传日本军国主义所谓战绩的。影片中有这样一组镜头，一个中国人被日本侵略者枪杀，而周围观看叫好的竟是一群中国人。当时，看这部影片的只有鲁迅一个是中国人。看完影片之后，大家拍手欢呼。这影片、这掌声都深深地刺痛了鲁迅，他在数月内吃不好饭、睡不好觉，为此曾一个人走进深山里放声悲歌。他翻来覆去地苦苦思索：为什么有人对自己的同胞被杀害而无动于衷？他终于认识到："医学并非一件紧要事，凡是愚弱的国民，即使体格如何健全，如何茁壮，也只能做毫无意义的示众材料和看客……第一要着，是在改变他们的精神。"由此，他毅然弃医从文（尽管他在医学上的学业已有成就），走上了用笔唤起中国人觉醒的道路。

赏析

"我不见他，已是三十多年；今天见了，精神分外爽快。才知道以前的三十多年全是发昏；然而须十分小心。不然，那赵家的狗，何以看我两眼呢？"鲁迅在五四运动爆发前夕，创作出《狂人日记》。《狂人日记》借实行虚，以虚证实。小说选取狂人作为主角是十分精心的安排。在黑暗势力陈陈相因地压在人们头上的那个社会里，一切都已经习惯了，变态的心理、混乱的逻辑和虚妄的幻觉，一切都被视为当然。狂人见到所有的人都是像要吃人等心理，就是一种典型的迫害狂患者的心理状态，采用了象征、暗示等现代主义手段进行描写和刻画。第一节“我不见他，已是三十多年”——比喻黑暗的长久。第二节“古久先生的陈年流水簿子”——比喻、暗示中国几千年不变的传统文明。而第六节“黑漆漆的，不知是日是夜。赵家的狗又叫起来了”——象征整个封建社会的黑暗与凶险。作品还采用了对照的手法。前面的小序是用文言写成的，简洁、明了而又清醒；正文部分是用白话写成的，多抒情，具有很深的心理内涵。这两者形成了鲜明的对照，充分显示了白话文学的表现能力，前面清晰的小序也反衬了狂人日记的思维的混乱和混沌。

《狂人日记》在中国现代文学史和中国现代文化史上都具有跨时代的意义。作为现代第一篇白话小说，它奠定了中国现代小说（文学）创作的基础；它深刻的思想是对中国现代启蒙主义的高度概括。其在形式和思想方面都深刻影响了 20 世纪中国文学史和中国思想史。鲁迅是我国现代文学的奠基人。

【现代小说二】

《潘先生在难中》

潘先生带着全家躲避战乱，刚从乡下来到上海，就又担心教育局长斥他临危失职而丢掉饭碗，惶惶然又即返回乡镇。不料战事还未直接威胁到这个乡镇就结束了，潘先生于是陶然庆幸，竟然接受了别人的推举，写字幅为凯旋的军阀歌功颂德，从而塑造了一个自私、疑惧、投机、苟安、卑琐，具有多侧面而又统一的小市民性格典型。

赏析

叶圣陶从“问题小说”起步，后成为“五四”人生派小说的代表作家。叶圣陶的早期作品以描写小市民、小知识分子的灰色人生著称，他站在冷静批判的立场上，以严肃的创作态度，忠实于现实主义的创作原则，先后创作了《乐园》、《低能儿》、《小铜匠》、《潘先生在难中》等以教育为主题的小说。《潘先生在难中》是叶圣陶早期作品中描写灰色人生的代表性力作，它标志着叶圣陶前期作品风格的逐渐成熟。《倪焕之》被誉为叶圣陶的“扛鼎”之作，它是叶圣陶唯一的长篇小说，与茅盾的《子夜》一道成为现代长篇小说的真正开端。

由于叶圣陶长期做着小学教师的工作，并且热爱这个职业，因此他特别熟悉乡镇社会的人情风俗，尤其是乡镇教育界微妙的心理变化、独特的思想意识。这便成为他早期小说的题材领域，而生活与挣扎在其间的城乡劳动人民和下层中小知识分子便构成了他写来得心应手的人物系列。

【现代小说三】

老舍名字的由来

老舍，原名舒庆春，字舍予，满族人，1899 年 2 月 3 日生于北京。因为老舍生于阴历年底，父母为他取名“庆春”，大概含有庆贺春来、前景美好之意。老舍上学后，自己更名为舒舍予。“舍予”是“舒”字的分拆：舍，舍弃；予，我。含有“舍弃自我”，亦即“忘我”的意思。

“老舍”这一笔名，是他在 1926 年发表长篇小说《老张的哲学》时首次使用的。在

"舍予"前面添"老"字，而后面去掉"予"字，便成了现今人们熟知的"老舍"。这个"老"并不表示年龄大，而是含有一贯、永远的意思，合起来就是一贯、永远"忘我"。他用"老舍"这一笔名发表了大量文学作品，以至不少人只知道"老舍"而不知舒庆春是谁。

赏析

老舍从1924年开始小说创作，《老张的哲学》是老舍独特艺术个性形成的一个起点，从创作这一作品伊始，老舍就立意要幽默，把幽默作为一种美学品格来追求。老舍的独特贡献在于他从文化视角出色地描写了市民生活。《骆驼祥子》是写城市贫民悲剧命运的代表作，它在老舍全部创作中是一座高峰。作品紧紧围绕祥子的希望—奋斗—绝望—堕落这条生活道路的主线安排事件，展开情节，并引出其他人物，单纯严谨，不枝不蔓，既充分展示了主人公祥子性格发展变化的轨迹，又深刻揭示了祥子性格的发展变化与其所处的广阔而复杂的社会环境之间的密切关系。作品熟练、准确地运用北方人民的口头语言和心理描写的方法，朴实、平易、简洁明快，富有浓郁的地方色彩和生活气息，在叙述、描写之中插入议论，写北京的生活、北京的车夫，旁及北京种种的人情风俗，在炎凉的世态中揭示文化。

老舍的作品，历历如绘地展现出城市下层居民的生活情景，运用北京口语精确流畅，确立了他在我国现代文学史上的重要位置。

【现代诗歌一】

蝴蝶

胡适

两个黄蝴蝶，双双飞上天。
不知为什么，一个忽飞还。
剩下那一个，孤单怪可怜。
也无心上天，天上太孤单。

赏析

胡适是尝试用白话创作诗歌的第一人。《蝴蝶》写于1916年8月23日，后在《尝试集》中位列第一编第一首，于是有了"中国第一首白话诗"之称。

《蝴蝶》是胡适对自己爱情生活的一声叹息。

胡适十几岁时就与江冬秀订了婚，但到美国之后，邂逅了才情超逸的韦莲司并为之倾倒，两人的半世情缘从此启幕。这首诗写于1916年，正是胡适回国的前夕，这首《蝴蝶》其实是一曲中西合璧的现代"梁祝"，表达了他当时孤寂、苦闷的心情。本来是"双双飞上天"翩翩翻飞的两只蝴蝶，因胡适母亲催胡适回家成亲，不得不"忽飞还"一个，剩下韦莲司一个人孤苦伶仃，望穿秋水，也真"怪可怜"——韦莲司一生未嫁。

【现代诗歌二】

中国的雪莱

"悄悄地我走了，正如我悄悄地来；我挥一挥衣袖，不带走一片云彩"是徐志摩的诗《再别康桥》中的诗句。

徐志摩是中国现代诗人、散文家。1897年出生在浙江海宁县一个富商家，1910年入杭州府中学堂，1916 年入北京大学法科学习，1921 年转入英国剑桥大学学习。英国 19 世纪浪漫主义诗歌给了徐志摩极大影响，他于 1921 年开始了诗歌的写作。他平生最崇拜英国诗人雪莱，尤其是羡慕他的覆舟而死。他说：我希望我将来能得到他那样刹那的解脱，让后世人谈起就寄予无限的同情和悲悯。

赏析

朱自清曾说过："现代中国诗人，须首推徐志摩和郭沫若。"徐志摩作为民国四大才子之首，被誉为"中国的雪莱"。

徐志摩的四本诗集——《志摩的诗》、《翡翠冷的一夜》、《猛虎集》和《云游》中，既有反映人道主义和积极进取的人生态度的诗篇，也有"流入了怀疑的颓废"的诗篇，但最能显示徐志摩诗歌艺术特点和风格特色的，是那些抒发个人情怀，有真切的生活感受，揭示某种人生哲理又给人以美感的诗篇。

如他的代表作《再别康桥》，突出地显示了徐志摩诗作的意境美、音韵美和结构美。在这首诗中，诗人是以康桥的自然景致为直接抒发对象的，但在诗中，康桥已经化成了旧日情思的象征。诗人的情意完全融在康桥的山光水色之中——"在康河的柔波里，我甘心做一条水草!"，康桥自然景物的人情化，诗人主观感情的自然化，在这里融为一体，情意越浓，笔下越潇洒，对康桥的惜别之情，被诗人化作西天的云彩，轻轻地招一招手，悄悄地挥一挥衣袖，"轻轻地我走了，正如我轻轻地来"。在这种物我交融的境界中，令人感悟到一种悠远而又执著的意念；人不能伴景长生，但情却能与景永存；人间总有别离，而性灵却天长地久。这首诗不仅美在意境，而且也美在音韵，美在结构。全诗七节，韵律舒徐轻盈，首尾两节意象重叠，在回环反复的旋律中，诗的主题一再重复，深化，一曲奏罢，余音犹存。

【现代诗歌三】

远和近

顾城

你，
一会看我，
一会看云。
我觉得，
你看我时很远，
你看云时很近。

赏析

这首诗是朦胧诗里非常著名的诗篇，被许多人传诵。

诗中顾城表达了人对于远近的哲理思考，以及人和自然、人和人的关系。

诗中的"你"、"我"、"云"三个意象都具有一定的象征意义。"你"、"我"都生活在客观现实中，同属于社会的组成人员，"云"则象征着美丽淳朴的大自然。"你看我时很远"，这是地近心远，"咫尺天涯"；"你看云时很近"，这是地远心近，"天涯若比邻"。

这种关系充满了一种辩证的距离、一种美和对爱的得失的痛苦。近处的爱人远在天边，天上的云却在心灵近处。爱人可近却不可能真正地接近，自然被隔离在远方却在爱人的心旁。

诗歌里表现出一种透明的美、纯净的美、神奇变幻的美，带有一种痛苦的思辨的忧伤。

【现代散文一】

“冰心体”语言

冰心散文的语言“清丽”、“典雅”。她善于提炼口语，使之成为文学语言，她能把古典文学中的辞章、语汇吸收融化，注入到现代语言中去。远在“五四”初期，冰心就以语体白话文从事创作。在行云流水般的行文里，在引诗援典或遣词造句中时而出现某些文言词语。然而，并非文白相加，而是经过精心提炼、加工，使之相互融合，浑然一体，形成独特的语言艺术：或凝练明快、清新婉丽，或色彩鲜明，或素缟淡雅，都带有浓重的抒情性，给人以如诗似画的美感。其错落有致的长短相间的句式以及排比、对句等的切当穿插，更增强了语言的音乐性。广大读者对这种语言交口称赞，以致把后来的既表现出白话文的流畅、明晰，又有文言文的洗练、华美的语言，统称为“冰心体”语言。

赏析

冰心是中国现代文学史上第一位著名的女作家。冰心“小诗”味的散文是现代文学史上较早的引人注目的美文小品，通常被称为“冰心体”散文。冰心散文的文字美，不在于辞藻的华丽，而在于她能将当时还处于幼稚时期的白话文，与古雅的文言文和洋派的西文完美地糅合在一起，形成了典雅、凝练而又明丽清新的风格特点。“冰心体”是冰心文学创作的最大成就。

冰心的《笑》在刚刚改革过的《小说月报》上发表后，立即被奉为“美文”的典范，不但被各学校竞相选入课本，而且还被语法学家拿来做通篇的句式解读，在社会上产生了广泛的影响。有人甚至认为，冰心散文的影响，不在鲁迅、周作人之下。

冰心在散文中所要表达的“心中要说的话”，就是她整个创作的总主题：爱。冰心的“爱的哲学”，不但主张要爱自己的母亲，爱所有的儿童，而且主张要爱一切的大自然，希望所有的社会问题都能通过人们之间的“互爱”而得到解决。因此，也被称为“泛爱哲学”。

【现代散文二】

荷塘月色（节选）

曲曲折折的荷塘上面，弥望的是田田的叶子。叶子出水很高，像亭亭的舞女的裙。层层的叶子中间，零星地点缀着些白花，有袅娜地开着的，有羞涩地打着朵儿的；正如一粒粒的明珠，又如碧天里的星星，又如刚出浴的美人。微风过处，送来缕缕清香，仿佛远处高楼上渺茫的歌声似的。这时候叶子与花也有一丝的颤动，像闪电般，霎时传过荷塘的那边去了。叶子本是肩并肩密密地挨着，这便宛然有了一道凝碧的波痕。叶子底下是脉脉的流水，遮住了，不能见一些颜色；而叶子却更见风致了。

赏析

朱自清在“美文”创作上与冰心齐名，是以诗人的身份步入文坛的。

朱自清的写景散文擅长于运用工笔与重彩相配合的方法，创造出一种如诗如画的意境，并且在写景的同时抒发自己心中之情。《桨声灯影里的秦淮河》不是仅仅聚光于灯和月，而是将灯影、月影与桨声、歌声交织在一起，在有声有色的艺术氛围中自然流露出作者内心的忧郁情绪。《荷塘月色》描写的是清华园月光下的荷塘景色，化静为动，以动写静，以荷叶的翩翩起舞写月夜的宁静幽美，通过荷花的缕缕清香抒发心中的淡淡哀愁。《绿》则通过对北京、杭州等地的名胜与温州梅雨潭的对比，以“少妇拖着的裙幅”、“初恋少女的心”来比喻梅雨潭水非同寻常的“女儿绿”，暗含着这位自称“扬州人”的诗人对南方山水的深情。人们推崇朱自清散文，不仅是因为他写的风景优美如画，他写的如画风景全都含情脉脉，更重要的是他的散文在遣词造句上的精益求精，既讲究辞藻的修饰，又重视口语的赏心悦目，文而不涩，美而不俗，将现代白话散文运用现代汉语的水平，提升到了古诗词一般出神入化的境地。他是极少数能用白话写出脍炙人口名篇的散文家，他的重要性如很多评论家所公认，只要学校选讲范文，或编文学史，谈到现代散文的语言，文体之完美，朱自清必被提及。

知识链接

现代文学社团（部分）

1. 文学研究会

文学研究会是中国新文学运动中第一个纯文学团体，成立于1921年1月，以《小说月报》为阵地，积极倡导文学革命。其主要理论家茅盾提出文学要老老实实表现人生，尤其应描绘被压迫的人民，在创作方法上，他主要提倡现实主义，反对唯美主义和浪漫主义。文学研究会作家的成就，主要表现在小说创作上，如茅盾的《蚀》三部曲、叶圣陶的《倪焕之》、冰心的《超人》等，均以对现实的细密描绘、深入剖析，显示出现实主义特色，成为文学研究会这个现实主义文学流派的力作。

2. 新月派

新月社于1923年成立于北京，该社活动在1927年春移往上海，1933年结束，主要成员有胡适、徐志摩、闻一多等，他们把《晨报（副刊）》作为阵地，后又创办《诗刊》周刊、《新月》月刊。新月社是一个涉及政治、思想、学术、文艺各领域的派别，在思想上和组织上都表现了资产阶级自由主义特点。它在中国现代文学史上的贡献主要在于新诗，闻一多、徐志摩等人针对自由体诗体现的散文化倾向，提出新格律诗的主张。

3. “左联”

“左联”全称左翼作家联盟，成立于1930年，发起人有鲁迅、冯雪峰、夏衍等，成立时加盟的有50余人，郭沫若、郁达夫等创造社成员也加入了“左联”。

4. 论语派

“论语派”是以林语堂等创办的《论语》半月刊而得名的以杂文为主的小品文流派，拥有3个刊物：《论语》、《人间世》与《宇宙风》，活跃于20世纪三四十年代。

5. “七月”派

“七月”派是一个由胡风等人在抗日战争时期的国统区创办主持的文艺杂志《七月》而得名的流派，它主要包括胡风、绿原、牛汉等人代表的“七月”派诗歌和路翎、丘东平等人代表的“七月”派小说。

6. “野草”作家群

“野草”作家群是以夏衍、聂绀弩、宋云彬、孟超、秦似等为骨干，活跃在抗日战争时期的大后方和解放战争时期的香港，在国内外有较大影响的一个杂文流派。

7. “九叶”诗派

“九叶”诗派是 20 世纪 40 年代后期出现的一个诗艺比较成熟的现代主义诗歌流派，它得名于诗集《九叶集》，主要代表诗人有穆旦、郑敏、辛笛、陈敬容等。在诗艺探索中，“九叶”诗派的诗人们反对把诗只看作激情流露的传统观念，强调理性思考的作用，不满足于描摹现象，强调要以敏锐的诗的触角去感应时代情绪，并且将这种情绪升华为心灵与外物对话的感性哲理。

拓展与训练

一、思考题

1. 通过查询，了解我国现代文学有哪些主要的流派。
2. 除书中所列的小说、诗歌、散文外，现代文学还有哪些体裁？有哪些名人名著？

二、训练题

1. 看过小说《围城》吗？该书的讽刺艺术体现在哪几个方面？
2. 作家和他的作品背后，有不少趣闻趣事，请你收集并与大家分享。
3. 许多现代文学作品纷纷搬上荧屏或舞台，你看过哪些？
4. 以戴望舒作品为例，谈现代派诗歌的特征。
5. 2008 年汶川抗震救灾期间，有一首流传很广、感人至深的无名诗《妈妈，别哭，我在天堂》。请上网查询并分析为什么能打动人。

第 4 节　文学鉴赏基本知识

文学作品鉴赏，是人们阅读文学作品时产生的一种精神活动，也就是对文学作品的感受、体验、理解和品味。文学作品鉴赏包括思想内容鉴赏、艺术技巧鉴赏和写作风格鉴赏等。

案例导入

一千个读者就有一千个哈姆雷特

《红楼梦》，它的主题到底是什么？在清代学者王国维眼里是一部充满神秘色彩的悲观主义作品；在现代学者胡适看来则是一部自然主义作品；而毛泽东说，一部《红楼梦》，就是封建阶级的没落画卷。鲁迅先生谈到读《红楼梦》时说过：“单就命意，就因读者的眼光而有种种：经学家看见《易》，道学家看见淫，才子看见缠绵，革命家看见排满，流言家看见宫闱秘事……现代的读者看《红楼梦》，对于林黛玉这个人物，恐怕会想到剪头发，穿印度绸衫，清秀、寂寞的摩登女郎；或者别的模样。总之和三四十年前读者心目中的林黛玉是截然两样的。”

问题：

1. 如何理解文学鉴赏不仅是一种审美享受活动，而且是一种参与艺术创造的活动？
2. 文学鉴赏的方法有哪些？

专题欣赏

【文学鉴赏方法一】

关注局部　顾及整体

《容斋随笔》卷八云："吴中士人家藏其草，初云'又到江南岸'。圈去'到'字，注曰'不好'，改为'过'。复圈去而改为'入'，旋改为'满'。凡如是十许字，始定为'绿'"。

赏析

为什么"绿"好呢？从科学的角度讲，风一般只能以听觉、触觉来感知，但春天却是惠风和畅、吹面不寒、过耳无声的。现在诗人用"绿"去描写它，化不易传达的听觉、触觉而为触目成色的视觉，既见春风的到来，又惊异于春风到来后江南水乡的变化，形象生动，一举两得，这就是诗歌创作中通感的妙用。就整首诗而言，"绿"字与其他几个字相比，更能强化诗意：青山绿水、碧野春风、明月孤舟，多么富有诗意的画图啊！

文学作品是一个有机的整体，文学作品中的各个部分都是整体中的一个有机单元。朱光潜先生把一篇作品的整体布局比作兵家所谓的"常山蛇阵"。它的特点是：击首则尾应，击尾则首应，击腹则首尾俱应。

鲁迅在《且介亭杂文二集·题韦定草》中指出："我总以为倘要论文，最好是顾及全篇，并且顾及作者的全人以及他所处的社会状态，这才较为确凿。""……于是看小旦唱，看花旦唱，看老生唱，看不知什么角色唱，看一大班人乱打，看两三个互打，从九点多到十点，从十点到十一点，从十一点到十一点半，从十一点半到十二点——然而叫天竟还没有来。"孤立地来看，上面的这段语言是非常啰唆的。当鲁迅把它放在《社戏》中，用来表现"我"盼望小叫天出场的急切心情的时候，它却是传"情"妙笔。

【文学鉴赏方法二】

入乎其内　出乎其外

黄鹤楼

崔颢

昔人已乘黄鹤去，
此地空余黄鹤楼。
黄鹤一去不复返，
白云千载空悠悠。
晴川历历汉阳树，
芳草萋萋鹦鹉洲。
日暮乡关何处是？
烟波江上使人愁。

赏析

文学创作需要感情的投入，读者在进行文学鉴赏时也一样需要与作者达到一种感情的融合，所谓"入其内"也。只有这样才能真正理解作品，从而获得审美愉悦。但是，鉴赏者"入其内"，也要能"出其外"。就是说，如果鉴赏者一直沉浸在作者所描写的世界里出不来，他就不可能对作品作出客观、深刻的分析和评价。

吴俊忠先生对崔颢《黄鹤楼》诗的鉴赏和分析如下：

“鉴赏者初读这首被誉为‘绝唱’的七律诗，很自然地会被诗中所表现的那种旅思乡愁，以及感叹宇宙永恒、人生短暂的情绪所感染，甚至会驱动自身的人生和情感体验。或遗憾‘空有大志，人生无成’；或感叹‘江山依旧，人事全非’。渐入诗中之境而流连忘返。但鉴赏者不能沉湎于此‘诗境’，必须反复吟诵，调整视点，跳出境外，并上升到一个新的高度来认识，理解诗的意蕴和内涵。读着读着，鉴赏者把此诗放到当下的文化视野来‘解读’，若有所悟，忽生新感：自然万物均在变与不变之中，有其自身规律，不以人的意志为转移。触景生情，见物思事，乃人之常情。然而生何种情，思哪些事，乃取决于人的精神境界和情绪心境。与其感叹山河不变人事非，倒不如睹物思人，更上层楼。黄鹤楼巍然屹立，白云悠悠缭绕，并不因天晚而望不到故乡，有此自然美景，足以慰思乡之情，又何必触景生愁?! 山河不变人事变，有志者当珍惜时光，努力奋发，不应在无为的忧愁中虚掷时光。”

吴先生的分析，就跳出了诗外，没有让自己沉迷在诗歌的愁绪中。空灵的艺术需要空灵的心境去领会其中的美好，优秀的文学作品也需要欣赏者的慧眼。

【文学鉴赏方法三】

联想　想象

三仙姑却和大家不同，虽然已经四十五岁，却偏爱当个老来俏，小鞋上仍要绣花，裤腿上仍要镶边，顶门上的头发脱光了，用黑手帕盖起来，只可惜官粉涂不平脸上的皱纹，看起来好像驴粪蛋上下上了霜。（《小二黑结婚》）

赏析

这一段文字仅靠这些实的描写，不能够构成一个可以用视觉感知的完整图像，她的眼睛长什么样儿，眉毛是什么样，需要读者根据自己的生活经验对形象进行补充和想象。只有这样，作品中的人物、景物、场面才可能生动地展现在我们的脑海中，从而使我们得到艺术的享受。

文学作品对艺术形象的描述都是虚实相间、留有很多空白的，这些虚的、空白的地方需要读者在阅读的过程中通过想象去填补，否则，文学鉴赏就无法进行。

夏丏尊、叶圣陶说：“文章是无形的东西，只是白纸上的黑字，我们读了这白纸上的黑字，所以会感到悲欢觉得人物如画者，全是想象的结果。作者把经验或想象所得的具体的事物翻译成白纸上的黑字，我们读者都要倒翻过去，把白纸上的黑字再依旧翻译为具体的事物。这工作完全要靠想象来帮助。譬如‘山高月小，水落石出’是好句子，但这八个字所以好，并非白纸上写着的这八个字特有好处，乃是它所表托的景色好的缘故。我们读这八个字的时候，如果同时不在头脑里描出它所表托的景色，就根本不会感到它的好处了。”

【文学鉴赏方法四】

理解文学语言的特点

列夫·托尔斯泰《复活》中妓女马斯洛娃在法庭上接受审判时的一段对话：

“您在作什么工作呢?”庭长又问一遍。

“我在一种院儿里。”她说。

“什么院儿?”戴眼镜的法官厉声问道。

“您知道那叫什么院儿。”马斯洛娃说，微微一笑。

赏析

文学作品中的语言具有隐喻性和暗示性。经暗示传递出去的艺术信息，比直接铺叙的要丰富得多，生动得多。

马斯洛娃的这句答话是一个双关语，隐含着她对法官的嘲弄。在“你明知故问”的表层意思里蕴涵着深层含义——“你自己不就是一个妓院里的常客吗?”这一暗示不仅触到了法官的隐私，而且启发了法庭上听众的思考，透露出对道貌岸然的法官的辛辣讽刺和对不合理的社会现实的抨击。

如刘禹锡的《竹枝词》:“杨柳青青江水平，闻郎江上踏歌声。东边日出西边雨，道是无晴还有晴。”“杨柳”、“江水”、“日出”、“雨”、“晴”，读者一看就能理解它们的基本含义。但在这宁静而生动的境界中，隐含一种激情，一种含蓄而奔放的爱恋表达，它们在人的内心达成了一种美好的关联，彼此心照不宣。于是，自然景致成了人的心灵境界的描写，这才是这首诗歌的真义所在。

【诗歌鉴赏方法】

鸟鸣涧

王维

人闲桂花落，夜静春山空。
月出惊山鸟，时鸣春涧中。

赏析

诗人选取了落花、空山、月出、鸟鸣、山涧几种寂静山林的景象，这些景象融合了诗人的情感，“闲”也就变成了诗的意象，这些意象组合在一起，形成了一种超越意象之和的艺术境界。“闲”此处指的是悠闲、恬适，指诗人对官场、名利、人事纷争等尘世的烦扰的厌恶与回避。正因为诗人有这种宁静恬适的心境，才能感受到那些寂静的自然景物。诗人以动写静，以有声写无声，将这些意象进行艺术加工，描绘了一幅淡雅而意境幽远的春山月夜图，让读者去思索，去领悟诗人在诗中寄寓的对社会、对人生的思考与领悟。

诗歌是人类社会最早产生的文学体裁之一。中国最初的诗歌是与音乐和舞蹈结合在一起的，随着社会和艺术的发展，诗歌从乐、舞中逐渐分化独立出来，成为一种以富有节奏韵律感的语言抒发强烈感情的文体。

阅读和鉴赏诗歌，了解诗歌的特点是十分必要的。其主要的特点包括浓郁的抒情性、形象的独特性、结构的跳跃性、和谐的音乐美四个方面。

鉴赏诗歌，应从以下几方面分析：从语言入手，结合写作背景分析，诗歌语言的表达是非直陈性的、反常化的，常常运用比喻、用典、象征等方式；善于捕捉形象，领略诗歌意境，对诗歌意境的欣赏，也就是欣赏诗歌的形象美和情感美，进入诗歌的意境，能够调动欣赏者的情感，使其进入审美状态，引起想象与联想等精神活动，感受到生命的情调和意味；运用比较的方法鉴赏，把同一主题、同一题材、同一手法的诗歌进行比较。

【散文鉴赏方法】

朝阳爬上海面，雾气散了，一万颗金星在波涛上跳动，第一线春光印进了小小的心，我在紫云英的绿茵上打滚，在暖洋洋的潮水里濯脚，听鹧鸪在嫩绿丛中试着它的新声，杨柳枝头盘绕着青油油的潮气，不知道这是云，是雾，抑是昨夜农家遗留下的炊烟？（唐弢《童年》）

赏析

中国是散文的国度，我国自古就有散文，它几乎和中国文字的历史一样悠远。散文包括叙事性散文、抒情性散文、议论性散文。

散文的鉴赏要把握散文“形散神不散”的主要特点。“形散”一方面指题材广泛、无所不包，另一方面指表现形式自由灵活。“神”是指文章的主题，所谓“神不散”，是指文章的主题思想集中鲜明，文章各部分之间都有严谨的内在联系。要抓住散文线索，理清作者思路。散文有时有一明一暗两条线索。明线，是所写对象的先后顺序；暗线，是作者的情感变化。散文的语言要美，离不开修辞手法的运用，没有不用修辞的散文。品味散文的修辞，就能欣赏到散文的语言美。赏心悦目的散文无疑有修辞的功劳。如果没有恰当的比喻、比拟、对比、夸张等修辞手法，散文的语言会黯然失色。我们在鉴赏散文作品的时候，就是要多注意这些最能表现作者感情色彩的、形象生动的语言。

【小说鉴赏方法】

“喂！一手交钱，一手交货！”一个浑身黑色的人，站在老栓面前，眼光正像两把刀，刺得老栓缩小了一半。那人一只大手，向他摊着；一只手却撮着一个鲜红的馒头，那红的还是一点一点的往下滴。

老栓慌忙摸出洋钱，抖抖的想交给他，却又不敢去接他的东西。那人便焦急起来，嚷道：“怕什么？怎的不拿！”老栓还踌躇着；黑的人便抢过灯笼，一把扯下纸罩，裹了馒头，塞与老栓；一手抓过洋钱，捏一捏，转身去了。嘴里还哼着说：“这老东西……”（鲁迅《药》）

赏析

老舍说：“创造人物是小说家的第一项任务，把一件复杂热闹的事写得很清楚，而没有创造出人物来，那至多也不过是一篇优秀的报告，并不能成为小说。”因此，我们在分析、鉴赏小说时必须先抓住人物形象作具体分析，尤其是主要人物形象。要把握情节线索，塑造人物形象不能脱离故事情节。小说的情节是对生活中矛盾斗争的艺术概括和提炼，它凝聚着作者强烈的思想感情，体现了作者的审美观和艺术技巧。要分析环境描写。小说的环境描写包括自然环境与社会环境两个方面。自然环境对人物的命运有时也有影响，但真正决定人物命运的往往主要是社会环境。要品味语言特色。小说是语言的艺术，小说中最能体现作者风格的地方之一便是语言。如《药》在介绍康大叔的形象时，作者运用了一系列的动词“抢”、“扯”、“裹”、“塞”、“抓”、“捏”，把刽子手康大叔粗暴、凶残、贪婪的丑恶面目刻画得淋漓尽致。

知识链接

戏剧文学鉴赏

戏剧是“动作和对话的艺术”。戏剧文学剧本是戏剧的文学成分，是这种综合艺术的

"脚本"，是戏剧演出的文字依据。按戏剧冲突的性质，戏剧可以分为悲剧、喜剧和正剧。

把握戏剧冲突是鉴赏戏剧的关键所在。戏剧冲突发生在人与人、人与事之中，特定的人与特定的人生出特定的事，这"事"就是戏剧冲突的缘起。应尽快理清各种人物之间的关系和各种冲突的缘起，然后随着这"冲突"读下去，抓住"悬念"，留住"铺垫"，了解冲突是如何发展、如何解决的。

领悟戏剧内涵。优秀的戏剧文学能够通过生活的某个部分、某个侧面，反映出特定历史时期某种具有普遍意义的东西。

品味戏剧的语言。戏剧的语言有它的特殊性。人物台词是戏剧语言的主体，我们正是通过人物台词来了解人物、理清情节并把握戏剧冲突的。优秀的剧作家总是努力选择精练的富于个性的语言，去解释情节的发展和人物丰富复杂的内心世界。

拓展与训练

一、思考题

1. 陆游与毛泽东都写过《卜算子·咏梅》，有哪些不同？
2. 沈从文"湘西世界"小说有哪些艺术特色？

二、训练题

1. 请欣赏诗人舒婷的《祖国啊，我亲爱的祖国》。
2. 请阅读中国四大名著，并对其中一个人物、事件或者章节进行赏析。
3. 请鉴赏曹操《短歌行》中的"对酒当歌，人生几何"。
4. 请赏析李建吾的《雨中登泰山》。
5. 请赏析《子夜》的结构与语言风格。

第6章　情感律动——中国传统音乐

第1节　民歌

所谓民歌，是人们根据各自的生活感受而随口编唱的民间歌曲。中国民歌，是在方圆960万平方公里，有着56个民族，十多亿人口的国度里产生、演变和发展的。不同地区、不同自然条件，产生不同的民歌。中国民歌，浩如烟海，无从计数。

案例导入

《茉莉花》

一日，徐达陪着朱元璋在莫愁湖下棋，下了一个上午也未见胜负。正当朱元璋连吃徐达两子而扬扬得意时，徐达却不再落子。朱元璋得意地问道："将军为何迟疑不前?"徐达则"扑通"一声跪倒在地，答道："请圣上细看全局。"朱元璋往棋盘上定睛一看，才发现棋盘上的棋子已经被徐达摆成了"万岁"二字。朱元璋大悦，便将下棋的楼连同莫愁湖花园赏赐给了徐达，这座楼便是后来的胜棋楼。

虽说徐达赢了对弈而得了一座花园，但是他却高兴不起来，因为这时的朱元璋对徐达等开国功臣的猜忌越来越重。一日，常遇春在出征之前来看望徐达。故友来访，徐达自然高兴。叙旧之际，徐达想起了往日的戎马生涯，又联想到现在的生活过得战战兢兢，不免感慨万分。于是徐达便根据莫愁湖畔的茉莉花、金银花和玫瑰花这三种花即兴创作了一首歌谣，两人一起和着花鼓戏的调子唱了起来。

> 好一朵茉莉花，好一朵茉莉花，满园花草也香不过它，奴有心采一朵戴，又怕来年不发芽；
>
> 好一朵金银花，好一朵金银花，金银花开好比钩儿芽，奴有心采一朵戴，看花的人儿要将奴骂；
>
> 好一朵玫瑰花，好一朵玫瑰花，玫瑰花开碗呀碗口大，奴有心采一朵戴，又怕刺儿把手扎。

徐达创作的这首歌谣歌词中所提到的3种花分别代表了名、利、权。“茉莉”音moli，根据谐音读“没利”，意思是说要看轻名；金银花指金银财宝，但在开花时花上却带着一个钩儿，如果你要取金银财宝就要付出代价，意思是要淡泊利；而玫瑰象征富贵，如果你要想拥有宝贵，则要受到惩罚。徐达所作的《茉莉花》在江苏地区很快传唱开来，如今享誉海外的中国民歌《茉莉花》虽然在歌词、曲调上和徐达所作的稍有不同，但是二者是一脉相承的。

问题：

1. 徐达即兴创作的这首《茉莉花》，反映了他什么样的心情？
2. 除了《茉莉花》，你还熟悉哪些中国民歌？

专题欣赏

【号子】

旋涡里的歌——《川江船夫号子》

陶鹏父亲是川江上一艘木船的船长，童年陶鹏耳闻目染船工的艰辛和劳作时吆喝的号子，从小跟着吆喝，练就了一副好嗓子。1949年9月，陶鹏考入重庆中华戏剧专科学校本科表演专业。新中国成立后，学校公演歌剧《白毛女》，陶鹏成为重庆舞台上第一个“杨白劳”的扮演者。

在浓烈的艺术氛围中，陶鹏产生了把“川江号子”搬上舞台的欲望。他将自己在推船时喊的下里巴人“号子”经过艺术加工谱成曲，间插了一段朗诵词，编成了男声小合唱《川江船夫号子》搬上舞台，自己担纲朗诵和领唱，在重庆和北京公演后引起观众和文艺界强烈反响。著名词作家光未然、作曲家马可等热情地对作品提出修改润色意见。

1951年6月，《川江船夫号子》在《人民音乐》上发表，同年又被灌成唱片在国内外发行，一时名声大震。

（领）咳呀呀咳咳，（合）咳 咳
（领）咳呀呀咳咳，（合）咳 咳
（领）清风吹来凉悠悠，（合）咳 咳
（领）连手推船下涪州，（合）咳 咳
（领）有钱人在家中坐，（合）咳 咳
（领）哪知道穷人的忧和愁，（合）咳 咳
（领）推船人本是苦中苦，（合）咳 咳
（领）风里雨里走码头，（合）咳 咳

赏析

号子也称劳动号子、哨子，是一种伴随着劳动歌唱的民间歌曲。《淮南子》里有这样一段记载：今夫举大木者，前呼“邪许”，后亦应之，此举重劝力之歌也。这是以前的人民一边集体搬运巨木，一边呼喊号子的逼真描写。而且还说出了一个极朴素又极重要的道理：早在原始时代，凡“举重”，必唱“劝力之歌”。所谓“劝力之歌”，就是后来的劳动号子。这种体裁是人们在参与需要相互协作的集体劳动时，为了统一劳动节奏、协调劳动动作、调解劳动情绪而唱的一种民歌。所以，产生“号子”的必备条件首先是集体劳动，同时还必须是需要互相协作的集体劳动。诸如出海打鱼，森林伐木、抬木，江河摇橹、拉纤、放排，码头搬运，建筑工地打夯、打硪，上山撬石、打石以及挖石膏、制盐等劳动几乎都要有不同的劳动号子相伴。因此，号子类别划分的主要依据就是不同的工种和传唱环境。从历年已经采录到的音乐资料来看，大体上可以分为：江河船工号子、码头搬运号子、森林林工号子、工地建工号子；号子的歌唱方式，主要是“领、合”式，即一人领，众人合，或者众人领，众人合。在节奏较缓的劳动中，“领”句较长，“合”句稍短；而在较为紧张的劳动中，领句、合句都十分短促。另外，多数情况下，领句唱完之后，合句再接唱，但也有合句在领句结束以前就进入的，两个声部由此构成重叠状态。也就是说，号子的节奏和劳动时动作的节奏是一致的。

《川江船夫号子》这首曲子是一首江河船工号子。江河船工号子，即长江、黄河及其支流上船工们所唱的各种号子，一般以中、上游地带更为普遍。在一些水急、弯大、地貌复杂的河段，船工们需要唱起号子来协调动作，提高士气，所以就编创了大量的船工号子。既有轻松的“下水号”，又有舒缓的“平水号”，更有高度紧张、近于呼喊的“上水号”、“拼命号”。

各种劳动号子作为民歌的一个主要体裁，早在原始时代人们开始从事集体劳动时就已产生，而直到现代社会某种机器取代某种集体劳动才逐渐消失。数千年来，它伴随着劳动大众在与自然的搏斗中发挥了巨大的社会功能，创造了人类战胜自然的一个又一个奇迹。同时，号子又是人与自然和劳动相结合又相碰撞而产生的最早的精神、艺术之花。因此，它具有永恒的历史文化价值。

【山歌】

东方的小夜曲——《小河淌水》

《小河淌水》诞生于 1947 年春云南大学月亮高悬亮汪汪的一个夜晚。最初，尹宜公取歌名为《月亮出来亮汪汪》，连夜拿去请江鹜看时，江鹜低声哼唱了两遍后说：这首山歌太美了！建议歌名用“小河淌水”更好。《小河淌水》就用笔名“赵华”编入了云南大学“南风合唱团”的刊物《教学唱》。从那时起，《小河淌水》逐渐传播开来。《小河淌水》以超然地域环境的人性追求之美，感动了每一个人，被世界不同地区、不同民族、不同肤色的民众所喜爱，被西方音乐界誉为“东方小夜曲”，其魅力是因为它滋生于弥渡这片神秘的人文土壤。

哎——
月亮出来亮汪汪
亮汪汪
想起我的阿哥在深山
哥像月亮天上走
天上走
哥啊哥啊哥啊
山下小河淌水
清悠悠

赏析

山歌泛指劳动号子以外的各种山野歌曲。它是劳动人民在劳动生活中表达内心思想感情的一种抒情小曲，是劳动人民十分喜爱的一种极为普遍的民歌体裁。山歌的语言朴素真挚，曲调流畅优美，反映了劳动人民的喜怒哀乐，同我们的生活息息相关，具有浓郁的生活气息。山歌的内容十分广泛，生活中发生的任何事情都可以用山歌表达出来，有高兴的，悲伤的，幽默诙谐的，还有轻快活泼的。由于山歌多在野外，环境空旷，又不受劳动动作的限制，歌唱者可以无所拘束地抒发内心情绪，所以，山歌的音乐节奏一般比较自由，音调悠长，较多使用延长音。

我国山歌十分丰富。各地区，民族山歌的风格色彩和特点都各有不同。根据地理条件的差异，一般说来，我国高原地区的山歌比较高亢，粗犷有力；草原上的牧歌开朗而热情奔放；平原地区，尤其是江南一带的山歌则比较明快、秀丽。

从音乐风格和歌唱特点方面看，山歌一般分为三类：高腔、平腔和矮腔。

高腔山歌曲调高亢，嘹亮，激昂，奔放，音域宽广，曲调进行往往跳动很大，节奏极为自由而富于变化，拖腔较长，衬词、衬句使用最多，自由延长音频繁，句幅长大。大家熟悉的《青海的花儿》、陕西的信天游中的大部分曲目都属于高腔山歌。

平腔山歌曲调悠长，节奏较自由，旋律进行较为平稳、舒展、抒情，拖腔较短，这类山歌最为普遍。云南山歌《小河淌水》是一首美妙的边陲之歌，源自云南的弥渡，曾被称为“东方小夜曲”，柔和而又深情，细腻地描绘出一位少女深深的情意。

矮腔山歌曲调优美、柔和，音域不宽，节奏较规整，是一种结构短小，较少使用拖腔，词曲配合上常为一字对一音，用真声歌唱的山歌。四川民歌《太阳出来喜洋洋》是一首矮腔山歌，是儿童上山砍柴时唱的，形式简单，节奏明快、集中，音域较窄，大多一字一音，旋律质朴高亢，流畅亲切，充满了生活气息。第二句结尾处用延长音抒发感情，使得音乐悠扬舒展，爽朗乐观，有着四川民歌高亢嘹亮的风格。

【小调】

山东民歌——《沂蒙山小调》

1940 年正值抗日战争的艰苦岁月，沂蒙抗日根据地建立不久，为扫除抗日障碍，我费东工委和行署，向反动势力——黄沙会会员做了大量艰苦细致的政治教育工作，但由于反动派的严密控制，都未能奏效。最终，我军不得不决定使用武力解决。当时抗大一分校文工团的任务就是以文艺宣传为武器，积极配合这一行动，全团一面在前线开展对敌人的政治攻势，一面深入到黄沙会最盛行的沙沟峪、马头崖等地召开干部群众座谈会，进行调查研究和宣传教育，同时搜集创作素材。《沂蒙山小调》就是在这样的情况下，在上白石屋村一间简陋的民房里创作出来的。歌曲一经传出，就以其通俗、易懂、生动的歌词，美妙动听的曲调，很快传遍了鲁中、鲁南、滨海、胶东、渤海各抗日根据地，受到了广大军民的普遍喜爱。以后又流传到华北、东北各抗日根据地。1964 年，华东地区举行民歌会演时，韦友芹用她那甜润的歌喉，演唱了《沂蒙山小调》，受到陈毅和其他中央首长的称赞，后被录制唱片，又一次在全国引起了轰动。随着时间的推移，这首《沂蒙山小调》已蜚声国内外。

人人那个都说哎沂蒙山好
沂蒙那个山上哎好风光
青山那个绿水哎多好那个看

风吹那个谷穗哎遍地香
解放区的军民心连那个心
开荒那个种地哎打胜仗
咱们的领袖毛主席哎领导的好
沂蒙山的人民哎喜洋洋

赏析

小调，又称小曲，除了劳动号子和山歌之外，各种日常歌唱的小型民歌，都属于小调。可以说，山歌就是“山野之曲”，小调就是“里巷之歌”。小调旋律一般比较曲折委婉，细致优美，级进多，跳进少，音域一般不是很宽，音乐形式均衡规整，节奏大都比较从容、平稳，变化对比不大，不像山歌那样自由，在音乐表现上比较含蓄。山歌是在农村中流传和发展的一种民歌体裁，而小调的发展则更多与城镇相联系。小调的流传和发展，反映着城镇和农村音乐文化的相互影响和密切联系。小调的流传范围比较大，它广泛地接触城乡不同的阶级和阶层，不像山歌那样只限于在一定地区的农民中流传。小调的题材，涉及社会生活的各个方面，包罗极广。旧时代人民的痛苦与辛酸在小调中有极为深刻的反映。

《沂蒙山小调》，又称《十二月调》，是山东地方音乐的代表作之一，描述了鲁南地区这一革命根据地——蒙山、沂水的秀丽、淳朴、厚重，是由当年驻沂蒙山区抗大一分校文工团团员阮若珊和李林共同创作的。阮若珊就读过育英中学和贝满中学，到抗大文工团后来到沂蒙山区。在不到三年时间里，在没有一个音乐专业人才的条件下，她和李林创作出《沂蒙山小调》和《跟着共产党走》两首广为流传的歌曲，其深厚的文化底蕴，加上李林的才气，铸就了抗战史上的文化奇迹。

音乐曲调舒展豪放，音乐节奏流畅清丽，特别是那柔美细腻的弦乐，一层层、一幕幕将蒙山、沂水的微风、溪流慢慢展开，舒缓、曼妙。清脆悦耳的钢琴单音，悠扬欢快的竹笛声声，将蒙山的清秀挺拔和宽厚胸怀，以及沂水的婉约柔美表现得惟妙惟肖，如诗如画。当初这首歌在河北和山东北部广为传唱，音乐旋律优美、舒展豪放，唱出了农民憨厚朴实的性格。唱词为两句一段，两乐句唱一句词，节奏较宽。每乐句都有以结束音为中心作回返进行的拖腔，增加了音乐的抒咏。这种编排方式，不仅加强了旋律的歌唱性，更确立了旋律发展中“起—承—转—合”的功能地位。同时歌词里的“谷子儿”、“花儿”等地方性和儿化韵的合理运用，更体现了民歌的地方色彩。

知识链接

民歌的欣赏要素

欣赏民歌是一种审美活动，但是由于每个人对音乐的理解和其自身的生活经验有着很大的关系，因此在欣赏民歌时，每个人的体会都会有着或多或少的不同。要对一首民歌进行全面的领略，获得完美的艺术享受，就要从节奏、旋律、歌词和创作背景这四大要素入手进行全面的欣赏。

1. 节奏

节奏是民歌构成的重要因素，在音乐表现中具有重大意义。节奏的律动来自生活，如走路、锄地、打夯、游泳，甚至人的心跳、呼吸、脉搏等。同时，速度是民歌节奏的一个重要内容。同样是三拍子，用快速，会给人以活泼明快的感觉，而用慢速，就会获得闲适、优雅的效果。通常快的节奏是比较令人兴奋的，它和我们激烈运动时的心跳、呼吸相对应，而慢的节奏则使人情绪稳定、心态平和。

2. 旋律

旋律是民族音乐的灵魂，它能体现一首民族音乐的全部思想或主要思想。小说家在写文学作品时，可以通过文字来叙述某一故事情节，而且这个情节很容易被人所记住。民歌的内容本质来说是比较抽象的，音乐中的"情节"只能通过"旋律"表达出来。所以说，旋律就是听众的向导，听众通过旋律将所听过的民歌辨认出来，而且以后还要自始至终追随它的行踪。

3. 歌词

歌词欣赏的角度很多，如从歌词的内容、主题、创作手法及风格等进行欣赏，概括起来不外乎两个方面：一是赏析歌词的具体内容，二是赏析歌词的艺术特色（形式）。所谓对歌词内容进行赏析，就是要品味出歌词所蕴涵的主题思想，这就要求欣赏者善于准确捕捉、分析出歌词中塑造的有着典型意义的音乐形象，想景悟情，借以综合评析，得出结论。对民歌歌词的艺术特色进行赏析，要求欣赏者对所鉴赏的对象心里有一个整体的把握，进而分析出歌词里的音乐形象以何种技法联缀表达鲜明的主题，从而产生良好的艺术效果。

4. 创作背景

不同时代的民歌，往往能反映创作时代现实社会的风貌和主流思想。因此，要想深刻地领会民歌的思想内容，就不得不了解作品产生的时代背景和时代特点。同时，每一首民歌的创作与形成，又都植根于本民族的民间音乐，自然都有着各自的民族音乐特性。有些音乐作品概括地体现了民族音乐语言的某些特点，而有些音乐作品则和具体的民族民间音调保持着密切的联系。因此在欣赏民歌时，如果不了解它的产生年代、来源地区等背景问题，则很难真正理解民歌的内涵。

拓展与训练

一、思考题

1. 请根据自己的理解，说说民歌与流行音乐的不同之处在哪。
2. 你的家乡流传着哪些民歌？它们属于民歌的哪类体裁？

二、训练题

1. 民歌有作者吗？
2. 欣赏陕西信天游《山丹丹花开红艳艳》，并写一篇 100～200 字的音乐赏析。
3. 你家乡有自己特有的民歌吗？请给大家唱一唱。
4. 每首民歌和歌手的背后都有动人的传说，试和大家分享。
5. 请依照民歌曲调，试着填上你自己创作的歌词。

第 2 节　我国近现代创作歌曲欣赏

中国近现代音乐创作歌曲是新音乐文化的主题，按照时代的发展可分为新中国成立前和成立后两个相对独立的创作时期。近代声乐发展的里程中主要经历了学校音乐和抗日救亡歌咏两个音乐潮流的洗礼。辛亥革命后遍设全国的学校皆开设了乐歌课，使集体歌唱成为社会的时尚。

案例导入

《义勇军进行曲》

1935 年初，电通影片公司准备筹拍影片《风云儿女》，影片故事由田汉编写，在田汉被捕入狱后，由夏衍写成剧本，内容是号召文艺青年起来抗战，走与民众结合的抗战之路。田汉被捕前危急仓促，主题歌的歌词被写在了一张包香烟锡纸的衬底上。聂耳知道此事后，立即跑去找夏衍，主动要求为主题歌谱曲。他从夏衍手中一把夺过歌词，一看题目是“义勇军进行曲”，激动地说：“作曲交给我，我干！”没等夏衍答话，他又重复了一遍：“我干，交给我吧！”

“起来，不愿做奴隶的人们，把我们的血肉，筑成我们新的长城……”聂耳看着令他壮怀激烈的歌词，饱含着一个爱国青年所应有的热血，灵感如泉涌般爆发，他很快就完成了初稿，交导演征求意见，准备进一步修改。当时，党组织为了聂耳的安全及音乐水平的提高，安排他先去日本考察，然后再赴西欧留学。聂耳到日本不久就将歌曲定稿寄回。1935 年 7 月的一天，聂耳在鹄沼海滨游泳时，不幸溺水死亡，年仅 24 岁。

1935 年 5 月 1 日，《中华日报》发表了《风云儿女》的主题曲。随即这首歌立即传遍全国，成为号召人民奋起抗击日本侵略者的战歌。1940 年，美国著名歌唱家罗伯逊在音乐会上宣布：“今晚我要唱一首中国歌曲，献给战斗的中国人民！”他以深厚有力的男低音，分别用中英文演唱了此歌。后来此歌被灌成唱片，很快在海外华人和进步人士中流传开来。1949 年 9 月 27 日，在全国政协第一届全体会议上，著名画家徐悲鸿首先提出以《义勇军进行曲》为代国歌的提案，被大会通过。1982 年 12 月 4 日，全国五届人大第五次会议又通过决议，确定这首歌为正式国歌。

问题：

1. 《义勇军进行曲》是如何成为新中国国歌的？
2. 近现代歌曲有哪些特点？

专题欣赏

【近现代歌曲一】

学堂乐歌

20 世纪初期，中国各地新式学校中大量传唱的一些原创歌曲，大多是以与西方和日本通用的简谱或线谱记谱的、供学生集体咏唱的齐唱曲，是根据现成的曲调填以新词编成（依曲填词）的。我国最早从事学堂乐歌编写的作者多数是当时的留日学生，这种编写方式可以说是直接受到日本的影响。主要代表作有沈心工编的《学校歌唱集》（1904）、李叔同编的《国家歌唱集》（1905）等。

送别

长亭外，古道边，芳草碧连天

晚风拂柳笛声残，夕阳山外山
天之涯，地之角，知交半零落
人生难得是欢聚，唯有别离多

赏析

1915年，在杭州第一师范任教的李叔同，写了这首著名的《送别》。它属于李叔同早年创作的“学堂乐歌”。用古典诗词体填写歌词，选用美国流行曲调作谱。

《送别》的意象和语言，基本上是对中国古典送别诗的继承。长亭饮酒、古道相送、折柳赠别、夕阳挥手、芳草离情，都是千百年来送别诗中常用的意象。但《送别》以短短的一首歌词，把这些意象都集中起来，以一种“集大成”的冲击力，强烈震撼着中国人的离别“集体无意识”。所以，《送别》也就成为中国人离别的一种文化心理符号。《送别》分三段：第一段是“写景”，写长亭外，古道边送别的具象情景；第二段是抒情，抒发知交零落天涯的悲慨；第三段从文字上看，是对第一段的重复，其实不然，是文字重复而意蕴升华：经历了“送友离别”，而感悟到人生短暂，犹如日落，充满彻骨的寒意。整首歌词弥漫着浓重的人生空幻感，深藏着出世顿悟的暗示。

【近现代歌曲二】

他是谁？

“天上飘着些微云，地上吹着些微风。啊——微风吹动了我头发，教我如何不想他？……”“月光恋爱着海洋，海洋恋爱着月光。啊——这般蜜也似的银夜，教我如何不想他？……”这首由刘半农作词、赵元任谱曲的打动人心的歌儿，从20世纪20年代起直到如今，长久地被人们传唱着。赵元任先生是我国著名的语言学家、音乐家，于1938年赴美先后任夏威夷、耶鲁、哈佛、加州等著名大学的教授，从事教育事业60余年，桃李满天下。人们曾请教他《教我如何不想他》可不可以理解为一首爱情歌曲，赵先生回答道，也可以这样看，但“他”字可以是男的他，女的她，代表着一切心爱的他、她、它。这是因为，歌词是刘半农先生当年在英国首都伦敦写的，有思念祖国和怀旧的深情。

赏析

《教我如何不想他》原本是一首白话诗，原名《情歌》，由五四运动先驱刘半农于1920在伦敦创作，6年后由赵元任因词谱曲，在当时的知识分子中广为流传。

《教我如何不想他》共分四段，通过对春、夏、秋、冬四季景色寓于诗情画意的描绘，寄托了情思萦绕的青年独自徘徊咏唱对友人（隐喻对故乡）的深情怀念。歌曲根据四段歌词基本相同的结构特点，采用变体分节歌的曲式，在曲调中巧妙地糅合京剧西皮原板过门的音调，使作品的民族风味显得格外鲜明突出。在节奏的处理上，灵活、洒脱，颇有中国古代文人吟诵诗词时的韵味。在情感表达上，四段各有不同：第一段是春天的恬美、积极、向上的情绪；第二段是夏日的陶醉、倦怠、慵懒的情态；第三段借秋燕而抒发“想他”的急切心情；第四段是在冬天的“枯树、暮色、残霞”中，表达游子的孤寂、凄凉、抑郁心境。赵元任这位才华横溢的语言学家，把音乐的节奏与诗歌的内容结合得非常巧妙。他谱写的旋律富有民族特色，和声并不复杂，但与旋律配合得十分贴切。无论是音乐的节奏、伴奏的写法，还是曲调的进行，都自然天成，别具中国风味。语言的平、上、去、入都结合得恰到好处。四段歌词在音乐处理上采取分节变奏的形式，段与段之间以同样的乐句作为间奏，增加了全曲的统一性。其中第三段“燕子你说些什么话”朗诵调的运用，更是独具匠心。全曲调性布局作 E—B—e—G—e—E 转调处理，在当时也是颇为大胆的尝试。

【近现代歌曲三】

《铁蹄下的歌女》

“我们到处卖唱，我们到处献舞，谁不知道国家将亡，什么被人当作商女?”是许兴之词，聂耳曲，作于 1935 年影片《风云儿女》的插曲。影片描写一位从东北农村流落到上海的贫苦少女，得到了一些进步青年的帮助，进学校读书，后来因帮助她的进步青年有的被捕，有的被迫出走，她失学了，孤苦一人，被迫进入一个歌舞班，到处跑码头演出，靠卖艺为生。这首歌正是她在卖艺时演唱的，情绪深沉而悲痛，哀而不伤，怨中有怒，富有内在的、戏剧性的、鼓舞人们起来斗争的力量。聂耳以深厚的无产阶级感情，为一个被社会损害、被人们贱视的歌女，发出了沉重的控诉，深刻地揭示了这个歌女内心所蕴藏的崇高的爱国热情。这首歌成功地塑造一个在中国 20 世纪 30 年代三座大山压迫下，受尽生活折磨而又善良的中国妇女的典型形象。

旧社会的歌女是压在社会底层的“弱者”。聂耳对歌女的痛苦生活十分熟悉，他怀着对这些“到处哀歌”、“永远漂流”的歌女的深切同情，写出了这首女声独唱曲。

赏析

本歌曲属三部性结构。第一段前两句气息悠长的抒情性旋律，表现了歌女们不甘心如此的痛苦心情；后两句节奏紧凑的朗诵性旋律，表现了歌女们心中的不平和对黑暗社会的质询。第二段转入字字血泪的叙述，音调中充满了辛酸与凄楚。这一段的音乐处理刚好和第一段相反，节奏紧凑的朗诵性旋律挪前，气息悠长的抒情性旋律移后，使“尝尽了人生的滋味，舞女是永远的漂流”两句更为突出，更为感人。第三段综合了前两段的音调和节奏的因素，前两句仍是不平的呐喊，随后，节奏突然拉长，音乐达到了最激动人心的高潮，表现了“被鞭挞得遍体鳞伤”的歌女不可抑制的愤懑之情。这首歌的语音、声调、语气和情绪的变化，同音调、节奏的结合非常贴切，音乐的处理与塑造的形象十分吻合，装饰音的运用富于女性的特点，乐句从弱拍上起的手法，突出了某些歌词，恰如其分地表现了弱者不平的呐喊。整个作品虽然不是“剑拔弩张”，但它蕴涵着的感奋人心、催人泪下的悲剧力量是无法估量的。

【近现代歌曲四】

《黄河大合唱》

1938 年冬，光未然两次渡黄河，途中他亲临险峡急流，目睹了船夫与风浪勇敢搏斗的场面，于是写下了歌颂黄河的诗歌。1939 年到延安后，光未然在除夕联欢会上朗诵了自己创作的一首《黄河》。冼星海听后被深深地感动，他感到这首诗歌中“有伟大的气魄，有技巧，有热情和真实，尤其有光明的前途……它还充满美，充满写实、愤恨、悲壮的情绪，使一般没有渡过黄河的人和到过黄河的人，都有同感”。于是冼星海在身体不适的情况下，在延安一个很简陋的窑洞里，用了仅仅 6 天时间，就创作出了这部表现中华民族气魄的著名大合唱——《黄河大合唱》。“黄河在咆哮，黄河在咆哮，河西山冈万丈高，河东河北高粱熟了，万山丛中抗日英雄真不少，青纱帐里游击健儿逞英豪，端起了土枪洋枪，挥动着大刀长矛，保卫家乡，保卫黄河，保卫华北，保卫全中国!”

赏析

《黄河大合唱》是冼星海最重要的，也是影响力最大的一部交响乐代表作，作于 1939 年 3 月，并于 1941 年在苏联重新整理加工。这部作品由诗人光未然作词，以黄河为背景，热情歌颂中华民族源远流长的光荣历史和中国人民坚强不屈的斗争精神，痛诉侵略者的残暴和人民遭受的深重灾难，广阔地展现了抗日战争的壮丽图景，并向全中国、全世界发出了民族解放的战斗警号，从而塑造起中华民族巨人般的英雄形象。

《黄河大合唱》从创作技术来说，运用了西方的“康塔塔”形式和合唱和声写作技巧；从题材上来说，将现实和人民的生活，作了艺术性的加工塑造，使其成为一首具有中国风格、中国气派和时代感的艺术品。如今，与《黄河大合唱》诞生的时代、生活背景虽已完全不同，但此作品对中华民族所起的精神激励却仍然存在，每次唱之听之，仍令人激动。

【近现代歌曲五】

《一条大河》

1956 年夏天，稻花飘香，29 岁的乔羽遵命赴赣东南、闽西一带体验生活，搜集素材，长春电影制片厂沙蒙导演的电报却接二连三地发来，约他为正在拍摄的影片《上甘岭》创作歌词，并希望乔羽能回长影去写。到长影足足憋了 10 多天后，最先蹦出的句子是“一条大河波浪宽”。沙蒙导演说：“为什么不写成‘万里长江波浪宽’或者‘长江万里波浪宽’，这不就更有气势吗?”乔羽也很郑重其事地考虑，好久没吭声，不断琢磨：用“万里长江”、“长江万里”也可以，气势也大。但长江虽长，在全国的范围内还算少数。没有见过长江的人也有很多。这样写可能会让那些不在长江边上的人从心理上产生距离，失去了亲切感。而且从对祖国的体会来说，不管你是哪里的人，家门口总会有一条河，河上发生的事情与生命息息相关，寄托着你的喜怒哀乐。只要一想起家，就会想起这条河。最后沙导演同意了乔羽的看法。

(合) 一条大河波浪宽 风吹稻花香两岸
我家就在岸上住 听惯了艄公的号子 看惯了船上的白帆
(独唱) 一条大河波浪宽 风吹稻花香两岸
我家就在岸上住 听惯了艄公的号子 看惯了船上的白帆
(合) 这是美丽的祖国 是我生长的地方
在这片辽阔的土地上 到处都有明媚的风光

赏析

《我的祖国》是电影《上甘岭》的插曲（作词：乔羽，作曲：刘炽，原唱：郭兰英），是一首著名的爱国主义歌曲，作于 1956 年夏。乔羽写作时，给这首歌定名为《一条大河》，发表时被编辑改成《我的祖国》。

乔羽用抒情的调子写这首歌曲，是为了表现在面对强敌、严酷的战争面前，我们战士的镇定、乐观、从容和广阔的胸襟。告诉人们：他们是在这样的一种精神状态下战斗的，他们能赢得这场战争不是仅凭血气之勇。歌词真挚朴实，亲切生动。前半部曲调委婉动听，三段歌是三幅美丽的图画，引人入胜。后半部是副歌，混声合唱与前面形成鲜明对比，仿佛山洪喷涌而一泻千里，尽情地抒发战士们的激情。歌曲前一部分用抒情的女高音形式，一种波涌而来的思乡之情洋溢在甜美的歌声中，使人仿佛看到祖国江河帆影漂移、田野稻浪飘香的美丽景色。后一部分用混声合唱形式，与前段形成鲜明的对比，唱出了“这是美丽的祖国”的主题，激情澎湃，气势磅礴。

【近现代歌曲六】

两位与酒无缘的合作伙伴写出了《祝酒歌》

1976年10月，粉碎“四人帮”的消息传来，大家敲锣打鼓，举国欢庆，人们拿起酒杯，一醉方休。就是在那种状态下，韩伟连夜写成了《祝酒歌》的歌词。当时施光南去北京看母亲，韩伟等不及，就把歌词寄到了北京。

狂欢之夜，施光南更是激情满怀，滴酒不沾的他在接到歌词后，即刻进入一种如醉如痴的创作情境，并在短短几天内将曲谱定稿。

美酒飘香啊歌声飞
朋友啊请你干一杯请你干一杯
胜利的十月永难忘
杯中洒满幸福泪
来来来……
十月里，响春雷
八亿神州举金杯
舒心的酒啊浓又美
千杯万盏也不醉

赏析

《祝酒歌》第一段音乐比较含蓄，在中低音区进行；第二段节奏紧缩，旋律向高音区发展，情绪逐渐高涨；第三段将开始的主题加以变奏发展，形成高潮。选用热情奔放而又富于舞蹈动感的新疆音调为素材，别具匠心，既有浓郁的民族特色，又使人热血沸腾，激情澎湃，荡气回肠的旋律让演唱者和听众久久难以忘怀。

【近现代歌曲七】

赤子之歌——《我爱你，中国》

1980年改革开放的春风吹起不久，归国华人日渐增多。在这样的时代背景下，中国拍摄了一部反映爱国华侨心系祖国的电影《海外赤子》。它是一部反映海外侨胞悲欢离合的故事影片，女青年黄思华报考部队文工团，虽然她的歌喉清脆婉转，但因她是华侨女儿，录取工作受到了阻碍。“四人帮”被粉碎后，思华终于登上舞台。

“百灵鸟从蓝天飞过，我爱你中国，我爱你春天蓬勃的秧苗，我爱你秋日金黄的硕果，我爱你青松气质，我爱你红梅品格。我爱你家乡的甜蔗，好像乳汁滋润着我的心窝……”

赏析

《我爱你，中国》这首歌的歌词采用中国传统词律“赋、比、兴”的写作手法，一咏三叹，字句凝练。运用叠句、排比等手法，对祖国的春苗秋果、森林山川、田园庄稼等作了形象的描绘和细腻的刻画，表达了海外游子对祖国的满腔炽热和真挚的爱国主义情感。歌曲由三部分构成。第一部分是引子性质的乐段，节奏较自由，气息宽广，音调明亮、高亢，旋律起伏跌宕，把人们引入百灵鸟凌空俯瞰大地而引吭高歌的艺术境界。第二部分是歌曲的主体部分，节奏较平缓，旋律逐层上升，委婉、深沉，铺展了一幅祖国大好河山的壮丽画卷，使“我爱你，中国”的主题思想不断深化。第三部分是结尾乐段，经过两个衬词“啊”的抒发，引向歌曲的最高潮。末尾句“我的母亲，我的祖国”在高音区结束，倾泻出海外儿女对祖国满腔炽烈的爱国主义情感。曲调起伏迂回，节奏自由悠长，与第一部分相呼应。

【近现代歌曲八】

思乡曲——《那就是我》

有一本小册子叫《巴金谈人生》，它记录了巴金老人对人生的各种看法及体验。其中《人民与我》一文写道：“最近听到一首歌，我听见人唱了两次：《那就是我》。歌声像湖上的微风吹过我的心上，我的心随着它回到了我的童年，回到了我的家乡。”“我思恋故乡的小河，还有河边吱吱唱歌的水磨。噢！妈妈，如果有一朵浪花向你微笑，那就是我……”

赏析

《那就是我》作于1982年，是一首吟诵体的抒情歌曲。所谓“吟诵体”，是指节奏自由、带有朗诵诗歌般的韵律，并且着重内心体验的一类抒情歌曲。其歌词优美，像一幅淡雅而又略带朦胧的山水画。歌曲通过对故乡的“小河”、“炊烟”、“渔火”、“明月”的绵绵思恋，对母亲的倾诉情怀，把一个远方游子的拳拳之心表达得淋漓尽致。

这首歌的结构是三段体。第一段，主题句“我思恋故乡的小河”，旋律在中音区，悠扬、自由的节奏，如泣如诉。这一句的句尾还有绵长的拖腔，有一种感叹的、思绪绵绵的语气。这种如思如慕、如泣如诉的吟诵型旋律贯穿全曲，把歌词的情景表现得十分充分。第二段，曲调是第一段的进一步发展。开始的地方：“我思恋故乡的渔火……”一句八度的大跳，悠长的节奏和高音曲激荡人心的旋律，表现了主人公对故乡、对祖国母亲的无限情思和动情的呼唤，这种激情在第二段尾部，随着“那就是我，那就是我……”的歌声，像不可遏止的江水，一泻千里，奔涌而去。高潮之后，又完整地再现了第一段，感情更加深化，喃喃自语中略带些凄楚，悠悠思绪里含几分孤独，这一切都使得主人公的眷恋之情更加真挚，感情更加深刻。最后一段的弱结束好像是主人公魂萦天外的绵绵情思，余音袅袅，让人回味无穷。

【近现代歌曲九】

花腔歌曲《牧笛》

花腔女高音，是抒情性女高音中最纤巧、最灵活的声部。那夜莺般婉转优美的嗓音，能够在最宽广的音域（超过两个八度）中自如地表现华丽、妩媚的花腔声音特色。一部难度很大的花腔作品，往往需要将各种花腔技巧综合起来使用。这些演唱技巧包括：花腔断音、花腔装饰音、花腔快速走句顿音和花腔大颤音（也叫震音，是大二度之间的颤音）等。“夕阳天边坠，晚霞多壮美。是谁牧笛轻轻吹，声声多清脆，笛声绕雪山，笛声恋溪水，笛声伴着青草香，飘着奶茶味。是谁牧笛轻轻吹，阵阵暖心扉，长鞭笛中响，牛羊笛中归，阿爷笛中卸鞍辔，阿妈备晚炊。啊，笛声多悠扬，山醉水也醉，牧民多欢乐，草原笑语飞。啊，笛声多悠扬，山醉水也醉，牧民多欢乐，草原笑语飞。”

赏析

《牧笛》是著名作曲家尚德义的作品，同属花腔艺术歌曲，受到改革开放的影响，曲调欢快悠扬，字里行间充满生机与活力。

这首歌曲第一句“夕阳天边坠，晚霞多壮美”定下了该歌曲欢快的感情基调。紧接着“笛声”、“雪山”、“草香”、“奶茶味”等从听觉、视觉、嗅觉三个方面对家乡美好的描写，使听众真真切切地感受到了欢乐祥和气氛笼罩下的美丽草原。最后一句重复两次的“啊，笛声多悠扬，山醉水也醉，牧民多欢乐，草原笑语飞”，勾勒出了一幅草原上牧民们置身桃源、载歌载舞的场景。从历史层面分析，这首歌仍旧属于改革开放初期赞颂美好生活的歌曲之一。

知识链接

我国近现代创作歌曲欣赏方法

1. 历史背景

由于艺术手法的多种多样，作者的表达与作品的主旨之间也有着千丝万缕的联系方式，并非一味直接而坦白地表述。要欣赏一首歌曲，就必须了解作者心中之所想。在不同的历史时期诞生的歌曲，其所要表达的主旨思想也大相径庭。如在20世纪20年代的歌曲大多表达对自由与美好的追求；三四十年代的歌曲大多是有关救亡图存、英勇抗战，抑或反映人民群众悲惨生活的；五六十年代赞颂新中国、鼓励劳动的歌曲居多；七八十年代的歌曲则反映了安逸幸福的生活及对未来的憧憬。下面简单介绍我国近现代歌曲创作的历史。

（1）20世纪初的歌曲发展状况。

这一时期正值清末民初，我国在西化过程中，音乐创作也受其影响。当时新式学校都已开设音乐课，所教授的歌曲大多采用西洋旋律，填上反映新思想的汉语歌词，构成一种有别于传统音乐的新题材，被称为“学堂歌”。有反映爱国主义思想的《中国男儿》、《黄河》等；也有提倡解放思想的《缠足苦》等。

（2）五四运动时期我国歌曲发展状况。

由于五四运动时期“德先生（民主 democracy）”和“赛先生（科学 science）”的指引，国民开始放眼望世界，追求自由和美好。而此时国内通俗歌曲又受到西方影响，正处在启蒙阶段，所以这势必是一个音乐发展空前繁荣的时期。解放思想后，音乐思潮开始风起云涌：有主张“以西为师”的，也有主张“全盘西化”的。“五四”运动影响下的作品大多表达了对美好和自由的向往与追求。

（3）“左翼”音乐运动影响下的歌曲发展情况。

在第一次国内革命失败之后，白色恐怖笼罩城市。在马克思主义思想的指导下，中国共产党于1930年在上海成立了“中国左翼作家联盟”，即“左联”，掀起了一场以无产阶级斗争为目的的“左翼”音乐运动。该时期的歌曲主要反映劳苦大众的悲惨生活，号召人民站起来反抗，救亡图存。代表人物有聂耳、任光、麦新等，代表作品有《铁蹄下的儿女》、《救亡进行曲》、《松花江上》等。

（4）抗日战争时期的歌曲发展。

1931年9月18日，日本炮轰东北军北大营，制造了震惊中外的“九一八”事变，东北沦陷。抗日战争爆发后，我国全民万众一心，歌曲的创作方面也开始为抗日战争服务。这一时期歌曲创作的的代表人物有冼星海、贺绿汀等，代表作品有《在太行山上》、《到敌人后方去》、《游击队歌》等。

（5）解放战争时期的歌曲发展情况。

此时歌曲创作的全盛时期已过，产生作品也较少。这一时期的歌曲以反映军民一心的居多，主要代表作品有《南泥湾》、《咱们工人有力量》等。

（6）新中国成立初期歌曲发展状况。

新中国成立之后，三座大山被推翻，人民群众欢欣鼓舞。但这一时期的歌曲作品反映内容较为单一，主要以赞颂祖国、党和领袖的居多。代表作品有《东方红》、《北京的金山上》、《歌唱祖国》等。

（7）改革开放后的歌曲发展情况。

随着“四人帮”被粉碎、“文化大革命”宣告结束，以及后来改革开放的到来，我国声乐事业又迎来了自己的春天。一方面，音乐研究方面有所建树，《中国音乐文物大系》以及《中国音乐史图鉴》先后问世。另一方面，音乐教育方面硕果累累，学科建设的完善和种类繁多的音乐教材的编著，使得音乐艺术的普及离我们越来越近。这一时期歌曲创作的代表人物有施光南、谷建芬、孟卫东等，主要代表作品有《同一首歌》、《在希望的田野上》、《那就是我》等。

2. 节奏、旋律、歌词

了解了创作背景之后，很容易从作者的表现手法上看出作品的主旨。欣赏歌曲，无非是感受它的节奏、旋律和歌词。值得注意的是，我们不能将这三方面孤立起来，而是要结合起来理解，并找出它们之间的联系。如赵元任先生的《教我如何不想他》中，随着最后一段歌词由之前的“月光恋爱着海洋”、“蜜也似的银夜”转变为“枯树在冷风里摇”、“野火在暮色中烧”之后，旋律也开始变得阴冷、严肃。所以说节奏、旋律、歌词之间是相互配合、互相烘托的关系。我们欣赏歌曲的时候，一定要注意到作者用了什么样的表现手法，如何处理节奏、旋律、歌词之间的关系，营造了怎样的气氛，从而感受作品主旨，体会作者思维。

拓展与训练

一、思考题

1. 我国近现代歌曲的曲风有什么特点？如何欣赏？

2. 我国近现代歌曲的创作受到了哪些外国歌曲的影响？说出它们的风格特点。

二、训练题

1. 请查阅相关资料，写一篇 300 字左右的中国近现代音乐发展史概述。

2. 欣赏《年轻的朋友来相会》，然后写一篇 100～200 字的音乐赏析。

3. 你知道《东方红》歌曲创作的背景故事吗？

4. 不少电影、电视都有主题歌，请选取你熟悉的主题歌，就歌词、曲调、作者、创作背景进行欣赏。

5. 现代歌曲与当代流行歌有哪些异同？

第 3 节 曲艺

曲艺是中华民族各种“说唱艺术”的统称，它是由民间口头文学和歌唱艺术经过长期发展演变形成的一种独特的艺术形式。据不完全统计，至今活跃在中国民间的各种曲艺曲种有 400 个左右。

案例导入

京韵大鼓《和氏璧》

骆玉笙是我国著名的曲艺演员，她开创的“骆派”京韵大鼓，博采众家之长，受到广泛的好评。

一次，在《和氏璧》创作过程中，骆玉笙拿着曲谱去看望她的师哥白凤鸣，要将她刚刚创作的《和氏璧》唱腔唱给师哥听一听。白凤鸣是当代京韵大鼓少白派创始人之一，当时已卧病在床，而且听力不是很好，但是他依然听出了在骆玉笙唱腔设计中无与伦比的创意。尤其是在骆玉笙唱到“见粗砂石片纷纷落，霎时间，露出美玉耀眼明”一句时，先用低腔，猛然击鼓一下，鼓打在“眼”上，不打在“板”上，再使用高腔演唱，这一崭新的行腔用鼓方式立即得到了白凤鸣的肯定和赞赏。

随后白凤鸣对骆玉笙说：“这个腔儿好，打鼓的方式也独到，但是你现在用的鼓音儿太闷，不适合你的声音。我有一面好鼓，原来是金万昌先生用的，声音很好，非常适合你。”说着，白凤鸣马上叫家人将自己保管了多年的鼓找了出来，又给骆玉笙讲了此鼓的来历：原为北京一座寺庙失明的和尚所有，用于为亡灵做法事。由于此鼓用壮年牛的牛皮做成，阴天鼓音不闷哑，晴天鼓音不尖脆，“咚咚”的声音纯正悦耳，被当时有单手击鼓绝技的梅花鼓王金万昌先生发现，非常喜爱。和尚有感于金万昌先生爱鼓心诚，就将此鼓送给了金先生。金先生用此鼓演出将近 30 年，在他去世前将心爱的鼓送给了白凤鸣，白凤鸣使用此鼓又有 30 多年。最后，白凤鸣说：“这鼓少说也有百来年的历史，我现在也用不着了，你先拿去用吧！将来等你不用时，一定要把它交给博物馆！”

问题：

1. 结合上述故事，说说你对我国传统艺术的看法。
2. 你都知道哪些曲艺界的名人？他们的代表作品有哪些？

专题欣赏

【曲艺一】

京韵大鼓——重整河山待后生

1984 年，电视连续剧《四世同堂》正在紧张地拍摄、制作当中，该剧的总导演林汝为请雷振邦担任《四世同堂》的音乐总策划，负责这部电视剧中所有音乐的创作。于是，雷振邦便指导中央歌剧舞剧院的温中甲和刚刚从沈阳音乐学院作曲系毕业的女儿雷蕾一起创作《四世同堂》的音乐。雷先生提出，《四世同堂》是老舍先生的经典作品之一，最好是选择最具老北京韵味的曲调，而京韵大鼓的韵律恰恰最接近这一表现形式，通俗、自然，易于被百姓接受。而且老舍先生就非常喜欢京韵大鼓，他曾创作过《鼓书艺人》、《方珍珠》等作品。于是他们决定汲取京韵大鼓中的韵律精华作为主题曲的基本曲调。确定了这一创作思路后，雷蕾很快便完成了主题歌的初稿，并得到了剧组创作人员的首肯。

千里刀光影
仇恨燃九城
月圆之夜人不归
花香之地无和平
一腔无声血
万缕慈母情
为雪国耻身先去
重整河山待后生

赏析

《重整河山待后生》是电视连续剧《四世同堂》的主题曲，其旋律采用了京韵大鼓的曲艺形式，创作于1982年，由林汝为作词，由雷振邦及其女儿雷蕾、学生温中甲合作作曲。

这部作品通过众多的、形形色色的人物之间错综复杂的关系，展现了抗日战争沦陷区广大人民血与泪交织的生活画面，揭露了日本侵略者血腥统治、汉奸卑鄙下流的嘴脸，描述了中国人民所遭受的民族灾难，反映了在这一历史时期人民大众逐渐觉醒的过程和顽强不屈、奋起抗日的精神；其旋律激愤、高亢、悲壮，节奏自由。前四句主要描述了日本军国主义铁蹄践踏下广大人民群众的悲伤与愤怒；之后的“一腔无声血，万缕慈母情”带着几分哀愁，也透着几分无奈；最后两句是这首曲子的高潮，也是点睛之笔，“为雪国耻身先去”表达了对现实的遗憾与不满，曲调婉转，悲凉，而“重整河山待后生”曲调激昂，在前一句的衬托下显得更加有力，表达了作者顽强不屈的抗争精神以及对未来的坚定信念。

人民艺术家骆玉笙在演唱这部作品时，发挥了她音域宽阔、抒情色彩浓郁的演唱风格，并糅进了悲壮、苍凉的演唱特点，强化了悲壮、大义凛然、坚强不屈的音乐情绪，这位艺术大师的演唱被评选为新中国“建国40周年最令人难忘的歌曲一等奖”和“改革开放三十周年三十首优秀电视剧歌曲奖”。

【曲艺二】

苏州评弹——《蝶恋花·答李淑一》

苏州评弹有说有唱，大体可分三种演出方式，即一人的单档、两人的双档、三人的三人档。演员均自弹自唱，伴奏乐器为小三弦和琵琶。唱腔音乐为板式变化体，主要曲调为能演唱不同风格内容的“书调”，同时也吸收许多曲牌及民歌小调，如“费伽调”、“乱鸡啼”等。“书调”是各种流派唱腔发展的基础，它通过不同艺人的演唱，形成了丰富多彩的流派唱腔。

我失骄杨君失柳
杨柳轻飏直上重霄九
问讯吴刚何所有

吴刚捧出桂花酒
寂寞嫦娥舒广袖
万里长空且为忠魂舞
忽报人间曾伏虎
泪飞顿作倾盆雨

赏析

《蝶恋花·答李淑一》创作于 1957 年，原本是毛泽东写给柳直荀遗孀李淑一的一首词，用以抒发对夫人杨开慧以及战友柳直荀的悼念之情。20 世纪 50 年代末被著名评弹表演艺术家赵开生以苏州评弹的艺术方式进行谱曲，青年演员余红仙演唱，大获成功。不久，它又被改编为大型交响乐与合唱团伴奏，更增强了演唱的气势和感染力。同时，这一新颖的演出尝试开创了曲艺演唱的先河，一时间唱遍了祖国的大江南北。这首曲子把歌词的意境与苏州评弹节奏慢、腔调委婉的特点结合了起来，曲调悲伤而苍凉，配合吴侬软语所独有的细腻声色，诉出了伟人心头的悲痛与哀思。

头一句“我失骄杨君失柳”开门见山地诉出了二人心中的悲痛之事，引起共鸣；之后引用了“杨柳轻飏”、“重霄九”、“桂花酒”、“嫦娥”、“忠魂舞”等带有浪漫主义色彩的字眼，寄托了对逝者的哀思，希望他们的灵魂能得以安息；最后两句“忽报人间曾伏虎，泪飞顿作倾盆雨”表述出了在革命胜利之后想起为革命付出生命代价的亲人时那抹欣慰与悲痛交融的情怀。

青年评弹演员余红仙第一次演唱这首《蝶恋花·答李淑一》时只有 18 岁。她嗓音洪亮、音域宽广，在演唱时很有表现力和感染力。当我们听到“杨柳轻飏直上重霄九”由回荡转入高亢的曲调，“寂寞嫦娥舒广袖”舒缓欢愉的音乐，以及最后两句“忽报人间曾伏虎，泪飞顿作倾盆雨”充沛磅礴的旋律，感染到我们的不仅是那些具体的吴刚捧酒、嫦娥迎舞、忠魂泪飞的形象，还有洋溢在这些形象后面的激越的情愫，震撼人的心弦。尤其是最后两句，它唱出了对人民革命伟大胜利的无比振奋的心情，根据原词的结构对全曲音乐形象的完成，起了画龙点睛的作用，其曲调大大突破了评弹固有的温文平稳的表现风格，是音律、诗情的融合和升华。

唱遍大江南北的《蝶恋花·答李淑一》首次公开演唱是在上海的西藏书场。余红仙演唱，三弦和琵琶伴奏，当第一句“我失骄杨君失柳”唱出，观众们就被昂扬的旋律所吸引，最后一句“泪飞顿作倾盆雨”唱完后，余音渐渐消散，台下的 1 000 多位观众仍沉浸在歌曲的震撼中，没有一点声音，片刻，掌声雷动。台上的余红仙与幕后的赵开生互相一视，紧张了半天的他们终于长舒了一口气，欣慰地笑了。当时全国人民正在积极学习毛泽东思想，这一曲《蝶恋花·答李淑一》得到了观众极大的欢迎。大江南北，到处在播放着这首充满革命气概的评弹歌曲；而不管会不会吴侬软语，人们总爱哼唱几声“杨柳轻飏直上重霄九”。它已经成为文艺演出中的保留曲目，成为往日革命情怀的象征。

【曲艺三】

四川清音——《昭君出塞》(节选)

四川清音早期称“唱小曲”、“唱小调”，又因演唱时艺人自弹月琴或琵琶，被称为“唱月琴”或“唱琵琶”。20 世纪 50 年代以后才定名为“四川清音”。它用四川方言演唱，流行于以成都为中心的城市与农村，以及长江沿岸的水陆码头。

四川清音由明、清的时调小曲及四川民歌发展而成。音乐十分丰富，计有 100 多支曲牌。

西风啊
飒飒雁啊门门呀啊哈哈关啊，
怀抱琵呀啊琶啊马上哪啊看哪啊啊哈哈啊，
王昭君哪啊，
奉旨出塞和哇啊北呀啊番啊哈哈啊。
离长啊哈哈啊安，
满目凄凉，
愁肠万转，
抬头得见失群的孤雁长空哀鸣
飞呀啊哈哈啊东啊南哪啊啊哈哈啊。
雁儿你且莫忙回转啊
烦你把书传哪啊哈哈啊。
回头拜上啊，
你多多拜上刘王夫君的面啊哈哈啊，
要相会呀啊啊梦里来团圆。

赏析

四川清音的演唱形式过去都以女演员为主，男演员为辅，坐唱而不表演，演唱者自己弹奏乐器。一般是三至五人一班，旧称“海湖班”。《昭君出塞》作为四川清音的代表曲目之一，通过昭君的自述，全曲的调性变化富有层次感，生动地刻画出昭君离国时怀念故土、痛恨官吏无能的心境。腔调婉转、清脆，原汁原味地呈现出了四川清音的艺术特点。

【曲艺四】

福建南音——《山险峻》（节选）

南音发源于福建泉州，故而又称福建南音。南音产自江南，自然带有几分水乡的灵性，再加上南音保留了一部分古代音乐的特征，其旋律显得古色古香、婉转曼妙、清脆动听，最宜抒发感慨，吐露愁思。

山（于）险峻，
路（于）斜欹。
为着红颜，
阮那为着红颜（于）即会来到只。
爹妈！
爹妈！
恁底去？袂得相见，阮袂得见妈恁一面。
叵耐延寿（于）做事太不是，
骗金不（于）就（不汝）骗金那不（于）就起有虎狼心意。
亏阮一身（于）那亏阮一身到今旦阮勿会得（于）相见。

恨（于）煞奸臣毛延寿，
汝掠阮一家来拆散，
遭流离。
阮身（于）到只，
今卜怙谁通（于）诉起？
思忆劬劳恩情重，
思忆父母兄共弟。
死到阴司，
阮就死去到阴司，
一点灵魂卜来见我妈亲。

赏析

《山险峻》以福建南音的曲艺形式讲述了昭君出塞的故事。这首曲子仍旧采用第一人称视角，描述了和亲路上“山险峻”的情形，以及王昭君的心理活动，体现了昭君出塞时的离愁别怨。

这首曲子在南音中，可以说是保留曲目，会唱南音的，大多就会唱《山险峻》。曲子曲调优美，那种怨恨之意、思亲之情、自叹之心，无不跃然纸上。从“即会来到只”转到“爹妈”，曲调一下升高八度，把那种思亲之情“喊”了出来，实在催人泪下。“袂得相见，阮袂得见妈恁一面”一句，唱得如诉如泣，哀怨之情犹如面对面。到了“叵耐延寿”又拉高九度，表现王昭君对毛延寿的那种气愤心情，非常恰当。下来直至“遭流离”都是对毛延寿的控诉，因为“骗金那不就起有虎狼心意”，“掠阮一家来拆散，遭流离”，不难体会到昭君对毛延寿的怨恨之意。接下来一段【相思引】表现对父母兄弟的思忆；一段【北相思】表现因为看到“旷野云飞”、“牧马鸣悲”，越发引起思念君亲的情绪。可以说“情因调发”，这种曲调表达这样的感情，真是恰到好处。接着是【叠韵悲】悲叹自身“恰亲像花正开”却“遇着风摆摇枝”，悲愤情绪和【叠韵悲】的曲调，可以说互相映照。而长长的一句“嗏”的拖腔，如歌如数，把王昭君的那种幽怨悲愤的心情尽数表露无遗。这首曲子唱起来容易，但要唱出王昭君和番时的那种忧伤、悲愤、思忆之情确实不容易。

这首曲子的价值还在于它是一首“犯调旋宫”的典型。“犯调”就是在一首曲子里集成了好几个不同的曲牌，也称“集曲”。宋·陈旸《乐书》载：“乐府诸曲，自古不用犯声，以为不顺也。”“唐自天授末年，《剑气》入《浑脱》始为犯声。”“旋宫”便是在“宫商角徵羽”中转换主音，以骨干音为主轴，在偏音（变徵、变宫、清角）的配合下，藉移换管门中心音之际，同时可顺适移调至中心音相差五度的上下属调，又称“移宫”。“犯调”不“旋宫”的，如《去秦邦》是中滚三遇反，换了三个曲牌，但始终是 F 调（四空管）。《山险峻》不但“犯调”，而且“旋宫”。《山险峻》是“十三腔”，就是转换十三个曲牌：中水车、玉交枝、望远行、福马、潮阳春、相思引、北相思、叠韵悲、双闺、皂云飞、锦板、二锦、中滚。不同版本可能有出入。从中滚到中水车是四空管 F 调；玉交枝、望远行是五空四空管 C 调；潮阳春是倍思管 D 调；相思引、北相思、叠韵悲、双闺、皂云飞、锦板是五空管 G 调；二锦、中滚是四空管 C 调。一曲集中了 F 宫系统、C 宫系统。

知识链接

曲艺的艺术手法

1. 说

曲艺界有句名言叫“说书一股劲，唱曲一段情，句句警人心，听者自动容”，这里的“说”，便是曲艺的艺术手法之一。曲艺界历来有“说为君，唱为臣”的说法，所以“说”字不可小瞧，它是曲艺中的重头戏。相声、滑稽以说为本，不必赘述；鼓书、弹词等曲艺形式也非常注重说表和赋赞的念诵；即便在一些以唱为主的曲艺形式当中，也有“过口白”、“说口”等“说”的成分。

一方面，发音吐字是“说”的基本功。显然，如果演员吐字含混不清，听众连表述的意思都没弄明白，那“说”也就失去了意义。所以曲艺讲究吐字清晰，字音沉重，力求使听众能够听清每一个字。

另一方面，既然是“说书一股劲”，那便不应只停留在吐字清晰的阶段上，还要说出那股“劲”。这里的“一股劲”主要是指要说得有技巧、说得传神。“说”上常用的技巧有“贯口”等。“贯口”即演员背熟练的一段台词，它主要看语速、节奏和吐字，讲究一气呵成、干净利落。除此之外，想要说得传神，还得注意语气、神态以及肢体语言的配合，给观众营造一种身临其境的氛围。

2. 唱

除了气息、腔调等基本功外，“唱”应更多地注意感情的融入。毕竟大多数曲艺形式中“唱”都属于抒情的部分，花哨的技巧和扎实的唱功是必需的，但也是远远不够的。曲艺中的“唱”，大多都是以唱的形式叙事或抒情，所以感情的融入不仅要跟着曲子走，还要根据词所在的意境，融入不同的感情。如《重整山河待后生》的最后一句“为雪国耻身先去，重整山河待后生”就应表现出决绝、悲愤的感情色彩。

3. 演

“演”即表现，通过动作、语言、表情、眼神等创造艺术效果。

4. 评

“评”是指评论、批评。“评”的对象既可以是历史人物，也可以是书中人物，还可以是当下实事。由于曲艺的特性，“评”并不要求多么客观严谨，但一定要能与观众产生共鸣。所以“评”一般具有立场鲜明、观点大众化的特点。

5. 噱

“噱”即噱头、笑料，是曲艺趣味性的体现，也是曲艺表演中不可或缺的一部分。如评弹的“放噱”、相声的“抖包袱”等都是使噱。“噱”一定要贴近生活，能与大众产生共鸣的笑料，才能使观众感到愉悦，听后回味无穷。这种取材于百姓日常生活的“噱”被亲切地称为“肉里噱”。

6. 学

“学”即模仿，可以是声音上的模仿，如汽笛声、鸟叫声、乐器声、枪炮声，也可以是形态上的模仿，通过肢体语言、表情、动作等模仿人或物。模仿需要灵性，需要演员抓住事物的特点，注重神似，切忌死板呆滞、形似神不似。

7. 弹

“弹”并非单指弦类乐器的“弹奏”，它是对乐器演奏的统称。个别曲种讲究演员表演时要掌握乐器，所以“弹”也是曲艺艺术手法中的一种。

拓展与训练

一、思考题

1. 请举例说明相声中惯用的“抖包袱”的方式。

2. 结合专题欣赏中的几种曲艺形式，说说你对曲艺艺术特点的理解。

二、训练题

1. 你家乡的曲艺形式都有哪些？挑选你喜欢的一种，查阅相关资料，写出它的艺术特点、起源和发展历史。

2. 在老师指导下欣赏京韵大鼓《单刀会》，并写一篇 200 字左右的赏析。

3. 相声是一种民间说唱曲艺，主要采用口头方式表演，是扎根于民间、源于生活、深受群众欢迎的曲艺表演艺术形式。你知道有哪些著名的相声艺术家？他们有哪些经典的段子？

4. 你家乡有哪些本土小曲？请给大家展示。

5. 根据你学校的学习生活情景，用你最拿手的曲艺进行表演。

第 4 节　戏曲

中国的戏曲起源于原始的乐舞，是包含文学、音乐、舞蹈、美术、武术、杂技以及表演艺术各种因素综合而成的一门传统艺术。13 世纪进入成熟期，其鼎盛时期是在清代。世界上把它和希腊悲喜剧、印度梵剧并称为三大古老的戏剧文化。戏曲始终扎根于民间，是人们喜闻乐见的艺术形式，京剧、越剧、黄梅戏、评剧、豫剧被称为中国五大戏曲剧种。

案例导入

梅兰芳蓄须明志

梅兰芳是世界闻名的京剧表演艺术家，他为了自己的演出需要，总是会把胡须剃得干干净净。然而抗日战争爆发后，日本帝国主义为了粉饰太平，妄图把梅兰芳请出来，率领剧团赴南京、长春、东京等地巡回演出，梅兰芳以牙痛为由婉言谢绝，随后他便留起了胡子。

梅兰芳年幼的儿子好奇地问道：“爸爸，你为什么不刮胡子？”梅兰芳回答：“我留了胡子，日本鬼子还能强迫我演戏吗？”不久之后，梅兰芳回到上海，居住在梅花诗屋，关门谢客，经常在书房挑灯夜读或是作画。没有了演出的费用，梅兰芳的积蓄也逐渐花光，于是他年复一年地靠着卖画和典当度日。

上海的众多家老板见他生活窘迫，都争相邀请他到戏院演出，然而他都委婉地拒绝，坚持不给日本人演戏。而日本人为了让梅兰芳演戏，一直都在不停地劝说或是威逼利诱，可梅兰芳始终不为所动。

一代京剧表演艺术家梅兰芳有8年的时间不能表演，这对于正值壮年的他来说是一个重大的打击。他内心非常苦闷，但是为了民族的气节，即使生活窘迫，举步维艰，他仍在努力坚守自我，让浩然正气长留人间。梅兰芳的表演是经典的，然而他的气节更是值得人们学习和传承的。

问题：

1. 梅兰芳先生是因为唱“生、旦、净、末、丑”哪个行当，才会留有胡子而不能登台的？

2. 除了梅兰芳，你还能说出哪些戏曲名家？

专题欣赏

【传统京剧】

行当与霸王脸

行当，是指戏曲演员所扮演角色的类别，是中国戏曲特有的表演体制。按照人物的性别、性格、年龄、身份、扮相、表演风格等因素，归为四大类：生、旦、净、丑。

霸王脸又称“七星脸”，项羽专用，以黑、白两包为主，勾绘豹眼，两眉勾龙纹，中贯一剑，寓有一代霸王、功败垂成之意。额上画有七星，象征英勇耿直，犹如北斗七星。

京剧——《霸王别姬》选段

虞姬：【西皮摇板】自从我随大王东征西战，受风霜与劳碌年复年年。恨只恨无道秦把生灵涂炭，只害得众百姓困苦颠连。

项羽：【西皮散板】枪挑了汉营中数员上将，虽英勇怎提防十面埋藏！传一令休出兵各归营帐，此一番连累你多受惊慌。

…………

项羽：【琴歌】力拔山兮气盖世，时不利兮骓不逝。骓不逝兮可奈何，虞兮虞兮奈若何！

虞姬：【西皮二六】劝君王饮酒听虞歌，解君忧闷舞婆娑。嬴秦无道把江山破，英雄四路起干戈。自古常言不欺我，成败兴亡一刹那。宽心饮酒宝帐坐。

虞姬：【哭相思】汉兵已略地，四面楚歌声。君王意气尽，贱妾何聊生！

赏析

《霸王别姬》是京剧经典名剧之一，主角是西楚霸王项羽的爱妃虞姬。秦末，楚汉相争，韩信命李左车诈降项羽，诓项羽进兵。在九里山十面埋伏，将项羽困于垓下。项羽突围不出，又听得四面楚歌，疑楚军尽已降汉，在营中与虞姬饮酒作别。虞姬自刎，项羽杀出重围，迷路，至乌江，感到无面目见江东父老，自刎江边。

《霸王别姬》又名《九里山》、《亡乌江》、《楚汉争》、《十面埋伏》，清逸居士所编。最初由尚小云、杨小楼合演，后成为杨小楼和梅兰芳的代表作。

“力拔山兮气盖世，时不利兮骓不逝。骓不逝兮可奈何，虞兮虞兮奈若何！”这段唱词唱出了项羽自知错失良机以至于身陷困境的叹息与无可奈何。梅兰芳完美演绎了京剧的《霸王别姬》，而他也是因为《霸王别姬》名声大噪。《霸王别姬》中虞姬的唱腔是多年流传下来的梅派的唱腔。优美婉转的旋律，绘声绘色地展现出了在一个秋风月夜，战场上的一位历史英雄最后的悲歌。

【现代京剧】

样板戏

样板戏是指“文化大革命”时期被树立为“革命样板戏”的以戏剧为主的二十几个舞台艺术作品的俗称。其代表性的作品有京剧《智取威虎山》、《红灯记》、《沙家浜》和芭蕾舞剧《红色娘子军》、《白毛女》等五个剧目。

《红灯记》选段——《听罢奶奶说红灯》

【西皮散板】
听罢奶奶说【摇板】红灯，
言语不多道理深。
为什么爹爹、表叔【原板】不怕担风险？
为的是：救中国，救穷人，打败鬼子兵。
我想到：做事要做这样的事，
做人要做这样的人。
铁梅呀！【垛板】年龄十七不算小，
为什么不能帮助爹爹操点心？
好比说：爹爹挑担有千斤重，
铁梅你应该挑上八百斤。

赏析

《红灯记》是一部讲述抗日战争时期，中国人民与日本倭寇斗智斗勇的现代革命京剧。《红灯记》的故事取材于电影《自有后来人》，它的原创作者是黄泳江。作为京剧的《红灯记》在融入了西方特色元素后，深受广大观众喜爱，广为流传。

“国粹”京剧与来自西方的钢琴有机结合在一起，表现力增强，特色的旋律让人耳目一新，使得《红灯记》成为京剧历史创新和突破的一个经典案例。本段之中的唱词“做事要做这样的事，做人要做这样的人”，成为当代人们的指路灯，当时感染了无数的中国人。让人们深切体会到抗日战争的热情，心中升起为国家抛头颅、洒热血的热烈情感。20世纪60年代，电影在全国上映，不久，该剧便由上海沪剧团改编为沪剧，接着由哈尔滨京剧院率先搬上京剧舞台，当时名叫《革命自有后来人》。

教育部决定：2008年在10省市区20所中小学试点开设京剧课。《智斗》、《包龙图打坐在开封府》等经典京剧唱段将正式进入中小学课堂。共选择15首京剧唱段作为教学曲目，根据不同年级确定不同的教学唱段。《穷人孩子早当家》、《都有一颗红亮的心》等经典“样板戏”京剧唱段都入选。

【豫剧】

河南梆子

豫剧发源于中国河南省，以唱腔铿锵大气、抑扬有度、行腔酣畅、吐字清晰、韵味醇美、生动活泼、有血有肉、善于表达人物内心情感著称，凭借其高度的艺术性而广受各界人士欢迎。因其音乐伴奏用枣木梆子打拍，故早期得名河南梆子。豫剧是在继承河南梆子的基础上，通过不断改革和创新发展起来的。

《花木兰》选段——谁说女子不如男

刘大哥讲的话理太偏
谁说女子享清闲
男子打仗到边关
女子纺织在家园
白天去种地
夜晚来纺棉
不分昼夜辛勤把活干
将士们才能有这吃和穿
…………
哪一点儿不如儿男

赏析

豫剧《花木兰》是有着“豫剧皇后”之称的豫剧大师常香玉的代表剧目。豫剧唱腔艺术的发展源远流长，形式多种多样，风格迥异的派别百家争鸣，使得豫剧在艺术发展史上经久不衰。豫剧《花木兰》讲述了古代传奇女子花木兰，因担心父亲身体，代父出征，辞别父母，赶赴边关，在军营之中隐藏性别，在沙场上屡建奇功，后战胜回朝的故事。

这一段著名的豫剧段子深受广大观众的喜爱。唱段表现出花木兰勤劳的特点，以自己作为实例，反驳刘大哥的话，塑造出女子能干、刻苦、要强以及为国家英勇杀敌的巾帼英雄的形象。整段唱腔富有浓郁的河南乡土气息，激昂的气势，表现出花木兰那种女子没有不如男的好强精神。

【黄梅戏】

串戏

道光前后，产生和流传于皖、鄂、赣三省间的黄梅采茶调、江西调、桐城调、凤阳歌，受戏曲青阳腔、徽调的影响，与莲湘、高跷、旱船等民间艺术相结合，逐渐形成了一些小戏。经过一段时间的发展，又在吸收“罗汉桩”、青阳腔、徽调的演出内容和表演形式的基础上，产生了故事完整的本戏。在从小戏过渡到本戏的过程中，曾出现过一种被老艺人称为“串戏”的表演形式。所谓“串戏”，是指那些各自独立而又彼此关联的一组小戏。这些小戏有的以事“串”，有的则以人“串”。“串戏”的情节比小戏丰富，出场的人物也突破了小丑、小旦、小生的三小范围。其中一些年龄大的剧中人物需要用正旦、老生、老丑来扮演。这就为本戏的产生创造了条件。

《天仙配》选段——夫妻双双把家还

树上的鸟儿成双对，绿水青山带笑颜。随手摘下花一朵，我与娘子带发间。从今不再受那奴役苦，夫妻双双把家还。你耕田来我织布，我挑水来你浇园。寒窑虽破能避风雨，夫妻恩爱苦也甜。你我好比鸳鸯鸟，比翼双飞在人间。

赏析

黄梅戏的起源最早可追溯到唐代。据史料记载，早于唐代时期，黄梅采茶歌就很盛行，经宋代民歌的发展、元代杂剧的影响，逐渐形成民间戏曲雏形。至明清，黄梅县戏风更盛。黄梅戏的唱腔属板式变化体，有花腔、彩腔、主调三大腔系。

“夫妻双双把家还”选段是写玉帝七女在天宫看到人间的董永卖身葬父，同情爱怜之余，不顾天规，来到凡间和董永结为夫妻。随后，同去傅员外家做工，百日期满，夫妻欣然归家。这里采用彩腔，多段唱词用分节歌方式，先由二人对唱，后又在这音调的基础上发展成男女声二重唱。舒展的旋律、浓郁的韵味，在欢悦跳跃的弦乐伴奏下，吐露了二人内心的喜悦。这个唱段，曾有不少歌唱家在音乐会上演出，获得广大听众的欢迎。扮演七仙女的严凤英，发声自然，音色优美，行腔流畅而韵味隽永，对黄梅戏由民间歌舞发展成为有相当影响的戏曲剧种作出了很大贡献。扮演董永的王少舫，演唱时感情真挚，韵味浓厚，对黄梅戏的男声唱腔也有一定创造。

知识链接

名家风范

京剧以北京为中心，发展至全国，成为中国影响最为巨大的剧种。京剧以其独特的艺术形式，多样的表演方式征服了大量的观众。其发展离不开观众的支持，同样离不开演员们的精心演绎。在京剧的表演上取得巨大成就的“四大须生”和“四大花旦”逐渐声名鹊起。

1. 四大须生

四大须生指的是四位著名的京剧老生表演艺术家。在京剧发展史上，有前、后四大须生之分。前四大须生分别是余叔岩、言菊朋、高庆奎、马连良。后四大须生则是马连良、谭富英、杨宝森、奚啸伯。因前后四大须生皆有马连良，故名列前后四大须生的京剧演员其实只有七位。就前、后四大须生的艺术成就以及历史地位来说，七位艺术家可谓不分伯仲。表演上也是各有所长，各具特色。七位艺术家在京剧的表演之中都是不断探索创新，形成了自己独具魅力的风格。

2. 四大花旦

中国戏曲中有“生、旦、净、末、丑”五大行当。而旦角是京剧中女角色的统称，四大花旦是人们对戏曲界四位最有名的花旦演员的统称。京剧之中有名的四大花旦分别是梅兰芳、程砚秋、荀慧生、尚小云。他们虽都为男子，但是女装的扮相极为优美、秀丽、真切，所扮演出的女子、妇人的形象都成为经典。四大花旦在京剧之中各有所创，皆创造出了各自的艺术流派，并登上京剧艺术表演的高峰，使得京剧的门派能够呈现百花齐放的盛况。

四大花旦的表演各具特色，并且都有各自的代表巨作。梅兰芳的《贵妃醉酒》、《霸王别姬》皆是京剧史上永恒的经典。程砚秋的唱腔缜密绵延，具有低回婉转和跌宕起伏、节奏多变的特点，以擅演悲剧而出名，《窦娥冤》、《荒山泪》皆是他最为得意的作品。荀慧生的表演真切感人，人物形象分明，代表剧目有《玉堂春》、《大英节烈》、《红楼二尤》、《钗头凤》等。尚小云的唱法以刚劲见长，擅长武功，他的表演别具一格，善于塑造巾帼英雄以及侠女烈妇的形象，代表剧目有《昭君出塞》、《梁红玉》等。

拓展与训练

一、思考题

1. 戏曲里的“跑龙套”是什么意思？
2. 戏班称为梨园的来历是什么？

二、训练题

1. 你是否知道为什么以前戏曲里的女性角色都由男性演员饰演？
2. 根据老师播放的乐曲说出是什么戏曲。
3. 你知道有哪些著名的戏曲艺术家？他们有哪些经典传奇故事？
4. 你家乡有哪些地方戏？你会表演吗？
5. 你知道中国五大戏曲剧种是指哪些？你看过相应的剧目吗？

第5节　民族器乐简介与欣赏

中国的民族器乐，共分为吹、拉、弹、打四大类，分别由八种材料（金、石、土、木、匏、革、丝、竹）制成，史称“八音”。从乐器发展的过程来说，是先有打击乐、吹奏乐，后产生弹弦乐，最后产生拉弦乐。

案例导入

《凉州曲》

李谟是唐朝著名的吹笛高手。一次，他与一富商去江南越州游玩，受到当地文人骚客的热烈欢迎。李谟吹奏《凉州曲》，笛声清丽委婉。曲终，众人纷纷叫好。只有一位独狐老人双眼微闭，仿佛并不在意。

李谟年少气盛，对老人说：“你面带蔑视之色，莫非也会吹笛？”老人微微一笑：“先生的笛子吹得好是好，只是夹有龟兹乐的音调，在第十三段也吹错了一个调，不知先生察觉否？”李谟大吃一惊，他的这个曲子正好是跟一个龟兹人学的，莫非是老师有误，于是就请老人吹奏以正视听。老人说：“你这笛子虽好，然而经不起高音，吹到高处必破无疑。”众人愈发好奇，催老人露一手。

老人没法，只好接过竹笛，稍一凝神，便吹起来，笛声比李谟的更为嘹亮纯净，当吹到第十三段时，旋律急促高昂，只听得“叭”的一声，竹笛爆裂。李谟心悦诚服，正想说话，只见老人从怀中掏出一支紫竹笛接着吹，这回声音与前更不相同，高急处如雏凤婉啼，低回处则如游龙戏水，一曲终了，李谟及众人瞠目结舌，李谟涨红着脸跪倒在地，请求拜师。老人正色说：“如若拜师，可于明早到寒舍一见。”说罢，飘然而去。

第二天一早，李谟来到独孤老人的茅屋，老人已离家，只留下那支紫竹笛在桌上，笛上新刻四个小字：“艺无止境。”李谟恭恭敬敬地收起竹笛，连夜赶回长安去了。

问题：

1. 你能列举出哪些笛子独奏的经典名曲？
2. 简单说说笛子独奏的艺术特色。

专题欣赏

【民歌器乐——笛子】

竹笛上的草原——《牧民新歌》

1966年，简广易来到内蒙古体验生活，被内蒙古大草原的风光深深打动而创作了

《牧民新歌》。作品创作完成后正处于“文化大革命”时期，当时没有被广泛传播，直到1973年才正式在广播电台播出，成为家喻户晓的笛子金曲。它被选为中国民族十大金曲，又成为唯一被选入联合国科教文组织音乐教材的笛子曲，在笛子曲中具有很高的地位。

赏析

笛子有南北两派之分。南派笛子源于南方的昆曲，所以叫曲笛，笛身相对粗长，发音低沉宽厚。北派笛子源于北方的梆子戏，所以叫梆笛，笛身略短小，发音高亢嘹亮。南北两派的笛子曲风格上也各有特点，南派斯文儒雅，北派热情奔放。

《牧民新歌》是我国著名笛子演奏家简广易先生于1966年以内蒙古民歌音调为素材创作的曲子。作品以浓郁清新的民族民间音乐风格、亲切感人的旋律、活泼跳动的节奏展现出内蒙古大草原的风光和牧场上一派生机勃勃的喜人景象，表现了新时期牧民的精神风貌。

《牧民新歌》用的是E调中音笛，艺术风格兼容南北两派。

乐曲的开头是段引子，仿马头琴，辽阔高远，节奏自由，描绘的是“天苍苍，野茫茫，风吹草低见牛羊”的草原风光。接下来是一段深情的慢板，曲调舒缓流畅，音色圆润甜美，极具南派幽雅恬静的特点，内含北派的刚烈之气。第二段节奏加快，以蹄声得得的三吐音，轻快地过渡到第三段的纵马高歌。第四段忽以一个十度大跳挑上去，情绪越来越激动，及至第五段的花舌音和飞指的“烈马嘶鸣”，乐曲进入高潮，随后以热烈的双吐音把气氛推到顶峰，忽又陡然一顿，最后全曲慢收在一个简洁饱满的句尾上。

《牧民新歌》兼容南北两派，主要是指笛子的演奏技艺，而其乐曲的风格仍属北派。概言之，作品开张大气，一气呵成，刚柔兼具，感染力极强，是继陆春龄和冯子存南北两派大师之后又一里程碑式的经典之作。

【民歌器乐——唢呐】

《百鸟朝凤》

任同祥生于山东嘉祥县农村的一个唢呐世家。跟随前辈艺人到处吹奏，博采众长，任同祥的唢呐吹奏越来越精，越来越妙。1953年全国第一届民间音乐舞蹈（业余）会演举办时，27岁的任同祥吹奏的《百鸟朝凤》在北京引起轰动。他也曾带着此曲进中南海怀仁堂，为毛泽东主席和其他中央领导作汇报演出。同年他又被派往罗马尼亚的布加勒斯特参加第四届世界青年联欢节，以一曲《百鸟朝凤》获得银质奖章。接着他在“唢呐王国”——缅甸的访问演出中，以《百鸟朝凤》赢得了“唢呐迷”——当时缅甸总理吴努的赏识，吴努高兴地授予他一枚缅甸国家金质奖章。

赏析

唢呐是中国历史悠久、流行广泛、技巧丰富、表现力较强的民间吹管乐器。它发音开朗豪放，高亢嘹亮，刚中有柔，柔中有刚，是深受广大人民喜爱和欢迎的民族乐器之一，广泛应用于民间的婚、丧、嫁、娶、礼、乐、典、祭及秧歌会等仪式伴奏。据历史资料考查，唢呐流传于波斯，金元时期传入中国。

唢呐独奏曲《百鸟朝凤》并不是表现百鸟朝拜凤凰的神话故事，而是以奔放热情的旋律和用唢呐模拟百鸟争鸣和唱的欢腾情景，表现生气勃勃的大自然景象，抒发人们美好欢乐的心情。《百鸟朝凤》原流行于山东、安徽、河南、河北等地，前身是《百鸟音》。此曲在民间流传时，艺人们多即兴演奏，结构松散，还加入公鸡啼、母鸡叫的声音。在民间乐手任同祥的指导下进行修改，压缩鸟叫声、删去鸡叫声，还设计了一个华彩乐句，运用循环换气法的长音演奏技巧，扩充了快板尾段，使全曲在热烈欢腾的气氛中结束。到了20世纪70年代，为了加强音乐性又增加了一个百鸟齐鸣的引子，并扩充了华彩乐句，以快速双吐演奏技巧使乐曲更为整洁。

【民歌器乐——琵琶】

《春江花月夜》

才子张若虚写在长江上的一篇《春江花月夜》，千百年来流入了多少人的心田。春、江、花、月、夜，每个字都蕴涵着美的遐思，每个字都浸透着美的体味。醉人的明月、滟滟的湖水、洁净的天空、汀上的白沙，这一美景，感动了千年间的一代代人，沉淀在中华文明的血液里，成为永恒的经典。“色不迷人人自迷，景不醉人人自醉”，不知道有多少文人墨客，沉醉于这个虚拟的场景，沉醉于这春江花月夜。

赏析

琵琶，弹拨乐器，已经有两千多年的历史。最早被称为“琵琶”的乐器大约在中国秦朝出现。“琵琶”二字中的“珏”意为“二玉相碰，发出悦耳碰击声”，表示这是一种以弹碰琴弦的方式发声的乐器。“比”指“琴弦等列”。“巴”指这种乐器总是附着在演奏者身上，和琴瑟不接触人体相异。琵琶被称为“民乐之王”、“弹拨乐器之王”、“弹拨乐器首座”、拨弦类弦鸣乐器。

《春江花月夜》是一首著名的琵琶传统大套文曲，明清已流传于世，原名《夕阳箫鼓》(又名《夕阳箫歌》、《浔阳琵琶》、《浔阳夜月》、《浔阳曲》)。此曲名最早见于清朝姚燮晚期著作《今乐考证》一书，乐谱最早见于鞠士林的传抄琵琶谱及1875年吴畹卿的手抄本。约在1925年，此曲首次被改编成民族管弦乐曲，更名为《春江花月夜》。新中国成立后，又经多人整理改编，更臻完善。

同名名曲借用原诗的意境进行演绎，一唱三叹，不激越，也不豪放。温柔的弦音撩拨起宁静的空气，一幅人生至美的山水画渐渐展开，江南的秀美与诗句的隽永，柔柔地融入委婉质朴的旋律和流畅多变的节奏之中。音乐委婉优美，节奏流畅多变，配器晶莹剔透，使人回味无穷。

该曲为民族器乐中最常见的多段体结构，分为十段，犹如十幅连续的画面，依次为江楼钟鼓、月上东山、风回曲水、花影层台、水深云际、渔歌唱晚、回澜拍岸、桡鸣远籁、欸乃归舟、尾。第一段“江楼钟鼓”描绘出夕阳映江面、熏风拂涟漪的景色。接着乐队齐奏出优美的主题，乐句间同音相连、委婉平静；大鼓轻声滚奏，意境幽远。第二、三段，营造了“月上东山”、“风回曲水”的意境。第五段“水深云际”，“江天一色无纤尘，皎皎空中孤月轮”的壮阔景色油然而生。乐队加速齐奏，犹如白帆点点，遥闻渔歌。第七段，琵琶用扫轮弹奏，如渔舟破水。曲的高潮是第九段“欸乃归舟”，旋律由慢而快，由弱而强，激动人心，表现归舟破水，浪花飞溅，橹声“欸乃”，由远而近的意境，达到了情绪的顶峰。随后音乐在快速中戛然而止，又回到平静、轻柔的意境之中，然后便转入尾声。尾声的音乐是那样缥缈、悠长，好像轻舟在远处的江面渐渐消失，春江的夜空幽静而安详，全曲在悠扬徐缓的旋律中结束，使人沉湎在这迷人的诗画意境中……

全曲结构严密，旋律古朴典雅，节奏平稳舒展。随着所呈现的画面的变化，主题也不断发展，时而是夕阳辉映、涟漪轻荡、花草摇曳的幽静，时而是归舟破水、浪花飞溅、橹声“欸乃”的热烈，通过旋律、节奏的变化描绘了大自然的变幻无穷。此曲音乐的主题旋律尽管有多种变化，但每一段的结尾都采用同一乐句出现，听起来十分和谐。在民间音乐中，这种手法叫“换头合尾”。

【民歌器乐——古琴】

绿绮

“绿绮”是汉代著名文人司马相如弹奏的一张琴。司马相如原本家境贫寒，但他的诗赋极有名气。梁王慕名请他作赋，相如写了一篇《如玉赋》相赠。此赋辞藻瑰丽，气韵非凡。梁王极为高兴，就以自己收藏的“绿绮”琴回赠。“绿绮”是一张传世名琴，琴内有铭文曰“桐梓合精”，即桐木、梓木结合的精华。相如得“绿绮”，如获珍宝。他精湛的琴艺配上“绿绮”绝妙的音色，使“绿绮”琴名噪一时。后来，“绿绮”就成了古琴的别称。

一次，司马相如访友，豪富卓王孙慕名设宴款待。酒兴正浓时，众人说：“听说您‘绿绮’弹得极好，请操一曲，让我辈一饱耳福。”相如早就听说卓王孙的女儿文君，才华出众，精通琴艺，而且对他极为仰慕。司马相如就弹起琴歌《凤求凰》向她求爱。文君听琴后，理解了琴曲的含义，不由脸红耳热，心驰神往。她倾心相如的文才，为酬“知音之遇”，便夜奔相如住所，缔结良缘。从此，司马相如以琴追求文君，被传为千古佳话。

赏析

古琴是中国最古老的乐器之一，也是中国最早的弹弦乐器，称为“国乐之父”。古琴在孔子时期就已盛行，在中国历史上流传了三千余年不曾中断，20 世纪初才被称作“古琴”。在中国古代社会漫长的历史阶段中，“琴、棋、书、画”历来被视为文人雅士修身养性的必由之径。古琴因其清、和、淡、雅的音乐品格寄寓了文人凌风傲骨、超凡脱俗的处世心态，而在音乐、棋术、书法、绘画中居于首位。“琴者，情也；琴者，禁也。”吹箫抚琴、吟诗作画、登高远游、对酒当歌成为文人士大夫生活的生动写照。

古琴有三种音：散音、泛音、按音，都非常安静。

《高山流水》取材于“伯牙鼓琴遇知音”。据文献记载，《高山流水》原为一曲，自唐代以后，《高山》与《流水》分为两首独立的琴曲。其中《流水》一曲，在近代得到更多的发展，曲谱初见于明代《神奇秘谱》（朱权成书于 1425 年）。此谱之《高山》、《流水》解题有：“《高山》、《流水》二曲，本只一曲。初志在乎高山，言仁者乐山之意。后志在乎流水，言智者乐水之意。至唐分为两曲，不分段数。至今分《高山》为四段，《流水》为八段。”管平湖先生演奏的《流水》曾被录入美国太空探测器“旅行者一号”的金唱片，并于 1977 年 8 月 22 日发射到太空，向茫茫宇宙寻找人类的“知音”。

【民歌器乐——二胡】

二胡

宋元明清时期，民间乐器随着“勾栏”、“瓦舍”的兴起而发展了自己的伴奏乐器。其中最主要的乐器是源自蒙古、西域的马尾胡琴（又称二弦琴），经与前朝留下的嵇琴、轧筝融合，创制出新颖的胡琴。后来，由于地方戏唱腔风格需要，胡琴又逐渐分化，出现配合秦腔、豫剧需要的板胡，京剧、汉剧需要的京胡、京二胡，河南坠子需要的坠胡，广东粤剧需要的高胡，潮剧需要的椰胡，湖南花鼓用的大筒，蒙古说唱用的四胡，川剧用的盖板子，河南越调用的四弦，福建莆田戏用的枕头琴，侗戏用的牛腿琴，壮剧用的马骨琴，晋剧用的二股弦等弓弦乐器。

赏析

二胡又名“胡琴”，唐代已出现，称“奚琴”，是我国北方独具魅力的民间拉弦乐器。它既能表现深沉、凄惨的内容，也能描绘气势壮观的意境，音色接近人声，具有很高的情感表现力。

二胡过去主要流行于长江中下游一带，所以又称为南胡。它集中于中高音域的表现，音色接近人声，情感表现力极高，广为大众接受。20 世纪 20 年代，二胡始作为独奏乐器出现在舞台上。在这之前，二胡多用于民间丝竹音乐演奏或民歌、戏曲的伴奏。意境深远的《二泉映月》是其优秀代表性曲目。

《二泉映月》曲作者华彦钧，江苏无锡人。其父为道士，擅长道教音乐。华彦钧从父学习鼓、笛、二胡、琵琶等乐器，12 岁已能演奏多种乐器，18 岁被无锡道教音乐界誉为演奏能手。30 多岁的时候双目失明，人称“瞎子阿炳”，以卖艺为生。他性格刚烈，曾编演过许多讽刺时政的乐曲，甚至为此遭受毒打。由于生活清贫，他自创“依心曲”、“自来腔”，抒发人生感慨和个人情感。《二泉映月》整首曲子凄切哀怨，讲述了一个民间老艺人哀苦而奋发的一生。此曲共分为 6 个音乐小结。在曲子开端是一段简短低沉的引子，是阿炳在讲述自己坎坷悲惨的人生境遇之前的一声发自心底的痛苦叹息。继而旋律上扬，奏出主题。全曲将主题变奏五次，随着音乐的陈述、引申和展开，情感得到充分抒发。第四段达到了全曲的高潮，我们仿佛可以听到阿炳从心灵深处迸发出的愤怒呼号，那是阿炳对命运的抗争，也是对美好生活的向往。昂扬的乐曲在饱含不平之鸣的音调中进入结束句，给人一种意犹未尽之感，仿佛阿炳仍在默默地倾诉。全曲速度变化不大，但其力度变化幅度较大，用弓轻重有变，忽强忽弱，扣人心弦。

【民歌器乐——打击乐】

《鸭子拌嘴》

《鸭子拌嘴》是安志顺于 1982 年编写的一首打击乐曲，取材于我国的西安鼓乐和陕西的民间打击乐。乐曲使用了六件打击乐器：小钹、水镲、疙瘩钹、大锣、木鱼、云锣。这首乐曲是由散板和 2/4 拍节奏两种节拍类型构成的，其中散板集中在三处，即引子、第二段和第四段，2/4 拍节奏主要在第一、三段和尾声。

赏析

打击乐是乐器分类名称之一。凡用打、击方式发声的乐器（打弦乐器除外）统称为打击乐（器）。戏曲中称为武场。民间打击乐器合奏曲《鸭子拌嘴》由安志顺于 1982 年根据西安鼓乐五调《中吕·粉蝶儿》套曲的开场锣鼓为素材而创作。构思新颖，充分运用音色、音量、力度和配器等方面的对比变化，生动地描绘了鸭子拌嘴的情景。此曲共三段，分别为中板、华彩和快板，另有一个小前奏与小尾声。

乐曲开始用小钹独奏模拟小鸭拍翅窜出鸭棚引颈高唱。接着小钗的闷击声音模拟老鸭“嘎嘎”的叫声，小钹与小钗如鸭子在一问一答。其间两只高低不同的木鱼敲击出轻盈活跃的“各的各的”声，与叮咚作响清脆的云锣声节奏均匀地结合，如同鸭子们“嘎嘎”的拌嘴声、“噗噗”的脚板扑地声，勾勒出一幅鸭子蹒跚而行的画面。接着小钹、水镲、疙瘩钹、大锣、木鱼、云锣六器齐鸣，乐声时而轻快、时而热烈，中间穿插鸭子的鸣叫，描绘出鸭群游弋水中的乐趣。突然小钹与水镲的声音响起，好像鸭子们在拌嘴，吵得不可开交。在一阵热烈的乐声过去之后，又响起轻盈的木鱼和云锣声，渐缓渐弱地，犹似鸭子们纷纷跳上河岸，“嘎嘎”的拌嘴声不绝于耳，鸭群昂首凸肚，在斜阳中摇摇摆摆渐渐远去。

知识链接

《二泉映月》的由来

据李岚清《我国民族音乐的奇才——我心目中的阿炳》记述：1948 年冬，黎松寿先生通过杨荫浏教授的介绍，向民乐大师刘天华的大弟子储师竹先生学习刘天华十大二胡名曲。有一天黎松寿去上课，因为天冷，他就在外面先活动一下手指，无意中拉了一段阿炳《二泉映月》中的主要旋律。储师竹教授立刻被这凄美的旋律深深地吸引了。他请黎松寿完整地演奏了这首乐曲，并追问它的作者。经黎松寿解释，方知这是江苏无锡民间艺人瞎子阿炳创作的乐曲，还没有曲名。杨荫浏听后当即提出，要尽快设法将阿炳的音乐进行录音整理，以免失传，遗恨千古。当杨荫浏、曹安和、黎松寿等人找到阿炳时，发现阿炳已经很久不拉琴了，二胡也不能用了，琵琶也没有了。在杨荫浏等人的极力劝说下，阿炳终于答应了录音，并坦率地说：“我的琴技荒疏太久了，让我练习三天再演奏吧。”杨荫浏和黎松寿很快从乐器店给阿炳借了一把新的胡琴和琵琶。1950 年 9 月 2 日晚上 7 点半在“三圣阁”参加录音的有：阿炳、阿炳的老伴董催弟、杨荫浏、曹安和、黎松寿、祝世匡（后为沈阳音乐学院琵琶教授），录完一遍后，曹安和把录音带倒回来，放给阿炳听。当听到那从录音机里传出的声音后，阿炳十分激动。杨荫浏就问阿炳：“阿炳啊，这支乐曲叫什么名字？”阿炳回答：“哎，我瞎拉出来的，哪有什么名字啊。”杨荫浏说：“没有名字我们不好向外介绍啊。”阿炳沉吟了片刻，说：“那就叫《二泉印月》吧！”黎松寿想，这是否与阿炳喜欢的广东音乐《三潭印月》有联系啊？杨荫浏也考虑到这一点，因无锡惠山泉有“天下第二泉”之称，而当地有一地名为“映山河”，杨荫浏说：“阿炳啊，这个‘印’能不能改成附近映山河的‘映’字？”阿炳说：“杨老师，你学问大，我听你的，就叫《二泉映月》吧。”“二泉映月”，多么典雅的名字，这首二胡曲从此得名。那天晚上，阿炳一口气拉了三首二胡曲。除《二泉映月》外，还有《听松》和《寒春风曲》。

拓展与训练

一、思考题

1. 注意区分器乐与乐器。

2. 我国民族器乐欣赏从哪几方面入手？

二、训练题

1. 对比分析古筝独奏与小提琴独奏的《二泉映月》两个版本的艺术特色。

2. 欣赏小提琴协奏曲《梁山伯与祝英台》，以此曲为例分析中西器乐作品是如何融合的。

3. 你家乡有哪些器乐？你试表演看看。

4. 你会演奏哪种民族乐器？有什么技巧？

5. 你知道多少著名民族器乐？

第6节 民族器乐合奏欣赏

中国传统器乐的合奏形式，因流传地域的不同、器乐组合的不同、主奏乐器的不同、传承曲目的不同，形成了不同的乐种及其不同的特征。

案例导入

《梅花三弄》

《梅花三弄》的历史典故源自东晋大将桓伊为狂士王徽之演奏《梅花三调》的故事，后经唐代著名琴师颜师古改为琴曲。曲谱见于《神奇秘谱》，书中记载："是曲也，昔桓伊与王子猷闻其名而未识，一日遇诸途，倾盖下车共论。子猷曰：'闻君善于笛？'桓伊出笛为梅花三弄之调，后人以琴为三弄焉。"

王徽之应召去东晋都城建康，停船于青溪码头。恰巧桓伊在岸上经过，王徽之与桓伊并不相识。这时船上一位客人道："这是桓野王（桓伊字野王）。"王徽之便命人对桓伊说："闻君善吹笛，试为我一奏。"桓伊已是高官贵胄，但久闻王徽之大名，于是下车上船。桓伊吹梅花三弄之调，完毕后立即上车走了。双方没有交谈一句话，晋人之旷达不拘礼节、磊落不着形迹，由此事可见一斑。桓伊敦厚风雅，王徽之狂狷博闻，二人相遇虽不言谈，却是一大机缘。正是两人的不期而遇，才有了千古名曲《梅花三弄》。

问题：

1. 你知道《梅花三弄》有几种版本吗？
2. 简单说说民乐合奏版《梅花三弄》表达的思想感情。

专题欣赏

【苏南吹打乐】

《将军令》

《将军令》源于唐王朝皇家乐曲，流传至今一千多年，有多种曲谱和演奏形式，主要表现古代将军升帐时的威严庄重、出征时的矫健轻捷、战斗时的激烈紧张，共分四段：散板、慢板、快板和急板。这里介绍的是四川扬琴曲。《将军令》原是"四川扬琴"（曲艺的一种）的开场音乐，由李德才和李德元传谱、李小元和项祖华整理。

塞上长风 笛声清冷；大漠落日 残月当空；日夜听驼铃 随梦入故里；

手中三尺青锋 枕边六封家书；定斩敌将首级 看罢泪涕凋零。报朝廷！谁人听？

赏析

苏南吹打乐是流行于江苏南部无锡、苏州、常州、宜兴一带的吹打乐，有十番鼓、十番锣鼓和粗吹锣鼓等不同类别，在十六七世纪时已流传于当地民间。

《将军令》原为戏曲中开场音乐和为摆阵等场面而伴奏的曲牌，是用两支大唢呐吹奏旋律，配以"大锣大鼓"，渲染威武雄壮的气派，并用招军长鸣以壮声势。民间艺人常吹奏此曲以增添节日的热烈气氛。

上海民族乐团以《将军令》为蓝本进行加工改编，在乐曲开始时加了一首曲牌，对原曲也做了一些增删。在乐队编制方面，仍以一对大唢呐吹奏主旋律，另增加了笛、笙、号筒等加强旋律色彩。打击乐器增加了定音的“十面锣”和低音大锣（海锣）等。因而乐曲在速度、力度以及音色变化上造成了强烈的对比，使曲调更显气魄宏伟，犹如千军万马簇拥主帅胜利归来。

乐曲一开始，低沉浑厚的号筒、大鼓和海锣声相互交织，音乐气氛庄严隆重。继而鼓号齐鸣，雄壮的唢呐声在锣鼓的衬托下，气势宏伟，振奋人心。这是乐曲的前奏部分。

接着乐曲进入主体部分。改编者在配器上把乐队分成“粗吹锣鼓”和“细吹锣鼓”两组，并作种种变化，使音色和力度富有层次和对比。充分掌握原曲速度的时而慢起，时而渐快，节奏时散时整，宫调多变，音浪跌宕起伏等特点，将乐曲的结构合理分层，运用配器手段，并充分发挥唢呐连续不断的循环换气法与笛、笙的断奏相对比，打击器以闷击与放音敲击相对比等，使音乐抑扬顿挫，音浪错落有致，具有新的推动力。

乐曲尾部，招军频吹，锣鼓全奏，在异常热烈的高潮中结束。

【江南丝竹】

江南丝竹

明代嘉隆年间，以魏良辅为首的戏曲音乐家们在太仓南码头创制昆曲水磨腔的同时，以张野塘为中坚人物组成了规模完整的丝竹乐队，用工尺谱演奏，由昆曲班社、堂名鼓手兼奏，后逐渐形成丝竹演奏的专职班社。明万历末，在吴中（苏州地区）形成了新的乐种“弦索”，可算是江南丝竹的前身。它与民俗活动密切结合，有着广泛的群众基础，后正式定名为江南丝竹。

赏析

江南丝竹旋律抒情优美，风格清新流畅。笛子演奏注重气息的运用，高音悠扬清远，低音含蓄婉转，音色醇厚圆润，常用打音、倚音、赠音、震音、颤音等技巧润饰旋律。二胡弓法饱满柔和，力度变化细腻，左手惯用透音、带音、左侧音和勾音，尤以各种滑音技法，构成江南丝竹细腻清秀、明快健朗的个性。江南丝竹因流行于江苏南部、上海、浙江西部一带的器乐曲，乐队主要由二胡、扬琴、琵琶、三弦、秦琴、笛、箫等丝竹类乐器组成，故而得名。在清代 1860 年以前已流行于民间。

《中花六板》又名《虞舜熏风操》或《熏风曲》，为江南丝竹八大曲之一，旋律清新流畅，细腻柔美，富有浓郁的江南韵味，为江南丝竹的经典代表曲目，广受听众喜爱。这首乐曲是由民间器乐曲牌《老六板》放慢加花发展而来的。作为民间器乐合奏曲，采用了支声性复调的创作方法。从音乐情绪和使用功能上看，它抒发了人们追求幸福、乐观向上的情怀。

【广东音乐】

《雨打芭蕉》

芭蕉，常常与孤独忧愁，特别是离情别绪相联系。南方有丝竹乐《雨打芭蕉》，表凄凉之音。李清照曾写过：“窗前谁种芭蕉树，阴满中庭。阴满中庭，叶叶心心，舒卷有舍情。”把伤心、愁闷一股脑儿倾吐出来，对芭蕉为怨悱。吴文英《唐多令》：“何处合成愁？

离人心上秋。纵芭蕉，不雨也飕飕。”葛胜冲《点绛唇》：“闲愁几许，梦逐芭蕉雨。”雨打芭蕉本来就够凄怆的，梦魂逐着芭蕉叶上的雨声追寻，更令人觉得凄恻。

赏析

《雨打芭蕉》是广东音乐的代表，广东音乐是流行于广东珠江三角地区的一种民间丝竹合奏曲，是在清末民初的民间小调、民族传统器乐曲和戏曲曲牌音乐的基础上逐步发展而来的一种独具风格的乐种。主奏乐器为高胡（也叫粤胡），拉弦为钢丝，发音明亮清澈。辅奏乐器有扬琴、秦琴、笛子、小提琴等。

《雨打芭蕉》的乐谱初见于 1917 年左右丘鹤俦编著的《弦歌必读》，后经潘永璋执笔整理。此曲旋律紧密，歌唱性很强。一连串分裂的短句、顿音的节奏，犹如淅淅沥沥的雨点敲打着芭蕉，使人联想到芭蕉婆娑起舞之态，表现出浓郁的岭南情调。乐曲材料源于“八板”的变体，放慢加花等手法变奏，并用节奏的顿挫、连断对比与对旋律乐句的短碎处理，使音乐优美动人。乐曲大致可分为三部分：第一部分流畅明快、优美抒情的旋律表现出人们的欣喜之情，也展现了诗情画意般的岭南风光。第二部分与第一部分的旋律形成鲜明的对比，它句幅短小，节奏活跃，以轻盈的顿音和旋律的切分表现出雨打芭蕉的淅沥之声，更表现出人们观赏落雨、喜看芭蕉丰收时的轻快心情。第三部分尾声非常简短，以宫音结束全曲。整首乐曲充分体现了广东音乐流畅活泼的风格。

知识链接

十二乐坊的诞生与发展

2001 年 6 月 10 日，中国各大艺术院校的毕业生与在校生进入女子十二乐坊的招聘现场，经过筛选，十二位女子入围。6 月 18 日，女子十二乐坊正式诞生。10 月 5 日，在北京 21 世纪剧院举办了第一场女子十二乐坊专场音乐会——《魅力》音乐会。从此，女子十二乐坊创新的民乐表现形式开始接受市场的考验。女子十二乐坊是把中国传统的乐器组合与现代流行音乐表演形式有机结合的流行艺术团体，以优美的音乐旋律和激情的现场表演，拓展中国民族器乐的欣赏群体，在国内外弘扬了中国的民族音乐。

随着音乐内容和表演形式逐渐成熟，2003 年 1 月 7 日，女子十二乐坊在北京展览馆剧场成功举办第二场专场音乐会——《奇迹》音乐会，获得了国内外专业人士的认可。从此，女子十二乐坊凭借其极大的音乐感染力与充满创新精神的民乐组合形式，逐步迈向国际市场。

2003 年 2 月，北京世纪星碟文化传播有限公司与日本 Platia 株式会共同运作女子十二乐坊进入日本市场。经过大规模、高投入、多视点的宣传，女子十二乐坊在日本的第一张音乐专辑刚刚面世就登上日本的销售冠军榜：首日销量过万，两个月内达到 100 万张。北京世纪星碟文化传播有限公司与日本 Platia 株式会社使筹划开拓女子十二乐坊的北美市场，以期望把东方音乐带到北美地区。

女子十二乐坊的出现也引出了新民乐概念，新民乐是以民族音乐元素为基础，用现代理念与手段进行创作的音乐新形式，并在民乐中加进了爵士、摇滚等现代流行元素，使传统民乐洋溢青春活力。

听觉上的创新：民族器乐合奏的音乐作品融入西方流行音乐元素，以及新鲜别致的配器、电声乐队的运用、多层次的音响变化等，使作品更受听众欢迎。音乐作品内容多以人们身边的日常生活为素材，不如传统民乐那么复杂，更加轻松活泼。再用现代的西方音乐形式改编京剧与昆曲等中国传统音乐，用民乐演奏爵士和拉丁，用流行乐的编曲改造传统民乐，大量炫技的独奏和反复的高潮，运用 MIDI 制作，使音乐更加绚丽多彩。

视觉上的创新：女子十二乐坊在服装设计上突出东方古典元素，富有东方宫廷的韵味，又有西方的前卫时尚装扮，极具吸引力。演出形式上运用了升降舞台、冷烟火等，使演出具有强烈的视觉效果。最后加上精心编排的动人乐曲与流行化的包装方式，使得女子十二乐坊的演出成为空前壮丽的视觉奇观。

拓展与训练

一、思考题

1. 江南丝竹八大名曲有哪些？
2. 简析女子十二乐坊的作品特色。

二、训练题

1. 广东音乐中都使用了那些乐器？其中最重要的主奏乐器是什么？
2. 听老师播放的乐曲，说说此曲使用了什么乐器，其中最重要的主奏乐器是什么？
3. 把自己所知道的民族乐器说一说。
4. 你家乡有哪些本土器乐合奏？
5. 民族器乐合奏从产生到流行，有许多典故，请你查查资料，从中受到哪些启发？

第 7 节 民族管弦乐合奏欣赏

民族管弦乐合奏，是由吹、拉、弹、打四类乐器结合的大型合奏形式。其中，吹管乐器基本用梆笛、曲笛、笙、唢呐；拉弦乐器用高胡、二胡、革胡、低音草胡；弹弦乐器用柳琴、琵琶、阮、扬琴等；打击乐器主要采用各种鼓、锣、钹等。民族管弦乐合奏的主要特点是音色丰富，音域宽广，表现力强，具有民族的传统特色。民族管弦乐队规模很大，一般都有三四十人。这种乐队有着比较丰富的表现力，从而扩大了乐队演出节目的范围。20 世纪以来，作曲家根据传统乐曲改编、创作了一大批作品，如著名的《春江花月夜》、《花好月圆》、《彩云追月》、《紫竹调》、《月儿高》等优秀作品。

案例导入

《翠湖春晓》

聂耳先生的代表作《义勇军进行曲》，人人皆知，可是对他的《翠湖春晓》却了解不多。《翠湖春晓》是一支以家乡风物为素材，抒发思乡之情，歌颂家乡的乐曲。

这支乐曲的产生与聂耳在昆明生活的 19 年的成长、积累密不可分，他在这块地方诞生、求学、得到多位老师的指导。第一位启蒙老师是他的邻居，姓邱，善吹笛。在这位邻居的细心教授下，聂耳在短短的时间里就掌握了吹笛的要领。聂耳在求实小学读高小，幸运地遇上了第二位启蒙老师，学会了拉二胡、弹三弦。第三位老师张庚候，是省立师范附小的音乐教师，擅长小提琴与曼陀铃，在他指导下聂耳掌握了乐理基础知识。后来聂耳在

“英语学会”认识外籍英文教师柏希文，开始对西洋乐器产生兴趣。

后来聂耳去了上海发展。在上海的日子里，他常想起昆明的“九龙池”（即今翠湖公园），他在那里曾多次听人演奏民乐，有时他也在湖边奏上几曲。于是他以洞经音乐中经腔《老卦腔》为素材，采用“增板加花”的变奏手法，创作出了《翠湖春晓》。乐曲节奏由慢变快，生动地表现了九龙池曙光初照、翠色醉人、银波荡漾、游客欢乐的优美情景。

问题：

1. 聂耳怀着怎样的心情创作了《翠湖春晓》？
2. 还有哪些民族管弦乐曲表现了春回大地、万物复苏的景象？

专题欣赏

【民族管弦乐一】

《金蛇狂舞》

《金蛇狂舞》是聂耳根据民间乐曲《倒八板》、《老六板》改编的民族管弦乐合奏曲，作于1934年。乐曲短小精悍，欢快流畅，在旋律发展中采用了民间“螺蛳结顶”的手法，演奏形式生动活泼，用铿锵有力的锣鼓，有时作间奏，有时与丝竹乐队对奏，有时与曲调同时奏鸣，渲染了热烈欢腾的气氛，表现了在我国传统民间节目中人们舞动巨龙、锣鼓喧天的欢乐场景。

赏析

1934年，聂耳在上海百代唱片公司根据民乐《倒八板》、《老六板》改编而成《金蛇狂舞》。他还亲自指导乐队演奏灌成唱片，后来被改编为琵琶独奏曲、吉他曲。此曲表现了我国江南端午节赛龙舟的火热场面：划手们使劲地划着桨，急促的锣鼓声增添了喧嚣热闹的气氛；龙舟如飞箭一般前进；船上的灯火与水中倒映交相辉映，好一派你追我赶、紧张而喜悦的欢愉景象。

乐曲是三段体结构，旋律始终具有鲜明的节奏特点。

第一段：乐曲一开始，就以明亮上扬的音调不断地呈现出欢乐、昂扬、奔放的情绪，让人耳目一新。

第二段：由两小节打击乐器音响引出的更加热情昂扬而且流畅明快的旋律，令人感到充满生机而富有生命之活力。

第三段：作者巧妙地借鉴了民间锣鼓点中“螺蛳结顶”的结构形式。上下句对答呼应，句幅逐层减缩，速度逐渐加快，加之锣、鼓、钹、木鱼等打击乐器的节奏烘托，使情绪逐层高涨，直至欢腾红火的顶点，生动地再现了民间喜庆时巨龙舞动、锣鼓喧天的欢乐场面，洋溢着鲜明的民族特色和生活气息。

全曲以激越的锣鼓伴奏，更渲染了热烈欢腾、昂扬激奋的气氛。

2008年第29届北京奥运会开幕式和闭幕式中，在运动员入场时反复演奏《金蛇狂舞》作为背景音乐，有力烘托了北京奥运会作为全世界人民节日的欢腾气氛和浓郁的中国特色。2012年央视春节联欢晚会节目，王力宏、李云迪协作演奏一曲《金蛇狂舞》，让龙年更加龙运十足！

【民族管弦乐二】

《春节序曲》

自 1943 年新秧歌运动后，春节就成为延安文艺工作者和人民群众相互见面、同歌同舞的节日，也是党政军民相互关怀问候、共同鼓舞革命斗志的时节。《春节序曲》作于 1955—1956 年，表现延安过春节时热烈欢腾的场面以及团结友爱、互庆互贺的动人图景。1956 年“全国音乐周”期间，《春节序曲》问世。这是李焕之的第一部大型管弦乐作品。

赏析

《春节序曲》是采用我国民间的秧歌音调、节奏以及陕北民歌为素材创作的管弦乐曲，它旋律明快、优美，富有民族风格和特色，节奏鲜明热烈，因为作品是根据延安过春节时的情景而来，所以非常富有节日的喜庆气氛。

它生动地体现了我国人民在传统节日里热闹欢腾、喜气洋溢、敲锣打鼓、载歌载舞的情绪。

引子：音乐以快速、强力度的节奏表现出喜庆的场面。

第一部分：由陕北唢呐曲调演化而来的几个具有民间风格的主题交织组成，表现陕北人民欢度春节时载歌载舞的欢快场面。

第二部分：主题采用陕北秧歌调《二月里来打过春》，抒情优美，亲切动人，表达了人们对幸福生活的赞美和对美好前程的憧憬。由双簧管、大提琴、小提琴分别主奏，三次出现，给人以深刻的印象。

第三部分：是第一部分的缩减再现，由于减少重复，音乐显得更加紧凑明快，当欢乐到达顶点时，出现了引子主题，并加入了打击乐器，加深了喜庆场面的渲染，最后，乐队奏出引子后半部分的曲调，乐曲在沸腾的气氛中结束。

【民族管弦乐三】

《花好月圆》

1935 年初，在苏州做小学音乐教员的黄贻钧经人介绍，考入上海百代唱片公司音乐部下属的国乐队任演奏员。

有一次，百代公司在制作一张民乐唱片时，缺一段 5 分钟左右的乐曲。音乐部主任任光就约请黄贻钧担纲这“补白”的任务。黄贻钧虽然没学过作曲技法，但发自内心的激情，使这个作品一气呵成。因写作时没有标题，国乐队的陈中根据乐曲欢快热烈的气氛，就给它起了个《花好月圆》的名字。

新中国成立后不久，指挥家彭修文把江南丝竹式的《花好月圆》改编成民族管弦乐，后经中央广播民族乐团演奏，影响甚广。由于黄贻钧创作此曲时没署名，故彭修文一直误以为此曲为任光所作。后经知情人向中央电台反映后更正。

赏析

民族管弦乐作品《花好月圆》原曲是由黄贻钧创作的管弦乐曲，后经彭修文改编成为一首民族管弦乐曲。乐曲表现了人们在花丛月下轻歌曼舞、尽情欢乐的场面。

该曲轻盈、欢快，通俗易懂，脍炙人口。乐首采用带再现的单三部曲式：

一开始，便以热烈的快板展示了一种节日的气氛。在这具有引子性质的四小节之后，乐曲进入了 A 段的主题陈述。该主题柔和、轻盈，长度只有八小节，分四个乐句（两小节一个乐句），结构非常规整，用笛子音色主奏，最后停在徵音上。第九至第十六小节是前八小节的高八度的变化重复，演奏中用了高胡和二胡音色，最后停在了宫音上。

B段是一个更加活泼欢快并赋予跳跃性的主题。它先用扬琴和秦琴音色，弹拨乐器的特性给予音乐以很强的动力感。四小节之后，该主题移到了笛子、二胡和高胡音色上做变化重复，最后停在了宫音上，强调了乐句间角音与宫音的对比。紧接着，音乐中出现了一个切分的“降b”，这是一个过渡音，乐曲由此转入了下属调（由G调转入了C调，仍以G调记谱）。这时，出现了八小节的用低音乐器演奏的旋律。该旋律跳跃感很强，具有舞蹈性质，形象地表现了人们在百花丛中尽情欢舞的场面。B段结束后反复到A段做重复演奏。

再现部分是对A段旋律做加花变奏，全部变成十六分音符，并加快速度，使音乐往前推进。最后，用了两个小节的短小乐句，使乐曲在热烈欢腾的情绪中结束。

【民族管弦乐四】

《彩云追月》

《彩云追月》是一首创作于1935年的民族管弦乐曲。1932年，任光在上海百代唱片公司任节目部主任时，同聂耳一起，为百代国乐队定了一批民族管弦乐曲并灌制唱片，《彩云追月》就是其中的一首。

《彩云追月》预示了一幅夜空的画面。“彩”代表颜色，能看得见颜色的夜晚，一定不会很黑，有一些月的光辉，月光如水，清澈透明。“追”字赋予画面以动感，朦胧中带有一些生气。幽淡的夜幕背景下，云月相逐，相映成趣。

赏析

1960年，彭修文根据中央广播民族管弦乐团的乐队编制将《彩云追月》重新配器。乐曲以具有民族色彩的五声性旋律，上五度的自由模进，笛子、二胡的轮番演奏，弹拨乐器的轻快节奏，低音乐器的拨弦和吊钹的空旷音色，形象地描绘了浩瀚夜空的迷人景色，曲调悠扬而抒情。

此曲的旋律采用中国的五声音阶写成，简单、质朴，线条流畅。乐曲的第一部分，由笛、箫、琵琶、二胡、中胡齐奏，弦管合鸣，悠然自得，从容不迫。秦琴、扬琴、阮弹拨出轻盈的衬腔，节奏张弛有度，使音乐在平和中透露出不动声色的活力。间杂的木鱼、吊钹的敲击更衬托出夜的开阔旷远，平添神秘。第二部分，没有明显的对比色彩，旋律分明是第一部分抒情的延展，没有冲突，有的只是和谐、圆融。乐思正像听者此时的思绪一样，自由发展，浑然天成。最富有动感的应该是第三部分，乐器间应答式的对话仿佛是云月的嬉戏，忽上忽下，忽进忽退，情态逼真、意趣盎然。

【民族管弦乐五】

《北京喜讯到边寨》

管弦乐《北京喜讯到边寨》由郑路、马洪业创作于1976年，是一首简朴通俗、结构紧凑、音调新颖、形象鲜明并饱含热烈感情的作品。该作品原为郑路写的管乐合奏曲，后与马洪业合作，于1976年12月改为管弦乐曲，它的创作有着特殊的背景意义。当时，举国上下欢庆粉碎“四人帮”的胜利，我国的文艺工作者在经历了十年政治上和精神上的压抑后，终于可以吸一口新鲜空气了，被“四人帮”压制了多年的创作热情像火一样迸发了出来。许多文艺工作者根据时代和人民的要求创作了大批优秀作品。《北京喜讯到边寨》就是其中之一，乐曲生动而形象地表现了当这一特大喜讯传到祖国西南地区少数民族边寨时，山寨人民载歌载舞、热烈庆祝的情景。

赏析

作曲家用《北京喜讯到边寨》定义全曲，包含了那一时代“北京”二字在人们心中，特别是少数民族人民心中的分量。北京的好消息越过高山，跨过原野，传到祖国的每一个角落。特定的历史环境赋予这首乐曲如此强烈的时代感，自然其名称也具有与生俱来的强烈的历史意义。乐曲为多段体结构，采用中国苗族、彝族民歌的音调作素材。

引子：小提琴微弱的震音仿佛是传来了北京喜讯的电波，圆号优美辽阔的旋律，象征着小伙子激动地吹起了“牛角号”，号声在山谷中回荡，喜讯传遍了千家万户，山寨顿时沸腾起来，人们愉快地跳起了欢庆胜利的舞蹈。

主题一：热情奔放、高亢矫健的曲调，展现出一个炽热的群舞场面。重复出现，舞兴更加高涨。

主题二：曲调活泼、诙谐。可以想象：这是姑娘们在纵情欢跳，脚脖上一串串小铃铛在哗哗作响。音乐力度忽弱忽强，犹如人们的歌声笑语忽高忽低，此起彼伏。

主题三：旋律抑扬流畅，灼热的情绪进一步高涨。

主题四：突然乐曲的力度减弱，双簧管吹出了苗族民间音乐中独有的，包含降 3 的优美、轻飘而富有色彩的音调，好像一位美丽的姑娘在独舞。

小伙子与姑娘们的对舞开始了：小号在 B 调上吹出的曲调粗犷豪放，象征着动作的健美、豪壮；小提琴则在降 B 调上用跳弓演奏出了姑娘们轻快活泼的舞蹈。对舞越跳越起劲，乐曲向高潮发展。

最后，鼓乐齐鸣，以宏伟的音响再现了主题一，乐声辉煌灿烂，把万民欢腾的热烈情绪发展到了顶点。结尾时，圆号再次吹响，象征着人们决心在党中央的英明领导下，胜利前进。乐曲在高潮中结束。

知识链接

维也纳爱乐管弦乐队

维也纳管弦乐团脱胎于维也纳宫廷歌剧院管弦乐队，其历史可以追溯至 1814 年。乐队的音乐传统与维也纳的音乐生活融为一体，是“音乐之都”的重要象征。

19 世纪初期，维也纳没有真正意义上的职业交响乐团，职业乐手都散落在各个剧院的管弦乐团。1824 年 5 月 24 日，维也纳音乐之友协会管弦乐团与维也纳宫廷歌剧院乐团联合演奏了贝多芬的《第九交响曲》。1830 年开始担任宫廷歌剧院指挥的作曲家、指挥家弗朗茨·莱赫纳召集剧院乐团的乐手在 1833 年演出了四场音乐会，这是维也纳职业乐团的雏形。

1840 年 3 月 28 日，维也纳宫廷歌剧院指挥家奥托·尼古莱率领剧院乐团乐手在维也纳舞会大厅举行盛大音乐会。这支乐团就是维也纳爱乐乐团的起点，它已经具备了乐团的基本条件：维也纳国家歌剧院乐团成员有资格参加，乐团在艺术、组织、经济上独立，所有决议要经过民主程序才能生效，日常管理由委员会执行。

奥托·尼古莱离去与欧洲革命的影响，乐团演出断断续续，直到 1860 年进行“爱乐音乐会”的系列演出。1870—1871 年，音乐季开始，乐团进入刚刚建成的维也纳最重要的音乐会演出场所——音乐协会大厅演出。同时，乐团的每个音乐季由一位指挥变为多位指挥，使乐团在维也纳金色大厅开始进入黄金时代。

但是如此著名的乐团也不能避免纳粹暴行。1938 年，纳粹分子强行开除了维也纳国立歌剧院所有犹太籍艺术家，并且解散了维也纳爱乐乐团协会。第二次世界大战，维也纳爱乐乐团继续坚持 1933 年以来的不设固定的常任指挥的方式，迎来了卡尔·伯姆与赫伯特·冯·卡拉扬，也迎来了乐团的另一个艺术高峰。

拓展与训练

一、思考题

1. 民族管弦乐合奏曲的主要乐器有哪些？

2. 你还知道哪些世界著名的管弦乐队，其代表专辑有哪些？

二、训练题

1. 请欣赏《步步高》，分析乐曲背景是什么。

2. 欣赏《丰收锣鼓》，并分析乐曲的四个部分分别表现了什么情感。

3. 欣赏《瑶族舞曲》，这首乐曲用了哪些乐器演奏？给你印象最深的是哪段？乐曲背景是什么？

4. 上网查询自己喜欢的乐曲进行欣赏，了解曲作者有哪些感人的故事。

5. 你学校有管弦乐队吗？你学校所在的城市呢？有听过他们演奏吗？

第 8 节　民族舞蹈欣赏

民族舞蹈是一种起源于人民生活中的肢体动作语言，以日常活动抽象化为表现形式，亦可称为土风舞、民俗舞蹈或国际民俗舞蹈。舞蹈艺术是以舞蹈动作为主要艺术表现手段，着重表现语言文字或其他艺术表现手段所难以表现的人们内在深层的情感世界，包括细腻的情感、深刻的思想、鲜明的性格，人与自然、人与社会、人与人之间以及人自身内部的矛盾冲突，从而创造出可被人感知的生动的舞蹈形象，以表达舞蹈作者的审美情感、审美理想，反映生活的审美属性。

案例导入

《雀之灵》

杨丽萍于 1981 年从西双版纳来到北京，凭借自己独特的灵性与悟性浸润在舞蹈之中，让舞蹈闪烁生命的光芒，让最动人的生命回荡环绕在天地你我之间。有一天，她主演了《孔雀公主》中的七公主，凭借自己的精湛表演而进入中央民族歌舞团，从此开启了杨丽萍生命中重要的人生阶段。

有人说，艺术家与非艺术家最根本的差别是，真正的艺术家不必拘泥于游走在方圆规矩之内；现代舞蹈之母邓肯认为芭蕾是世界上最难看的舞蹈，它用程式化的宫廷舞步束缚了舞蹈自由地表达对世界的感受。像邓肯一样，刚从云南西双版纳自由的舞蹈王国来到北京的杨丽萍，突然之间不会“跳舞”了，剧团中严格的芭蕾训练、形体训练使得杨丽萍越发感觉到自己的肢体受到了严重束缚，她感觉不到自己是在跳舞。这样一位充满灵性的舞者逐渐失去了自由，她陷入痛苦与困惑之中。最后，她决定不再参加团里刻板的芭蕾训练、形体训练。她的举动在当时的舞蹈界，绝对是一种巨大的叛逆之举。

1986 年，杨丽萍的《雀之灵》证明了她的选择是对的。一个天才在无声处突然光芒四射，惊异世人。她让美丽与挚爱在无言的指尖流淌，使她这位来自于天地之间的“孔雀公主”成为经典中的经典。《雀之灵》把世人都震撼了，这支舞蹈把天、地、人全部融合在一起，仿佛达到了一种永恒的境界，如同清泉流过荒芜的心灵。

问题：

1. 杨丽萍的《雀之灵》反映了我国民族舞蹈的什么特点？
2. 《雀之灵》属于我国哪个少数民族舞蹈？

专题欣赏

【蒙古族舞蹈】

盅碗舞

盅碗舞在内蒙古鄂尔多斯地区广为流传，以酒盅和碗为道具而得名。此舞的产生与元代“倒喇”的顶灯而舞有着一脉相承的关系。表演者头顶碗，手持盅，在众人唱歌和敲击碗盘的伴奏下即兴起舞。此舞初始由男子在宴席间表演，后来逐渐演变成女子为了助兴而表演的舞蹈。舞蹈家贾作光 20 世纪 50 年代长期深入民间，在向当地蒙古族同胞学习的过程中独具慧眼，将这种自娱性的民间舞蹈进行整理加工，展现于舞台，使其艺术性和观赏性得到了很大提高和发展。

赏析

蒙古族舞蹈属于草原舞蹈文化系列，古老的游牧民族的舞蹈文化遗迹留存在岩画上。阴山舞蹈岩画上记载了北方游牧民族的狩猎舞、祭祀舞、战争舞、欢乐舞等场面。盅碗舞亦称打盅子，是蒙古族“打盅舞”和“顶碗舞”结合的舞蹈艺术。

盅碗舞 200 多年前在内蒙古的鄂托克、乌审旗等地流传。民间盅碗舞一般用在喜庆宴席之上，艺人们奏起三弦、笛子、四胡、扬琴等乐器，唱起《敖门代来》、《乌仁唐乃》、《森吉德玛》等民歌，拿起酒盅，边唱边击打酒盅。最初人们坐在席间击打酒盅，后来发现敲击酒盅已经不能够宣泄心中的激情。于是，舞蹈者们便离席歌唱、舞蹈，盅碗舞就出现了。

舞蹈包括慢板与快板，慢板多为揉肩动作，舞姿舒缓悠长，有雕塑感。酒盅与揉肩、揉臂配合时发出敲击声。快板多为碎抖肩、耸肩，舞姿欢快热烈。酒盅与提压腕动作配合时发出清脆的声音。最后舞者以难度很高的顶碗平转与顶碗下板腰结束舞蹈。

【藏族舞蹈】

卓果谐

“卓果谐”这一歌舞常在“达久”（赛马节）上表演，也会在结婚庆典、欢庆丰收时表演。它传达了人们对现实生活状况的愉悦及对未来美好生活的向往。“卓果谐”的舞蹈动作直接取自牧民劳动生活动作，如女子的平步走、挤奶，男子的一步一刨、绕袖手动作等。其舞蹈形式为男女对歌对舞的表演，舞蹈人数不限，节奏通常由慢到快。

赏析

卓果谐："卓"为牧区，或指牧民，"果谐"为圆圈歌舞。"卓果谐"就是牧民的圆圈歌舞，是藏族三大民间舞蹈之一，分布于昌都、那曲、四川阿坝、甘孜、云南迪庆及青海、甘肃的藏族聚居区。舞蹈时，一般男女各排半圆拉手成圈，有一人领头，分男女一问一答，反复对唱，无乐器伴奏。整个舞蹈由先慢后快的两段舞组成，基本动作有"悠颤跨腿"、"趋步辗转"、"跨腿踏步蹲"等，舞者手臂以撩、甩、晃为主变换舞姿，队形按顺时针行进，圆圈有大有小，偶尔变换"龙摆尾"图案。果谐也称"农民舞蹈"，它的舞蹈动作形式与农业生产劳动紧密相联。有典型的"三步一提"、双甩手、双晃手等，都具有浓郁的劳动生活气息。"果谐"表演的时间和地点没有严格的规定，除了在民间节日、宗教祭祀日表演之外，还常常在亲朋好友聚会之时跳，尤其在七月"望果节"时表演。它的舞蹈几乎没有乐器伴奏，偶尔用鼓打出简单的节奏。舞蹈充满农业生产气息，深受藏区农民的喜爱。

藏族歌舞分布很广，农区、牧区，林区的不同劳动生活，造就了不同的舞蹈特色和风格。如在西藏东部地区的最具代表性的舞蹈风格"果卓"，西藏西部地区的"堆谐"等，都纷纷反映了当地的生活习俗等。在藏族北部草原牧区则广泛流传"卓果谐"舞蹈，这是充满牧区风格的具有游牧特色的民间舞蹈。

【维吾尔族舞蹈】

赛乃姆

"赛乃姆"来自阿拉伯语，现代维吾尔族语是指美丽的偶像。赛乃姆流传于天山南北维吾尔族的城镇乡村之间，是把歌舞、诗歌，以及民间娱乐、风俗习惯结合起来的舞蹈娱乐方式，多用于麦西热甫、迎春麦西热甫、郊游麦西热甫、迎客麦西热甫、冬闲轮流坐庄麦西热甫等节日；也用于婚礼与亲友欢聚。

赏析

维吾尔族舞蹈的总体风格由草原风格的舞蹈、农耕色彩的舞蹈和西域绿洲特点的舞蹈构成。

维吾尔族舞蹈大体分三类：群众自娱性舞蹈、表演性舞蹈和礼节性舞蹈，其中以赛乃姆、刀郎舞、萨满舞、夏地亚那、纳孜尔库姆为代表。

赛乃姆意为"美女神像"。赛乃姆歌舞形式最早起源于喀什地区，后来演变成不同风格的赛乃姆，如喀什格尔赛乃姆、刀郎赛乃姆、库车赛乃姆、库尔勒赛乃姆、哈密赛乃姆等。

赛乃姆是一个表演性较强的群众自娱性舞蹈，广泛流行于新疆各地，一般在喜庆节日里表演。为舞蹈伴奏的乐器主要有唢呐和手鼓。舞蹈的主要艺术特征为：扬眉、动目、动肩、移动脖子、拉裙子、脱帽、弹指以及三步一抬、后踢步、横垫布等。舞蹈由慢到快，最后在欢腾声中结束。

赛乃姆在新疆各地有不同的风格。南疆的赛乃姆，舞蹈动作比较明快、活泼；北疆的赛乃姆矫健、粗犷；东疆的赛乃姆平和、稳重。不同的舞蹈风格产生不同的艺术效果。

【哈萨克舞蹈】

擀毡舞

哈萨克族人民长期从事畜牧生产，过着逐水草而居的游牧生活。在那特殊的环境中，哈萨克女子担负着繁重的家务劳动，如烧茶、做饭、挤奶、舂米、剪羊毛、擀毡、捻线、织布、绣花等，她们用灵巧的双手装扮毡房，美化生活，终年忙碌，在牧民家庭中起着重要的作用。而每当喜庆佳节，哈萨克族牧民团聚一堂欢歌赛舞时，勤劳能干的妇女们，十分自然地就把她们最熟悉的劳动动作即兴地糅进舞蹈表演当中去。然后又经过历代民间艺人不断加工提高，逐步形成了一系列表现劳动和草原生活的舞蹈，这就是擀毡舞和“挤奶舞”、“绣花舞”、“剪羊毛舞”等舞蹈的来源和发展过程。这些舞蹈在民间也被统称为“劳动舞”。

赏析

哈萨克族是居住在新疆的草原民族，是古老的民族，它融汇了古代中国西部诸多部落和民族，最主要的祖先是乌孙儿。哈萨克族主要以畜牧为主，民间舞蹈也围绕着他们的生活而展开。在喜庆婚礼、传统节日中，哈萨克人都要举行“阿肯弹唱”活动。哈萨克族舞蹈充满草原文化色彩，是新疆别具一格的民族舞蹈。

擀毡舞是哈萨克族女子舞蹈，流传很广。擀毡舞是经过民间艺人加工过的、表现哈萨克族妇女擀毡劳动的舞蹈。舞蹈场地不受限制，既可在草原上舞，也可以在毡房内舞，既可一人表演，也可群体表演。舞蹈动作多来自生活中的劳动动作，整个动作突出“颤”、“抖”的特点，具有浓郁的劳动生活气息。舞蹈完全是一个艺术性的劳动过程的表现，非常生活化，具有草原风格。

【傣族舞蹈】

孔雀舞

孔雀舞是我国傣族民间舞中最负盛名的传统表演性舞蹈，流布于云南省德宏傣族景颇族自治州的瑞丽、潞西及西双版纳、孟定、孟达、景谷、沧源等傣族聚居区，其中以云南西部瑞丽市的孔雀舞（傣语为“嘎洛勇”）最具代表性。相传一千多年前傣族领袖召麻栗杰数模仿孔雀的优美姿态而学舞，后经历代民间艺人加工成型，流传下来，形成孔雀舞。

赏析

傣族人民生活在亚热带气候环境，这种环境决定了他们的舞蹈充满了安稳、轻盈、悠然、秀丽、灵巧的风韵。傣族舞蹈的艺术特征是下肢多保持半蹲状态，身体与手臂的每个关节都有弯曲，形成独有的三道弯。情感含蓄，舞姿富有雕塑性，舞蹈进行时膝部均匀地颤动，上身随之左右摆动，但摆动的幅度不大，脚跟向后踢时快而有力，落地行进轻盈安稳，这是傣族舞蹈的基本动律，这个动律充分显示了傣族舞蹈的动态美与韵律美。

在傣家人的心目中，孔雀是吉祥、幸福、美丽、善良的象征。孔雀舞没有音乐旋律伴奏，伴奏乐器只有象脚鼓、锣、钹等打击乐，但并不单调。孔雀舞有丰富的手形动作、跳、转等技巧；舞蹈词汇也很丰富，如“飞跑下山”、“林中窥看”、“漫步森林”、“抖翅”等模拟孔雀神态的优美动作。舞蹈风格轻盈灵秀，舞姿曼妙优美，具有很高的审美性。

【苗族舞蹈】

蔓萝花

很久以前，在苗族聚居的贵州清水江边，勤劳美丽的牧鹅姑娘蔓萝与青年猎手阿倒约相爱，订下终身之约。当地恶霸地主黑大扬垂涎蔓萝的美貌，在阿倒约和蔓萝的结婚之夜，强行将蔓萝抢走。蔓萝宁死不从，坚决反抗。正当黑大扬要把蔓萝砸死的紧急时刻，阿倒约在猎友的帮助下，冒险将蔓萝救出。阴险的黑大扬率打手星夜追赶至清水江边的悬崖旁，放毒箭将阿倒约射死。蔓萝满腔悲愤，用同一枝毒箭刺死了黑大扬，自己也跳悬崖壮烈殉情。从此，在清水江边的高山原野上开放出一种艳丽挺秀的蔓萝花。

赏析

在清水江畔，蔓萝和阿倒约的定情双人舞，非常成功和动人。它突破了一些舞剧中表现爱情常用的双人舞的结构方法，没有采用芭蕾舞的托举技巧，而是以苗族舞蹈动作为基础，融合了一些中国古典舞的动作和姿态，紧密地结合人物思想感情发展进行的舞蹈结构，形成了具有较为浓厚的民族风格特色的双人舞。像抒情诗中凝练的诗句一样，以飞鸟似的动作表达誓做比翼鸟的心愿；一个以花带（定情信物）逗引，另一个追逐着讨要花带，以此形成一段精彩的花带舞；蔓萝在接受阿倒约定情的羽毛后，一段内心情感描绘的舞蹈，都比较恰当地表现出他们定情后她激动和喜悦的心情。

苗族具有古老的舞蹈文化传统，种类繁多的舞蹈当中最具代表性的是鼓舞，包括花鼓、团圆鼓、调年鼓、筒子鼓、猴儿鼓等。还有芦笙舞、跳花舞，这些舞蹈都是苗族各代创造积累下来的艺术财富。

知识链接

朝鲜族舞蹈

朝鲜族是一个生息繁衍于我国东北地区的古老民族，与朝鲜人、韩国人同出一个祖源，文化上保持着共同特征。

朝鲜族舞蹈分为两大类型：宫廷舞蹈和民俗舞蹈。宫廷舞蹈包括祭祀舞蹈和祝宴舞蹈，民俗舞蹈包括宗教舞蹈与民间舞蹈。宫廷舞蹈又分为“乡乐呈才”和“唐乐呈才”。“唐乐呈才”是吸收我国古代舞蹈特点的贵族舞蹈。

朝鲜族舞蹈种类与风格如下：

农乐舞：反映以种植劳动为主的农耕生活舞蹈。此舞蹈的表演内容越来越丰富，舞蹈整体给人的感觉气氛热烈、情绪激昂、充满活力，表达了人们对丰收的希望。

假面舞：在朝鲜半岛有着悠久的历史，它起始于古朝鲜的驱鬼娱神活动，曾接受了西亚乐舞艺术的影响，表演常常与宗教信仰密切相关。

羌羌水越来：开始在祭祀仪式上表演，后来演变为民俗舞蹈。

长鼓舞：朝鲜族最具代表性的舞蹈。表演比较热烈，节奏较快，舞者一手空掌击鼓，一手持棒击鼓，速度由慢到快，鼓点由简到繁，有时舞者边击鼓边在场上来回移动，有时还急速转圈，使舞蹈充满热烈欢快的气氛。

扇子舞：这是与朝鲜民族古老的巫术活动有关的舞蹈。扇子舞从巫术中逐渐脱离出来，成为表演娱乐性的艺术，并增加了一些高难度的舞蹈技巧，带有一些宗教色彩。

拓展与训练

一、思考题

1. 维吾尔族舞蹈具有什么特点？
2. 传统孔雀舞与现代孔雀舞有什么区别？
3. 我国少数民族舞蹈绚丽多彩，你还知道哪些少数民族舞蹈？

二、训练题

1. 分析盅碗舞舞蹈动作的特点。
2. 说说朝鲜族手鼓舞与维吾尔族手鼓舞的异同。
3. 民族舞蹈服饰有什么特点？
4. 民族舞蹈与民俗有密切联系，请查找相关舞蹈背后的民俗风情和来龙去脉。
5. 汉族的民间舞蹈不但内容丰富，而且种类繁多、风格各异。你身边有哪些？

第7章　天工创意——中国传统艺术

第1节　书法艺术欣赏

从古到今，世界上数千种文字仅止于记事传言，虽有写得美观、带有艺术意味的文字，但是只有汉字的书写上升为一门特别高深的艺术，产生了别具一格的形式意味和笔法体系，有严格的技艺规范和品评标准，其审美意味所表现的创造主体的心灵世界，是书法艺术的精神构成，成为世界艺术史上的瑰宝。

案例导入

六分半书

清朝扬州“八怪”之一郑板桥自幼酷爱书法，古代著名书法家各种书体他都临摹，经过一番苦练，终于和前人写得几乎一模一样，能够乱真了。但是大家对他的字并不怎么欣赏，他自己也很着急，比以前学得更加勤奋，练得更加刻苦。

一个夏天的晚上，他和妻子坐在外面乘凉，他用手指在自己的大腿上写起字来，写着写着，就写到妻子身上去了。他妻子生气地把他的手打了一下说：“你有你的体（身体），我有我的体，为什么不写自己的体，写别人的体?”晚上睡觉时，郑板桥想到，各人有各人的身体，写字也各有各的字体，本来就不一样嘛！自己为什么老是学着别人的字体，而不走自己的路，写自己的体呢？即使学得和别人一样，也不过是别人的字体，没有创新，没有自己的风格，又有什么意思？从此，他取各家之长，融会贯通，以隶书与篆、草、行、楷相杂，用作画的方法写字，终于形成了雅俗共赏、受人喜爱的“六分半书”，也就是人们常说的“乱石铺街体”，成了清代享有盛誉的著名书画家。

问题：

1. 你对学习书法有什么小窍门？
2. 书法艺术为什么被称为我国传统文明里的“明珠”？

专题欣赏

【篆书】

小篆的由来

秦始皇统一中国，发布了“书同文”的命令。当时官书浩繁，而“天下之事无大小皆决于上”。秦始皇一天要看120斤竹木简写成的官文，而且有许多字各诸侯国各有不同写法，所以统一文字势在必行。小篆就是以大篆（秦文）为标准，废除六国文字中不同于秦国的文字，加以整理，做到字有体型。这是我国历史上第一次卓有成效的汉字改革运动，在我国文字发展史上具有重大的意义。

赏析

中国文字发展到小篆阶段，逐渐开始定型（轮廓、笔画、结构定型），象形意味削弱，文字更加符号化，减少了书写和人读方面的混淆和困难，这也是我国历史上第一次运用行政手段大规模地规范文字的产物。秦王朝使用经过整理的小篆统一全国文字，不但基本上消灭了各地文字异行的现象，也使古文字体异众多的情况有了很大的改变，在中国文字发展史上有着重要的作用。除了小篆，包含甲骨文、金文，被统称为中国字的古文字；古文字学的发展，对于促进中国古代历史、哲学、经济、法律、文化、科学技术的研究，都具有相当重要的影响。

小篆又称秦篆，笔画首尾匀圆，结构对称，给人以刚柔并济、圆浑挺健的感觉，对汉字的规范化起了很大的作用。

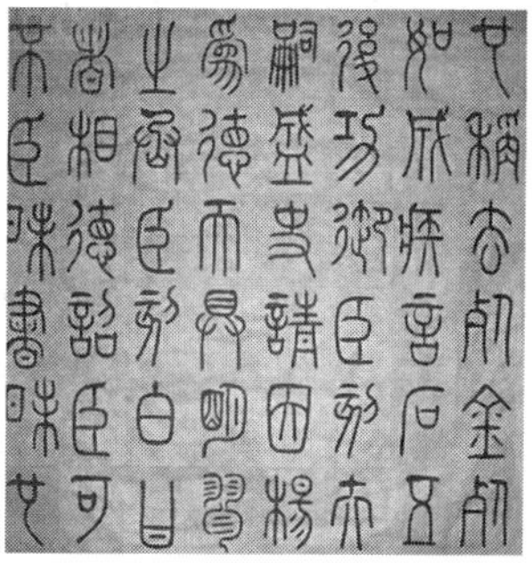

《琅琊刻石》是我国最早的石刻之一，是秦始皇统一秦国后，在巡游全国的过程中，命丞相李斯所书。李斯，字通古，秦朝著名政治家、文学家和书法家，被誉为“小篆之祖”，他的篆书浑厚严谨，平稳端宁，沉着凝练，古劲厚实，被后世篆书书法家争相临习。

《琅琊刻石》是秦代传世最可信的石刻之一，笔画接近石鼓文，用笔既雄浑又秀丽，结体的圆转部分比《泰山刻石》圆活，确实为小篆第一代表作。所以一般研究篆书、篆刻学和学习小篆的人们都十分重视这个刻石。

【隶书】

隶书的由来

为了加强思想控制，秦始皇对读书人狂施暴政，“焚书坑儒”。相传有一位叫程邈的徒隶，因为私下讲了几句不同政见的话，被人告发，抓进了大牢。那程邈心想：这次下狱，凶多吉少，如果没有特殊的举动打动秦始皇的心，是没有生还希望的。他无意中看到狱官的腰牌，觉得用篆书书写很麻烦，于是，他就作了改革，创立了一种速写书体上呈秦始皇，希望能被采用推广。这种字体把篆书圆转婉通、繁复曲折的笔画演变成为简略方折的笔画，字形由修长变为扁方，上下收紧，左右舒展，运笔由缓慢变为短速，从而显示出生动活泼、风格多样的气息，给书写者带来很大的方便。秦始皇看后很欣赏，不仅赦免他的罪，还封他为御史。但由于已把小篆作为全国通行的文字宣昭天下，不好再更改，就规定这种字体以后在官狱中使用。因为这种新书体起初专供隶役使用，而程邈又是徒隶，所以被称为隶书。

赏析

隶书，也叫“隶字”、“左书”，是由篆书简化演变而成的一种字体，把篆书圆转的笔画变成方折，在结构上，改象形为笔画化，目的是为了书写方便、快速，是汉字中常见的一种庄重的字体，书写效果略微宽扁，横画长而直画短，呈长方形状，讲究“蚕头雁尾”、“一波三折”。它起源于秦朝，在东汉时期达到顶峰，书法界有“汉隶唐楷”之称。中国文字由小篆转变为隶书，叫做“隶变”，隶变是中国文字发展上一个重要的转折点，结束了古文字的阶段，文字发展摆脱象形性，进入更为定型的阶段。隶书的出现是中国文字的又一次大改革，使中国的书法艺术进入了一个新的境界，是汉字演变史上的一个转折点，奠定了楷书的基础。

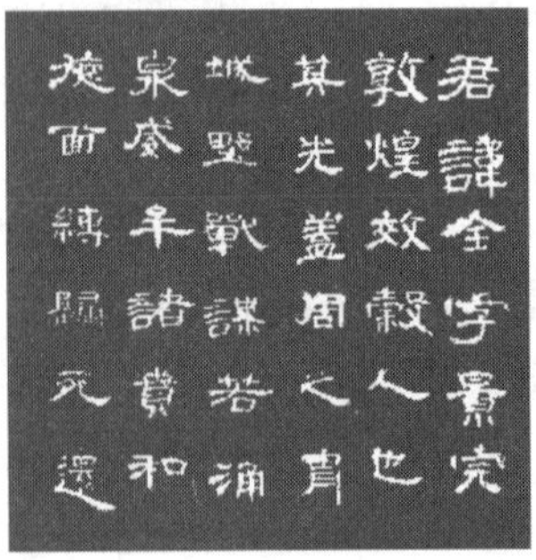

《曹全碑》作于东汉中平二年（185 年），明万历初年在陕西省郃县旧城出土，现在西安碑林。内容为王敞记述曹全生平。此碑是汉碑代表作品之一，是秀美一派的典型。其结体、笔法都已达到十分完美的境地。书体用隶书写成。文字清晰，结构舒展，字体秀美飞动，书法工整精细，秀丽而有骨力，风格秀逸多姿，充分展现了汉隶的成熟与风格：扁平舒展。《曹全碑》中有些字的结构之扁到了几乎不能再扁的地步，这是在其他汉碑中所罕见的。此碑的字距宽、行间疏，因此结字的大与小在井然有序的大章法中显得参差错落，富有变化而聚散自适，故大者不见其大，小者也不显其小，达到了相辅相成的辩证统一。布白匀称主要表现在一个字中点画之间互相协调，相同点画间的距离大致均等，字的笔画组合也疏密匀称。收放自如，其收放主要是通过波挑、撇捺的左右舒展来体现的。笔断意连，字势遒美俊逸，如仙女下凡，飘然欲飞。它除了较一般汉碑扁平外，又与其重心上束，中下部伸展关系密切。

此碑为汉碑中极负盛誉者。其结字匀整，秀润典丽；用笔方圆兼备，而以圆笔为主，风致翩翩，美妙多姿，是汉隶成熟期飘逸秀丽一路书法的典型。

【楷书】

楷书

楷书形成于汉末、魏晋，全盛于隋唐，也称作“真书”、“正书”。它吸收隶书结构匀称明晰的优点，把隶书笔画的“波折”改为平直，把隶书形体的扁平改为方正，书写时比隶书更方便。《辞海》解释说它“形体方正，笔画平直，可作楷模”，故名楷书。通行至今，长盛不衰。楷书的名家很多，如“欧体”（欧阳询）、“虞体”（虞世南）、“颜体”（颜真卿）、“柳体”（柳公权）、“赵体”（赵孟頫）等。

赏析

楷书的特点，从总体上看，呈长方形，结体比隶书紧密，用笔丰富细腻，写起来比隶书灵活便捷，从楷书创立之后，它就代替了隶书正统地位，经过长期的试用证明了它是实用性和艺术性结合较好的一种书体。千年来一直是官方所采用的正式字体，也成为书法史上的一大宗。我们常说“真、草、隶、篆”四体，楷书居四体之首。楷书的开创和确立之功，应首推钟繇。我国四大发明术之一的印刷术，就是以楷书作为印书的主要字体，在宋朝刻印的书籍中，楷书被美术化，写得更加规矩而漂亮，称为“宋体字”，后来还有模仿宋体字而加以变化的，叫做“仿宋体”。我们今天阅读的书籍、报刊上所用的字体，大致上是这种风格的楷书变体。

楷书仍是现代汉字手写体的参考标准，也发展出另一种手写体——钢笔字。

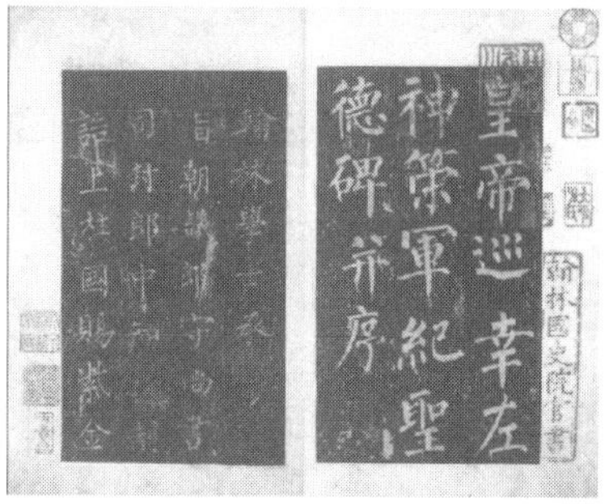

《神策军碑》全称为《皇帝巡幸左神策军纪圣德碑》，楷书法帖。《神策军碑》是柳公权书法的代表作之一。柳公权书法以楷书著称，与同时代的颜真卿齐名，人称“颜柳”。其书法初学于王羲之，后取颜真卿、欧阳询之长，在颜书的雍容雄浑和晋人劲媚之间，独成一家，形成柳体，凭借骨力劲健见长，后世有“颜筋柳骨”的美誉。碑文之中书法结构严谨，充分展现了“柳体”楷书骨骼开张、气势平稳的特点。文中字的点画苍劲而富有变化，笔力凝练内含，字体结构内敛外放，字字气脉贯通，浑然天成。将柳公权书法的精练有力、端庄秀美展露无遗，完美地展现出了“柳骨”的风范。

【行书】

行书

行书是介于楷书和草书之间的一种字体，不像楷书那么工整，也不像草书那么奔放；如果楷书像人的坐，草书像人的跑，那么行书就是人的行走，因为行书比楷书随便些，可以写得快，又不像草书潦草得让人看不懂，所以最受人们的喜爱。

赏析

行书大概在魏晋时代就开始在民间流行了，被称为“书圣”的东晋大书法家王羲之，创作了大量的行书作品，长期以来备受人们的喜爱。行书没有严格的书写规则，写得规矩一点、接近楷书的，称为真行或行楷；写得放纵一点、草书味道比较浓厚的，称为行草。行书写起来比楷书快，又不像草书那样难以辨认，因此有很高的实用价值。行书因其行云流水、书写快捷、飘逸易识的特有艺术表现力和宽广的实用性，从产生起便深受青睐、广泛传播。行书历经魏晋的黄金期、唐代的发展期后，在宋代达到了新的高峰，于各种书体中逐渐占据主流地位。纵观漫长的书法史，篆书、隶书、楷书的发展都存在盛衰的变化，而行书则长盛不衰，始终是书法领域的显学。历代书法大家共同书写了行书发展辉煌灿烂的历史。

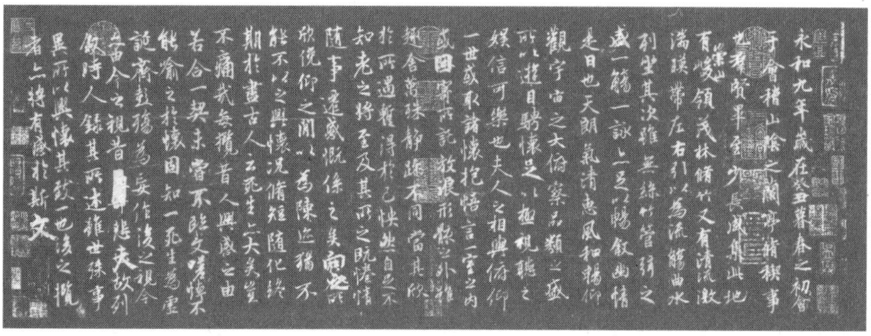

在浩如烟海的书法艺术宝库中，行书无疑是一座最为绚烂多姿、丰富厚重的宝藏。其中王羲之创作了被誉为“天下第一行书”的《兰亭序》，有专家从书法角度，总结了《兰亭序》帖的“五美”：

（1）字形笔法美。《兰亭序》帖，全文324字，28行，在字形上随字的势和字本身灵活处理。把字形的大小、宽窄、开合、长短等不同形状表现得淋漓尽致，字势飞动，大小错综，变化迷离，生动自然。重字多变美，或方圆，或伸缩，或相背，或粗细，或疾涩，都寓其中。

（2）偏旁变化美。对相同的偏旁部首分别安排，巧妙处之。或露锋，或藏锋，或映带，或分笔，各具形态。体现了王羲之在《书论》中所说：“若作一纸之书，须字字意别，勿使相同。”

（3）墨法美。《兰亭序》通篇书写用墨或浓或淡，或几个字稍淡，几个字突然加重，用浓墨重写，或一个字中左浓右淡，下浓上淡，左粗右细，或左重右轻，上轻下重，把墨的浓淡、墨气随浓随淡，干枯湿润，轻重徐疾，枯笔都表现出来了，使墨韵生动而富有变化。

（4）章法美。《兰亭序》在章法上独具匠心，巧妙安排，随势而发，大小得体，长短适宜，阔窄有度，揖让顾盼，疏中有密，密中有疏，忽疏忽密，疏密得当，参差变化，错落有致，各具神态。分布上上齐下不齐，有行无横，字距之间恰到好处，和谐统一。行距之间，你中有我，我中有你，互不分开。

（5）意境美。《兰亭序》整篇血脉相通，彼此相得，互为照应，笔法神气信意运笔，随意而致，形神兼备，一气贯注，流露出不事雕琢的天然意趣的自然美。

《兰亭序》被历代书家推崇为“行书第一”，“清风出袖，明月入怀”是王羲之行草的特色，序中二十多个“之”字的写法各不相同，每一个字都让人回味无穷，书法平和自然，笔势含蓄内敛，作者的气度、个性皆在这篇序文之中表露无遗，让欣赏者无不回味无穷。

【草书】

亦自不识

张丞相喜欢书写草书（草体字），但是很不工整。同行们都讥笑他，他却不以为意。一天，他忽然得到佳句，赶忙索要笔墨奋笔疾书，字非常潦草，写了满纸。他当即让侄儿把诗句抄录下来。侄儿抄到笔画怪异的地方，感到迷惑不解，便停下笔来，拿着他所写的字询问张丞相是什么字。张丞相反复辨认了很久，也没认出来自己写的是什么字，于是就责骂侄儿说：“你怎么不早一点儿问我，以致我也忘了写的是什么。”

赏析

草书，是为了书写便捷而产生的一种书体。《说文解字》中说：“汉兴有草书。”草书始于汉初，其特点是：存字之梗概，损隶之规矩，纵任奔逸，赴速急就，因草创之意，谓之草书。从草书的发展来看：草书发展可分为早期草书、章草和今草三大阶段。草书是按一定规律将字的点画连字，结构简省，偏旁假借，并不是随心所欲地乱写。

自章草起草法就基本形成了，约定俗成的草法既具有法度的规范性，又具有很大的灵活性：一是草书是笔画省略、结构简便的书体。二是草书是以点画作为基本符号来代替偏旁和字的某个部分，是最具有符号化特征的书体。三是草书的笔画之间、字与字之间相互连带呼应，是便于快捷书写和便于表达书者情感的书体。

到了今天，草书的审美价值远远超越了其实用价值。

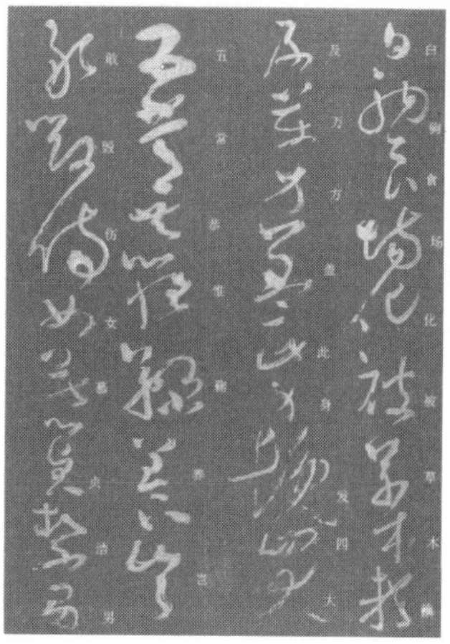

怀素《草书千字文》，亦称《小草千字文》，前人誉称"千金帖"，意谓"一字值一金"。唐贞元十五年（799）书，署款"贞元十五年六月十七日于零陵书，时年六十有三"。过耳顺之年的怀素，书风趋于平淡，如波涛汹涌之后归于平静，别有一种舒缓、从容、淡定、超脱的韵致，《草书千字文》是怀素晚年书风的代表作。《草书千字文》的艺术特色，一是字字独立，行列规整。《草书千字文》属今草，纵观全文，八十四行，一千零四十五字，字字独立，两字相连的仅十六处，三字相连的仅一处，行距均匀，每行字数十二字的有四十行，十三字的有二十四行，十一字的有五行，十四字的有十三行，十五字的仅两行。二是结体规范。怀素《草书千字文》继承了王书的研美风格，又有自己的特点。"怀素之所以妙者，虽率真颠逸，千变万化，终不离魏晋法度也。"其结体巧中寓拙，与王书相比，《草书千字文》多深稳而少姿态，文字结构有的甚至组合松散，然形散神聚，有空灵、萧散之美。其用笔若漫不经意，而契合化工，点画写来较为质朴，特别是右向旋转的弧线与勾捺笔画，不作流畅快速书写，而是涩行停蓄，有生拙的碑刻意趣；其用墨则浓淡兼施，干湿相济，毛笔蘸墨的次数依稀可辨，墨色古雅，这种韵味是一般刻帖所不具备的。三是风格平和淡雅。怀素初学欧阳询，但求平正，四十岁狂草写《自叙帖》，张扬个性，燃烧激情，可谓"务追险绝"；至六十三岁时，写《草书千字文》中规中矩，平和淡雅，可谓"复归平正"，返璞归真，通会之际，人书俱老。

知识链接

如何欣赏书法作品

书法欣赏就是欣赏者接触书法作品而产生的一种审美活动。现代书法家沈默尹先生说："世人公认中国书法是最高艺术，就是因为它能显出惊人奇迹，无色而具画图的灿烂，无声而有音乐的和谐，引人欣赏，心畅神怡。"南朝书家王僧虔在《笔意赞》中说："书之妙道，神采为上，形质次之，兼之者方可绍于古人。"

书法艺术重在有神采，而要有神采，必须有"功"和"性"。"功"，指功力、技巧，即指一定的法度，对笔画、结构、章法等的把握。"性"，指性情、风格，即指其中寄托的意趣、情操、学识、修养和感情。因此，功力、技巧、个性、风格是我们欣赏书法的基本标准。

1. 点画的线条美

一是线条的力度所谓"力透纸背"、"入木三分"，就是对笔力的称赞。二是线条的节奏。线条的节奏则通过用笔的轻重快慢表现出来。

2. 结构的造型美

书法的艺术结构是指每个字点画之间的搭配组合。点画的轻重粗细、方圆长短，部首的大小高低、偏正宽窄，经过书家巧妙的组合可使字起伏隐显，阴阳向背皆有意态。

3. 章法的整体美

章法也叫“布白”，无论分行布列安排，还是落款钤印位置，做到实处不挤、虚处不空，形成一个协调的整体，字与字、行与行之间要一气呵成。

4. 风格的个性美

书法艺术风格就是艺术家在创作中表现出的艺术特色和创作个性。历史上光照千古的书法家无一不是个性突出、风格鲜明的。有的平和简静，有的跌宕洒脱，有的端庄，有的雅逸，有的霸悍，有的敦厚，都能给人以审美上的享受。

5. 构思的意境美

意境，就是书者通过作品表达的强烈的思想感情，对其形式必定作一番构思，这种构思就是设计布局。

拓展与训练

一、思考题

1. 电脑文化对汉字书写文化有哪些冲击？

2. 汉字还有哪些书写体？

二、训练题

1. 柳公权：“心正则笔正，笔正则书正。”刘熙载：“书，如也。如其学，如其才，如其志，总之曰如其人而已。”苏轼：“人貌有好丑，而君子小人之态不可掩也；言有辩讷，而君子小人之气不可欺也；书有工拙，而君子小人之心不可乱也。”朱和羹：“学书不过一技耳，然立品是第一关头。”

上述名家之言，说明了什么问题？

2. 书法作品的书写内容以古代诗词、散文、随笔、书论、对联、格言等居多，何以如此？

3. 有人说书法是雕虫小技，不足挂齿，你是如何理解的？在当今汉字输入电脑化，美术字库丰富多彩的时代，中国传统书法艺术还有没有存在的价值？如果有，其价值何在？

4. 书法名家和书法作品背后有许多趣闻轶事，请查找资料与大家分享。

5. 孙过庭《书谱》云：“写《乐毅》则性多怫郁，书《画赞》则意涉瑰奇，《黄庭经》则怡怿虚无，《太史箴》又纵横争析。”如何理解？

第2节　绘画艺术欣赏

中国画简称“国画”，是中国传统文化的国粹之一，是用中国所独有的毛笔、水墨和颜料，依照长期形成的表现形式及艺术法则而创作出的绘画，题材主要有人物、山水、花鸟，技法可分工笔和写意两种，富于传统特色。中国画在思想内容和艺术创作上，反映了中华民族的社会意识和审美情趣，体现了中国人对自然、社会及与之相关联的政治、哲学、宗教、道德、文艺等方面的认识。

案例导入

《五牛图》

韩滉的《五牛图》，中国十大传世名画之一，是少数几件唐代传世纸绢画作品真迹之一，也是现存最古的纸本中国画，堪称“镇国之宝”，现存于北京故宫博物院。

画中的五头牛从左至右一字排开，各具状貌，姿态互异。一俯首吃草，一翘首前仰，一回首舐舌，一缓步前行，一在荆棵蹭痒，在一张窄而长的桑皮纸上，除了一丛荆棘之外，不设任何背景，着重突出牛既倔强又温顺的性格，用粗壮雄健而富于变化的线描，表现牛的骨骼和筋骨，以赭、黄、青、白等色彩表现五牛毛色的不同，且根据牛体的凹凸施以不同颜色，具有立体感。“点睛”是牵动全局的关键，画家将牛眼适当夸大，着意刻画，使五牛瞳眸炯炯有神，达到了形神兼备的艺术境界，所以元代大画家赵孟頫题道：“五牛神气磊落，希世名笔也。”

问题：

《五牛图》有哪些特色？

专题欣赏

【古代人物画】

顾闳中创作《韩熙载夜宴图》

出身于北方豪族的韩熙载，时为南唐中书侍郎，李后主想重用他又不放心，于是派顾闳中“夜至其第窃窥之，目识心记，图绘以上之”。全画分五段，以五个代表性的场景记录了韩熙载的夜生活。画家巧妙地利用屏风麻榻作为分隔，每段既相互联系又各自独立，细腻地刻画出主人公韩熙载的内心情绪和精神状态。韩熙载高冠美髯，身材魁伟，在纵情声色之中沉郁寡欢。顾闳中以宴饮歌舞场面的描绘，准确地点出了主人公韩熙载避祸于乱世的矛盾心态。

赏析

先民们对神的拟人化及对自身的关注，是中国人物画产生的源头。人物画是成熟得最早的画科，产生之初是为了存先贤帝王之形，这正体现出绘画最初被强调的政教功能。正如三国诗人曹植所说：“观画者见三皇五帝，莫不仰戴；见三季异主，莫不悲惋；见篡臣贼嗣，莫不切齿；见高节妙士，莫不忘食……是知存乎鉴戒者，图画也。”人物画题材可分宗教人物、历史人物、现实人物三类，艺术手法可分白描、工笔重彩、写意三类。

唐代经济高度发达，绘画也得到了超越性的发展，尤其是人物画，形成了一种鲜明的时代风格，画技也达到了一个历史性的高度。周昉是中唐时期继吴道子之后的一位杰出的人物画家，他出身名门，绘画工于仕女，尤善画贵妇生活。《簪花仕女图》是中唐时期的一幅绢画，由采花、看花、漫步几个情节构成，画贵夫人和侍女各五人，以人物大小分其主次。“高髻纤裳”，“首翘鬓朵”，“淡扫蛾眉”，轻薄的纱衣掩不住丰盈的肌肤和慵懒的体态，将人物塑造成浓妆艳抹、轻衫曼妙、丰体玉肌的丽态倩影，以工笔重彩的表现形式，细致入微地展现了宫中贵妇闲适风流的生活，成为唐代人物画的典型风格，展现了唐代贵族妇女的审美趣味。画面上，几位姿态各异的贵妇人分外妖艳。她们高耸的云髻上，前簪步摇钗，顶插折枝鲜花；丰盈的脸庞上，朱脂点唇、曲眉蛾翅。她们各自悠闲地迈着蹒跚的步履，一位侍女手执长扇，躬身相伴，一只丹顶鹤和两只小狗穿行其间。初看此画，充满富贵与悠闲。但仔细看来，华贵的外表掩饰不住内心的空虚。那个戏犬的贵妇，虽然青春年少，婀娜多姿，却已是抑郁寡欢；第二位戴红花的妇女，懒洋洋地用手轻轻提起贴在肩脖上的纱领，显示出闷热气候中的焦躁不安情绪；中间那位戴荷花的贵妇人，忧心忡忡地凝视着一枝鲜花；其他几位也都是心事重重，满目凝云，似度日如年。《簪花仕女图》无论是人物造型，还是用线和赋色技巧，都达到了时代的高度。画面构图完整，剪裁得当。画中几位妇人装束、面貌相似，但无雷同、呆板之感。人物虽"一"字排开，但却富于起伏变化。加上小狗、白鹤、玉兰花的点缀，既表现了贵族生活的环境，又使画面自然连贯起来。

人物画在宗教绘画中也显得十分突出。自从佛教西来，佛教艺术成为中国艺术中独特的方面。像敦煌莫高窟的壁画，有许多是描绘佛的生平故事、天国景象的，属南北朝时期的作品大多吸收了外来的人物造型特征，至隋唐后发展成为唐代宫廷绘画一样富丽辉煌的风格。

【古代山水画】

黄公望与《富春山居图》

为了画好《富春山居图》，黄公望终日不辞辛劳奔波于富春江两岸，观察烟云变幻之奇，领略江山钓滩之胜，并身带纸笔，遇到好景，随时写生，富春江边的许多山村都留下他的足迹。深入的观察，真切的体验，丰富的素材，使《富春山居图》的创作有了扎实的生活基础，加上他晚年那炉火纯青的笔墨技法，因此落笔从容，千丘万壑，越出越奇，重峦叠嶂，越深越妙，既形象地再现了富春山水的秀丽外貌，又把其本质美的特征挥洒得淋漓尽致，表现出秀润淡雅的风貌，气度不凡，这是画家与富春山水情景交融的结晶。《富春山居图》为黄公望水墨山水的扛鼎之作，是我国历代山水巨制中的佼佼者，被称为中国十大传世名画之一。

赏析

中国人对山水有着宗教一样的崇拜与敬畏，一切神灵皆隐于山水之中，山高水远，山静水动，蕴涵着天体宇宙无限奥妙，人们由此而形成了独到的山水观念。山水画是中国独特的艺术体裁。中国的山水画采取"鸟瞰"式的构图，能容千里若壑、万里江水于一画。孔子说"智者乐水，仁者乐山"，是以山水比拟人的品格，《诗经》说"高山仰止，景行行止"，也是以山水形容伦理观念。这种以山水联系人的精神和哲理的美学特性，一直支配着后世山水画的创作与欣赏。

到了魏晋南北朝时期，文人士大夫山居野处的时尚和兴造园林的热情激发了山水诗的涌现，也促进了山水画从以往只作为人物配景的从属地位变为独立画科。唐代著名诗人王维则提出了山水画意境的一个准则——画中有诗。宋代山水画表现了画家对自然的画理与画法的探求，通过自然变化透视社会的变革，并关注人在山水中的地位，多以论道、访友、寻幽、游乐为题材的山居图、行旅图等方式，寄情山水，表现对人生理想与生活品位的追求。北宋著名山水画家范宽的《谿山行旅图》是他的传世真迹。画中突兀的高峰拔地而起，直逼视线，成为视觉中心，雄奇险峻、气势磅礴的大山，几乎占满了画面的上半部，给人以"高山仰止"之感，山顶杂树丛生，一线飞瀑直泻而下。前景的大石、密林、溪流与山径都被推挤在紧凑的空间中，成为中峰的烘托。山脚下巨石纵横，林木葱郁，溪涧曲折，山路蜿蜒。一只小小的商旅队伍行走至路口，打破了山间的幽静。以全景式的构图，描绘了我国北方的壮丽山河。在两米余高的大幅中，从山石到树木、从茂树到旅人，都得到具体的刻画。此画被誉为“写山真骨”，一个“真”字，道出了五代、北宋时期山水画富有具体山水对象的真实感的特征。此画不仅具有雄伟的气势，而且有精细入微的描绘，粗细对比，妙趣横生。徐悲鸿称赞此画“大气磅礴，沉雄高古”，是中国之国宝。

【古代花鸟画】

宋徽宗赵佶出题

一日，赵佶踏春而归，雅兴正浓，便以“踏花归来马蹄香”为题，在御花园举行了一次别开生面的画考。这里“花”、“归来”、“马蹄”都好表现，唯有“香”是无形的东西，用画很难表现。许多画师虽有丹青妙手之誉，却面面相觑，无从下笔。有的画骑马人踏春归来，手里捏一枝花；有的还在马蹄上面沾着几片花瓣，但都表现不出“香”字来。独有一青年画匠奇思杰构，欣然命笔：几只蝴蝶飞舞在奔走的马蹄周围，形象地表现了踏花归来，马蹄还留有浓郁的馨香。宋徽宗俯身细览，抚掌大赞：“妙！妙！妙！”接着评道：“此画之妙，妙在立意妙而意境深。把无形的花‘香’，有形地跃然于纸上，令人感到香气扑鼻！”

赏析

花鸟画主要以花卉、禽鸟、草虫、鱼虾、蔬果等为描绘对象。花鸟画除了具有借物抒情的特点外，还往往含有鲜明的象征性和深刻的寓意，题材多为隐喻文人清高品行的梅、兰、竹、菊。

花鸟画是中国传统绘画中独有的艺术体裁，成熟于五代，“黄家富贵，徐熙野逸”的风格分野，奠定了后来花鸟画的基本面貌，现存黄筌的《写生珍禽图》被认为是最早的花鸟画遗迹。到了唐代，工细一体的花鸟画基本确立，粗放写意的花鸟画也开始萌发，到北宋进入繁荣期。北宋徽宗宣和画院将黄家父子的工笔重彩画风发展得完善精妙。在苏轼等文人墨戏的影响下，纯以水墨作花鸟画也悄然成风。元代花鸟画是构成文人画的重要组成部分，画风有很大的变化。经历了元代的发展，花鸟画的写意之风在明代始为兴盛。明代初年的花鸟画，是元人墨梅墨竹画风的延续。明代前期，宫廷院体花鸟画复兴，逐步由工笔向粗笔转换。明中期，吴派画家拓宽了文人画在花鸟画领域的题材范围，完成了文人写意花鸟画形态的最终确立。明后期，以徐渭为代表的水墨大写意画风异军突起，从笔墨形式上拓展了文人花鸟画的表现空间。明清两代写意花鸟画得到发展。中国古代绘画强调“运墨而五色具”，明清文人花鸟画家进一步拓宽了水墨丰富的表现力。现代花鸟画在题材、表现技法等方面，随时代的变化，均呈现出新的面貌。花鸟在绘画上经过了从氏族部落图腾，到作为“祥瑞”图案装点生活空间的漫长变化，最后脱颖为一个绘画专科。

赵佶在位时大力发展宫廷画院，广泛搜罗绘画人才和古今名画，组织编撰《宣和书谱》、《宣和画谱》等书籍，对宋代绘画艺术的高度繁荣起了积极的作用。赵佶本人擅长绘画和书法，他的书法自成一体，史称“瘦金体”，《芙蓉锦鸡图》的题诗就是赵佶的亲笔书体。《芙蓉锦鸡图》是一幅优秀的工笔花鸟画。它不但表现了花鸟生动活泼的形象，也突出地体现出一种精细、工整、华丽的艺术风格，这也是宋代院体画的共同特点。《芙蓉锦鸡图》描绘了一只绚丽丰润的锦鸡，停立于芙蓉枝干上，回首注视着一对翩翩起舞的蝴蝶，表现出跃跃欲试的神态。锦鸡华丽的羽毛、漂亮的长尾，显示出它的珍贵。而画面上的芙蓉花枝，则因锦鸡的着落而微微弯垂，更增添了花枝的柔美感。回首的锦鸡、飞舞的彩蝶和下垂的花枝，三者之间自然呼应，达到了美丽动人的效果。加上左下角一丛秋菊，右边的题诗、落款，使画面更加充实、完美。

【近现代绘画一】

《九方皋图》

《九方皋图》是徐悲鸿的代表作之一，取材于《列子》。

春秋时期，有个姓九方名皋的人，很有识马的本领。一天，秦穆公要求以相马闻名的伯乐在自己儿孙中找一个相马的继承人。伯乐对穆公说，自己儿孙中没有合适的人，他推荐自己的朋友九方皋，他对穆公说，九方皋虽然是个挑柴卖菜的农夫，但识马的本领不比自己差。秦穆公便叫九方皋去物色一匹千里马。

九方皋跑了许多地方，花了整整三个月，看了无数的马，最后，才找到一匹中意的黑色雌马，带来见穆公。

穆公问他："你找到的马是什么颜色的啊？"

九方皋答道："黄色。"

穆公又问："是雄马还是雌马？"

九方皋答："雄马。"

穆公让人把马牵来，却是一匹黑色的雌马，不禁大失所望。

穆公对一边的伯乐埋怨道："九方皋这个人，连马的颜色和雌雄都不能辨认，怎么还会懂得马的好坏呢？"

伯乐告诉穆公：九方皋在观察马的时候，是见其精而忘其粗，重其内而忘其外，应该看见的他会看见，而无关大碍的那些细节，他是视而不见的。九方皋观察马所注重的，不是马的皮毛外貌，而是马的内在素质。

秦穆公听了，让人试一下这匹黑色雌马的速度耐力，果然是一匹世间罕见的千里马。

徐悲鸿的这幅《九方皋图》，极其生动地塑造了九方皋朴实智慧的形象。

赏析

徐悲鸿，原名徐寿康，江苏宜兴市屺亭镇人，中国现代画家、美术教育家，是中国现代美术事业的奠基者。所作国画彩墨浑成，尤以《奔马》享名于世。《奔马》作于1948年初冬，其时中国人民解放军发起三大战役，傅作义部接受了中国共产党的提议，北平和平解放在即。画面用笔纵放淋漓，但造型结构却十分严谨。既充分发挥了中国传统写意画的简洁与凝练，又结合西画的块面与光影，把马的形体表现得十分强健而丰腴，纵横驰骋，气势磅礴，观之使人备感精神振奋。

《奔马》

"问汝健足果何用？为觅生刍尽日驰"，是徐悲鸿《奔马》图上常见的题款。两诗句一问一答，淋漓尽致地抒写了作者对国势、社会、人生的关心。郭沫若曾盛赞说："悲鸿善画马，每题'问汝健足果何用？为觅生刍尽日驰'。余曾代马作答，其词曰：'非为生刍尽日驰，电光石火行千里。壮志雄心寄健足，国家建设当如此。'悲鸿有知，当为首肯。”

【近现代绘画二】

齐白石宴会作画

齐白石画蟹，和他画虾一样有名。白石老人笔下的螃蟹都有横行之态，其中有一个十分感人的故事。这是一个家庭宴会，酒绿灯红，宾客满门。宴会的主人——伪浙沪警备司令、特务头子宣铁吾走到特别请来赴宴的一位白发老人面前，假充“风雅”地请他挥毫作画。在座的一些正直之士不禁暗暗担心，因为这个满头银髯的老人就是以蔑视权贵著称的国画大师白石老人。可是出乎人们预料，只见白石老人捋捋银髯，沉思片刻，欣然点了点头。宣铁吾顿时眉飞色舞，急忙个人磨墨铺纸。白石老人款步走到案前，大笔一挥，雪白的宣纸上即刻出现了一只斗大螃蟹。众人赞叹不已，宣铁吾也装模作样地品味沉吟。齐白石饱蘸浓墨又随手添了两行题字：“横行到几时”、“铁吾将军”。众人见状，面面相觑，大惊失色。宣铁吾顿时脸红得像猴子屁股，而白石老人却只是轻蔑地一笑。

赏析

齐白石是一位杰出的艺术家，我国唯一荣获世界和平奖的书画艺术家、世界文化名人。他在绘画、诗文、书法、篆刻等方面成就卓越，将诗、书、画、印融为一体，融入他的书画艺术之中，独树一帜，受到我国及世界的瞩目。

《墨虾图》是白石老人的丹青妙笔。在这幅画中，白石画了一群（实只有7只）正在遨游的虾。看那虾腹，滋润而透明，曲弹自如，通过墨浓淡的变化，能感到每只虾涉水的深浅；那柔软而又富于弹性的虾须，仿在不停地摇动、探试；那两只带着钳夹的虾臂，坚硬劲挺，或张，或闭，或伸，或收，像两把船桨，带动身体作各种运动；虾腿用墨不多，但笔笔连意，灵活自如；尤其虾的头胸，画家用墨一淡一浓，活灵活现地表现出它的量感和软硬感，是绝妙的“点睛”之笔。连白石老人自己也承认，这头上的一笔浓墨是他的创造。值得一提的是，画面并没画水、只是空白，却使人感到水的存在；虾也并非真实，河虾本来有很多腿，而白石只画五只腿，三四只前腿，却不失“真”，反而更真。其奥妙何在？白石老人一语道破：“妙在似与不似之间，太似为媚俗，不似为欺世。”白石老人一生不只画虾，人们生活中常见的鱼、蟹、雏鸡、草虫、花卉，乃至萝卜、白菜，他都画得笔尽其妙，生意盎然，使人倍感亲切可爱，富有生活情趣。

知识链接

绘画欣赏要素

（1）线条：线条可能是笔直的，也可能是弯曲的。在绘画作品里可以发现这两种基本线条的诸种变形。水平线意味着放松、平静与休止。垂直线意味着静态张力、准备就绪、抵抗力、支撑。对角线意味着动作、活力、不平衡。

（2）色调：明暗的分布与明亮度的高低，影响一件作品引起的情绪反应和观者心境。低调的阴暗作品通常产生严肃、忧郁甚至阴森冷酷的效应；高调的明亮作品往往导致快乐、满足、喜悦的感觉。

（3）墨色：中国绘画以墨色为主。在画面上，浓墨表现厚重沉着，淡墨表达轻盈含蓄，浓淡相宜的效果使得作品层次丰富而气势酣畅。西方绘画在复杂的设色之中，表现出物体具体而细微的真实，对光的运用、色的运用和对色度、色性的把握极其严格。画家不但必须准确表现出物体固有的色彩和所处的特定光线，还要准确地处理好物体与周边环境背景色彩与光线的关系。

（4）节奏：节奏的基本原则是动态。节奏可能是一致的、顺序的、对比的，或这些种类结合起来形成错综的复合性节奏样式。观看一件艺术品是一个连续的过程，需要时间和反复地观看。动态可以由仿佛正在动作中的可辨认的意象暗示出来、呈现出来；动态可以由一些抽象化的非具象的动力暗示出来：斜线、断续的边线、含糊的边线、流动不定的线条，循序渐变、强烈对比，显得前凸或后缩等。

（5）空间：一个形式与其他形式重叠时，完全可见的形式显得最近。当影像的尺寸缩小时，较小的形式比较大的看起来离得远些（除非较小的叠在较大的形式之上）。置于画面低端的形象，往往显得近；置于画面较高处的影像，往往显得远。清淡、温暖而鲜明的色彩，往往显得向前凸出（似乎较近）。暗淡、寒冷而沉滞的色彩，往往显得向后退缩（似乎离得较远）。

拓展与训练

一、思考题

1. 稀世国宝《富春山居图》一分为二背后有哪些曲折故事？
2. “国画”与中国传统绘画有什么相同和不同？

二、训练题

1. 中国画的工具材料有哪些？各有哪些典故？
2. 请为《江山如此多娇》写一篇300字以内的赏析。
3. 欣赏现代画家张大千的《危峦耸秀》，有什么感想？
4. 绘画有哪些艺术语言？怎样借助它们去欣赏具体作品？
5. 你知道中国近现代画坛有哪些杰出大师？

第3节　雕塑艺术欣赏

雕塑是造型艺术之一，是雕、刻、塑三种方法的总称。中国的雕塑同书法、绘画一样，都要求表现对象物的神韵。可以说，中国的雕塑就是立体的人物画，它的最高美学要求就是传神，展现人物的内心世界，刻画人物的神情仪态。但因为它是一种立体的造型艺术，除了动人的神态美以外，还应当有适度的形体美。

案例导入

沉香木雕《香山九老》

沉香木雕《香山九老》（今藏于中国台北故宫博物院）宽 9 厘米、高 18 厘米。“香山”峰壁巍耸，刀斧痕历历可见，颇具中国山水画“斧劈皴”之意，峰下岩间，雕刻出十一个栩栩如生的人物。九个老人分成三组：一老背对观者而立，他的左手背于身后，右手高举，正提笔于岩壁题写诗句，二老倚石立于旁边观看，石上还放着一方砚台；观看题壁的二老身后有五老围坐于一矮几前，或言谈，或观赏题壁老者，几上放置一套茶具；山壁左侧有二老（一为老僧）倚石交谈。题壁老人的右下方有两个小童子在烹茶。人物众多，各异其趣。

问题：

雕塑艺术有哪些种类？

专题欣赏

【陶俑】

说唱陶俑

东汉击鼓说唱陶俑于 1957 年出土于四川省成都天回山。说唱俑又称说书俑，有如现代杂技表演中的小丑角色。此俑身躯为模制，其余为手塑。头戴软冠，长巾绕头在前额打一花结，袒上身，着长裤，赤脚蹲坐于地面，左腿卷曲，右腿平抬，右脚掌朝外，左臂夹一圆形扁鼓，右手操鼓槌欲击。俑咧嘴大笑，前额形成道道皱纹，双眼眯起，那欣喜若狂、风趣幽默的神态，在这张憨厚的脸上展露无遗。

赏析

俑是中国古代墓葬中模仿生人的形象而制作的陪葬品，始于东周，盛于秦汉和唐代。论规模和影响都要数秦始皇陵兵马俑。

秦始皇陵兵马俑出土于 1974—1976 年，主要以兵俑和马俑居多。体态与真人等大，数量众多，神态身份各异：有立俑、跪俑，有驭手、射手，有军官、士卒等。马俑形象写实，身材矫健，可见当时雕塑者对生活观察之细致、对塑造技术之精通。这些秦始皇百万大军的缩影都是用陶土烧制而成，造型、塑造、烧制等各个环节，都是一件庞大的工程。作品注重面部形象刻画，据说万千兵马俑没有多少雷同的，可用“栩栩如生”这个词来形容。从人物结构上看，比例合适，动态自然。秦俑的单件作品都有很强的动作个性，有的手持利剑，有的伫立凝视，有的坚定刚毅。秦始皇兵马俑再现了 2 000 年前中国雕塑艺术的辉煌成就，使世界了解中国古代文明。1987 年，秦始皇陵及兵马俑坑被联合国教科文组织批准列入《世界遗产名录》，并被誉为“世界第八大奇迹”，秦兵马俑令全中国人自豪，令全世界人惊叹！

【陵墓雕刻】

《马踏匈奴》

《马踏匈奴》表现一匹昂首屹立的战马，四足下踏着一名手持弓箭的匈奴首领，以战马象征西汉政权的声威和霍去病的战功，群雕中没有出现霍去病的形象，却更加强了象征性和纪念意义。战马既警惕又安详，既善良又含讽刺的神情，似乎在讥笑被踩的失败者；仰卧马下挣扎的武夫露出绝望的神情，反衬出马的英雄气概，构图别具匠心，造型特征鲜明。马的腿粗而坚实，犹如四根巨大石柱，与马身浑然一体，构成永久性的柱石建筑。象征手法的运用使它具备了浪漫的特色，使观者联想的领域更加开阔。

赏析

统治阶级希望自己死后能够灵魂升天并继续拥有权利和享受豪华生活，因而在陵墓前设置大型的石人石兽等雕刻群表示威严。在墓中还放置大量精美的作为陪葬的各种陶俑。这些属于陵墓雕塑。

在陵墓前建设雕刻也是中国古代盛行厚葬的表现，现在比较典型而具艺术性的陵墓雕刻有汉朝霍去病墓雕刻（如卧马、跃马等石雕）、南朝帝王墓雕刻以及唐乾陵雕刻和“昭陵六骏”雕刻。

南朝陵墓石刻以石兽为多，在造型手法上除了重视整体感，更注意夸张和变形。这些陵墓的麒麟、天禄、辟邪，造型高大厚重、气势逼人，不仅显示了矫健有力的外形，更给人以形式美的感受。

唐代代表性的石刻有乾陵石狮和“昭陵六骏”，乾陵石狮是在写实基础上突出其威严和凶猛而大胆变形的，“昭陵六骏”是唐太宗陵墓前的浮雕，与兵马俑一脉相承，“昭陵六骏”虽为浮雕，但由于马的体形近乎圆雕，加上它以曾经驰骋沙场的骏马作蓝本，因此造型极为生动有力。

【佛教造像】

乐山大佛

传说乐山大佛开凿的发起人是叫海通的和尚。海通是贵州人，结茅于凌云山中。古代的乐山是三江汇流之处，岷江、青衣江、大渡河三江汇聚凌云山麓，这地方有个妖魔，常常兴风作浪，小船大船往往被颠覆。每当夏汛，江水直捣山壁，常常造成船毁人亡的悲剧。海通和尚见此，立志凭崖开凿弥勒佛大像，也就是现在的乐山大佛，欲仰仗无边法力，“易暴浪为安流”，减杀水势，永镇风涛。于是，海通禅师遍行大江南北、江淮两湖一带募化钱财，开凿大佛。佛像动工后，地方官前来索贿营造经费，海通严词拒绝道“自目可剜，佛财难得”，地方官仗势欺人，反而说：“尝试将来。”海通从容“自抉其目，捧盘致之”，“吏因大惊，奔走祈悔”。海通这种专诚忘身之行，激励众心，克诚其志。

赏析

“佛是一座山，山是一尊佛”，乐山大佛头与山齐，足踏大江，双手扶膝，体态匀称，神势肃穆，造型庄严，临江危坐。通高71米，头高14.7米，发髻有1 021个，耳长6.72米，鼻长5.33米，眼长3.3米，肩宽24米，手的中指长8.3米，脚背宽9米、长11米，可围坐百人以上。乐山大佛的建造，前后经历了三代人共计90年的漫长过程，是唐代摩崖造像中的艺术精品之一，是世界上最大的一座石刻弥勒佛坐像。

宗教雕塑是以宗教教义、故事、人物、传说为题材的雕塑。我国由于佛教传入较早，影响广泛，所以在宗教雕塑中以佛教造像为多，佛教雕塑艺术成就最高。

佛教造像是佛教在中国传播的必然产物，其中最有代表性的是北魏时期形成的四大石窟。从云冈早期的威严庄重到龙门、敦煌，特别是麦积山成熟期的秀骨清相、长脸细颈、衣褶繁复而飘逸的刻画，使佛教造像达到了中国雕塑艺术理想美的高峰。

唐代雕塑特别注重将佛教的幻想世界和人间生活紧密联系，雕塑形象健康丰满而且颇有性格特征，如龙门石窟中奉先寺雕像中的菩萨（卢舍那佛）的端庄矜持、弟子的温顺虔诚、天王的坚毅威武都表现得淋漓尽致。

明清以后的佛教造像世俗化明显，如十八尊罗汉、五百罗汉形态都可区别，形象均来自现实生活。

从雕塑艺术发展史来看，秦汉时期中国雕塑才作为一门独立艺术门类大放光彩，唐代达到高峰，唐代以后直至明清，雕塑艺术走向衰落。

【现代雕塑】

白鹭女神

白鹭女神位于厦门的白鹭洲公园内，她是鹭岛的象征，是厦门城市雕塑中的精品。白鹭女神身姿优美，娴静地跪坐在一块巨岩上，梳理长发，肩上还停着一只小白鹭，许多游人无不在此驻足拍照留念。

赏析

白鹭女神雕塑立于白鹭洲公园园南游艇码头，雕像高13.6米，是厦门的标志性雕塑。雕像前的广场上有广场鸽，亲近游人，自然温馨。

20世纪，现代雕塑吸取了中西方雕塑精华又大加变异，不再满足于对客观世界的模仿，无意表现具体的内容和情节，而用生活中无法直接捕捉到的抽象形态表现事物的本质，表现人类的共同情感，使之具备某种象征意味。

现代雕塑注重和城市环境、建筑空间的共振，从传统雕塑封闭、静止、孤立的形态走向了空间、环境的开放。雕塑家常常让自己的作品栖息在森林、山谷和旷野，以大自然的力量强化作品的力量，作品与大自然融为一体。

【民间雕塑】

泥人张

“泥人张”是北方流传的一派民间彩塑，创始于清代末年。“泥人张”创始人叫张明山，生于天津，家境贫寒，从小跟父亲以捏泥人为业，养家糊口。张明山心灵手巧，富于想象，时常在集市上观察各行各业的人，在戏院里看多种角色，偷偷地在袖口里捏制。他捏制出来的泥人个个逼真酷似，一时传为佳话。张明山继承传统的泥塑艺术，从绘画、戏曲、民间木版年画等姊妹艺术中吸收营养。经过数十年的辛勤努力，一生中创作了一万多件作品。他的艺术独具一格而蜚声四海，老百姓都喜爱他的作品，亲切地送给他一个昵称：泥人张。

赏析

《惜春作画》彩色泥塑组像是我国著名的天津第一代“泥人张”张长林的作品。彩塑取材于清代小说《红楼梦》，以贾惜春在大观园暖香坞作画为内容。惜春正在聚精会神地运笔作画，两旁少女二人一坐一立，正在会心地欣赏惜春的传神妙笔。

清代城市经济的发达促使泥塑木雕商品化，朴素大方，明朗健康。耐人观赏的雕塑艺术品不仅可以点缀贵族官僚文人士大夫的高堂书房，而且也极适应城乡广大群众的需要。“泥人张”的作品正是在这样的环境中发展起来的。

“泥人张”的彩塑艺术最突出的贡献在于，将雕塑艺术功能重新开发，一改古代雕塑服务于陵墓和梵宇庙观的宗旨，转向对现实的人世生活的描写，从而扩大了题材范围。

“泥人张”的作品，表现出对现实生活的关心和对世俗趣味的认同，开拓了一个平民化和世俗化的天地，注入了生机勃勃的世俗人情。“泥人张”的彩塑艺术以民众喜闻乐见的彩塑为媒体，充分发挥物质的媒介功能，色彩丰富，刻画细腻，集多种风格技法于一身，其审美趣味也由宫廷艺术与文人艺术的“高雅脱俗”，转化成适应民间喜好的“雅中带俗”，因而其作品具有现实性、世俗性和艺术性。

中国的民间雕刻艺术历史悠久，品类繁多，主要有石雕、木雕、象牙雕刻、竹刻、砖雕、泥塑、彩塑、角雕、骨刻、瓷刻、葫芦雕刻和果核雕刻等。这些雕刻艺术品大多为无名工匠所作，千百年来伴随着人们的物质生活和精神生活流传至今，表现了民间工匠精湛的技巧、巧妙的构思和令人叹服的创造力，被人们誉为“鬼斧神工”，具有很高的艺术价值与历史文化价值。

知识链接

景泰蓝

景泰蓝是我国北京著名的传统手工艺品，又称“铜胎掐丝珐琅”，俗名“珐蓝”。这是一种在铜质的胎型上，用柔软的扁铜丝，掐成各种花纹焊上，然后把珐琅质的色釉填充在花纹内烧制而成的器物。因其在明朝景泰年间盛行，故名“景泰蓝”。景泰蓝诞生于皇宫，是皇家重要的组成部分，是皇宫大殿的主要陈设，亦是镇殿之宝。紫禁城金銮宝殿，或者是国子监、雍和宫、颐和园排云殿等这些帝王尊属的殿堂，景泰蓝的宝石般的光芒总是令人赞叹。

景泰蓝与雕漆、玉器、象牙被称为北京工艺品的“四大名旦”，它是工艺美术世界里一颗璀璨的明珠。

景泰蓝作为一种美术工艺品，其制法即于铜器表面上以各色珐琅质涂成花纹，花纹的四周嵌以铜丝或金银丝，再用高火度烧即成。刚从火中取出的景泰蓝颜色基本呈黑色，待其冷却后才可显现出五彩缤纷的样貌。这项工艺始于明代景泰，初创时只有蓝色。

到清朝乾隆时期，又开始烧制，且品类多，成绩好，虽然不能和景泰、成化时期相比，但是比起弘正以后出品物绝不逊色。现今虽有康雍的器物出现，然而细细考究，竟与乾隆所制器物没有什么不同，实际上是乾隆所制，刻康雍年款。

大体上说，明代胎的铜质较好，多为紫铜胎，体略显厚重，故造型仿古的多，主要仿青铜所用的彩釉均为天然矿物质料，色彩深沉而逼真，红像宝石红，绿像松石绿。此时的丝掐得较粗，镀金部分金水厚。彩釉上大多有砂眼。款有“大明景泰年制”或“景泰年制”，底款、边款均有。

清代的景泰蓝工艺比明代有提高，胎薄，掐丝细，彩釉也比明代要鲜艳，并且无砂眼，花纹图案繁复多样，但不及明代的文饰生动，镀金部分金水较薄，但金色很漂亮。

民国时期景泰蓝总体水平不及前代，胎体薄，色彩鲜艳有浮感，做工较粗。这时只有“老天利”、“德兴成”制作的景泰蓝工细、质量好。造型多仿古铜器，或仿乾隆时的精品款。景泰蓝的陈设品多，不做实用品。

拓展与训练

一、思考题

1. 不同朝代的雕塑为何各不相同？
2. 请说说各朝代雕塑在造型上的特点。

二、训练题

1. 请查阅冰雕和竹雕的相关资料，分析这两种雕塑艺术的特点。
2. 为什么说陵墓和宗教雕塑是古代雕塑的代表？
3. 不少公园、广场、草地、街道都有民俗雕塑，它们各自有什么主题？
4. 以你校园的雕塑为主题，写一篇说明文。
5. 根据你的体会，怎样才能品味出雕塑艺术之美？举例说明。

第4节　中国传统建筑

建筑是人类创造的最伟大的文明成果之一，建筑艺术被视为七大艺术之首。独具特色的中国传统建筑，是“土木的史书”。中国古代建筑，从有据可依的西安半坡圆形住房和大方形房屋始，就一直与自己的文化观念和与之相应的审美趣味紧密相连（“天圆地方”正是中国古代的宇宙观念），尔后又随着文化的发展而逐渐丰富。

案例导入

古建筑上的“五脊六兽”

据中国古书记载，中国的古建筑物是由一条正脊和四条垂脊组成，统称“五脊”。讲究一点的大家，还要在屋顶的垂脊上安放六种人造的兽，通称“六兽”。“五脊”和“六兽”合称“五脊六兽”。中国古建筑皆为木式结构，中国古代先民相信，在五脊之上安放镇脊神兽，不仅有稳定、装饰作用，还会避火消灾，带来吉祥。据《大清会典》记载，重脊的顶端最前面的为“骑凤仙人”，后面依次排列鸱吻（龙的九子之一，俗称龙）、凤、狮子、天马、海马、狻猊、狎鱼、獬豸（神羊）、斗牛、行什（猴）。龙、凤是吉祥的化身；狮子是百兽之王，在佛教中又是护法神，与天马、海马、狻猊都是忠勇之兽；狎鱼、斗牛为水中的动物；獬豸，善辨忠奸，头上有独角专触邪恶；行什是猴子，机智伶俐。这些屋脊小兽是为固定脊顶端瓦件的需要而设的。

问题：

1. 中国古代建筑有哪些文化传统？
2. 中国古代城防建筑主要分布在哪里？有何历史传说？

专题欣赏

【传统建筑一】

古代城池

西安城墙位于西安市中心区，呈长方形，墙高 12 米，底宽 18 米，顶宽 15 米，总周长 13.74 千米。有主城门四座：东长乐门，西安定门，南永宁门，北安远门。截至 2006 年，西安城墙先后共开有城门 18 个。城墙建于明洪武七年到十一年（1374—1378 年），是中世纪后期中国历史上最著名的城垣建筑之一，也是中国最完整的一座古代城垣建筑。

赏析

古代的城市叫做“城池”。“城”指城墙，“池”指城外环绕城墙的河池，俗称“护城河”。在具体设计上，首先把城市分为“城”、“郭”两部分，城内供统治者居住，郭内供老百姓居住；其次采用高墙深池的办法，同时在城门上设置瓮城，以确保城市的安全；最后在城墙上建造城楼等防御性建筑，以利于战时守卫和杀敌。

【传统建筑二】

宫殿建筑

未央宫是我国西汉的皇家宫殿，位于今陕西西安。未央的宫名来自《诗经》：“夜如其何？夜未央。”未央宫平面呈方形，东西宽达 2 250 米，南北长约 2 150 米，面积占长安城的七分之一。据记载，四面各有一宫门，东门与北门有阙。宫内有 40 多座殿堂，6 座小山，多个水池，百扇门户。汉代木构建筑已经很成熟，宫殿建筑呈现出宏伟壮观、气势磅礴、装饰精美的特点。未央宫是最具代表性的一座宫殿建筑。

赏析

宫殿是随着封建中央集权制度的建立而成为帝王居住和施政的专用场所的。在此之前，宫、室、殿、堂都是指居住的房屋，只是居住的位置和大小有所不同而已。古时房屋分前后两个部分，前边叫“堂”，后边叫“室”，所以成语说“登堂入室”。秦汉以后，宫殿成为帝王专用房屋的名称，后来又为宗教神祇所有。中国的宫殿建筑，有严格的等级规定，其中以殿顶形式及其装饰表现得最为突出。

【传统建筑三】

帝王陵寝

秦始皇陵是我国历史上第一个皇帝——嬴政的陵寝，位于陕西省临潼区城东的骊山北麓。修建历时39年才完工，为我国历史上第一个设计完善的帝王陵墓。陵园总面积56.25平方公里，陵园由内外两重城垣构成，内城周长是3 840米，外城周长是6 210米。内外城郭的城墙高达8～10米，内城里是陵园核心——地宫。据《史记》记载，秦陵地宫的顶上有用明珠照耀，地下灌满水银。秦始皇陵以其规模宏大、内涵丰富而跻身世界八大奇迹之一。

赏析

大约到了周代，始有封土出现，爵位越高，封土越大，大者如丘山。后来，大得如同山陵一样，因而帝王的坟墓就称为“山”或称为“陵”，加上陵前供死者灵魂起居的寝殿和子孙祭祀用的祭殿等，合起来就是通常所说的“陵寝”。早期的陵冢叫“方上”，就是把封土垒成上小下大的方锥体，但顶部是平的，呈覆斗形。

帝王的陵园建筑规模都很大，这也是要显示帝王的威严和至尊。唐太宗的陵园占地30万亩，周长66千米，因种满柏树，称为“柏城”。

【传统建筑四】

万里长城和关隘

长城东起山海关，西抵嘉峪关，全长6 700多千米。长城主体是高大的城墙，大都蜿蜒在崇山峻岭之间，如同气势磅礴的腾空巨龙，也是中华民族的象征。

长城的建筑材料有条石、青砖、土坯、泥土等。构筑上全靠劳动人民手工施工，当地势坡度小时，水平砌筑砖块或条石即可；当地势坡度大时，要用水平跌落的方法砌筑。长城的奇伟、雄险，以及绵延万里的雄姿，征服了无数世人。

赏析

长城的修建早在公元前7世纪的春秋战国时期就已经开始了。据文献记载，最早修建长城的是南方的楚国。秦始皇以后，仍有十个王朝陆续修建长城。其中以汉、明两代修建的规模最大。汉长城的功用，除抵御匈奴之外，还为了保护“丝绸之路”的畅通以及西域和长城沿线的屯田。明成祖朱棣迁都北京以后，因靠近北部边界，更重视长城防务，用大量物力、人力、财力，修筑长城达12 700余里。

【传统建筑五】

古代桥梁

赵州桥是隋朝匠师李春设计的，位于河北省赵县洨河上，隋代大业年间建成，已有1 400多年历史，为世界上现存最早的古代空腹圆弧形石拱桥。该桥长度为50.82米，跨径37.02米，券高7.23米，两端宽9.6米，在拱圈两边各设计了两个跨度不同的敞肩拱，这是世界桥梁史上的一个创造发明。

赏析

桥梁是沟通性的建筑，主要用于经济和文化，目的是为了社会的进步和发展，多建于水上。专家们认为，我国的桥梁出现于原始社会。从美学角度看，我国桥梁的艺术风格是造型优美多姿，有的形如长虹，有的弯如新月。桥梁建筑与周围环境的协调，使人工建筑与自然风光融合，这正是中国艺术的特点所在，如卢沟晓月、断桥残雪。桥梁的附属建筑和雕刻，都表现了中国特有的民族风格，并且往往与当地的风俗、民情和历史有关。

【传统建筑六】

古代园林与亭台楼阁

苏州园林又名“苏州古典园林”，是我国苏州山水园林建筑的统称。苏州园林主要是私家园林，始建于春秋吴国建都姑苏之时，五代建成，宋代成熟，明清兴旺，清末时苏州各类园林达到170多座，目前保存完整的仅60多座。苏州园林善于把有限的空间精巧地构成变幻的景致，结构小巧玲珑。苏州园林代表了中国私家园林的最高艺术水平。

赏析

中国园林可分为四类：皇家园林、私宅园林、寺庙园林、公共园林。中国园林艺术的特点是追求人与自然的统一和融合，注重体现人的意趣和精神追求。中国的园林实际上是由自然山水和人工建筑的亭台楼阁混合而成的，因此，亭台楼阁是园林建筑中不可缺少的组成部分。“亭”的基本建筑形式采用攒尖顶，平面设计可以是圆形、扇形、方形、六角形、八角形等。把高出平地的一块较为平坦的地方叫做“台”。“阁”通常在四周开窗，或设置栏杆回廊。而“楼”则三面为墙，一面开窗。

【传统建筑七】

宗教祭祀建筑

天坛在北京正阳门东南的位置，是明清皇帝祭天、祈祷丰年的祭坛，为世界上至今保存规模最大、最完美的祭天建筑群。天坛始建于明朝永乐十八年，乾隆、光绪时重新修缮。天坛包括圜丘、祈谷两坛，坛墙南方北圆，是天圆地方的象征。坛面只有中心的太极石是圆形，外围各圈都是扇形。天帝牌位安放在太极石上，喻示天帝居于九重天。同时，天坛也是中国土木结构建筑的巅峰之作，天坛建筑布局严谨、结构精巧、装饰瑰丽，在中国建筑史上是罕见的艺术精品。

赏析

在中国封建社会里，宗教祭祀活动是社会各阶层很重要的精神生活，宗教祭祀建筑主要种类有寺、观、祠庙、塔。

现存的宗教祭祀建筑，以传统礼法建筑、佛寺建筑和道教建筑最为突出，又以佛寺建筑留存最多。“宫观”是道教建筑，现存数量仅次于佛寺。“祠庙”大多属于传统礼法建筑，其设计饱含文化意蕴，符合传统的礼度。塔的建筑，根据塔的造型，一般可分为五种：“楼阁式”、“密檐式”、“喇叭式”、“花塔”和“金刚宝座塔”。

【传统建筑八】

装饰性建筑

绥远城将军衙署是清朝对南北蒙古地区实施政治、军事统治按照清朝一品封疆大吏的府邸规格而建筑的。雍正十三年，在归化城的东北五里选了城址作屯兵之用。乾隆二年开始大规模修建。四年建造成，取名“绥远城”。

主体建筑作为中轴线，左右厢房、耳房对称分布。整体布局为纵向三列，其中中列是五进院，建有132间房屋。整个建筑布局是根据中国传统建筑“前朝后寝”式分布的，前组是公务厅院，后组是内宅，西院是寺庙与花园，东院是后勤服务与保卫系统。

赏析

人们常见的华表、牌坊、碑、阙、照壁都是装饰性建筑。

华表：一般立于宫门口、桥头、墓前。从史书记载和出土的画像砖知道，华表在汉代已经比较常见了，有的设于路口，有的立于墓前。汉代的华表用木制，像一朵花，古代“化”、“花”通用，所以叫“华表”。东汉时开始以石柱作表，立在墓前作为神道的标志。华表在宋代已是桥头的一种装饰建筑了。

牌坊：随着里坊制度被取消，坊门单独立于街口，演变为牌坊，成为装饰性的建筑，设于桥头、庙前、墓前、街口，同时也保留了它的旌表功能，所以古代多为贞女、烈妇、孝子、忠臣、状元立牌坊。牌坊进一步发展，出现了牌楼。

碑：起源于先秦时代。据考，西汉时已有人单独树立这种纪念性的墓碑，到东汉时已成一种风气。到了隋唐，立碑之风更盛，碑的制作也越来越精细和考究。现存最大的墓碑，是江苏省苏州市城外灵岩山的韩世忠墓碑，高达三丈，碑文一万三千多字，领全国之冠。

阙：这是古代宫室门前的高大建筑，古时又称“观”，其作用有二：一是张贴布告和法令；二是表示宫室主人的尊卑等级。

照壁：又叫“影壁”，多建于府门、宅门、庙门及园林大门内外。

【传统建筑九】

古代大型水利工程

四川省成都市都江堰市灌口镇的都江堰，号称“世界水利文化的鼻祖”。相传是秦国蜀郡太守李冰主持修建的，是以无坝引水的水利工程。都江堰把岷江水流分为两条，其中一条水流进入成都平原，既能分洪，又能灌田，一举两得。都江堰的主体工程是鱼嘴分水堤、飞沙堰溢洪道与宝瓶口进水口，是集航运、灌溉、防洪于一身的水利工程。

随着都江堰而产生的都江堰水文化相当丰富，如水文学、水文物、水神学等，留下了“二王庙”、“伏龙观”、“观景台”等人文景观，关于李冰父子治水的民间传说、祭祀活动，以及祭水、祭神的诗、词、画等。

赏析

中国自古以农业立国，兴修水利，防洪防旱就成为非常重要的事情。战国时代，我国就已经有了较大的水利工程。秦始皇统一中国前后修建了三大水利工程。一是蜀郡太守李冰主持兴建的“都江堰”。二是韩国水工郑国修建的“郑国渠”。三是秦将史禄开凿的“灵渠”。另一项闻名世界的水利工程就是贯通南北的“大运河”。它由隋炀帝于大业元年开始修建，大大促进了南北经济、政治、文化的交流，并使运河两岸的农田得到灌溉之便。

【传统建筑十】

衙署与会馆

湖广会馆，是湖南、湖北两省人士为联络乡谊而创建的同乡会馆，主要用于同乡寄寓或届时聚会。北京湖广会馆旧址位于宣武区骡马市大街东口南侧（原虎坊桥以西）。始建于嘉庆十二年（1808年），总面积达43 000多平方米。原会馆大门东向，门嵌精美砖雕，馆内有戏楼、正厅和乡贤祠，附有花园。戏楼在会馆的前部，北、东、西三面有上下两层的看楼，可容纳千人。舞台天幕为黄色金丝缎绣制的五彩龙凤戏珠、牡丹、蝙蝠、如意吉祥图案，极具特色。

赏析

“衙署”，也称“衙门”，是封建官吏施政的场所，它的功能是政治性的；“会馆”是文人和商人活动的场所，它的功能是经济和文化性的。从会馆的实际用途来看，明显地分成两种：一种是绅士们兴建的“同乡会馆”，它同政治、文化有密切关系；另一种是商贾们兴建的“同业会馆”，它与商业经济有密切关系。

【传统建筑十一】

各地民居

徽派民居布局一般都以三合院或四合院为基本单位，但与北京的院落形式有别。根据当地气候、地形的特点，安徽传统的民居建筑多为各种造型的两层楼房，有的依山傍水，有的参差起伏，有的层楼叠院，精致朴素、堂皇俊秀。

赏析

住宅是所有建筑物中出现最早、使用最多的建筑类型。由于我国地域辽阔、民族众多，因此根据不同的地理气候条件和生活方式，形成了各种不同风格和不同形式的住宅，如江南的官府商第、楼房民宅，黄土高原的窑洞，云南地区的干栏式小楼，维吾尔族的庭院和蒙古族的蒙古包等。

代表性的主要有：徽派民宅、苏杭官商大宅、北方四合院。目前，在全国引人注目的民居是山西晋商的一些院落住宅，集中于晋中一带，由许多大小四合院组成大型院落，规模宏大、风格独特、蕴涵着深厚的文化意蕴，在中国传统建筑中显示出夺目的光彩，如乔家大院、日升昌大院。

知识链接

古代建筑

建筑艺术是造型艺术之一。凡用砖石、金属、木材、混凝土、玻璃等各种材料建造的宫殿、楼阁、亭台、寺庙、塔院、会堂、旅馆、商店、剧场、车站、工厂、住宅、桥梁、陵墓等立体物，均属“建筑”。建筑艺术即通过对这些建筑的实体与空间（包括周围的自然环境）的统一组织和处理，使建筑物既具功能又达到人们审美要求的一种综合性艺术。内容包括建筑组群规划、建筑形体组合、平面布局、立面处理、结构选型、内外空间组织及装修、材料、色彩、绿化的考虑等。

就世界范围而言，有五大建筑体系，以爱琴海为发源的希腊、罗马的欧洲体系；古埃及、古波斯发展形成的拜占庭、伊斯兰体系；印度体系；中国体系；中美洲以墨西哥东南部、危地马拉和洪都拉斯为中心的玛雅及南美洲的印加体系。各大洲建筑体系所具之艺术风格多姿多彩，各有千秋，反映出各个时代各民族的文化特色。

我国建筑体系是以木结构为特色的独立的建筑艺术，在城市规划、建筑组群、单体建筑以及材料、结构等方面的艺术处理均取得辉煌的成就。传统建筑中的各种屋顶造型、飞檐翼角、斗拱彩画、朱柱金顶、内外装修及园林景物等，充分体现出中国建筑艺术的纯熟和感染力。七千年前河姆渡文化中即有榫卯和企口做法。半坡村已有前堂后室之分。商殷时已出现高大宫室。西周时已使用砖瓦，并有四合院布局。春秋战国时期更有建筑图传世。京邑台榭宫室内外梁柱、斗拱上均作装饰，墙壁上饰以壁画。秦汉时期木构建筑日趋成熟，宏伟壮观，装饰丰富，舒展优美，出现了阿房宫、未央宫等庞大的建筑组群。魏晋、南北朝时期佛寺、佛塔迅速发展，形式多样，屋脊出现了鸱吻饰件。隋唐时期建筑采用琉璃瓦，更是富丽堂皇，当时所建的南禅寺大殿、佛光寺大殿迄今犹存，举世瞩目。五代、两宋都市建筑兴盛，商业繁荣，豪华的酒楼、商店各有飞阁栏槛，风格秀丽。明清时代的宫殿苑囿和私家园林保存至今者尚多，建筑亦较宋代华丽烦琐、威严自在。近现代中国建筑艺术则在继承优秀传统，吸收当今世上建筑艺术长处的实践中，不断发展，有所创新。

拓展与训练

一、思考题

1. 中国建筑有哪些特征？

2. 为什么说建筑是艺术？

二、训练题

1. 北方的四合院，南方的天井院，其布局都体现了什么文化？

2. 建筑就像一面镜子，反映了一个时代、一个民族的审美追求，真可谓“凝固的音乐”。请你举实例说明。

3. 你们家乡建筑属于什么风格？有哪些艺术？假如你是导游，请你写一篇介绍家乡建筑的导游词。

4. 徽派建筑有哪些人文特色？

5. 中国古建筑园林栽植的贡树、贡花有哪些？

第8章　流光溢彩——美学与社会人生

第1节　中国美学思想

中国美学思想的发生、发展源远流长，博大精深，并有其独特的思想体系。但是，无论是儒家美学、道家美学、佛教美学或禅宗美学思想，都强调美与善的统一，情与理的统一，人与自然的统一，认识与知觉的统一。美的事物与现象都有着无限多样的表现形式。

案例导入

伍举论美

灵王为章华之台，与伍举升焉，曰："台美夫!"对曰："臣闻国君爪宠以为美，安民以为乐，听德以为聪，致远以为明。不其以土木之崇高、彤钞为美，而以金石匏竹之昌大、嚣庶为乐；不闻其以观大、视侈、淫色为明，而以察清浊为聪……夫美也者，上下、内外、小大、远近皆无害焉，故曰美。"(《国语·楚语上》)

问题：

1. 李白："相看两不厌，唯有敬亭山。"对你有什么启迪?

2. 中国美学最早产生于什么时期?

专题欣赏

【儒家美学】

质胜文则野，文胜质则史

一天，孔子在家闲坐的时候，对他的儿子孔鲤感叹地说："君子不可以不学习的，与人会面不可以不修饰，不修饰仪容就会显得不整洁，仪容不整洁就显得对人不尊重，对人不尊重就等于失礼，失礼就不能立于世。""那些站在远处就显得光彩照人的，是修饰得有整洁仪容的人，与人接近而让人心中洞明的，是胸中有学问的人。就像地势低洼的地方，雨水聚集在那里，就会长出水草，从高处看，谁会知道这不是从地下喷涌出来的泉水呢。”

孔鲤听完以后，问道：“那么父亲的意思是说君子一定要善于修饰自己了。可是您不是经常教导我说，君子只要保持本质就可以了，不需要讲究文采吗？”

孔子说：“鲤呀，你还没有理解我的意思，文采如同本质一样重要，文质彬彬才能成为一个君子。

“如果一个人过于质朴，缺少文采的话，他就会显得粗野，流于粗俗；但是也不能太讲究文采，如果一个人太过于追求文采，文采多于质朴的话，他就会流于虚伪、浮夸。

“花言巧语，伪装和善，这种人是很少有什么仁德的。只有质朴和文采配合恰当，这才是个君子啊。”

赏析

儒家美学是以孔子为奠基人，经过孟子、荀子等得到不断继承和发展的美学思想。它以儒家的政治哲学思想为基础，又较多地继承了先秦早期的美学思想，是中国古代美学中占主导地位的美学思想。

儒家美学是同儒家积极的入世精神相联系的。积极入世，使他们肯定存在于现实的人间。作为儒家核心思想的孔子学说是仁学，它是对于先秦礼乐文化的创造性的改造，亦即用仁来解释礼乐文化。礼乐来源于中华先民的图腾和禁忌传统，具有巫术文化的特性。一般认为礼别异，乐和同。礼不仅规定了人与人的关系，同时也规定了人与鬼神的关系，亦即在天地君亲师的整体结构中的等级序列和差异。乐则是人与人的沟通，人与鬼神的交会。但孔子所处的时代是礼崩乐坏的时代，因此他要重新恢复礼乐传统，使礼乐仁化。所谓的仁，就是爱，仁者爱人。这种爱来源于亲子之爱，要把它扩大化和普遍化。在孔子那里，一方面是用仁来规定礼乐，另一方面是用礼乐来规定仁，它们相互阐释。儒家美学认为美在于礼乐，在于仁。合于礼乐的是美的，不合于礼乐的是丑的。它强调的是美与道德之间的关系，正是在这样的意义上，尽善尽美不仅意味着事物的完满，而且也意味着美善合一，亦即美的必须是善的。

儒家美学的美感是中庸。儒家美学非常注重情感在人的心灵结构中的重要性，但又强调它必须保持一个度。这个度就是中庸。人们一般会认为中庸是平庸，是折中，是对于对立立场的逃避。但儒家所主张的中庸是事物自身的度以及人们对于度的把握。正是在度内，一个事物才能成为其自身，也正是人们对于度的把握，才能理解事物本身。在感情的中庸方面，儒家美学认为乐和哀等情感形态都要保持自身的度，而不要越过边界。因此它主张乐而不淫，哀而不伤。这意味着乐是乐，哀是哀，否则它就会走向其极端，变成了非自身的形态。这样儒家所追求的美感就是平静的、和谐的。情感的中庸之所以可能，是因为它被理所规定，而理则是由礼所规定的。

【道家美学】

曾不如早索我枯鱼之肆

庄周家境贫寒，于是向监河侯借粮。监河侯说：“行，我即将收取封邑之地的税金，打算借给你三百金，好吗？”庄周听了脸色骤变，愤愤地说：“我昨天来的时候，有谁在半道上呼唤我。我回头看看路上车轮碾过的小坑洼处，有条鲫鱼在那里挣扎。我问它：‘鲫鱼，你干什么呢？’鲫鱼回答：‘我是东海水族中的一员。你也许能用斗升之水使我活下来吧。’我对它说：‘行啊，我将到南方去游说吴王、越王，引发西江之水来迎候你，可以吗？’鲫鱼变了脸色生气地说：‘我失去我经常生活的环境，没有安身之处。眼下我能得到斗升那样多的水就活下来了，而你竟说出这样的话，还不如早点到干鱼店里找我！’”（《庄子·外物》）

赏析

道家美学是以老子为奠基人，经庄子发扬光大并在后来得到不断继承和发展的。道家的核心思想是道自身，或者是作为自然的道。《道德经》说：“人法地，地法天，天法道，道法自然。”在“人—地—天—道—自然”这一序列中，人为天地所规定，道则规定天地。自然并不是作为自然界外在于道，而是作为本性就是道自身。因此所谓的道法自然，就是道遵守自身的本性。作为自然的道不是万物，而是一。但一既不等于一个，也不等于一切，因此它是无。无不仅是对于它物的否定，而且也是对于自身的否定。但无能生有，由此一生二，二生三，三生万物。

道家美学认为美在于道，或者更明确地表达为：美在于自然。虽然人们一般认为道具有双重意义：道路和言说，但在中国传统思想中，特别是道家思想中形成主题的并不是言说，而是道路。在这样的意义上，道不是语言之道，而是自然之道。于是当我们说美在道的时候，就是说美在自然。当然美在自然具有两重意义：一方面，它指自然界，是自然的天地、山水和草木，如所谓“天地有大美而不言”。另一方面，它指自然而然的本性。自然界之所以美，是因为它合于自然的本性。同理，在社会和精神领域，一切合于自然的事物也是美的。

道家所说的美感是对于道的经验，它也是对于无的经验。要达到对于道或者无的经验，人必须通过心灵的否定才能完成。否定就是去蔽，去掉心灵的蒙蔽。这种活动可以描述为心斋、坐忘等，由此心灵处于虚静境界。这样它才能静观和玄览，与道为一。这种美感经验由于是对于无的经验，所以它自身都被无所规定，于是至乐无乐，至味无味。

【禅宗美学】

送一轮明月

一位在山中修行的禅师，有一天夜里，趁着皎洁的月光，在林间的小路上散完步后回到自己住的茅屋时，正碰上个小偷光顾，他怕惊动小偷，一直站门口等候他……

小偷找不到值钱的东西，返身离去时遇见了禅师，正感到惊慌的时候，禅师说：“你走老远的山路来探望我，总不能让你空手而回呀！”脱下了身上的外衣道：“夜里凉，你带着这件衣服走吧。”

说完，禅师就把衣服披在小偷身上，小偷不知所措，低着头溜走了。

禅师看着小偷的背影，感慨地说：“可怜的人呀，但愿我能送一轮明月给你！”

第二天，温暖的阳光融融地洒照着茅屋，禅师推开门，睁眼便看到昨晚披在小偷身上的那件外衣被整齐地叠放在门口。禅师非常高兴，喃喃地说道：“我终于送了他一轮明月。”

赏析

禅宗美学是以禅宗思想为基础形成的中国古代美学思想。

禅宗是一种中国式佛教，是道家思想对佛教进行改造的产物。禅有别于一般的佛教，它是中国智慧的独特产物。与印度佛教的基本教义相比，禅宗去掉了其神秘性和思辨性，成为一种生活的智慧。禅的核心思想是心灵的觉悟，因此根本问题不是外在的，而是内在的，即对于人自身的佛性也就是自性的发现。《坛经》说："世人性净，犹如青天，慧如日，智如月，智慧常明。于外著境，妄念浮云覆盖，自性不能明。故遇善知识开法，吹却迷妄，内外明彻。"它描述了这样一个过程：首先人的本性是清净的，其次妄念遮蔽了人的本性，最后通过去蔽顿悟成佛。从美学的角度来讲，禅宗认为美在意境。意指心灵，境指视界。意境则指心灵构造的世界——一个觉悟的世界。这甚至包括了对于自然的看法，使它与儒家和道家不同。儒家把自然看成道德的象征，如岁寒三友；道家把自然看成自然本身，而要法天贵真；但禅宗的自然则是心灵的构造，体现了心灵的觉悟。

禅宗美学将美感规定为妙悟。妙悟是非理性、非逻辑和非概念的，它不同于一般的思想行为中的判断和推理。正是如此，它正切中了审美心理活动的独特本性。妙悟表现为顿悟和直觉，这也就是说，它能在瞬间看到永恒，从现象看到本体。而妙悟所看到的就是美本身，是活生生的生命本身。

儒、道、禅三家构成了中国思想和美学的主体。儒家的核心是社会，道家的主题是自然，而禅宗的根本是心灵。这三者所思考的自然、社会和心灵刚好是存在者整体的三个方面。正是如此，才可能有所谓的儒道互补，有所谓的儒道禅合一。

【美与美学】

东坡题竹

1073 年春，苏东坡出任杭州通判时，从富阳、新登取道浮云岭，进入於潜县境"视政"，当时於潜县令刁铸与苏东坡是同榜进士，交情甚笃。刁铸热情接待了这位上司，并下榻在镇东南的金鹅山巅"绿筠轩"中。一天，在寂照寺出家的於潜僧慧觉禅师拜见苏东坡，与他一起谈佛论经。苏东坡博学多才，又自称佛门居士，谙熟佛学，使慧觉十分钦佩。两人在"绿筠轩"临窗远眺，只见满目皆是茂林修竹，苍翠欲滴，景色宜人，苏东坡情不自禁地连连叫绝。慧觉禅师见此，知苏东坡已被眼前的绿竹景色所倾倒，就故意逗道："苏学士，房前屋后栽几株竹子，我们於潜自古以来如此，不过点缀一下而已。"苏东坡摆摆手道："此言差矣，门前种竹，决非点缀而已，此乃高雅心神之所寄。"于是灵感顿生，挥毫草成一首《於潜僧绿筠轩》，相赠慧觉：

宁可食无肉，不可居无竹。
无肉令人瘦，无竹令人俗。
人瘦尚可肥，士俗不可医。
旁人笑此言，似高还似痴。
若对此君仍大嚼，世间哪有扬州鹤？

赏析

中国人素有对竹子的爱好，俗话"宁可食无肉，不可居无竹"就是证明。为什么中国人如此钟情竹子，以竹为美呢？清代画家郑板桥明确揭示，竹子"瘦劲孤高，枝枝傲雪，节节干霄，有君子之豪气凌云，不为俗屈"。人们赏竹，爱竹，以竹为美，就是因为竹子的品性、特质等与士君子的志向、操守等具有一种本质上的联系或统一性。

中国古人欣赏玉，时常以玉为美。为什么呢？这就在"以玉比德"，"夫玉者，君子比德焉”（《荀子》）。实际上，这就是在玉与人，具体地说，即与人的品格、德操之间具有一种本质上的统一性，具有一种现实的、实际上的联系和关系。有人说，玉性即人性，玉品即人品，这没有揭示别的，这实际上就揭示了玉与人、客体与主体是统一的这一事实。

人需要一种精神上的需求，人就是为了美妙的事物而存在的，也是为了欣赏美妙的事物而超越于万物的。人是有着美的感觉的动物，没有了美的感觉、没有了美的事物，人就失去了自身的意义，而变得木然与万物一体了。

知识链接

文人与扇

扇子文化在中国源远流长，是中国传统文化的组成部分之一。扇子从上古时期出现后，随着朝代的发展，其功能由最初的障面、遮阳挡风、纳凉，逐渐形成了以在扇面上题诗作画为核心的扇子文化。翻开中国的文化史，总会发现文人与扇子之间有着千丝万缕的联系，引出佳话无数。

古代文人常以“梅兰竹菊”自居，这四样东西被称为“花中四君子”。梅，开放在寒冬，代表艰苦环境中的高贵精神；兰，生长在人迹罕至之处，代表远离尘嚣的自在之美；竹，虽细而有节不屈，代表坚持气节的操守；菊，百花凋谢之后才开放，代表不与他人争先的气质。

而文人爱扇，便缘自爱竹。竹子满身长满了竹节，但是它依然坚挺不屈。可别小看了这个“节”，文人对这个看得比生命都贵，所谓“饿死事小，失节事大”。但是竹子毕竟体积太大，那些文人总不能走到哪儿身上都带跟竹子，既不美观，也不方便。于是人们就掉过头来爱竹子做成的扇子。扇子是冬藏夏出，时令明显，谓之“气”；有竹架支撑，谓之“骨”；扇骨由竹制成，谓之“节”；扇子摇摆，清风拂面，谓之“风”。小小的一把扇子，竟能将“气、节、风、骨”四大美德集于一身，如此大雅之物，不玩它还能玩啥？所以一向反对“玩物丧志”的古代文人，却从来都是扇不离手。

扇子虽小，却也要分出个品级和阶层。文人墨客多用折扇，军师轻摇鹅毛扇，丫鬟小姐用团扇，贩夫走卒大蒲扇。别看用扇子是小事，用错了地方不免会贻笑大方。

文人爱扇，所以文人最受不了的是就是破坏扇子。破坏扇子被文人视为暴殄天物，践踏文人视为生命的气节风骨和尊严，甚至被视为大逆不道。《红楼梦》里晴雯撕扇是一个经典回目，小小的一个丫鬟竟敢撕扇，最后便落得个难逃一死的下场。而《红楼梦》里次要人物石呆子又是爱扇、护扇的代表人物，为了自己心爱的扇子，他竟能说出“我饿死冻死，一千两银子一把我也不卖，要扇子，先要我的命”，由此可见扇子在古代文人心目中的崇高地位。

拓展与训练

一、思考题

1. 美育如何改变人的心理气质与精神面貌？

2. 分析孔子“乐而不淫，哀而不伤”的中庸准则及审美标准（中和）。

二、训练题

1. 查找资料，请列举出中国古代文人喜欢以哪些东西为美。

2. 中国古代的美本质观本同而末异，如儒家以情、和、“合目的”的形式为美，道家以无、妙、淡、柔、自然、生气和适性为美，佛家以涅槃、寂灭、死亡以及涅槃的象征——圆相、光明为美，便体现了中国古代美论的多样性。

请查阅相关资料，印证这段话的含义。

3. 请赏析李白《独坐敬亭山》“众鸟高飞尽，孤云独去闲。相看两不厌，只有敬亭山”的独特美感。

4. 试释“知者乐水，仁者乐山”。

5. 老虎、青蛙等自然事物，有时被人们作为自然美的对象来欣赏，有时又被人当作恶或丑的事物来看待，这是为什么？

第 2 节 美的价值

一谈到美，人们很自然就想起大自然中高耸的山峰、辽阔的大海、鲜艳的花朵、飞奔的鸟兽……人类社会中雄伟的建筑、堂皇的装饰、奇异的服饰、各色的商品……文艺作品中诗的意境、各具性格的人物、优美的旋律、玄妙的舞姿……可以说，在人们的生活中，美是无处不在、无时不在的，只要热爱生活的人，无不时时享受到美的快乐。

案例导入

宋代散文家、诗人苏轼，同时也是一位鉴赏大师。元代周密在《齐东野语》中说，有一个人将自己写的诗朗读给苏轼听，然后问：“在您看来，我的这首诗能打多少分？”苏轼回答：“可以打 10 分。”那人听了很高兴。接着，苏轼又慢慢说：“诗的本身占 3 分，朗读占 7 分。”献诗者姓甚名谁，无从考据，但字正腔圆、声调铿锵的高声朗诵，确实能为诗作增色。“熟读唐诗三百首，不会作诗也会吟”，其中的“吟”就是写作。我们多数读书人或许不具备诗人的天才，或无意成为诗人，吟诗也就成为地地道道的理解记忆了。这里的“吟”，是走进诗的境界，把玩诗趣，赏心悦目，进行艺术审美。

问题：

1. 你认为美的价值有哪些表现方式？

2. 《周礼》中说的“六艺”与美有什么关联？

专题欣赏

【美与生活】

易中天品厦门

的确，凡是到过厦门的人，差不多都会认同这个城市是一座“海上花园”的说法；而来到厦门的外地人，差不多都能体验到一种家庭式的温馨感。厦门的自然风光无疑是美丽的。但厦门之所以美丽可人，恐怕还在于她很小、很安静、很清洁、很温馨。有一句话：“广州人把票子吃进肚子里，上海人把票子黏在屁股上，厦门人把票子花在墙壁间。”我虽然没有深入过，但猜想厦门人的家庭生活，一定大多比较温馨，人情味很浓。否则，厦门人为什么那么不愿离家，即便离开了也要千方百计再回来？厦门的生活环境也像家庭。在厦门，出门、乘车、购物、打电话，都极其方便。

赏析

俄国美学家车尔尼雪夫斯基曾有一个很著名的观点——“美是生活”。他说：“任何东西，凡是显示出生活或使我们想起生活的，那就是美的。”别林斯基说：“在活生生的现实里有很多美的事物，或者，更确切地说，一切美的事物只能包括在活生生的现实里。”

事实上，在人类已有的审美活动中，还有一种很重要的审美形态——生活美。生活美是人对自身现实生活过程、状态的欣赏，是人类现实生活本身呈现出的审美属性，是人类以自身为对象的审美形态，是人的自我赞美与欣赏，是以审美奖赏自我、提升生活。日常生活中，比如有一天你穿了件新衣服上学，教室里的同学们便不由地多看你一眼。对你自己来说，你就是你，你不过是个坐在教室里听课的学生，且不得不来听课，是现实生活的主体。但在别人眼里，今天你有了特别的功能——你的衣服豁亮了大家的眼睛，打扮了今天的教室，因此具有了审美功能，成了一个审美对象。

【美与哲学】

清代李密庵在他的《半半歌》中说：“看破浮生过半，半字受用无边……饮酒半酣正好，花开半时偏妍，半帆张扇免翻颠，马放半鞭稳便。”无独有偶，德国哲学家尼采亦曾作诗谈“处世之道”：“别在平野上停留，也别去爬得太高。打从半高处观看，世界显得最美好。”这是一种追求“半”的人生哲学。

赏析

《半半歌》句句含“半”，文笔流畅，语言浅显，蕴涵着深刻的人生哲理，耐人寻味，发人深省。这首诗所蕴涵的美学哲理是不要企及顶峰的完善，顶峰前的那种趋势更富于想象的余地，因而也更充满希望。“半半”，是对称之美，平衡之美，是形式与内涵的统一美，是一种思维艺术的“哲学之度”；“半半”，是世界性的“中庸之道”，是思想的最高境界。

顶峰是衰败的起点，完善是解体的开始。譬如罗丹雕塑的艺术美，普利高津耗散结构的哲学美，黄金分割的数学美，篆刻留白的比例美，都印证了这首诗的无尽意蕴。

同样，社会生活中也有“半半”现象，每一个人都具有两重性格，或隐或显。越具才智的人这两重性（甚至多重性）越强。所谓好人不尽善、坏人不尽恶就是这个道理。假如你对一位著名诗人说他的诗好，那他也许无动于衷，你如果说他的书法好，他反而会面露兴奋之情，反之亦然。这不是什么虚伪之态，是一种丰富的、微妙的、潜意识的心理，是一种令人愉快的“半半”心理。非但心理如此，甚至连生理也如此。如失明的人听觉极灵，腿残者的臂力特大，这些不都是很有趣的“半半”现象么？

所以，哲学美不是绝对的，只要做到“和谐”，便是一种哲学美。人，生而平等，每个人的人格是等高的。老百姓喜欢“君子和而不同”这个朴素的至理名言，是因为这句提倡和谐的主张，体现了一种哲学的美感，让人享受到“草异色而同芳”的自然和谐的芬芳世界的美好。各种思维方式的共存，是社会昌明的体现。各种思维方式和光同尘，是一个社会充满勃勃生机、大有希望的征兆。

【美与伦理】

《孟子·滕文公上》："人之有道也，饱食暖衣，逸居而无教，则近于禽兽。圣人有忧之，使契为司徒，教以人伦：父子有亲，君臣有义，夫妇有别，长幼有序，朋友有信。"指孝敬父母、友爱兄弟姐妹、夫妇循礼、对朋友忠诚宽容、同道相谋（君仁臣忠）。

赏析

《尚书》记载最早的伦理关系有父母兄弟子，其道就是：父义、母慈、兄友、弟恭、子孝。这种渗透着义、慈、友、恭、孝观念的亲子长幼之间的关系，就是以血缘为基础的家庭伦理关系。这义、慈、友、恭、孝就是调节伦理关系的道德规范，它体现在个人身上就是伦理的造诣，即个人之德。封建社会把人际关系分为五种：君臣、父子、夫妇、兄弟、朋友。用忠、孝、悌、忍、善为"五伦"关系准则。孟子认为：君臣之间有礼义之道，故应忠；父子之间有尊卑之序，故应孝；兄弟手足之间乃骨肉至亲，故应悌；夫妻之间挚爱而又内外有别，故应忍；朋友之间有诚信之德，故应善，这是处理人与人之间伦理关系的道理和行为准则。

一个时期以来，"最美教师"、"最美战士"、"最美妈妈"、"最美护士"、"最美司机"等"最美人物"的"最美事迹"在各类媒体上频繁涌现，"最美"已然成为一种社会现象。成就"最美"的，往往是一些平常的小人物，他们在瞬间迸发出舍生忘死的英雄气概，在日常工作和生活的细微之处体现高度负责的职业操守，在日日月月的坚守中表现出顽强的意志，人民群众欣赏这种美丽的人格和品德，毫不吝啬地将自己热烈的掌声和无限的敬意送给了他们。称他们"最美"未必"准确"，但反映了人民群众内心里对社会风尚和价值的一种企盼，对社会道德和良知的一种期许。"最美现象"不仅具有重要的社会意义，而且蕴涵了丰厚的伦理价值。

【美与心理】

朱光潜先生举了一个有名的例子。假如一位商人、一位植物学家和一位诗人同时在看一朵樱花。商人想着赚钱，于是计算这些花在市场上的售价。植物学家会数一数花瓣和花柱，给花分类，并研究花繁叶茂的原因。诗人则全神贯注在这朵花上而忘记了一切，对于他来说，这朵小花就是整个世界，对花的美感享受使他极度狂喜。

赏析

诗人和商人同看一朵花时，他们所处在的空间距离并没有什么不同，这里所说的距离是一种心理距离，即诗人在花和自己的利害关系之间插入一段距离。

王国维在《人间词话》中说："昔人论诗词，有景语、情语之别，不知一切景语，皆情语也。"移情理论的目的，也正是让诗人、艺术家将客观的自然对象变成有情的自然。当自然界的一草一木都成了人内在情感的象征时，那么人在其中得到的审美享受必将是巨大的。

从以上例子不难看出，美学和心理学的关系确实相当密切。刘勰说："登山则情满于山，观海则意溢于海。"英国诗人济慈说："美是一种永恒的愉快。"美国美学家桑塔耶纳说："美是在快感的客观化中形成的，美是客观化了的快感。"在人们的审美活动中总是伴随着各种心理活动——情感、愉悦、想象等。李白的诗"寒山一带伤心碧"中的"寒"、"伤心"，不是纯客观的摹写，而是心情的表达。在某种意义上我们甚至可以说，美的发生离不开人心理因素的参与。

【美与文艺】

一次，蔡邕的邻人请他吃酒，当蔡邕走到他邻人屋前的时候，听到屋内传来激越的琴声。他想：既然请我来吃酒，为何琴声中带有一种杀伐之声？于是转身就往回走。主人发现后，马上把他追了回去，问他："为什么到了屋前不进屋？"蔡邕说明了原因后，主人忙解释道：他弹琴时看到螳螂捕蝉，蝉要飞未飞，而螳螂却一前一却，因为担心螳螂有失，想必情之所感，而形之于声了。

赏析

汉代的《毛诗·序》写道：诗要能"经夫妇、成孝敬、厚人伦、美教化、移风俗"。司马迁说："故音乐者，所以动盈血脉，通俗精神而和正心也。"

早在三千多年前的商周时代，就有了指向心性修养的"礼乐"活动，人们已注意到了美育在培养人方面的重要性。在《周礼》中出现的"六艺"，是周代培养士大夫作为基础教养必须掌握的科目。那时，贵族子弟都要学习"六艺"，包括"礼、乐、书、数、射、御"，其中"礼"是仪式、行为方式，"乐"是指音乐、舞蹈，"书"指书法。可见，"礼乐"教育是我国历史上较早的美育实践活动。春秋战国时代，我国第一个伟大的教育家孔子发展礼乐相济的思想，创立了古代的教育体系。结合当时的诗、乐艺术发挥了不少可贵的美育思想。他说，诗可以兴，可以观，可以群，可以怨，迩之事父，远之事君，多识于鸟兽草木之名。他把学诗看成是提高政治才干，培养高尚道德，学习知识，学习语言，学会接人待物、服务社会的重要手段。他在齐国听了一次古典音乐，"三月不知肉味"。也就是说，精神上获得一次深刻的美感享受，大大冲淡了物质欲望上的追求。他认为音乐是陶冶性灵所不可缺少的一门修养，也是人格最后完成的必修课，他所说的"兴于诗，立于礼，成于乐"，就包含着这个意思。他之所以重视艺术的美感教育，不仅在于他有丰富的审美体验，更在于他对艺术的卓越认识。他深刻地认识到，诗歌、舞蹈、音乐等艺术形式，不仅能使个体感到快乐，获得精神享受，而且能使人在自由、舒畅的情绪中学到知识，提高道德修养，从而成为对社会有用的人，使个体与社会达到和谐统一。孔子关于艺术教育的观点是比较全面的，他一方面认识到"兴"、"怨"、"哀"、"乐"这些情感活动在艺术教育中的根本意义，另一方面又不忽视艺术教育中的理性内容和积极的社会作用。孔子还谈道："志于道，据于德，依于仁，游于艺。"在这里，无论是志、据还是依，都是一种符合于道、德、仁的他律，而只有游，在"艺中游"。他反对用诗、乐抒发淫乱之情，而提倡雅、正；他要求艺术不仅要"尽善"，而且要"尽美"。

知识链接

"美"的字源说

"美"是中国古代人把"羊"与"大"两个独体字组合在一起造出来的合体字。"美"的本义是从帝王的观点定义的：下面的"大"是《说文》"皇，大也"之"大"，指三皇统治的疆土大如海；在"大"之上，是生活在这片土地上的驯顺如羊的人民（即"群"）；发音取自"海"中之"每"（"每"有迷茫之意）。

要问美是什么，首先得注意"美"这个字的含义是什么。中国汉代许慎的《说文解字》，宗旨就是"说其文，解其字也"，研究汉字结构，追溯造字根源及其本义。

一般认为，汉语"美"的原始语义是"羊大为美"。《说文解字》说："美，甘也，从羊从大。羊在六畜，主给膳也。”《说文解字》又说：“甘，美也。从口含一。”“羊大为美”将美关涉一个具体的现象，肥的羊或羊的肥。显然这不是关于美的哲学思考，也不是为美作出一个定义，而是一个具体的描述或者例证。但“羊大为美”说出了许多能够引起思考的东西。一方面，美指羊的肥大。它关涉一感性的自然物，同时还关涉人的生活世界，只要它是作为食物而存在。另一方面，美不仅指羊自身肥大健硕，而且指这种羊给人的味美感觉。美在这里和人身体的感觉特别是味觉建立了关系。味觉是品味，是区分和比较。它不仅是对于对象进行感觉，而且也是对于感觉进行感觉。

除了“羊大为美”一说之外，还有“羊人为美”一说。它主要指人戴着作为图腾的羊头跳舞，娱人娱神，达到人神相通。如果说“羊大为美”偏重于美的生理性和自然性意义，那么“羊人为美”则突显了美的宗教性和社会性意义。在此，舞蹈自身所带来的身心快乐是重要的。但如此理解的美不仅要从人那里获得规定，而且要从神那里获得规定。

由此可见，“美”在古代汉语中至少有两种不同的用法：一是关于感觉的，二是关于精神的。

拓展与训练

一、思考题

1. “两个黄鹂鸣翠柳，一行白鹭上青天”描写了怎样的情景？

2. 富贵牡丹、发财树等都具有一定的象征意义，以它的形象、名称带给人视听上的愉悦，原因何在？

二、训练题

1. 寻找你身边的美并与大家分享。

2. 杜甫《春望》中有名句云：“国破山河在，城春草木深；感时花溅泪，恨别鸟惊心。”为什么在诗中会出现“溅泪”和“惊心”的奇迹？

3. 如何理解儒家“礼乐”中的美学思想？

4. 中国现代美学起源三大家是谁？各有什么贡献？

5. 我们既欣赏“桃红复含宿雨，柳绿更带朝烟”，又欣赏“回旋天空的鹰和逍遥大海的长鲸”，请说说其中的道理。

第3节 社会环境美

广义的环境美包括山川草木、气候风物等自然环境的美和社会风俗习惯、社会制度以及人与人的关系等社会环境的美。狭义的环境美即人们生活、学习、工作的具体环境场所的美。环境美既体现在对个人家庭、学习、工作环境的布置与美化之中，又体现在对社会活动环境的美化上，如公共场所的卫生、整洁、绿化，街道、村舍的布局，建筑、园林设计的美等。

案例导入

“五讲四美三热爱”

1981年2月15日，全国学联、全国伦理学学会、全国总工会、共青团中央、全国妇联、中国文联、中国语言学学会、中华全国美学学会、中央爱卫会等九个单位，联合作出《关于开展文明礼貌活动的倡议》在全国人民，特别是青少年中开展文明礼貌月活动，大兴“五讲四美”之风。中宣部、教育部、文化部、卫生部、公安部等发出通知支持开展这一活动。1983 年 2 月，又增加了“三热爱”，于是形成了人们所传诵的“五讲四美三热爱”经典口号。

问题：

1. “五讲四美三热爱”的具体内涵是什么？
2. 结合具体事例，说说这一活动的现实意义。

专题欣赏

【家园美】

美丽的草原我的家

美丽的草原我的家，风吹绿草遍地花；彩蝶纷飞百鸟儿唱，一湾碧水映晚霞；骏马好似彩云朵，牛羊好似珍珠撒；美丽的草原我的家，水清草美我爱它；草原就像绿色的海，毡包就像白莲花；牧民描绘幸福景，春光万里美如画；牧羊姑娘放声唱，愉快的歌声满天涯。

赏析

多年来，这首优美经典的草原歌曲《美丽的草原我的家》飘过内蒙古大草原，唱响全世界。1975 年 8 月，草原风和日丽，是一年中最美好的季节，火华生平第一次见到了草原。一天，他乘坐汽车疾驰在广袤的草原上，透过车窗，看到草原是那样辽阔、美丽，白色、黄色、紫色的花朵成片成片地开放着，不由得惊叹大自然造物的神奇。停车极目远望，在草原深处，天空变得很低，只有微风轻轻地吹拂着他的脸。火华感到一阵阵的激动和兴奋。他非常想创作几首诗来抒发自己的感触和情怀，但是他又深知飞车观牧只是浮光掠影。于是，他决定利用这次机会，到草原深处扎扎实实地体验一下牧民生活。他寄宿在东乌珠穆沁旗的一位老伯家里，跟着老伯一起挤马奶、吃羊肉，还学习说蒙语。一天，火华随着老伯去放牧，不仅有一望无垠的花海和绿色的草浪，还有湖泊，加上百灵鸟在天空悠然飞过，欢快地撒下一串串动听的歌声，而老伯的女儿头戴一块儿火红的纱巾在草原上奔跑。这是一幅多么绝妙的人与自然和谐相处的美好生态画卷，《美丽的草原我的家》由此而来。

一个美丽的家园对人们的和谐生活是相当重要的。新鲜的空气、优美的环境、舒适的房屋等都是美丽家园的重要特征，也是人类社会不懈的追求。如今，构建美丽家园已经被放到突出的地位，不断与经济建设、政治建设、文化建设、社会建设各方面融合起来。努力建设美丽家园，是实现中华民族永续发展的重要举措，也是体现了对子孙后代负责的精神。

【自然美】

《游春图》

《游春图》是一幅春天的场景，四处点缀着春天点染出的绿色，那些尚未长叶的树枝，也似乎感受到阳光的暖意，正欲萌芽。水的这边两个闲人在走马，水的那边两个人在看水，湖中三位标致的女子，乘船闲话中，正在渡河，溪上有一座小桥，山中还有古刹……全画以自然景色为主，放目远眺：青山耸峙，江流无际，花团锦簇，湖光山色，水波粼粼，人物、佛寺点缀其间。在设色和用笔上，古意盎然，山峦、树石皆空勾无皴，但线条已有轻重、顿挫的变化。以浓烈色彩渲染，烘托出秀美河山的勃勃生机。

赏析

自然美是非常迷人的，我们的祖国幅员辽阔，地形复杂，历史悠久，文化灿烂，可供旅游的胜地不可枚举。泰山日出、黄山奇峰、桂林山水、庐山瀑布……没有一处不令人心旷神怡。即使一些日常自然现象，也具有令人陶醉的魅力：朝晖晨曦、日落晚霞、风和日丽、细雨缠绵、花丛蝶飞、雁落平沙……都那么具有诗意。自然之美代表了人的田园梦幻，是人在精神之域回望和皈依的对象。

人类对自然美的鉴赏很早，在我国，相传尧舜时代的君王就已经登临泰山祭天了。自秦始皇起，历代帝王更是没有间断过对全国名山大川的巡游，特别是魏晋南北朝时期，官宦、士子乃至百姓，都把游览当作一种乐事，并把对自然美的鉴赏作为修炼品行、陶冶精神的重要手段。

的确，自然美在陶冶人的性灵、培养人的情操方面，具有独特的作用。自然美清静、质朴的本色，可以使人洗心涤虑，返璞归真，摆脱尘世社会名枷利锁的羁绊，“惟性所宅，真取弗羁”。练就一种淡泊、真淳、随缘自适的人生修养，“不戚戚于贫贱，不汲汲于富贵”。我国古人欣赏的那种疏野情趣即属此类。自然美雄浑崇高的景象，又可激励人奋发进取的勇气，树立高尚远大的抱负，如李白所谓“黄河落天走东海，万里写入胸怀间”，孟郊所谓“天地入胸臆，吁嗟生风雷”。古往今来，祖国秀丽山河曾激发起多少爱国志士的雄心，“江山如此多娇，引无数英雄竞折腰”。当代画家刘海粟在登临东海边高山时，曾赋诗“海到尽头天是岸，山登绝顶我为峰”，从大自然的浩渺广阔，激发起勇于攀登的拼搏精神，表现了一种崇高的人生价值观。

【生活美】

生活美

王维《山居秋暝》：“空山新雨后，天气晚来秋。明月松间照，清泉石上流。竹喧归浣女，莲动下渔舟。随意春芳歇，王孙自可留。”前四句以清丽质朴的笔调描绘了空山雨后清悠凉爽的特定自然景色。后四句描绘了一幅形象鲜明、声色相间、生机勃勃的动人画面。诗人凝深情于笔端，有皎洁的明月、潺潺的流水，有竹林喧哗声中走出的洗衣姑娘、莲花动处穿行的渔舟，构图完美和谐，充满活力，是时代生活的美的折射。

赏析

美遍布生活的各处，璀璨耀眼的有为之士，闪亮夺目的水晶灯，赏心悦目的绘画，时尚个性的服饰，精致且美味的食物，山花烂漫、海天相接的旅游美景等都是美丽的，都会吸引生活中忙碌的人们驻足停留，欣赏玩味。美也会带给欣赏它们的人以愉悦和惊喜，使我们的生活不再单调，变得丰富多彩，不断追求美，追求高端，追求精致。

生活美包括生活环境美与人体装饰美。我们的日常生活中的美对我们的影响是最持久、最普遍的，生活美既给人以无尽的美感，也培养人的高尚审美趣味与取向。

【社会美】

无边的心灵

2007年10月7日凌晨，四五个醉醺醺的年轻人来到了巴黎奥赛博物馆。他们打破一扇后门之后，堂而皇之地闯入了馆内。这里珍藏的每一件艺术品都价值不菲。几个人跌跌撞撞，令人胆战心惊。最后，悲剧还是发生了：其中一名醉酒者走到了一幅名叫《阿让特伊大桥》的油画面前，一拳打过去，画布右侧旋即出现一条长约10厘米的大口子。接着，警报器响起，几人闻声落荒而逃。

这幅作于1874年的油画《阿让特伊大桥》是法国印象派大师克劳德·莫奈的代表作之一，破损处位于画面正中央，帆布线都露了出来，损害相当严重。法国一家知名媒体当天就播道了此则新闻。这件事引起了法国文化部长阿尔巴内尔的高度重视，她说："这是对我们共同遗产的攻击!"

去过奥赛博物馆的人都知道，那里的多数艺术品完全对游客开放，而不是被严密地用防范设施遮拦起来，《阿让特伊大桥》就是被悬挂在博物馆的墙壁上，触手可及，难怪肇事醉汉能够轻易得手。此事一出，许多人都认为，奥赛博物馆肯定会采取一些措施，把艺术品隔离保护起来，让所有的人只能远观不能亵玩。

但是，奥赛博物馆并没有像大家所预料的那样做，而是修复了油画的破损处，把其依然放回原位，没有采取任何隔离保护措施。这不禁引起国际诸多收藏家的一片指责，一时间，批评如潮水般涌来。

这时候，大家以为奥赛博物馆肯定不会再无动于衷了，而令所有人诧异的是，奥赛博物馆依然毫无反应！许多媒体对此事进行了密切追踪。最后，奥赛博物馆发言人这样解释："一、博物馆不是保险柜。二、我们不光要对艺术品负责，我们还要对它们的观众负责！三、你会因为交通事故而禁止生产汽车吗?"奥赛博物馆发言人的话一经播出，掌声如潮。

赏析

社会美，是指社会事物、社会生活以及人类精神活动的美，是美的具体表现形态之一。社会美存在于社会生活的各个领域，如经济、政治、科学实验，以及人的衣食住行、交际往来等方面，有社会实践劳动创造的美，有社会道德风尚的美，有日常生活的美。它来源于人类的社会实践，是社会实践的直接体现。社会美既体现于人类改造自然和社会的历史过程中，同时也体现在人类社会实践的成果中。社会实践的主体——人的美是社会美的核心。在征服自然、改造自然和变革社会的实践中，人的本质力量不断得到发挥，人类主体实践的巨大力量，如人的智慧、品德、意志、性格、创造力等得以充分展现，在此过程中，人们认识到自身实践力量的崇高与伟大，由这种对自身才能与力量的积极肯定而产生一种愉悦情感，人类的劳动活动本身获得了审美的价值，因而社会美还存在和表现于静态的人类劳动的产品上，在感性成果中，凝结了人的本质力量物化了人的审美心理的因素，人按照美的规律创造着自身。

【人际美】

人际美

唐朝诗人中与白居易并称"元白"的元稹，早年家寒位卑，他的妻子韦丛与他感情甚笃，经常变卖自己的首饰改善元稹的生活。韦丛不幸早逝，元稹后来位至监察御史，写了三首著名的《遣悲怀》纪念他的亡妻。第二首写道："昔日戏言身后意，今朝都到眼前来。衣裳已施行看尽，针线犹存未忍开。尚想旧情怜婢仆，也曾因梦送钱财。诚知此恨人人有，贫贱夫妻百事哀。"

赏析

人要生活就要交往，在交往过程中，形成种种人际关系，比如母子、夫妻、同志、朋友、师生等关系。在这些关系中体现出挚爱、诚信、互尊、合群等良好的精神风貌和意志行为，从而表现了一种人际美。

孔子对大同之世的理解："故，人不独亲其亲、不独子其子，使老有所终、壮有所用、幼有所长、鳏寡孤独废疾者皆有所养。"孟子曰："老吾老以及人之老，幼吾幼以及人之幼。"人际关系的美，从根本上是和谐的美。一个人不可能生活在真空中，他必然要与周围的人们发生千丝万缕的联系。马克思说，人是一切社会关系的总和。在社会当中，人们往来穿梭，构成一个我们看不见、摸不着但却时时可以感觉得到的关系网。无论愿意或不愿意，你都在此成长生活；无论什么人都必定处于实际的社会关系中。即使是《鲁滨孙漂流记》中的鲁滨孙，流落在大海的荒岛之上，他要是没有"星期五"的帮忙，或许也永远回不了故乡。人际关系是人类赖以生存发展的条件。因此，建立美的人际关系，是使生活美好的重要因素。人际关系恶化，内部摩擦加大，内部损耗增加，久之，会导致一个家庭离散，一个群体瓦解，一个国家崩溃。人与人互相结交，"1＋1"可以大于或等于 2，也可以等于甚至小于 0。人际关系应当处理得妥帖，当然，这不等同于拉帮结派、党同伐异以致狼狈为奸。我国古代思想家将人际关系美叫做"和"，而将庸俗关系学叫做"同"，强调"君子和而不同"。"和"就是保持自己的个性、特长，不是毫无原则地互相利用。"同"则是相同成分堆积在一起，见不出个性，见不出对立统一。为了各自的利益团结只是暂时的，随时会土崩瓦解、反目成仇。这种人际关系是"小人之同"。

知识链接

和谐社会

"和"字同"龢"，本指古代的一种笙，不同的竹管发出不同的声音，然后吹奏出动人的曲调。"和"从口禾声，和者，睦也，有和衷共济、政通人和之意。"谐"从言皆声，谐者，合也，有协调、顺和、无抵触、无冲突之意。和谐是指事物和现象各个方面的配合协调、融洽，是多样性的有机统一。

和谐社会的具体含义：一是个人自身的和谐，二是人与人之间的和谐，三是社会各系统、各阶层之间的和谐，四是个人、社会与自然之间的和谐，五是整个国家与外部世界的和谐。

人与自然的和谐是社会和谐的基础；人与社会的和谐是社会和谐的前提；人与人的和谐是社会和谐的关键；国家内部系统诸要素的和谐（生产力和生产关系、经济基础和上层建筑的和谐）是社会和谐的保障。

和谐社会的基本特征并不是孤立存在的，而是相互联系、相互作用的。

拓展与训练

一、思考题

1. 生活美与我们的日常生活息息相关，日常生活美有哪些？

2. 构建良好的人际关系有助于构建美好的生活，你有哪些构建良好人际关系的心得体会？

二、训练题

1. 拥有美丽家园是我们共同的心愿，关于建设美丽家园，你有哪些建议？

2. 社会环境美与自然美有哪些异同？

3. 请观看《可可西里》，体验其中的美感。

4. 2007 年 7 月 19 日，美国艺术家通布利价值 200 万美元的油画在法国南部阿维尼翁市当代艺术馆展出。一位女士用力亲吻了一幅油画，赫然在画布上留下了她的唇印。为此，该女士被警方以“破坏艺术品”的罪名逮捕。后来，媒体就此事采访艺术馆发言人的时候，他说：“这是通布利的骄傲，他所创造的艺术美让人情不自禁。”这案例体现了什么美？

5. 《爸爸去哪儿》是湖南卫视全新推出的父子亲情互动节目，你看后有什么体会？

第 4 节　人的自身美

人既是审美主体，又是审美客体；既是美的创造者和欣赏者，又是美化和欣赏的对象。人是从自然界分化出来的，还保存着自然属性，人的美具有自然美的一面；人的自然属性已经社会化，人的自然美是社会化的自然美。人的本质属性是社会性，人的美主要是一种社会美，是自然美与社会美的有机统一。

案例导入

新中国首次选美

1988 年春节刚过，中国作家协会的蒋和欣来到北京“部长楼”串门，他的好友赵耀和张安东的家就在这里。赵耀是中国文联党组副书记赵寻的儿子，张安东的父亲张光年是中国作协副主席、组诗《黄河大合唱》的创作者。闲聊中赵耀忽然提议：“咱们办个选美比赛吧，没准还能赚些钱。”

三个人在张安东家里聊了一夜。赵耀说，直接称呼“选美”不好，和资产阶级关联度较高，还是叫“青春风采大赛”比较好。

他们找到《当代电视》编辑部主任朱汉生，希望他出面主办这次赛事。

1988 年 3 月，“首届北京女子青春风采大奖赛”组委会成立，朱汉生担任负责人，赵耀、张安东等为组委会成员。

比赛报名简章也确定下来，规定参赛者为 17～27 周岁在北京市居住的女青年。比赛分初赛、复赛、半决赛和决赛，分设“青春活力”、“聪慧灵秀”、“文雅端庄”、“娇美丽质”4 项大奖，其中最优者为“1988 年北京之花”。

问题：

1. 从这个故事中你明白了什么？

2. 你知道这次选美大赛的结局吗？有什么影响？

专题欣赏

【自然形体美】

《四美图》

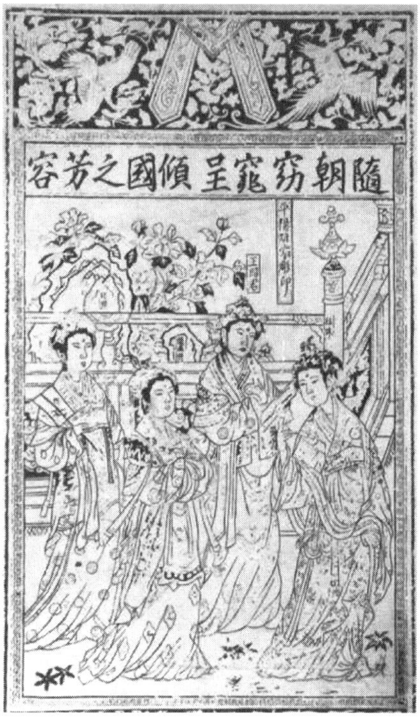

《隋朝窈窕呈倾国之芳容》又称《四美图》，是金代以来流传在平阳以古代人物为题材、新春期间在房舍厅堂张贴为主、民间年画性质的木版雕刻画，是我国迄今所见最早的木版年画。图中集汉、晋两代的绿珠、王昭君、赵飞燕、班姬四个历史人物于同一画面，后人把这幅画称为《四美图》。画面绿珠左手提裙登阶，回眸又望右手所持的玉麒麟，风情毕现；王昭君身着异族服饰，执笔修书，神情沉郁；赵飞燕金饰玉佩，袖手昂头，志满意得；班姬持扇列后，文静矜持。整个画面素色，讲究线条，一派清穆之风。

赏析

人的自然形体美，是指人的形体和容貌的美，是人的生理形态呈现的美，属于自然美、形式美的范畴。

早在古希腊时期，古希腊人的形体审美意识已经十分强烈和自觉，“在他们眼中，理想人物不是善于思考的头脑或者感觉敏锐的心灵，而是血统好、发育好、比例匀称、身手矫健、擅长各种运动的裸体”。为实现这种审美意识，他们推行优生制度、开展全民体育运动（音乐、舞蹈训练）、进行严格的军事训练，把肉体的完美看作神明赐予的特殊恩宠。

大自然造化的人体千姿百态，不拘一格，个体皆自成其美。人们从审美实践中，也形成了一些共同的人体美要求：体形匀称、体貌光润、体式协调、体质健康。

曾提出“美是生活”这一著名美学命题的俄国革命民主主义美学家车尔尼雪夫斯基对此有过论述：由于辛勤劳动，因此农家少女体格强壮，长得很结实——这也是乡下美人的必要条件。在世界各民族发展史上，为了追求“美”而不惜摧残身体的事例屡见不鲜。中国古代女子的缠足与束胸同样属于这类情况，为了追求“三寸金莲”之美而不惜毁掉“天足”，为了显示出“端庄”之美，则常常因束胸而造成乳头内陷，导致婚后哺乳困难。古希腊著名医学家噶伦曾说：“身体美确实在于各部分之间的比例对称。”不少美学家进而从人体中归纳出黄金分割比例关系。

【服饰美】

心理学家的实验

心理学家做过这样的实验：请一位小姐着三套不同的服装分别拍照，第一套是古板、落后于时代的蓝色长衣长裤；第二套是具有时代特色的蓝色西服套裙，内着白色衬衣；第三套是时髦的超短裙。将拍好的照片拿到各公司经理处，请各位经理在三张照片中选一张适合做秘书的。实验结果是，绝大多数经理选择的是第二张，身着西服套裙的。

赏析

形体是单一的，服饰却丰富多彩。俗语说得好，“人是个桩桩，全靠两件衣裳”，“三分长相，七分打扮”。自从服饰不但用于保暖，还为了美观，以及人类懂得用石珠、兽牙、贝壳装饰自己开始，服饰就在人的美中发挥无穷的威力。

服饰的审美价值就在于增强和提高人自身的审美价值，体现人的外在美，折射人的心灵美。当服饰与穿戴者的气质、个性、身份、年龄、职业以及穿戴的环境、时间协调一致时，就能真正达到美的境界。古希腊“和谐就是美”的美学观点在服饰美中得到了最充分的体现。服饰的美要达到和谐统一的整体视觉效果，人们就应遵守服饰穿戴的基本原则。

称体，就是追求服饰与人体的协调和谐。要求服饰的质料、色泽、款式、造型与人的身材、肤色乃至气质状态相适应、相协调。除衣服以外，其他的装饰品更应讲究恰到好处，能融于着装之中，共同显示人之美，而不可以夸富式地穿金戴银，显得俗气。

入时，就是追求与自然的协调和谐。一般来说，春装艳丽多姿，与“千里莺啼绿映红”的春色相得益彰。夏装素淡飘柔，与骄阳似火的酷夏互补互融。秋装淡雅高洁，与“霜叶红于二月花”的秋景相互辉映。冬装色浓厚重，与银装素裹的冬景相互衬托。达到春装艳、夏装淡、秋装雅、冬装暗。

从俗，就是追求服饰与社会生活环境、民情习俗的协调和谐。人的服装行为并非随心所欲的，要受到特定群体的审美观点、审美风范、审美理想的制约，表现出特殊的审美习惯和审美趣味。但是服饰行为的约定俗成也不是一成不变的，随着时代的变化，服饰也发生相应的改变，在某种因素的刺激下（政治事件、明星效应、领袖提倡等），会形成一种时尚，一股潮流。

适性，就是追求服饰与人的个性、情趣的协调和谐。服饰是一个国家文化的表征，是一个人思想的形象。它可以传达出穿戴者的社会地位、角色、职业、文化修养和人格气质。服饰与人格存在某种一致性。因而，人的着装不仅要充分展现人的形体之美，更重要的是体现出人的个性之美、情趣之美。

【风度美】

捉刀

南朝刘义庆的《世说新语》记载了这样的一个传说：曹操将接见匈奴来的一个使者，但觉得自己不高大，不足以示威远国。因此他命身材高大、仪表堂堂的崔季代他主持接见，自己只拿刀站立一旁。接见完毕后，曹操派人去问那使者印象如何。使者答：“魏王雅望（容貌）非常；然床头捉刀人乃英雄也。”

赏析

风度美包括仪态美、神韵美两部分。一个人的风度，是在长期的社会生活实践和一定的文化氛围中逐渐形成的，是个人性格、气质、情趣、素养、精神世界和生活习惯的综合外在表现，是社交活动中的无声语言。

风度之说，在我国古已有之，古人十分讲究风度，创造了极其丰富的词汇加以表述。《魏书·杜铨传》：“铨学涉有长者风。”这“风”指的是治学做人的作风和气度。《晋书·

安平献王孚传论》："安平风度宏邈，器宇高雅。"这里说的"风度"与今天"风度"一词的含义是一样的。古文中与"风度"相同或相近的说法还有"风仪"、"风标"、"风致"、"风雅"、"风韵"、"风貌"等。

良好的风度是在社会生活中不断培养、修炼、磨合而成的。在这过程中，内在美自然流露出来，形成自己特有的待人接物的行为方式。周恩来总理在南开学校读书的时候，在大立镜旁糊了一面"纸镜"，上面写着："面必净，发必理，衣必整，钮必结，头宜正，肩宜平，胸宜宽，背宜直，气象勿傲勿怠，颜色宜和宜静宜庄。"毫无疑问，他在外事活动中尽显其伟大的人格魅力，和他时时注意自己的仪表、风度是分不开的。良好的文化修养、渊博的学识、精深独到的思辨能力，是构成高雅风度的内在因素，通过语言、举止、服饰、态度和作风自然地转化为外在的形式。

【气质美】

东床

《晋书·王羲之传》记载：东晋太尉郗鉴，有女长成，叫一门生到名门望族王导家去物色女婿。王导就叫来人亲自到他家东厢，从诸子弟中挑选。王导家的后生们得到消息后，一个个都严肃起来，有的看书，有的作文，有的练字。只有一人若无其事，打着赤膊，露出肚皮，躺在东床上吃东西。门生去之后，据实以报，郗鉴说："那东床袒腹的才是理想的对象呢！"原来此人正是大书法家《兰亭集序》的作者王羲之，惟大英雄能本色，本色就是气质。

赏析

气质，是指人的内在修养的外在个性化显现，主要是在后天环境中形成的。

气质的美，在于含蓄有节、英华内蕴。含蓄，是我国特有的美学范畴，一般用于风格或艺术手法，其本意是忌直露、求蕴藉。用司空图的话则是："不著一字，尽得风流。"有节，则是从修身养性的角度强调人的心理特点的表现方式。中国哲学的精髓在于中和之美，在人的修身养性上提倡"直而温，宽而柔"、"哀而不伤"、"怨而不怒"的平和精神。人拥有这种精神，则刚柔相均，曲直相生，有节有度，不卑不亢，不过不及，精神上达到最佳境界。气质的含蓄有节并不意味着世故圆滑。一般来说，德高、学博、识广、才重的人，在气质上往往也含蓄有节。

气质之美来源于个性之美，但个性千差万别，有优良个性，也有不良个性。优良个性促成良好气质，显现气质之美；不良个性，则产生不良乃至恶劣气质，无美可言。如果一个人能将勇敢威武与热情温柔、自信与谦虚、粗犷与细心、稳重与活泼、深沉与坦诚等性格因素和谐地统一起来，构成独特的性格，就会给人以可信、可爱、可敬、可托之感。

气质之美主要是通过长期的修炼达到的。它取决于主体的生活环境，得力于后天的教育和自我修养。气质的美离不开德、才、胆、识的修养，它使主体的思维能力、情感能力、意志能力、审美能力、洞察能力得到强化和提高，进而促进人的气质优化。而具有超凡胆量和勇气的人，才能够有优于常人的感受力、承受力，表现出反应的敏捷性和情绪的稳定性，在逆境或顺境中，都能以良好的心理素质接受新的挑战。

【人格情操美】

不为五斗米折腰

405 年秋，陶渊明为了养家糊口，来到离家乡不远的彭泽当县令。这年冬天，到任 81

天时，碰到浔阳郡派遣督邮来检查公务，浔阳郡的督邮刘云，以凶狠贪婪闻名远近，每年两次以巡视为名向辖县索要贿赂，每次都是满载而归，否则栽赃陷害。他一到彭泽的旅舍，就差县吏去叫县令来见他。

陶渊明平时蔑视功名富贵，不肯趋炎附势，对这种假借上司名义发号施令的人很瞧不起，但也不得不去见一见，于是他马上动身。不料县吏拦住陶渊明说："大人，参见督邮要穿官服，并且束上大带，不然有失体统，督邮要乘机大做文章，会对大人不利的！"

这一下，陶渊明再也忍受不下去了。他长叹一声，道："我不能为五斗米向乡里小人折腰！"说罢，索性取出官印，把它封好，并且马上写了一封辞职信，随即离开只当了81天县令的彭泽。

赏析

人格情操美，是远大崇高的理想美、持节不移的操守美、胸襟广阔的气度美、自律不懈的修洁美和高尚雅洁的情趣美的结晶。

（1）远大崇高的理想美。是人格意识的重要内涵，决定人的价值取向。崇高的理想是照耀人前进的彩光，也是人格情操美的心灵源泉。古人曰"少年心事当拿云"，便是对理想美的一种倡导。

（2）持节不移的操守美。是人格情操美的又一重要表现。操守是指与社会情感相应的行为方式，泛指人的气节、品德。自古以来，人们公认的如刚正不阿、清正廉洁、临危不惧、临难不苟以致杀身成仁、舍生取义等节操，都是善的和美的，是操守美的表现。终生无悔、至死不渝，为后人树立了操守美的光辉榜样。

（3）胸襟广阔的气度美。气度是"人格所达到的某种境界。现实生活中所说的气度，往往用来指对外界事物的影响采取一种宽容、豁达、谦逊、诚实的态度"。古人把"浑然和气"看成"居身之珍"，主张"和气致祥"、"宽则得众"。

（4）自律不懈的修洁美。"种树者必培其根，种德者必养其心"，追求人格情操的美，不可不修身养性。中国古人把"正心"、"诚意"、"修身"作为一个人治国平天下的前提，主张"天将降大任于斯人也，必先苦其心志，劳其筋骨，饿其体肤，空乏其身，行拂乱其所为"。修身养性的最高境界是修洁美，即不为物欲所动，不为人欲所误，不贪私、不苟取，做到如孟子所言的"慎独"，修德洁身，走向更完美的人格。

（5）高尚雅洁的情趣美。一个拥有人格情操美的人，应该追求高雅的情趣。情趣虽是审美主体在审美活动中表现出来的主观爱好、态度、兴味，但它是审美理想、审美修养的一种表现，审美能力水平的一种标志。一个人倘若不具备高尚雅洁的审美情趣，其人格就只是一种停留在一般伦理道德、知识水准上的人格，只有不断以高尚雅洁的审美情趣去滋润、浇灌自身的人格情操，获得善和美的双重价值，其人格情操才会由伦理道德层次升华为审美层次，达到超然脱俗、纯净优美、悠然自得的最高境界。

知识链接

形貌美

形貌是人的形体和相貌的合称。人的形体和相貌的美，通常称为形貌美。

形貌美属于自然美、形式美，主要是指人的正常健全的生理结构，包括匀称的躯体、端正的五官、健康的肤色、灵巧的身姿等。病残、损伤的人体，不合比例，不匀称的人体是不美的（也未见得丑，因为丑的评价包括社会价值标准的评价，如国际残联及残奥会）。

人体的匀称和比例，在不同的种族、民族中是不完全相同的，一般认为符合“黄金分割律”（1∶1.618）的人体比例是最佳的人体比例。文艺复兴时期著名画家达·芬奇曾根据“黄金分割律”提出过人体的具体比例：伸开两臂时的宽度等于他的身高，两眼间的距离应等于一只眼睛的宽度等。

关于体重，我国著名医学教授洪昭光认为，一个亚洲人体重（千克）的标准是身高（厘米）减去 105 或 100。比如，某人身高 170 厘米，体重不应超过 70（170－100）千克，最理想的体重应是 65（170－105）千克。他还建议，要想得到标准数据，可以这样计算：体重指数＝体重（千克）/［身高（米）］^{2}。其中，指数为 22 最好，23、24 也可以，大于 24 算超重，28 以上算肥胖。

一般来说，人的形体以先天的“遗传”因素为基础，又与后天的营养状况、生活习惯和体育锻炼密切相关。合理膳食、适量运动可以改变不太理想的形体。青年学生正处于躯体发育的黄金时期，也是通过后天的方式改变先天因素的最佳时期。人体中的可变部分是皮肤、肌肉和脂肪。养成良好的生活习惯（如早睡早起），注意合理膳食（如不挑食、不暴饮暴食），加上合理的锻炼，可使皮肤更加红润，有光泽，偏瘦者变得肌肉发达、丰满，肥胖者变得苗条纤细。

拓展与训练

一、思考题

1. 人自身的美与礼仪有什么关系？

2. 如何理解“慧于心而勇于言”？

二、训练题

1. 古人云：“坐如钟，站如松，行如风。”请从人自身的美进行分析。

2. 体育比赛为什么会吸引众多观众？

3. 一位老教授昔日培养的三个得意门生都事业有成，一个在官场上春风得意，一个在商场上捷报频传，一个埋头做学问，如今也苦尽甘来，学有所成。你认为三个中哪个会更有出息？

4. 请分析：完美是不可得的，美却可以。

5. 苏轼《和董传留别》：“粗缯大布裹生涯，腹有诗书气自华。”说明了什么道理？

第9章　岁月流淌——中国传统礼仪与风俗习惯

第1节　中国传统礼仪

中国素以“礼仪之邦”著称于世。儒家学者整理而成的礼学专著——《周礼》、《仪礼》、《礼记》是古代各朝制定礼仪制度的经典著作，被称为“三礼”。中国古代，礼仪是一整套大到国家政治体制、朝廷法典，小到婚丧嫁娶、待人接物的烦琐、细密、等级森严、包罗万象的文化思想体系和政治体系。到了近代，礼仪的范畴才逐渐缩小到仅指礼节仪式。

案例导入

趋庭

陈亢问伯鱼：“你在老师（孔子）那里听到过什么特别的教诲吗？”伯鱼回答说：“没有呀。有一次他独自站在堂上，我快步从庭里走过，他说：‘学《诗》了吗？’我回答说：‘没有。’他说：‘不学诗，就不懂得怎么说话。’我回去就学《诗》。又有一天，他又独自站在堂上，我快步从庭里走过，他说：‘学礼了吗？’我回答说：‘没有。’他说：‘不学礼就不懂得怎样立身。’我回去就学礼。我就听到过这两件事。”陈亢回去高兴地说：“我提一个问题，得到三方面的收获：听了关于《诗》的启发，听了关于礼的启发，又听了君子不偏爱自己儿子的启发。”

问题：

1. 古代有五礼之说，你知道是指哪些？
2. 你知道我国还有哪些传统礼仪？

专题欣赏

【行走礼仪】

曾子避席

“曾子避席”出自《孝经》。曾子是孔子的弟子，有一次他在孔子身边侍坐，孔子就问他："以前的圣贤之王有至高无上的德行、精要奥妙的理论，用来教导天下之人，人们就能和睦相处，君王和臣下之间也没有不满，你知道它们是什么吗?"曾子听了，明白老师孔子是要指点他深刻的道理，于是立刻从坐着的席子上站起来，走到席子外面，恭恭敬敬地回答道："我不够聪明，哪里能知道，还请老师把这些道理教给我。"在这里，"避席"是一种礼貌的行为，曾子听到老师要向他传授道理时，站起身来，走到席子外向老师请教，是为了表示对老师的尊重。

赏析

古人对走路的动作分得很细，如从走路的速度上看，《释名》说："两脚进曰行，徐行曰步，疾行曰趋，疾趋曰走。奔，变也，有急变奔赴之也。""行"就是正常速度的走；"步"就是慢走；"趋"是快步行走，相当于今天的小跑；"疾趋"就是今天的跑；"奔"相当于今天的飞跑。根据场地的大小也有不同的走姿，如《尔雅》："室中谓之时（来回走动），堂上谓之行，堂下谓之步，门外谓之趋，中庭谓之走，大路谓之奔。"古人两脚行一次为一步，而现在的一步，古代叫"跬"（半步），荀子《劝学》："不积跬步，无以至千里。"

古人对走路的规定主要是指在不同的时间、地点、交际场合应有不同的走法，其要求较为详细，都在《礼记·曲礼》之中，如："游毋倨，立毋跛，坐毋箕，寝毋伏。"意思是走路不要显出傲慢的样子，站着不要偏用一脚而歪斜，坐着不要伸开双腿像簸箕，睡觉不能趴着。"帷薄之外不趋，堂上不趋，执玉不趋。堂上接武，堂下布武。室中不翔，并坐不横肱。授立不跪，授坐不立。"意思是说在布幔或帘子外走路不能小步快走，在堂上或手持贵重的玉器时不能小步快走。堂上走路应用细碎的步子，堂下走路则可以大步走。在室内走路不能双臂张开，和别人坐在一起不要横起胳膊。给别人东西时，对方站着，自己就不用跪着；对方坐着，自己又不宜站着给。

迎客之时，"凡与客人者，每门让于客……拾级聚足，连步以上。上于东阶，则先右足；上于西阶，则先左足"。意思是凡与客人一起进屋内，每入一道门时都要让客人先进……主客上台阶时都一级一并脚。上东阶的要先抬右脚，上西阶的要先抬左脚。见尊长时要"趋"，"遭先生于道，趋而进"，"先生与之言则对，不与之言则趋而退"。"退"就是倒退着走，即却行，如《汉书·高帝纪下》："后上朝，太公拥彗，迎门却行。上大惊，下扶太公。"

古人也有"交通规则"："坐不中席，行不中道，立不中门。"意思是餐饮之际不坐中间，走路之时不占中道，站立之际不堵门中。"道路，男子由右，妇人由左，车从中央。父之齿随行，兄之齿雁行，朋友不相逾。"意思是在道路上，男子靠近右边走，妇女靠近左边走，车在中间走。遇到和父亲年龄相当的人，应跟在他后边走；遇到和兄长年龄相当的人，应并行而稍后；和朋友一起走路不要抢先而行。

【见面礼仪】

子路拱而立

有一天，孔子的一个学生子路在穿过丛林时掉队了，正在着急的时候，遇到一位老农正在田地里干农活，于是他走上前问道："子见夫子乎?"意思是说：你看见我的老师了吗？老农看了一眼子路，没好气地回答说："四体不勤，五谷不分，孰为夫子！"老农的意思是说：既不劳动，又不知道生产知识，哪里配称什么老师！

子路觉得自己说话太冒失，没有礼貌，所以就双手放于胸前，很恭敬地站在一边，半天没有说话。老农看子路还是知书明理的人，就邀请子路到他家里过夜，晚上还盛情招待了子路，并且让自己的儿子出来拜见子路。

赏析

人们日常见面既要态度热情，也要彬彬有礼。如何与不同身份的人相见，都有一定的规矩。比如一般性的打招呼，在传统上行拱手礼。如果到人家做客，在进门与落座时，主客相互客气行礼谦让，这时行的是作揖之礼，称为“揖让”。揖让之礼按尊卑分为三种，称为三揖：一为土揖，专用于没有婚姻关系的异姓，行礼时推手微向下；二为时揖，专用于有婚姻关系的异姓，行礼时推手平而向前；三为天揖，专用于同姓宾客，行礼时推手微向上。传统社会对至尊者还有跪拜礼，即双膝着地，头手有节奏地触地叩拜，即所谓叩首。

古代妇女行礼方式与男子有很大区别，妇女相见行礼，往往口称“万福”。

【入座礼仪】

坐席定成败

鸿门宴是项羽和刘邦合演的一出历史佳话，司马迁的《史记》里对这一段故事的描写看似寻常之笔，实际大有深意。

据《史记》记载，项羽在鸿门摆下宴席，等着刘邦来赴宴时将其除掉。刘邦到达后，项羽、刘邦等数人依次落座：“项王、项伯东向坐；亚父南向坐，——亚父者，范增也；沛公北向坐；张良西向侍。”就是说，项羽和项伯面向东坐，范增面向南坐，刘邦面向北坐，张良面向西侍奉、陪席。

赏析

我国古代十分重视座次，它是分别尊卑的重要标志。《仪礼》、《礼记》都有关于座次尊卑的规定。如《仪礼·士昏礼》中的夫妻对席礼——夫坐东面西，妻坐西面东，这一座次就表示夫尊妻卑。

在封建官场中，是以官阶大小来分座次的，而座次的尊卑则是通过方向来表示的。如皇帝聚会群臣，最尊贵的皇帝的座位是坐北向南的。因此，古代常把称帝叫作“南面”，而把称臣叫作“北面”。大臣们一般面向北而坐，按官位高低从东往西排列，官位高的居右，官位低的居左，这也是古代“右为上”的道理。

我国古代贵族的房屋一般都是堂室结构，它坐北朝南，前堂后室。在堂上举行的礼节活动，以“南向为尊”；而在室内，则以“东向为尊”。这是因为室一般是长方形，东西长而南北窄，故室内最尊的座次是坐西面东，其次是坐北面南，再次是坐南面北，最后是坐东面西。由于大量的日常活动一般皆在室内进行，因此，这种室内的礼节性位次尊卑影响也就更为广泛。

诚然，以上所说的只是位次尊卑一般的形式。在历史的长河中，由于时代的变迁，位次尊卑也会有种种变化。如明人余继登的《典故纪闻》卷一所载：“至吴元年十月，太祖始令百官礼仪俱尚左，改右相国为左相国，余官如之。”

【饮食礼仪】

饮食礼仪体现等级区别

电视剧《甄嬛传》中常出现精致的美食，其实中国古代用膳，在饭、菜的食用上都有严格的规定，通过饮食礼仪体现等级区别。如王公贵族讲究“牛宜稌，羊宜黍，豕宜稷，犬宜粱，雁宜麦，鱼宜菰，凡君子食恒放焉”，而贫民的日常饭食则以豆饭藿羹为主，“民之所食，大抵豆饭藿羹”。宫廷饮食的特点是选料严格，用料严格，烹饪精细。不要小瞧宫廷里的人，他们的用膳可不是一件简单的事，在用饭过程中，有一套繁文缛节是必须遵守的。《礼记·曲礼》有这样一段记载：“共食不饱，共饭不择手，毋抟饭，毋放饭，毋流歠，毋咤食，毋啮骨。毋反鱼肉，毋投与狗骨。毋固获，毋扬饭，饭黍毋以箸。”

赏析

作为儒家经典的《礼记·礼运》明确指出：“夫礼之初，始诸饮食。”认为饮食活动中的行为规范是礼制的发端。我国礼仪的发端是祭祀礼仪，而祭祀礼仪是从饮食礼仪起始的。饮食礼仪在中国文化中占有极重要的位置，如古人称迎宾的宴饮为“接风”、“洗尘”，送客的宴席为“饯行”。

中国传统的宴饮礼仪是按阶层划分的，有宫廷、官府、行帮、民间的等。一般的程序是，主人折柬相邀，到期迎客于门外；客至，致问候，延入客厅小坐，敬以茶点；导客入席，以左为上，是为首席，相对者为二座，首座之下为三座，二座之下为四座；客人坐定，由主人敬酒让菜，客人以礼相谢；宴毕，导客入客厅小坐，上茶，直至辞别。席间斟酒上菜，也有一定的规程。

作为客人，赴宴讲究仪容，根据关系亲疏决定是否携带小礼品或好酒；应守时守约；抵达后，先根据认识与否，自报家门，或由东道引见介绍，听从东道安排，然后入座。

在中国古代，不仅讲求饮食规格，而且连菜肴的摆设也有规则，凡是陈设便餐，带骨的菜肴放在左边，切的纯肉放在右边。干的食品菜肴放在人的左手方，羹汤放在靠右手方。细切的和烧烤的肉类放远些，醋和酱类放在近处。葱等伴料放在旁边，酒浆等饮料和羹汤放在同一方向。如果要分陈干肉、牛脯等物，则弯曲的在左，挺直的在右。这套规则在《礼记·少仪》中有详细记载。上菜时，要用右手握持，而托捧于左手上；上鱼肴时，如果是烧鱼，以鱼尾向着宾客；冬天鱼肚向着宾客的右方，夏天鱼脊向着宾客的右方。

宴饮之礼，无论迎送，都离不开酒品，正所谓“无酒不成礼仪”。宴席上饮酒有许多礼节，客人需待主人举杯劝饮之后，方可饮用。所谓“与人同饮，莫先起觞”。客人如果要表达对主人盛情款待的谢意，也可在宴饮的中间举杯向主人敬酒。在进食过程中，同样先有主人执筷劝食，客人方可动筷。所谓“与人共食，慎莫先尝”。主客相互敬重，营造和谐进食、文明进食的良好氛围。

【拜贺庆吊礼仪】

《郭子仪拜寿图》

《郭子仪拜寿图》为绢本，工笔重彩，场面宏大，人物众多，在明人绘画作品中极为罕见，画中山林台观、庭院房舍、人物鞍马、山石花草，繁复精湛，特别是人物线条流畅，神采生动逼真。

画中讲郭子仪夫妻拜寿的故事。郭子仪夫妻七十岁寿诞，七子八婿个个为官，前来为爹娘庆寿。惟六媳李君蕊自恃乃当今公主，不来拜寿。六子郭暖回宫斥妻，怒打公主一巴掌。公主大恼而告唐皇。唐皇贤明，为教训女儿，与皇后默契，假意要斩驸马，令公主惊恐万状，后悔莫及。郭子仪闻报惶恐之急，绑子上殿请罪。唐皇为抚慰良臣，非但不降罪郭暖，反为其加冠三级，把郭子仪感动得涕泪双垂。由于此举父教有方，使小夫妻重归于好，并携手同往汾阳府拜寿赔礼，郭家合府欢腾。

赏析

中国自古是一个人情社会，人们相互关怀、相互体恤，在拜贺庆吊中有许多仪礼俗规。拜贺礼一般行于节庆期间，是晚辈或地位低的人向尊长礼敬，同辈之间也有相互的拜贺，如古代元旦官员朝贺，民间新年拜年之礼。行拜贺礼时，不仅态度恭敬，口诵贺词，俯首叩拜，同时有贺礼奉上。

庆吊之礼，主要行于人生大事中。人的一生要经历诞生、成年、婚嫁、寿庆、死亡等若干阶段，围绕着这些人生节点，形成了一系列人生礼仪。子孙繁衍是家族大事，诞生礼自然隆重热闹。婴儿满月时，亲戚朋友纷纷上门恭贺，并馈赠营养食品与幼儿鞋帽衣物。小孩长大成人时要行成年礼，成年礼在中国传统社会称为冠笄之礼。男子 20 岁行加冠礼，重新取一个名号，表示该男子具有结婚、承担社会事务的资格。女子 15 岁行绾发加笄礼，表示到了出嫁的年龄。现代成年礼的年龄在 18 周岁，学校举行集体的成年宣誓仪式，强调青年人的成年意识。婚嫁是人生的大事，传统社会十分看重。传统婚礼有六道程序，所谓“周公六礼”，即纳采、问名、纳吉、纳征、请期、亲迎等。宋代简化为纳采、纳币、亲迎三礼。婚礼的高潮在亲迎，新郎要到女家亲自迎娶新娘，新婚夫妇拜堂之后入洞房，行结发礼与合卺礼。大婚之日，亲友纷纷前来恭贺，主人要大宴宾客。寿诞礼，一般在四十岁以后开始举行。生日那天有庆生仪式，亲友送寿礼致贺。最后一道人生仪礼是丧礼，谁也逃脱不了。中国人重视送亡，丧礼发达。人死于正命，是白喜事，亲戚朋友都来吊唁。为了表示哀悼心情，人们要奉上挽联、挽幛或礼品、礼金。亡者一般在三五天入殓安葬。拜贺庆吊之礼显示了人们相互扶助的社会合作精神与社会团结的气象。

中国人的礼制精神是亲亲爱人，礼仪原则是自卑尊人。

【奉茶之道】

叩指礼

乾隆皇帝微服私访下江南，来到淞江，带了两个太监到一间茶馆店里喝茶。茶店老板拎了一只长嘴茶吊来冲茶，端起茶杯，茶壶沓啦啦、沓啦啦、沓啦啦一连三洒，茶杯里正好浅浅一杯，茶杯外没有滴水溅出。

乾隆皇帝不明其意，忙问：“掌柜的，你倒茶为何不多不少齐巧洒三下?”老板笑着回答：“客官，这是我们茶馆的行规，叫‘凤凰三点头’。”乾隆皇帝一听，夺过老板的水吊，端起一只茶杯，也要来学学这凤凰三点头。

这只杯子是太监的，皇帝向太监倒茶，这不是反礼了？在皇宫里太监要跪下来三呼“万岁、万岁、万万岁”。可是在这三教九流罗杂的茶馆酒肆，暴露了身份，是性命攸关的事啊！当太监的当然不是笨人，急中生智，灵机一动，弯起食指、中指和无名指，在桌面上轻叩三下，表示以“叩手”来代替“叩首”，权代行了三跪九叩的大礼。这样“以手代叩”的动作一直流传至今，表示对他人敬茶的谢意。

赏析

“叩指礼”是古人在饮茶或饮酒时经常使用的一种礼节，其方法是主人斟酒（茶）时，客人把食指、中指并在一块，指头轻轻在桌上叩几下。一般人们能从一个人做“叩指礼”的规范程度，推测这个人“茶道”的深浅。叩指礼一般有三种：第一种是长辈向晚辈、上级向下级斟茶或斟酒时，行礼者要右手（左撇子也得用右手）五指并拢成拳，五个手指同时叩击桌面三下，表示五体投地的拜礼；第二种是平辈之间行礼时，将右手的食指和中指并在一起，指头轻轻在桌子上叩三下。第三种是晚辈向长辈，或下级向上级斟茶或斟酒时，行礼者将食指或中指敲击桌面一下，相当于点头。如果特别欣赏对方，可以敲击三下。

我国历来就有“客来敬茶”的民俗。古代的齐世祖、陆纳等人曾提倡以茶代酒。唐朝刘贞亮赞美“茶有十德”，认为饮茶除了可健身外，还能“以茶表敬意”、“以茶可雅心”、“以茶可行道”。民间有句俗话，叫“酒满茶半”。意思是说，奉茶时要注意：茶不要太满，以八分满为宜。水温也不宜太烫，以免客人不小心被烫伤。同时，有两位以上的来客造访时，端出的茶色要均匀，免得客人有亲疏之嫌。奉茶时要配合茶盘端出，用左手托着茶盘底部，右手扶着茶盘的边缘，点心放在客人的右前方，茶杯则要摆在点心的右边。上茶时以右手端茶，从客人的右方奉上，面带微笑，眼睛注视对方，并和蔼地说：“这是您的茶，请慢慢享用！”

知识链接

古人为什么不赠诗给父母

纵观中国历史上各朝各代的所作诗词，抒情的、咏物的、爱国的、答谢的，涵盖了生活当中的方方面面。但没有见过古人答谢父母的诗词，这是为什么呢？

按照中国古代的礼仪，子不与父比肩，就连吃饭的座次还要讲究个尊卑有序，用短篇小制的诗词来答谢父母，岂不是坏了礼制？因此，欧阳修想祭奠他的母亲，不能用诗表达，只是写了一篇很长的《泷冈阡表》；潘岳写了很多悼亡诗，只是悼念他的妻子；清代有个很穷的诗人吴嘉纪，卖了书祭奠母亲，写了一篇《卖书祀母》的纪事，不是赠给母亲的，只是一篇纪事。

同时，除了礼仪方面的原因，诗词本身的特点决定了它不适合拿来赠给父母。一般诗词都比较短小精悍，讲求含蓄委婉的抒情，但是如果跟自己的父母长辈拐角抹角的，更加不成体统。

拓展与训练

一、思考题

1. 礼仪动作有哪些？

2. “拱手礼”和“揖让礼”一样吗？

二、训练题

1. 请查找资料，看看生活礼仪有哪些。

2. 请上网查询学习《周礼》、《三字经》、《道德经》、《弟子规》，从中可以领悟哪些道理?

3. 古代没有凳子、椅子，一般都是铺上席子“席地而坐”，两膝着席或地，臀部压在脚后跟上，与现代坐在凳椅上的姿势不相同，而与跪相像。“跪”在使用时一般都含有庄重、恭敬的意思。许慎《说文解字》：“跽，长跪也。”“跽”的姿势为两膝着地，上身挺直，与“长跪”相同，也含有“庄重恭敬”的意思。古人坐的姿势没有盘踞这一说，臀部着地，伸直双腿叫箕踞，是一种不拘礼节、傲慢不敬的坐法。请以“椅子改变中国文化”为题写一篇演讲稿。

4. 在校园文化艺术节上，请大家自编自演一段礼仪小短剧。

5. 各种礼仪有浓厚的民族文化背景，请查找相关资料整理成“礼仪指南”。

第2节　中国民族传统节日

中华民族在漫长的历史发展进程中，形成了博大精深的民族文化，其中就包括丰富多彩的民族节日——春节、元宵节、清明节、端午节、七夕节、中秋节、重阳节等。这些节日久经沧桑传延至今，不仅有着群众喜闻乐见的娱乐形式、丰富多彩的民俗文化、约定俗成的民间礼仪，而且蕴藏着历代民众共同的理想和精神追求，凝结着中华民族的民族精神和思想精华。

案例导入

屠苏酒

“爆竹声中一岁除，春风送暖入屠苏。”这是宋代王安石《元日》中的诗句。相传从南北朝开始，民间就有除夕夜半家人先幼后长饮屠苏酒的习俗。正月初一饮药酒防疫的风俗，早在汉代就已经形成了。以前由于卫生条件差，疾病流行，故常饮屠苏酒预防疾病。当时饮用的是椒酒，即用花椒浸泡的酒。花椒有除湿散寒、止痛杀虫等功用，后来出现了屠苏酒，因为它辟瘟防疫、预防疾病的作用比椒酒更大，就逐步取代了椒酒。

屠苏，也作酴酥，酒名。另传说药王孙思邈居住的庞里，曾经创造出辟瘟疫的药方，屠苏有“屠绝鬼气，苏醒人魂”的含义。陈延之《小品方》说：“此华佗方也。元旦饮之，辟疫疠一切不正之气。”因此，在春节饮屠苏酒，是饮食保健的良好措施。它能调理脾胃，解毒辟秽，“合家饮之，不病瘟疫”。苏东坡十分赞赏它的长命健身功效，在《徐夕野宿常州城外》诗中就有“但把穷愁博长健，不辞最后饮屠苏”之句。

问题：

1. 你还知道哪些中国传统节日？有哪些习俗？
2. 中国传统节日习俗与中国文化有什么关系？

专题欣赏

【春节】

朱元璋写春联

明代贴春联之风更盛，春联的正式命名，也始于此。清初陈尚古《簪云楼杂记》载，朱元璋定都金陵后，一年除夕忽然传旨：公卿士庶门上须加春联一副。然后他微服出巡，逐门观看以为乐趣。后经一户人家，未贴春联，问之方知是个屠户，不识字，正愁找不到人写春联。于是朱元璋欣然提笔，写下“双手劈开生死路，一刀割断是非根”一联。此后春联便广泛流行，至今不衰。

赏析

中国农历年的岁首称为春节，是中国人民最隆重、最热闹的一个传统节日，也象征团结、兴旺，并对未来寄托新的希望。据记载，中国人民过春节已有 4 千多年的历史，是由虞舜兴起的。公元前两千多年的一天，舜即天子位，带领着部下祭拜天地。从此，人们就把这一天当作岁首，算是正月初一。据说这就是农历新年的由来，后来叫春节。

春节是民间最隆重的传统节日。一般从农历腊月最后一天（除夕）起至正月初五。除夕晚餐最为丰盛，煮猪头猪尾（寓做事有头有尾）、公鸡、鱼（寓年年有余），吃葱（寓聪明）、蒜（寓有算计）、大杂菜（寓团结和睦），米中掺谷（得“谷子多”的吉利话），以熟食祭天地、灶君、祖宗，举家欢聚，尽情吃喝。晚上，人人将脚洗干净（寓可有好运气），年长者给年幼者“压岁钱”，数角至数十百元不等。年轻人守岁到深夜，零点钟声敲过，竞相燃放烟花爆竹，辞旧迎新。大年初一，早起抢头水，在井边燃香一炷，寓有好兆头。赶早贴春联（或头天贴好），放鞭炮，穿新衣。起床时不催喊，在堂中撒零钱，任由孩子们早起而拾。不动菜刀（认为一年四季可平安），不扫地（认为会把财气扫走），开大门时要念“财门大打开，金银财宝滚进来”。早点吃蒸糕、米花，中饭吃汤圆（俗称元宵）或饺子，饭后皆出门玩耍。不少村寨舞龙耍狮子、唱花灯。

春节是个欢乐祥和的节日，也是亲人团聚的日子。中国的春节，是最具文化内涵和传统魅力的节日，也是最有凝聚力的一个节日。中国的春节给了人们一份浓得难以化开的情，一种经年酿造的淳厚的味。这就是生养我们的“文化之根”。春节，融入一种文化的意境、文化的象征，并担负起一种文化的功能：一是辞旧迎新，打上一个人生的结，分开过去和未来；二是祭祀，缅怀祖宗之德，承继先人之志，融通天地万物，祈盼人生幸福；三是宗亲礼仪往来，安排人生秩序，联络世代亲情，找到个人定位，担负社会责任；四是民间娱乐，扩大社会交往，播撒传统文化，宣泄感情之波，体味生活之乐。

【元宵节】

以谜对谜

一年元宵节，北宋文学家王安石的好朋友王吉普来访，席间，王安石说：“今天是元宵节，我出一谜助助兴——画时圆，写时方，冬时短，夏时长。”

王吉普想了想，没有说出谜底，却对王安石说：“这样吧，我也出一谜助助兴!”说着，吟出一谜：“东海有条鱼，无头亦无尾，去掉脊梁骨，便是你的谜!”

以谜猜谜，好新鲜啊！王安石想了片刻，不禁微微地笑了。原来，俩人所出灯谜的谜底均是同一个字——“日”。

赏析

农历正月十五日，是中国的传统节日元宵节。正月为元月，古人称夜为“宵”，而十五日又是一年中第一个月圆之夜，所以称正月十五为元宵节，又称为“上元节”。按中国民间的传统，在一元复始，大地回春的节日夜晚，天上明月高悬，地上彩灯万盏，人们观灯、猜灯谜、吃元宵，合家团聚、其乐融融。

元宵节起源于汉朝，据说是汉文帝时为纪念“平吕”而设。因为平息诸吕的日子是正月十五日，此后每年正月十五日之夜，汉文帝都微服出宫，与民同乐以示纪念，并把正月十五日定为元宵节。汉武帝时，“太一神”的祭祀活动在正月十五。司马迁在“太初历”中就把元宵节列为重大节日。

我国民间有元宵节吃元宵的习俗。民间相传，元宵起源于春秋时期的楚昭王。某个正月十五日，楚昭王经过长江，见江面有漂浮物，为一种外白内红的甜美食物。楚昭王请教孔子，孔子说“此浮萍果也，得之主复兴之兆”。

元宵节燃灯的习俗起源于道教的“三元说”：正月十五日为上元节，七月十五日为中元节，十月十五日为下元节。主管上、中、下三元的分别为“天”、“地”、“人”三官，天官喜乐，故上元节要燃灯。元宵节燃灯放火，自汉朝时已有此风俗，唐时倍加重视，在元宵节燃灯更成为一种习俗。

“猜灯谜”又叫“打灯谜”，是元宵节中的一项活动，出现在宋朝。南宋时，都城临安每逢元宵节时制谜，猜谜的人众多。开始时是好事者把谜语写在纸条上，贴在五光十色的彩灯上供人猜。因为谜语能启迪智慧又饶有兴趣，所以流传过程中深受社会各阶层的欢迎。

正月十五元宵节从西汉时的国家祭祀活动最终发展成为一个全民狂欢的娱乐节日，活动越来越多，不少地方节庆时增加了要龙灯、要狮子、踩高跷、划旱船、扭秧歌、打太平鼓等活动。而一些年轻人乘机会见意中人。正如辛弃疾所说：“众里寻他千百度，蓦然回首，那人却在灯火阑珊处。”

【清明节】

刘邦祭拜双亲

相传在秦朝末年，汉高祖刘邦和西楚霸王项羽，大战好几回合后，终于取得天下。他光荣返回故乡的时候，想要到父母亲的坟墓上去祭拜，却因为连年的战争，一座座坟墓上长满杂草，墓碑东倒西歪，有的断落，有的破裂，无法辨认碑上的文字。

刘邦非常难过，虽然部下也帮他翻遍所有的墓碑，可是直到黄昏的时候还是没找到他父母的坟墓。

最后刘邦从衣袖里拿出一张纸，用手撕成许多小碎片，紧紧捏在手上，然后向上苍祷告说：“爹娘在天有灵，现在风刮得这么大，我将把这些小纸片抛向空中，如果纸片落在一个地方，风都吹不动，就是爹娘的坟墓。”说完刘邦把纸片向空中抛，果然有一片纸片落在一座坟墓上，不论风怎么吹都吹不动，刘邦跑过去仔细一瞧模糊的墓碑，果然看到他父母的名字刻在上面。

刘邦高兴得不得了，马上请人重新整修父母亲的坟墓，而且从此以后，每年的清明节一定到父母的坟上祭拜。

后来民间的百姓，也和刘邦一样每年的清明节都到祖先的坟墓祭拜，并且用小土块压几张纸片在坟上，表示这座坟墓是有人祭扫的。

赏析

我国传统的清明节大约始于周代，已有两千五百多年的历史。清明最开始是一个很重要的节气，清明一到，气温升高，正是春耕春种的大好时节，故有“清明前后，种瓜种豆”、“植树造林，莫过清明”的农谚。后来，由于清明与寒食的日子接近，而寒食是民间禁火扫墓的日子，寒食渐渐与清明合二为一，而寒食既成为清明的别称，也变成清明时节的一个习俗，清明之日不动烟火，只吃凉的食品。

清明节是我国传统节日，也是最重要的祭祀节日，是祭祖和扫墓的日子。扫墓俗称上坟，是祭祀死者的一种活动。汉族和一些少数民族大多是在清明节扫墓。

按照旧的习俗，扫墓时，人们要携带酒食果品、纸钱等物品到墓地，将食物供祭在亲人墓前，再将纸钱焚化，为坟墓培上新土，折几枝嫩绿的新枝插在坟上，然后叩头行礼祭拜，最后吃掉酒食回家。唐代诗人杜牧的诗《清明》：“清明时节雨纷纷，路上行人欲断魂。借问酒家何处有？牧童遥指杏花村。”写出了清明节的特殊气氛。

清明节，又叫踏青节，按阳历来说，它是在每年的 4 月 4—6 日，正是春光明媚、草木吐绿的时节，也正是人们春游（古代叫踏青）的好时候，所以古人有清明踏青，并开展一系列体育活动的习俗。

清明节的习俗是丰富有趣的，除了讲究禁火、扫墓，还有踏青、荡秋千、蹴鞠、打马球、插柳、放风筝等一系列活动。相传这是因为清明节要寒食禁火，为了防止寒食冷餐伤身，所以大家来参加一些体育活动，以锻炼身体。因此，这个节日中既有祭扫新坟生别死离的悲酸泪，又有踏青游玩的欢笑声，是一个富有特色的节日。

清明时节是宇宙、人和自然三者的生命交汇点。清明这个节气是播种的季节，因此既是大自然的节气，又是孕育生命的起始，也是祭扫先祖的节日，在唐宋年代，清明就是一个重大的节日，每年都放长假。早在先古时，清明就已作为一个家庭祭祀的重要日子。由此清明节有两个象征意义：一是“感恩纪念”，二是“催护新生”。

【端午节】

海上抓鸭

“海上抓鸭”是流传于福建闽南一带的端午节传统庆祝活动，抓鸭者需赤脚通过一根 10 米长且涂满润滑剂的桅杆快速走向海面，到达桅尾抓住笼子，这时鸭子飞入海中，再游泳追赶把鸭子抓住。有很多人走到桅杆中途就滑跌海中，引起岸上观众阵阵欢笑声。据说这是从当年民族英雄郑成功操练水兵的方法沿用下来的。

赏析

农历五月初五，俗称“端午节”。端是“开端”、“初”的意思。初五可以称为端五。端午节亦称“端阳”、“天中节”、“女儿节”、“诗人节”、“龙船节”、“解粽节”、“地腊节”、“蒲节”、“重五节”等，与春节、中秋节并称为中国的三大传统节日。

端午节具有两大很有内涵的主题：一是消灾避疫，二是悼念屈原。这两大主题自六朝之后就一直存在于端午节的习俗之中。从端午节的起源来看，消灾避疫是端午时节的原始主题，这种节俗用今天的眼光看依然具有现实意义。湿热的夏季非常难熬，也是传染性疾病高发的季节，人们还无法完全避免高温的不适与瘟疫的威胁。因此在处于阴阳二气转换的端午时节，必然会选择传统的文化手段来护卫生命。端午传统节俗中的戴五色线，门口挂艾蒿、菖蒲或艾蒿煎水洗浴，佩戴装有药草的香包等，都有着实际的生活辅助意义，因此也有人将端午节称为“卫生节”。

东汉以后，楚地民众将追悼屈原纳入端午节俗之中，对端午食粽与飞舟竞渡的节俗进行新的诠释。人们已不满足于此前对生活习俗的一般性解释，而是将节日习俗与对历史人物的纪念并联起来。端午节正是因为加入了纪念伟大诗人屈原这一层意义，使得这一平常的夏季节日，在唐宋之后逐渐升华为一个全国性的民俗大节。

“虎符缠臂，佳节又端午。门前艾蒲青翠，天淡纸鸢舞。粽叶香飘十里，对酒携樽俎。龙舟争渡，助威呐喊，凭吊祭江诵君赋。”欧阳修在这首词中告诉我们，人们过端午除了吃粽子，还有很多“乐事”。一般来说，古时端午节有七个习俗：一是广泛采用菖蒲、艾蒿驱虫辟邪；二是缠挂各种五色线、佩戴香囊；三是用符图驱邪；四是饮用药酒，主要是蒲酒和雄黄酒；五是吃粽子；六是划龙舟或赛龙舟；七是姻亲交往。这些节日习俗的中心是祛毒禳灾，保健康，求吉祥。到了近代，端午节的娱乐和社交活动变得更加突出。

【七夕节】

乞巧

七夕节最普遍的习俗，就是妇女们在七月初七的夜晚进行各种乞巧活动。在福建，七夕节时要让织女欣赏、品尝瓜果，以求她保佑来年瓜果丰收。供品包括茶、酒、新鲜水果、五子（桂圆、红枣、榛子、花生、瓜子）、鲜花和妇女化妆用的花粉以及一个上香炉。一般是斋戒沐浴后，大家轮流在供桌前焚香祭拜，默祷心愿。女人们不仅乞巧，还有乞子、乞寿、乞美和乞爱情的。而后，大家一边吃水果，饮茶聊天，一边玩乞巧游戏。乞巧游戏有两种：一种是“卜巧”，即用卜具问自己是巧是笨；另一种是赛巧，即谁穿针引线快，谁就得巧，慢的称“输巧”，“输巧”者要将事先准备好的小礼物送给得巧者。

赏析

每年农历七月初七这一天是我国汉族的传统节日七夕节，它起源于古代的天体日月星辰崇拜。七夕坐看牵牛织女星，是民间的习俗。相传，在每年的这个夜晚，是天上织女与牛郎在鹊桥相会之时。织女是一个美丽聪明、心灵手巧的仙女，凡间的妇女便在这一天晚上向她乞求智慧和巧艺，也少不了向她求赐美满姻缘，所以七月初七也被称为乞巧节。传说在七夕的夜晚，抬头可以看到牛郎织女的银河相会，或在瓜果架下可偷听到两人在天上相会时的脉脉情话。象征忠贞爱情的牛郎织女的传说，一直流传民间，故有人称七夕节是“中国的情人节”。

2006年5月20日，“七夕节”被国务院列入第一批国家非物质文化遗产名录。七夕节被赋予“爱情美满”和“心灵手巧”两种含义。七夕文化歌颂了忠贞不渝的婚恋观，牛郎织女的神话传说，集中表现了我国古代男耕女织的农耕文化，歌颂了忠贞不渝的爱情，表达了人们对理想爱情的向往和追求。它传承发扬了中华民族优良的传统美德，体现的是一种强烈的责任心。七夕文化中的乞巧、祈福活动体现了中华民族勤劳智慧、自强不息、勇于创造，不断追求幸福美好生活的精神。乞巧活动的核心是创造。乞巧活动的开展就是激励人们追求聪明才智，不断创新，代代传承，从而推动社会生产力发展和社会进步。

【中秋节】

唐玄宗游月宫

据唐代蒋防《幻戏志》记载，八月十五夜晚，玄宗望月入迷，起了游月宫的念头，就请天师作法，一同来到月宫游玩。月宫中的仙乐分外动听，仙女告诉玄宗这叫《紫云曲》。

玄宗默记曲调，回到凡世后把仙乐传了下来，就是后来杨贵妃排练的大型歌舞《霓裳羽衣曲》。

从月宫回来途中，一行人经过潞州城（今山西长治），玄宗用玉笛演奏乐曲，还向城中投撒金钱。过了十几天，潞州官府上奏说，八月十五月圆之夜，城市上空有天乐传来，并有金钱撒下。

赏析

每年农历八月十五日，是传统的中秋佳节。这是一年秋季的中期，所以被称为中秋。在中国的农历里，一年分为四季，每季又分为孟、仲、季三个部分，因而中秋也称仲秋。八月十五的月亮比其他几个月的满月更圆，更明亮，所以又叫做“月夕”、“八月节”。此夜，人们仰望天空如玉如盘的朗朗明月，自然会期盼家人团聚。远在他乡的游子，也借此寄托自己对故乡和亲人的思念之情。所以，中秋又称“团圆节”。

中秋节最早来自月亮崇拜——远古时期，白天靠阳光，夜晚靠月光，人类看着月出月落，月缺月圆，很敬畏，自然产生了月亮崇拜。祭月的习俗绵延不绝，周朝就有拜月仪式，北京的月坛就是明清祭月的坛场。

中秋节在我国的发展，经历了帝王祭祀、文人情怀和大众节日三个阶段。中秋节的盛行始于宋朝，至明清时，已与元旦齐名，成为我国的主要节日之一。

中秋节是人们的情感和自然现象结合得最紧密的节日，也是民族文化展现最丰富的传统节日之一。“一年月色最明夜，千里人心共赏时”、“海上生明月，天涯共此时”……天上明月，人间情怀，中秋明月这一特殊天象形成了中国人特有的月亮节、团圆节。拜月与赏月，在中国人心中，月亮始终具有柔和与光明的象征，寄托着中国人的美好向往。赏月是人与自然对话、沟通的良机，也是实现人际关系协调的有效途径。中秋赏月寄托着中国人“天上月团圆，地下人团圆”的情怀。中秋夜，人们沐浴同一轮月光，共享象征团圆的月饼，品尝新收获的瓜果，分享亲情与友情，是中国人极为重要的精神需要。“人月两圆”的意境，自古就是中国人特别追求的美好人伦境界。圆润澄澈的中秋明月，给国人一种精神提示，以天上的圆月来促进人事的团圆，“但愿人长久，千里共婵娟”的诗句至今仍是中秋节日人们引用最多的祝愿。

中秋是中国的传统大节，起源于人们对月亮天体的崇拜，复合了古代秋尝与祈求子嗣等内容，蕴涵了中国人家庭团聚、分享亲情、向往美好的人伦理想，具有整合与调节社会关系的重要意义。

知识链接

与中国传统节日相关的风俗

1. 春节：贴“五福”

有关“五福”的来由，最多的说它是春联的衍生品。据《梦粱录》记载：“岁旦在迩，席铺百货，画门神桃符，迎春牌。”以及《宋史·蜀世家》记载：“挂钟馗、钉桃符、贴春牌。”其中钉桃符就是指贴春联，贴春牌则是指挂五福。以上文句中都是桃符在前，春牌在后。由此说明五福是春联的衍生品。

五福指的是福、寿、康宁、好德、考终命五样。在农村，每逢过年，家家户户都会买些红红的五福贴在门上，以祈福来年是个祥和富裕年。贴五福的风俗延续了几千年，不管有钱没钱，过春节老百姓都要买上几堂五福将门窗装饰起来。五福五张为一堂，农历腊月三十（除夕）这一天，家家户户将前门、后门、大门、侧门、窗户甚至猪圈、牛棚都给贴上五福。除了贴在门窗上长方形状的五福之外，还有专门贴在堂屋里的五福，老百姓叫大五福，也叫堂福。堂福一般挂在堂匾上或者堂屋的第二根檀条上。以前的五福都是单张的，因此，门上贴的五福只能为单数（一、三、五、七、九），不能贴双数。现在民间的春节五福是一张大的长长的红纸簇剪而成，就无所谓单数双数了。

2. 清明：荡秋千

荡秋千是我国古代清明节习俗。秋千，意即揪着皮绳而迁移。它的历史很古老，最早叫千秋，后为了避忌讳，改为秋千。古时的秋千多用树丫枝为架，再拴上彩带做成。后来逐步发展为用两根绳索加上踏板的秋千。打秋千不仅可以增进健康，而且可以培养勇敢精神，至今为人们，特别是儿童所喜爱。

3. 端午节：悬艾叶、菖蒲

在端午节，人们把插艾和菖蒲作为重要内容之一。家家都洒扫庭除，以菖蒲、艾条插于门楣，悬于堂中。并用菖蒲、艾叶、榴花、蒜头、龙船花，制成人形或虎形，称为艾人、艾虎；制成花环、佩饰，美丽芬芳，妇人争相佩戴，用以驱瘴。民谚说："清明插柳，端午插艾。"艾，又名家艾、艾蒿。它的茎、叶都含有挥发性芳香油。它所产生的奇特芳香，可驱蚊蝇、虫蚁，净化空气。中医学上以艾入药，有理气血、祛寒湿的功能。菖蒲是多年生水生草本植物，它狭长的叶片也含有挥发性芳香油，是提神通窍、健骨消滞、杀虫灭菌的药物。可见，古人插艾和菖蒲是有一定防病作用的。

4. 中秋节：博状元

博状元是厦门独有的一项民俗活动。中秋节前后，厦门人家家户户都要博状元。其历史来源有几种说法。流传最多的一则与郑成功有关，据说郑成功收复台湾后，许许多多从大陆去台湾的官兵，思念家乡，每逢中秋佳节，思乡之情更是不可阻挡。郑成功为了冲淡官兵的乡愁，特请一位部将设计出一套玩饼的游戏，让全体官兵在凉爽的中秋之夜欢快一博。

每会月饼按照各级科举制度的头衔，设有"状元"1个，"对堂（榜眼）"2个，"三红（探花）"4个，"四进（进士）"8个，"二举（举人）"16个，"一秀（秀才）"32个。全会有大小63块饼，含有七九六十三之数，是个吉利数字。因为九九八十一是天子之数，八九七十二是亲王数，而郑成功封过延平郡王，所以用郡王六十三之数。

拓展与训练

一、思考题

1. 中国传统节日和西方节日有哪些异同？
2. 端午节的来历有哪些传说？

二、练习题

1. 从腊月二十三到正月十四，春节每天都有不同的民俗，你了解多少？
2. 元宵节为什么称为中国的"狂欢节"？
3. "谁家见月能闲坐，何时闻灯不看来。"历史上有许多脍炙人口的节日诗、词、赋，请抄录、展览并相互欣赏。

4. 猜谜、写对联是许多节日的传统节目，它们有哪些要求？你要不要试一试？

5. 中秋拜月有哪些美好传说？中秋节你家乡有哪些民间风俗？

第 3 节　中国传统饮食民俗

"国以民为本，民以食为天。"饮食在人们的生活中占有十分重要的位置。它不仅能满足人们的生理需要，而且具有十分丰富的文化内涵。饮食民俗，亦称食俗、食风、食性、食礼或食规，它是指有关食物和饮料，在加工、制作和食用过程中形成的风俗习惯及礼仪常规。饮食民俗隶属于生产消费民俗的范畴，是民俗中最活跃、最持久、最有特色、最具群众性和生命力的一个重要分支。

案例导入

吃"年糕"

公元前 514 年，吴王让伍子胥督建王城。吴王之子夫差继位后听信谗言，杀了伍子胥。子胥临死前对部下说：我死后若国家有难，民众没粮吃，就到城门墙下挖地三尺，可找到吃的东西。后来越国进攻吴国，城中军民断粮，伍子胥的部下就带领军民在城门下挖地，果然挖出许多可以充饥的"城砖"。原来"城砖"是糯米粉压成的，这是伍子胥生前设下的"积粮防急"之计，吴国军民就靠这些"城砖"渡过了难关。此后每逢过年，吴国百姓都要压制类似"城砖"的年糕纪念伍子胥。

问题：

1. 过年吃年糕是我国很普遍的饮食习惯，你还知道哪些有趣的关于吃年糕的传说？
2. 吃年糕意味着"年岁盼高时时利"，你还知道哪些食物的文化含义？

专题欣赏

【诞生礼食俗】

孙权选太子

相传，三国时吴主孙权称帝未久，太子孙登得病而亡，孙权只能在其他儿子中选太子。有个叫景养的西湖布衣求见孙权，进言立嗣传位乃千秋万代的大业，不仅要看皇子是否贤德，而且要看皇孙的天赋，并称他有试别皇孙贤愚的办法，孙权遂命景养择一吉日。是日诸皇子各自将儿子抱进宫来，只见景养端出一个置满珠贝、象牙、犀角等物的盘子，让小皇孙们任意抓取。众小儿或抓翡翠，或取犀角。惟有孙和之子孙皓，一手抓过简册，一手抓过绶带。孙权大喜，遂册立孙和为太子。然而，其他皇子不服，各自交结大臣，明争暗斗，迫使孙权废黜孙和，另立孙亮为嗣。孙权死后，孙亮仅在位七年，便被政变推翻，改由孙休为帝。孙休死后，大臣们均希望推戴一位年纪稍长的皇子为帝，恰好选中年过二十的孙皓，这时一些老臣回想起先前景养采用的选嗣方式，不由啧啧称奇。其后，许多人也用类似的方法来考校儿孙的未来，由此形成了流被江南的"试儿"习俗。

赏析

诞生礼又称人生开端礼或童礼，它是指从求子、保胎到临产、三朝、满月、百禄，直至周岁的整个阶段内的一系列仪礼。诞生礼起源于古代的“生命轮回说”，中国古代生命观中重生轻死，因此把人的诞生视为人生的第一大礼，以各种不同的仪礼来庆祝，由此形成许多特殊的饮食习俗。如求子食俗，吃喜蛋、喜瓜、莴苣、子母芋头之类，据说多吃这类食品，便可受孕。对于孕妇，古人是食养与胎教并重，还有“催生”之俗。在食养方面，强调“酸儿辣女”，“一人吃两人饭”，重视荤汤、油饭、青菜与水果，忌讳兔肉（生子会豁唇）、生姜（生子会六指）、麻雀（生子会淫乱）以及一切凶猛丑恶之物（生子会残暴）。在胎教方面，要求孕妇行坐端正，多听美言，有人为她诵读诗书，演奏礼乐。育婴食俗中有踩生酒、报生宴、三朝酒、满月酒、百日酒、亲家宴等。百禄是祝婴儿长寿的仪式，贺礼必须以百计数，鸡蛋、烧饼、礼馍、挂面均可，体现“百禄”、“百福”之意。“抓周”是在周岁之时预测小儿的性情、志趣、前途与职业的民间吉庆仪式，届时亲朋都要带着贺礼前来观看、祝福，主人家设宴招待。这种宴席上菜重十，须配以长寿面，菜名多为“长命百岁”、“富贵康宁”之意，要求吉庆、风光。周岁席后，诞生礼结束。

【寿庆食俗】

孙膑捧寿桃

传说孙膑18岁时离开家乡齐国，到千里之外的云蒙山拜鬼谷子为师学习兵法，一去就是12年。有一年农历五月初五，孙膑猛然想起当天是老母80岁的生日，于是向师傅请假回家看望母亲。鬼谷子摘下一个桃子送给孙膑说：“这桃我是不轻易送人的，你在外学艺未能报答母恩，我送你一个回去给令堂上寿。”孙膑谢别师傅，就急急上路了。

孙膑的家里，这天大摆酒宴为老母亲庆寿。孙膑回来后从怀里捧出师傅送的桃子给母亲说：“今日告假回来，师傅送我一个桃子来孝敬母亲。”老母亲接过桃子吃了一口说：“这桃比冰糖、蜂蜜还甜。”桃还没吃完，母亲的容颜就变了，雪白的头发变成如墨的青丝，昏老的双眼变得明亮了，掉了的牙又长了出来，脸上的皱纹也不见了，走路也不用拐杖了。全家人都非常高兴。

人们听说孙膑的母亲吃了桃变年轻了，也想让自己的父母长寿健康，便都仿效孙膑，在父母生日的时候送鲜桃祝寿。但是鲜桃的季节性强，人们在没有鲜桃的季节，就用面粉做成寿桃拜寿。由此可见，寿桃实际上是给老年人的一种吉祥物。

赏析

在中国古代的人生礼仪中，祝寿是其重要的组成部分。据《尚书》记载：“五福，一曰寿，二曰福，三曰康宁，四曰攸好德，五曰考终命。”寿居“五福”之首，可见古人对寿是非常重视的。祈福求祥，盼望寿运长久，祖祖辈辈已约定俗成，由此也带来了隆重的祝寿风尚。

根据史书记载，早在商周时期，天子就有了“祝寿”的风俗习惯，庆祝活动多在元旦或者冬至举行，一般不以“生日”为祝寿之日。以出生之日为节是始于唐玄宗开元十七年。之后，每遇帝王生日，都要“朝野同庆，举国共贺”。这种风俗后来传到民间，便成为普通人人生礼仪的重要喜庆活动。

中国民间的祝寿活动非常盛行。通常说来，从60岁开始，过生日叫“做寿”，在每逢整十年之前的九，69、79、89、99岁生日时，则要过大寿。民间习俗有“贺九不贺十”的说法。操办大寿，寿礼、寿俗更加丰富多彩，如寿堂、寿樟、寿联、寿文、寿烛、寿桃、寿面、寿酒等，一应俱全，洋溢着浓郁的“寿”文化传统色彩。

寿辰那天，要设寿堂，挂寿联、寿图，摆宴庆贺。寿联上写“福如东海长流水，寿比南山不老松”，横批则为“延年益寿”、“寿星高照”等吉祥话，寿图有《寿星图》、《王母献寿图》、《八仙庆寿图》、《麻姑献寿图》等。

老年人操办寿宴，无论宴席丰盛与否，均少不了面条，特称为“长寿面”。面条越长越好，其含义是祝福寿命很长。老人吃一碗长寿面后，如果还想吃，亲人要给老人加面条，称为“添寿”。在寿宴上，还要给老人敬寿酒，谐音“寿久”，有祝福长寿的美意。

【婚事食俗】

喝交杯酒

喝交杯酒是婚礼中的保留节目之一，新郎和新娘各取一斟满酒的酒杯，将手臂相互交错，同时饮尽杯中酒，整个婚礼便随之沸腾起来。

交杯古时称“合卺”，始于周代。卺是一种瓠瓜，据说其味苦不可食，所以俗称苦葫芦。合卺即将一只卺剖为两半，而又以线连柄，新郎新娘各饮一卺，象征婚姻将两人连为一体。

据说卺中装的酒异常苦涩，但新婚本是甜蜜的事，为什么要饮苦酒呢？据说有好几重含义：其一，夫妻二人喝了卺中苦酒，象征着两人今后要同甘共苦、患难于共。其二，意味着夫妻二人今后要像一只卺一样，紧紧拴在一起，合二为一。其三，因为卺是古代乐器之一，所以“合卺”又意味着新郎新娘婚后会琴瑟和合，和睦永远。

赏析

在传统文化中，婚宴的菜肴必须是双数的。通常以八个菜象征发财，以十个菜象征十全十美，以十二个菜象征月月幸福。

婚礼是每个人的终身大事，而婚宴是整个婚礼的主要过程，因此人们对婚宴食品相当讲究。我国民间就有“无宴不成婚、无酒不嫁女”的说法。

在我国，各个地方婚宴美食各具特色。传统婚宴中必有鸡，象征吉祥；必有鱼，喻为年年有余，而且一般是压轴的荤菜；要有大枣、花生、桂圆、莲子等，祝福新人早生贵子。婚宴中，大部分菜肴是红色调，给人带来喜庆之感，如酱红、棕红、橘红、胭脂红等。

中国婚礼食俗依然体现了中国婚礼里隆重、热闹、喜庆的特点。喝喜酒、吃喜宴、迎新人，在这红火喜庆的日子里，预示着一对新人在未来的漫漫人生路中，越走越幸福、美满。

【饮茶习俗】

文人喻茶

苏东坡在品茶上独有一道，其中最为后人激赏的就是《次韵曹辅寄壑源试焙新茶》诗中的“戏作小诗君勿笑，从来佳茗似佳人”一语，让人浮想联翩。这大概是历史上第一次明确将名茶比为美人的佳句了。林语堂先生说：严格地说来，茶在第二泡时为最妙。第一泡好比一个十二三岁的幼女，第二泡为年龄恰当的十六岁女郎，而第三泡则是少妇了。一位上海女作家也曾说：茶其实是中国的传统美人，贵娇嫩、贵雅致、贵沉静，兼带着淡淡的忧郁。形美、色嫩、味香，看茶烟聚散，见茶汤嫩绿。徐徐咽下余香，慢慢迷醉半刻。一种难以言说的迷惘，一位气质迷人的梦中佳人，莫非有倩影在茶烟轻袅的碧水中晃动？英国诗人华尔勒的一句写茶的诗：软滑，醒脑，开心，像女人的柔舌在走动着的饮料！如此缠绵语言，让人羞涩……

赏析

中国是茶的故乡，种茶、制茶、饮茶都起源于中国。《神农本草经》记载，大约 4 000 年前，古人已开始把茶叶当作药用，叫“茶”。经过数千年的发展，我国已形成了六大茶系，即绿茶、红茶、乌龙茶、白茶、花茶和紧压茶。朋友相逢、人来客往，总会沏茶而待之。茶不仅仅是一种解渴饮料，它也有着深深的文化底蕴，已经形成了一种茶文化。

（1）清雅怡和的饮茶习俗。这种喝茶方式格外讲究环境与心境。首先要用煮沸的水冲茶叶，然后心态顺于自然，清饮雅尝，静静寻求茶的原味，慢慢体会喝茶的意境。这种饮茶方式与我国讲究“清净”的传统思想极为吻合。我国江南的绿茶、北方的花茶、西南的普洱茶、闽粤的乌龙茶及日本的蒸青茶都是属于这类饮茶习俗的范畴。

（2）有佐料风味的饮茶习俗。这种习俗的特点在于煮茶的时候要加入各种佐料，如酥油茶、盐巴茶、奶茶、侗族打油茶、土家族擂茶，及欧美牛乳红茶、柠檬红茶、多味茶等。这种饮茶方式不仅讲究茶的味道，还要有佐料风味。

（3）注重多种享受的饮茶习俗。指饮茶者不仅品茶，还要配点美味点心，并用歌舞、音乐、书画、戏曲等营造文雅环境，如北京“老舍茶馆”中的优雅氛围。

茶饮具有清新、雅逸的天然特性，能静心、静神，有助于陶冶情操、去除杂念、修炼身心，这与提倡“清静、恬澹”的东方哲学思想很合拍，也符合佛教、道教和儒家的“内省修行”思想。因此我国历代社会名流、文人骚客、商贾官吏、佛道人士都以崇茶为荣，特别喜好在品茗中吟诗议事、调琴歌唱、弈棋作画，以追求高雅的享受。

喝茶的雅名叫品茗。文人好茶，以为喝茶是淡雅而幽怨的。品茗斗茶又是文人生活中的一大雅事。古代文人多情而善感，喝茶喝到得意处，难免诗兴大发，留下许多佳句。宋代范仲淹《和章珉从事斗茶歌》曰：“溪边奇茗冠天下，武夷仙人自古栽。”诗人对武夷茶推崇备至，把武夷茶比作仙茶，评为天下第一。“斗茶味兮轻醍醐，斗茶香兮薄兰芷。”他夸赞武夷茶的滋味，胜过甘美无比的醍醐，香气胜过清幽高雅的兰芷。寓意深长，倍增茶韵。

【饮酒习俗】

青梅煮酒论英雄

曹操请刘备来喝酒聊天。盘置青梅，一樽煮酒。二人对坐，开怀畅饮。

有些人虽然一度贫困潦倒，但依旧掩盖不了他的大贵之气，刘备就是这样的人。曹操跟刘备聊得很开心，问了刘备一个问题：“玄德兄，你说这年头谁是英雄？”

刘备心里想：“我肯定是英雄，只是现在不得已。”但刘备不敢说，顾左右言其他。

绕了半天，曹操有些不耐烦，端起一杯酒喝完说：“别绕了！这年头真正的英雄人物就是你跟我。”

时雷雨大作，天上“轰隆”一声打了个巨雷。刘备呆呆地看着曹操，筷子掉到了地上，一支筷子在地上弹了一下。

曹操正用袖子擦胡子上的酒，听到了筷子落地又弹起的声音，就问刘备："怎么啦?"

刘备赶紧把筷子捡了起来，顺口说了句："这么大的雷，吓死我了。"曹操哈哈一笑："大丈夫怎么可以怕雷呢?"刘备赶紧接口："孔子是圣人，他也怕打雷，别说我了。"

赏析

中国自古就是酒文化王国，每逢年节吉日、婚嫁丧葬、宴亲飨客、喜庆丰收、洗尘饯行等，都离不开酒。饮酒习俗已经成为中国人日常生活的重要内容。

酒在社会生活中的文化功能，主要是用于祭祀和饮酒为乐两项。

中国古代社会把祭祀作为生活大事，而且祭祀内容丰富，如祭天地、祭山川、祭鬼神、祭祖先等，都需要酒水。并且中国酒的发明就是为了祭神的。上古酒未问世的时候，古人就用水、血祭祀，以水为酒，叫做"玄酒"。

古人祭祀时，双手持杯盏，口中默念祈祷，把酒分倾三点，然后把余酒洒在地上，叫做酒酹地。酹三点一长钩就成了一个"心"字，称为献心之礼。这种祭祀礼仪逐渐形成了饮前先酹酒的习俗。

酒在我国婚俗中也有重要作用，订婚、成婚、婚礼等都有很多礼仪贯穿，这些活动充满欢乐气氛，酒在其中扮演积极角色。中国汉族提亲时，男方要送酒到女方家，表示求婚，现在的傣族、景颇族、拉祜族还有这种习俗。

酒令是筵宴上助兴取乐的饮酒游戏，最早诞生于西周，完备于隋唐。饮酒行令在士大夫中风行，他们还常常赋诗撰文予以赞颂。白居易诗曰："花时同醉破春愁，醉折花枝当酒筹。"酒令是饮酒者文化修养与个性的表现，酒令可以表现人的机智与才华，是知识与智慧的结晶，也反映了人们的生活。

随着饮酒习惯盛行，酒店、酒旗也逐渐兴盛。我国古人刚开始饮酒的时候没有酒店，而是自酿自饮。因为酒店兴起要以商品经济发展、城郭建立、饮食业发展为前提条件，直到周代，都城镐京、东都洛邑等十几个都邑建立，才使得酤酒之肆兴旺。又随着酿造业不断发展，平民去酒肆聚酒，酒在人们生活中的地位不断提高，酒已经和人们的习俗结合在一起了。

【烹调习俗】

东坡肉

那是在一千年以前的北宋时期，有一天，苏东坡家里来了客人，他就烹制自己喜欢吃的猪肉待客。猪肉下锅，又加入水和调料，以微火慢慢煨着。他便和客人下棋，兴趣甚浓，直至终局，他才猛然想起锅中之肉。他原以为一锅猪肉定会烧焦，急忙进厨房，却顿觉香气扑鼻。块块猪肉色泽红润，形整不散，软烂如腐。此菜端上餐桌，客人和他尝罢，都觉得这菜汁浓味醇，糯而不腻，十分可口。

苏东坡由此受到启发，尔后又如法复制，同样的色、香、味、形。从此，他便经常烹制这道菜，有客待客，没客自食，并以一首《猪肉颂》总结了烹制这道菜的经验。

苏东坡喜欢吃猪肉，又善于烹制猪肉菜肴，再加上他是"名满天下的大诗人"，黄州人民十分敬仰他，便以他的名字为他创制的这道菜命名：东坡肉。

后来，有厨师在搞传统菜创新时，十分谨慎地在"东坡肉"里加了两种蔬菜原料：冬笋、菠菜，菜名为“东（冬）坡（菠）菜”。“冬”、“菠”，取“东”、“坡”的同音和谐音，不离传统名菜的基础，依旧“以人名菜，以人传菜”。

赏析

烹调，或者叫烹饪，是中国饮食文化中最突出的一种。这不但因为烹调是一种艺术，而且因为吃的方式也大有讲究。孙中山说过，“是烹调者，亦美术之一道也”，是把烹调与绘画相提并论，都是美的艺术活动。古今流行的“美食”一词，则进一步将烹调纳入美学范畴。在中国的习俗中，不论婚丧嫁娶、走亲访友，总是以吃作为重要内容和活动高潮。

古人说：“闻香下马，知味停车。”可见香和味是烹调成功的重要因素。中国烹饪有着自己独特的发展历史和特点。中国烹饪以健康饮食为出发点，讲究食物的美观和食用功效，有着东方特有的色彩，已经不再局限于“吃饱饭”，而是向着“吃好饭”的目标进发。从中西文化的比较来看，西方的烹调倾向于科学，多从营养学的角度去考虑菜肴的结构和食品的成分；中国的烹调则倾向于艺术，多从色、香、味去注重菜肴的外部表现，对营养方面的考虑则相对较少。

经过几千年的演变与发展，按各地饮食习惯和食物条件，形成各地不同的风味，即不同的菜系，通常说“八大菜系”：鲁（山东菜）、川（四川菜）、粤（广东菜）、闽（福建菜）、苏（江苏菜，主要指淮扬菜）、浙（浙江菜）、皖（安徽菜）、湘（湖南菜）。

知识链接

民族饮食差异

民族饮食是指除汉族之外各少数民族的饮食习俗。我国各少数民族所处的地域、环境、物产、宗教信仰、生活方式等方面的差异，使得几乎每个少数民族都有各自不同的饮食习俗与偏好，最终形成了具有民族特色的饮食文化。

满族、赫哲族、鄂伦春族、鄂温克等族生活于东北地区、三江平原一带。满族主要从事耕作农业，以狩猎为副业，最爱吃“福肉”（即清水煮白肉）；过年必吃饺子与“年饽饽”；冬季最喜欢吃白肉酸菜火锅。赫哲族主要从事狩猎，因为地处气候寒冷地带，所以主要以鱼、兽为食物，其中最著名的是用佐料拌生鱼的“杀生鱼”。生活在大小兴安岭的鄂伦春族与鄂温克族，都是以狩猎为生的，喜欢生吃狗肝或者半生不熟的各种肉。

生活在沙漠或者草原的蒙古族，主要从事游牧业，所以，他们日常饮食以羊肉、各种奶制品为主。羊肉不加佐料而保证原汁原味，手扒而食。宴客或各类宴会时，往往要设全羊席。生活在西北地区的哈萨克族、乌孜别克族、塔吉克族、柯尔克孜族等，其饮食原料上与蒙古族大致相同，面食更加丰富，并多用油炸。

生活在西北的维吾尔族、藏族等，饮食习俗也各不相同。维吾尔族日常饮食以牛乳、羊肉、奶皮、酥油、馕、水果、红茶为主。而藏族因为生活在青藏高原，从事畜牧业，又兼营农业，饮食多是牛肉、羊肉、马肉、骆驼肉、牦牛肉、乳等，并食用青稞与小麦，以及少量玉米、豌豆。日常食物是糌粑与青稞酒。

居住在深山密林中的西南少数民族，有自己的独特饮食习俗。他们的肉类主要是猪与鱼，外加各种昆虫与蛆虫；以稻米为主食；喜食腊干或腌熏肉；喜欢腌制菜；喜饮用各种植物或粮食酿制的酒。

拓展与训练

一、思考题

1. 简述我国传统饮食的民族差异。

2. 酒与文学、文人有许多脍炙人口的典故，你说说看。

二、训练题

1. 品一杯香茗，品一段人生，品茶有哪些丰富内涵？

2. “南甜北咸，东辣西酸”这句话说明了什么？

3. 你家乡有哪些饮食民俗？拍摄下来给大家分享。

4. 纪录片《舌尖上的中国》更多地是以轻松快捷的叙述节奏和精巧细腻的画面，向观众尤其是海外观众，展示中国的日常饮食流变，中国人在饮食中积累的丰富经验，千差万别的饮食习惯和独特的味觉审美，以及上升到生存智慧层面的东方生活价值观。你家乡美食有哪些？你会做吗？

5. 有许多反映饮食民俗的诗、词、文、画，有的饮食民俗甚至被拍成了影视剧，对此你知道多少？

第 4 节　中国服饰民俗

古代中国文明发展迅速，国力强盛，有“衣冠王国”之誉。悠久而多彩的中国服饰文化，几乎是从服饰起源的那天起，人们就已将其生活习俗、审美情趣、色彩爱好，以及种种文化心态、宗教观念，都积淀于服饰之中，构筑成了服饰文化的精神文明内涵。

中国的服饰就是一部中国的文化史，中华衣冠五千年，历朝历代都有华服传世。中国有礼仪之大，故称夏；有服章之美，谓之华。中华历代服饰是华夏文化领域中发展形成的民族瑰宝，是我国文化历史的重要组成部分，它以其特有的魅力称誉世界。

案例导入

辜鸿铭的穿戴

一九一五年四月，蔡元培聘请辜鸿铭任北京大学教授，讲授英国文学。周作人曾这样说辜鸿铭：“北大顶古怪的人物，恐怕众口一词的要推辜鸿铭了吧……他生得一副深眼睛高鼻子的洋人相貌，头上一撮黄头毛，却编了一条小辫子，冬天穿枣红宁绸的大袖方马褂，上戴瓜皮小帽……”非常可笑的是，就连他的包车车夫，也是一个拖带大辫子的汉子，正好与主人形成一对。当年还是北大学子的罗家伦后来回忆说：“我记得第一天他老先生拖一条大辫子，是用红丝线夹在头发里编起来的，戴了一顶红帽黑缎子平顶的瓜皮帽，大摇大摆地上汉花园北大文学院的红楼，颇是一景。”还有人描写得更加细致：“先生性虽和蔼，但一触其怒，则勃然大发，无论何人，不能遏止，必骂个痛快，才能平息。衣冠极奇特，常穿蓝布长衫，戴红顶瓜皮小帽，留长辫一条。民国初年至北大上课时，行必坐轿，衣龙补长袍，足厚底朝鞋，头戴花翎顶，其辫翀翀，提水烟袋而登讲坛。”

问题：

1. 服饰民俗有哪些文化内涵？

2. 影响服饰民俗的主要因素有哪些?

专题欣赏

【春秋战国服饰】

深衣

"深衣"有将身体深藏之意,是士大夫阶层居家的便服,又是庶人百姓的礼服,男女通用,可能形成于春秋战国之交。其形制在《礼记·深衣》有详尽的记载,后世注家学者也有较多的研究。从马山楚墓出土实物观察,深衣是把以前各自独立的上衣、下裳合二为一,却又保持一分为二的界线,故上下不通缝、不通幅。最智巧的设计,是在两腋下腰缝与袖缝交界处各嵌入一片矩形面料,据研究可能就是《礼记》提到的"续衽钩边"的"衽",其作用能使平面剪裁立体化,可以完美地表现人的体形,两袖也获得更大的辗转运肘功能。所以古人称道深衣"可以为文,可以为武,可以摈相,可以治军旅",认为是一种完善的服装。

赏析

春秋战国时期,周王室衰微,五霸七雄等诸侯国各自为政,一方面竞相发展生产,注重商品流通,另一方面兼并弱小,掠夺土地和财富。特别是对大量技术工匠的掳掠占有和铁制工具的推广应用,促进了各种手工业水平的提高。各方面竞争的成就对纺织材料、服装剪裁工艺和装饰艺术,也产生重大影响,从而形成了百花齐放的服饰局面和推陈出新的深衣服式。

春秋战国时期,不仅王侯本人一身华服,即便从臣、客卿也是足饰珠玑,腰金佩玉,衣裘冠履,均求贵重。

古人佩玉,尊卑有度,并赋以人格象征,所以"君子无故玉不去身"。影响所及,上层人士不论男女,都须佩戴几件或成组列的美丽雕玉。剑,是当时的新兵器,贵族为示勇武兼用自卫,又必佩戴一把镶金嵌玉的宝剑。腰间革带还流行各种带钩,彼此争巧,以至"宾客满堂视钩各异"。男女的帽,更引人注目,精致的用薄如蝉翼的轻纱,贵重的用黄金珠玉;形状有的如覆杯上耸,诗人屈原形容这种高冠"切云之崔嵬"。鞋,多用小鹿皮制作,或用丝缕、细草编成;南方多雨,还有通体涂漆,再用锦、绦饰面,底部有防滑齿结的漆履。冬天皮衣极重白狐裘,价值千金。女子爱用毛皮镶在袖口衣缘作出锋,还有半截式露指的薄质锦绣手套,无不异常美观。

春秋战国时期的衣服款式空前丰富多样,不仅表现于深衣和胡服。乐人有戴风兜帽的,舞人有长及数尺的袖子,猎人衣裤多扎得紧紧的,有人还常戴鸱角或鹊尾冠、穿小袖长裙衣和斜露襞褶的下裳。这些都与多彩的社会生活相关。

【秦汉服饰】

留仙裙

相传汉朝赵飞燕被立为皇后以后,十分喜爱穿裙子。有一次,她穿了条云英紫裙,与汉成帝游太液池。鼓乐声中,飞燕翩翩起舞,裙裾飘飘。恰在这时大风突起,她像轻盈的燕子似的被风吹了起来。成帝忙命侍从将她拉住,没想到惊慌之中却拽住了裙子。皇后得救了，而裙子上却被弄出了不少褶皱。可是说来也怪，起了皱的裙子却比先前没有褶皱的更好看了。从此，宫女们竞相效仿，这便是当时的“留仙裙”。

赏析

秦代建立了中国历史上第一个中央集权国家，相继建立了各项制度，包括衣冠服制。秦始皇崇信“五德始终”，常服通天冠，非周代六冕之制。百官戴高山冠、法冠和武冠，穿袍服、佩绶带。

汉代代秦而立，衣冠制度多“因循而不革”。汉初服饰，与民无禁。随着经济的繁荣，对外交往的扩大，朝野上下追求奢靡生活欲望日炽，服饰穿戴也逐渐丰富考究，形成了公顷百冠和富商巨贾竞尚奢华、“衣必文绣”、贵妇服饰“穷极丽美”的状况。东汉明帝时，“博雅好古”，以三代古制重新制定了祭祀服制和朝服制度，冠冕、衣裳、鞋履、佩绶等都有严格等级差异。习尚以四季节气而为服色之别，如春青、夏赤、秋黄、冬皂。

【魏晋南北朝服饰】

孝文改制

鲜卑族北魏朝于太和十八年（494年）迁都洛阳后，魏孝文帝推行华化政策，改拓跋姓氏，率“群臣皆服汉魏衣冠”。原来鲜卑族穿着夹领小袖衣服，这次改革旧俗，史称“孝文改制”，使秦汉以来冠服旧制得以赓续，推动了中华服饰文化的发展。

赏析

魏晋南北朝以来，北方各族入主中原，带来了北方民族服饰，服饰文化出现了各民族之间相互吸收、互相融合的局面。魏晋南北朝衣冠，一方面仍尊秦汉旧制，这主要表现在官服等级上面；另一方面受当时文化和风气的影响，名士高冠博带、大袖款衫，成为贵族服饰的一种风尚。北朝各族，纷纷推行汉化运动，仰慕汉族衣冠服饰，形成了“群臣皆服汉魏衣”的状况。妇女的日常衣服仍以上身着襦、衫，下身穿裙子为主。襦、裙也可作礼服之内的衬衣衫。这是一个追求时髦、款式多样、奇装异服盛行的时代。

【隋唐服饰】

乌纱帽

隋唐时期男子冠服特点主要是上层人物穿长袍，官员戴幞头，百姓着短衫。幞头之制出于北齐，隋唐之初逐步定型。这是一种用黑色纱罗做的软胎（一度用木胎）帽，裹在发髻的后部，稍稍突起并微微前倾；帽带两条系于帽顶前部，两条垂于颈后，或长或短，式样有三五种，初尚平头小样，而后渐高。唐开元年间玄宗赐臣下“内样巾长脚罗幞头”，可知长脚式先出宫中，后垂的两条带子或下垂或上举，或斜耸一旁或交叉在后，带形初如梭子，继为腰圆式，中施丝弦为骨。后来这两条带子平直分向两边，“软脚”变成了“硬翅”，形成展翅漆纱幞头，俗称乌纱帽。

赏析

随着国家的统一，隋唐朝廷都曾参照前朝旧制，改革舆服制度，规定天子、百官的官服，用颜色来区分等级，用花纹表示官阶。隋代朝服尚赤，戎服尚黄，常服杂色。唐代以柘黄色为最高贵，红紫、蓝绿、黑褐等而下之，白色则没有地位。男子官服，一般是头戴乌纱幞头；身穿圆领窄袖袍衫，衣长在膝下踝上，齐膝处设一道界线，称为横襕，略存深衣旧迹；腰系红鞓带，足登乌皮六合靴。从皇帝到官吏，样式几乎相同，差别只在于材料、颜色和皮带头的装饰。无官的地主阶级隐士、野老，则喜穿高领宽缘的直裰，表示承袭儒者宽袍大袖的深衣古制。普通百姓只能穿开衩到腰际的齐膝短衫和裤，不许用鲜明色彩。差役仆夫多带尖锥帽，穿麻练鞋，做事行路还须把衣角撩起扎在腰间，脚上只限穿编结的线鞋或草鞋。

隋唐时期最时兴的女子衣着是襦裙，即短上衣加长裙，裙腰以绸带高系，几乎及腋下。

唐代妇女的发饰多种多样，各有专名。早期高耸轻俊，后期流行用假发做义髻，便显得蓬松。女鞋一般是花鞋，有平头、高头之分，多用锦绣织物、彩帛、皮革做成。线鞋则用彩线或麻线编结而成。鞋的名目有彩帛缦成履、吴越高头草履、重台履、金薄重台履，官服中则有高墙履等。

【宋代服饰】

通天冠

通天冠服仅次于冕服，冠用北珠卷结于上，有二十四梁，冠前有金博山加蝉为饰。它与织成云龙纹绛色的纱袍，白纱中单、方心曲领（宋代的方心曲领是一个上圆下方，形似锁片的装饰，套在项间起压贴作用，防止衣领鼓起，寓天圆地方之意）、绛纱裙（裳）相配，腰束金玉带，前系蔽膝，旁系佩绶，白袜黑舄。远游冠十八梁、金博山不附蝉纹，余同通天冠，为皇太子所用。

赏析

宋代服饰大致有官服、便服、遗老服等三式。宋代崇尚文治，冠服制度渐趋繁缛，也曾经多次修改。但与唐代相比，款式缺乏创新，色调趋于单一，有向质朴、洁净、自然方向倾斜的趋势。男子上身以圆领长袍为主，以季节不同而服凉衫、紫衫、毛衫、葛衫、鹤氅等。宋代妇女的日常服饰，大多上身穿袄、襦、衫、背子、半臂，下身束裙子、裤。其面料为罗、纱、锦、绫、縠、绢。尤其是裙子颇具风格，其质地多见罗纱，颜色中以石榴花的红色最注目。褶裥裙也是当时裙子中有特点的一种，有六幅、八幅、十二幅不等，贵族妇女着裙的褶裥更多。南宋时期，“服饰乱常”，也尚北服。

【明代服饰】

月华裙

在明初时，女子裙子的颜色以浅淡为主。后到崇祯年间，裙子多以素白为主。裙幅最初为六幅，即所谓“裙拖六幅湘江水”。后改为八幅，腰间有许多细褶，走起路来形如水波。到了明末，裙子的装饰日益讲究，裙幅也增至十幅，腰间的褶裥越来越密，每褶都有一种颜色，微风吹来，色如月华，故称“月华裙”。

赏析

明代服装出现了许多新的变化，最突出的特点是以前襟的纽扣代替了几千年来的带结。

明式服装的另一个特色是襟上佩挂饰物，并且十分醒目，金、玉等材料做成。其中垂挂在胸前的叫“坠领”；系在前襟的叫“七事”；走起路来有响声的叫“禁步”，这些佩饰统称“杂佩”。另有一种特别的佩饰，是在一条金链上，以环相连挂着四件小物件，即镊子、牙签、耳挖子和小刀，是妇女的生活实用品。

明代男装以方巾圆领为代表形式，当今舞台上京剧书生的服饰与当时儒生所着衫极为相似。其特点是宽袖、皂（黑）色缘边、青圆领、皂绦软巾垂带。

官服是云缎圆领袍，另有外加云缎外套的穿法。这种袍长离地一寸，袖长过手，袖椿（指袖身）宽一尺，袖口宽九寸。

明代女装是上穿竖领、大袖、对襟袄，下着长裙，以披云肩及比甲为时尚。云肩是绘或绣有花纹的披肩。流行假髻。

一般人的帽，除唐宋以来旧样依然流行外，朱元璋又亲自制定两种，颁行全国，士庶通用。一种是方桶状黑漆纱帽，称四方平定巾；另一种是由六片合成的半球形小帽，称六合一统帽，取意四海升平、天下归一。后者留传下来，俗称瓜皮帽，系用黑色绒、缎等制成。

【清代服饰】

马褂

马褂本为满族人骑马时穿的服装，故名。客家又叫大襟衫，是中国清代的男式服装之一。汉族传统服饰为汉服。马褂套在旗装或称满式长衫的外面穿用，有些类似背心或外套，故穿着整齐又称为“长衫马褂”。

赏析

清朝是以满族统治者为主的政权机构，满族旗人的风俗习惯影响着中原地区，是中国传统服制的又一次飞跃，是历史上“胡服骑射”、“开放唐装”之后的第三次明显的突变。

顺治九年（1652 年），钦定《服色肩舆条例》颁行，废除了浓厚汉民族色彩的冠冕衣裳。明代男子一律蓄发挽髻，着宽松衣，穿长统袜、浅面鞋；清时则剃发留辫，辫垂脑后，穿瘦削的马蹄袖箭衣、紧袜、深统靴。但官民服饰依律泾渭分明。

清代官帽与前朝不同，凡军士、差役以上军政人员都戴似斗笠而小的纬帽，按冬夏季节有暖帽、凉帽之分，还视品级高低安上不同颜色、质料的“顶子”，帽后拖一束孔雀翎。翎称花翎，高级的翎上有“眼”（羽毛上的圆斑），并有单眼、双眼、三眼之别，眼多者为贵，只有亲王或功勋卓著的大臣才被赏戴。皇帝有时还赏穿黄马褂，以示特别恩宠。影响所及，其他颜色的马褂遂在官员士绅中逐渐流行，成为一般的礼服。四、五品以上官员还项挂朝珠，用各种贵重珠宝、香木制成，构成清代官服的又一特点。

清代一般男子服饰有所谓京样高领长衫，腰身、袖管窄小，外套短褂、坎肩（背心），头戴瓜皮小帽，手持“京八寸”小烟管，腰带上挂满刺绣精美的荷包、扇袋、香囊等饰物，可算是时髦打扮，北京一带尤盛。很多地主、商人就如此装束。

清代女装，汉、满族发展情况不一。汉族妇女在康熙、雍正时期还保留明代款式，时兴小袖衣和长裙；乾隆以后，衣服渐肥渐短，袖口日宽或达 1 尺多，再加云肩，花样翻新无可底止；到晚清时，都市妇女已去裙着裤，衣上镶花边、滚牙子，多至十几道，有“七姐妹”、“十三太保”、“十八镶绲”诸名，一衣之贵大都花在这上面。满族妇女着“旗装”，梳旗髻（俗称两把头），穿“花盆底”旗鞋。至于后世流传的所谓旗袍，长期主要用于宫廷和王室。清代后期，旗袍也为汉族中的贵妇所仿用。

【现代服饰】

中山装

中山装在国际上被称为中国男式礼服的代表性服装。孙中山先生居住日本期间，看到日本学生所穿服装简单朴素、方便、灵巧、大方，于是他就将这种学生装的领子和口袋等部位加以改革，改成单立领，前身门襟九个扣子，左右上下四个明袋，袋褶向外露，后身有背带缝，中腰处有一腰带。辛亥革命后，关于革命党人该穿什么服装问题曾展开争论，孙中山主张穿广东便服，把直领改为翻领。服装师就根据孙中山的建议，设计了一种四个口袋的翻领上装。孙中山自己带头穿。于是人们就把这种服装称为“中山服”。

赏析

辛亥革命结束了两千年的封建君主专制，中华民族的服饰进入了新时代。

1912 年，民国政府首先颁行《剪辫通令》，随后参照西洋诸国服饰制度发布《服制条例》；20 世纪 20 年代末，政府又颁《服制条例》，主要规定男女礼服和公务人员制服。随着中外交流的加强，五彩纷呈的服装终于冲垮了衣冠等级制度。传统的袍、衫、袄、裤、裙越来越多地接受西方服饰影响，并被许多新品种新款式取而代之。男装方面，20 世纪 20 年代前后出现中山装，逐渐在城市普及。广大农村一直沿用传统的袄裤，头戴毡帽或斗笠，脚着自家缝纳的布鞋。女装方面，辛亥革命带来了多样化，一身袄裤之外，又多穿用袄裙套装。20 世纪 20 年代以来，妇女喜爱旗袍，旗袍逐渐成为时装而不衰。

新中国成立后，中国服饰的发展进入了一个崭新的时代。20 世纪 50 年代，正是我国与苏联关系最为紧密的黄金时期，中国社会主义改造的方方面面全面仿苏，服饰也不例外。因此这一时期的中国女性开始流行穿一种苏联风格的连衣裙——布拉吉。布拉吉款式简单，宽松肥大，体现不出多少女性的风采。20 世纪 60 年代，在国家领导人的表率下，这一时期的服装主要是以粗布、棉花为主，品种单一，打补丁的情况十分普遍。20 世纪 70 年代，毛泽东发出知识青年“上山下乡”的号召，城里大批学生被转移到农村。戴着草帽、毛巾，脚穿解放鞋，身穿绿军装，胸前别着毛泽东像章的知青装，一时在全国流行开来。

20 世纪 80 年代改革开放后，我国服装颜色渐趋丰富，款式开始新奇，中山服已失去主导地位，西装大量出现，喇叭裤、牛仔服深受青年欢迎。20 世纪 90 年代，服装款式新奇，色调齐全，踩脚裤、超短裙、松糕鞋、文化衫，以及各种高档时尚服饰在市场上大量涌现。21 世纪，服装款式新奇，样式独特，具有个性化、自然化和环保化特色。

知识链接

鞋的由来

鞋的历史，已相当久远。古称鞋为靸或履。大约在 5 000 年前的仰韶文化时期，即出现了兽皮缝制的最原始的鞋。3 000 年前的《周易》已有“履”字。《诗经》上“纠纠葛屦，可以屦霜”里的“屦”，就是一种比较简陋的用麻、葛编成的鞋。每一种鞋，都有自己的历史沿革。皮靴是战国时孙膑发明的。孙膑被庞涓敲碎了膝盖骨后，不能行走，就用硬皮革裁成“底”和“帮”，然后缝成高皮靴。孙膑就穿着这种皮靴乘车指挥作战，打败庞涓。中国历史博物馆里珍藏着一双 2 000 年前的皮靴。尖头鞋发源于法国。据说，是一个伯爵为了掩饰他那双畸形脚而做的。后来人们就觉得它的式样新鲜奇特，争相仿效。关于高跟鞋的由来，有两种说法：一种源于法兰西国王路易十四。当时，路易十四苦于自己身材矮小，不能在臣民面前充分显示他高贵的气度，就吩咐手下人为他定制了一双高跟鞋。此后法国贵族男女们纷纷仿效，并很快传遍全国乃至欧洲大陆。另一种是说 15 世纪时威尼斯有个商人，外出时害怕漂亮的妻子行为不端，就给妻子定做了一双后跟很高的鞋，以防止妻子外出。可妻子看到这双奇特的鞋后，觉得十分好玩，就让佣人陪着她走街串巷，出尽了风头。人们觉得她的鞋很美，争相仿效。于是高跟鞋很快就流行开了。

拓展与训练

一、思考题

1. 唐朝的女士服饰为什么比中国历史上任何朝代的服饰都开放？

2. 旗袍因何而名？

二、训练题

1. 汉族服装有什么特点？

2. 查阅资料，总结我国周边国家的传统服饰与中国传统服饰有什么关系。

3. 少数民族的服饰民俗，具有浓厚的民族特色和地方风格，使中华民族服饰文化更加绚丽多彩。比较壮族、苗族、侗族和黎族的服饰特色。

4. 辛亥革命前，有不少仁人志士、青年学生率先奋起剪掉象征清王朝的辫子，表示反对封建专制的决心。辛亥革命后，南京临时政府颁布了剪辫令，几年里全国男子绝大部分都剪掉了辫子；服饰上的变化是在穿长衫、马褂的同时，知识分子和青年学生喜欢穿一种简便的西服，被称为“学生装”。穿着这种服装，能给人以庄重、儒雅之感。孙中山先生当年即颇喜欢穿着这种服装，并对此稍作改制，后流传开来，被尊称为“中山装”。很快出现了男子穿中山装，女子改穿旗袍的局面，百姓也开始穿上洋衣洋袜；同时废除了残害妇女身心健康的缠足陋习。

根据所学知识分析材料中社会习俗变化的原因。

5. 中国古代的服饰代称有哪些？郭沫若曾说：“衣裳是文化的表征，衣裳是思想的形象。”请你分析服饰与文化的关系。

第 5 节　中国居住民俗

中国各地的居住建筑，又称为民居。现存的民居绝大多数是清代以后所建。民居是最基本的建筑类型，它出现最早，分布最广，数量最多，最具地方特色。我国地域辽阔，纵横 960 万平方公里的土地上，孕育着 56 个古老的民族，也织就了一幅幅绮丽多彩的华夏民居风貌。

案例导入

上梁喊“好”的由来

传说乾隆皇帝下江南时，一天天色已晚，他就跟人家借宿。正巧这个人家砌屋，说：“我家砌屋，就搭的个小棚子睡睡觉的，实在没地方让你睡。”乾隆说：“我是过路之人，现在天色已晚，前不着村，后不着店，没办法，请给个方便，随便哪里都行，只住一宿。”做小工的看他求得诚恳，就去问主家，主家说：“既然不嫌差，就找个地方让他过一宿吧！”乾隆说：“不为难你们，有个地儿睡就行了。”

借了宿，乾隆却不睡觉，看人家忙忙碌碌准备上梁。这家怕借宿人在上梁时说出不吉利的话，就劝乾隆睡觉。他不睡，单问人家做什么呢，主家说："马上上梁，在找人写副对子。"乾隆说："我能写。"主家说："你这个过路人还会写对子？"乾隆说："我会写。"

主家就拿来笔墨让他写，乾隆皇帝挥笔写下一副对联：上联是"上梁正逢黄道日"，下联是"竖柱巧遇紫微星"。大家一看，都说对联写得好，上梁时，乾隆又为这家喊了"好"。

第二天，有个先生一看对联，发现不是等闲之人写的，而是当朝皇上的笔迹。主家听说这话，连忙找乾隆皇帝，可是乾隆皇帝早就走了。

这家自从受了皇帝的喊"好"后，真的发了大财，一发就是六十年。后来，凡是人家砌屋竖柱、上梁，总要写副对联贴上，还请人喊"好"，以讨吉庆，日子久了，这风俗就流传了下来。

问题：

1. 居住民俗是怎样形成的？
2. 居住民俗的文化内涵体现在哪些方面？

专题欣赏

【风水与民居】

依山傍水

"依山傍水一座房，送雨迎风百宝盆。""依山傍水"指地理位置靠近山岭和水流。依、傍，都是靠近的意思，所以依山傍水就是靠山靠水的地方，也就是有山有水、风景秀丽的地方。依山傍水是风水最基本的原则之一。山体是大地的骨架，也是人们生活资源的天然库府。水域是万物生机之源泉，没有水，人就不能生存。《墨子·辞过》云："古之民，未知为官室时。就陵革而居，穴而处。"风水师认为山东曲阜孔子旧宅的风水最佳，地处泰山之下，洙泗二水交流，乃是平原得水之贵格，故子孙福祚绵延，千万年不绝。

唐代诗人曾极力赞誉依山傍水，杜甫有诗云："窗含西岭千秋雪，门泊东吴万里船。"王继有诗赞："隔窗云雾生衣上，卷幔山泉入镜中。"说出了依山傍水是人们居住的最佳境界。

赏析

民居是人们生活的空间，民居的建筑对每一个家庭来说都是件大事。如何选民居，新居落成之后如何入住，在我国各地、各族中都很有讲究，而对民居影响最大的，莫过于所谓的"风水术"定下的一套范式。"风水术"为中国之独创，在各民族中都被广泛地流行和应用，汉族乃冠各族之首。

"风水术"利用中国传统的易经哲学，论述了上至天象，下至地理，中贯人文的驳杂内容。它的核心内容是人们对居住环境的选择和处理。选择房屋基址时，理想的应是南北方向，房基地前面水、后靠山才是好地，在风水中称"左青龙，右白虎，前朱雀，后玄武。宁愿青龙高万丈，莫使白虎猛抬头"。住宅的环境位置非常重要，讲究前有明堂财气，后有文昌官气，吉利祥。好的住宅除朝向好，道路交通畅顺方便，环境位置佳外，还应格局四正，搭配合理，视野开阔，采光通风，充满生气活力。

【建房与入住】

建房开工式

汪曾祺在小说《故乡人》中有一节叙述了扬州高邮一带的建房习俗，其中说到开工前的种种仪式：

这里兴建动工有许多风俗。先得“破土”。由金大力（瓦匠头儿）用铁锹挖起一小块儿，铲得四方四正，用红纸包好，供在神像前面。——这一方土要到完工时才撤去。然后，主人家要请一桌酒。这桌酒有两点特别处，一是席面所用器皿都十分粗糙，红漆筷子，蓝花粗瓷大碗；二是，菜除了猪肉、豆腐外，必有一道泥鳅。这好像有一点是和泥瓦匠开玩笑，但瓦匠都不见怪，因为这是规矩。这桌酒，主人是不陪的，只是出来道一声“诸位多辛苦”，然后就委托金大力：“金师傅，你陪陪吧！”金大力就代替了主人，举起酒杯，喝下一口淡酒。这时木匠已经把房架立好，到了择定吉日的五更头，上了梁，——梁柱上贴了一副大红对子：“竖柱喜逢黄道日，上梁正遇紫微星”，两边各立了一面筛子，筛子里斜贴了大红斗方，斗方的四角写着“吉星高照”，金大力点起一挂鞭，泥瓦工程就开始了。

赏析

按照民间建房的礼仪，一般可分为择地、开工、上梁、立门、落成五个步骤。选择一块与周围环境相协调的“风水宝地”，这样才有利于人们采光、汲水、取暖、交通等生活起居；选择一个“黄道吉日”破土动工，特别忌讳在“太岁日”动土；上梁亦称“升梁”，流行于中国大多数地区。民间上梁一般都须按阴阳，并认为上梁顺利与否和建宅后的生活相关联，时间一般以“月圆”“涨潮”为吉利时辰，取其合家团圆、钱财如水涨进之意。上梁日要择吉辰，多选在清晨日出之时，鸣鞭炮。立门时，也有一定的礼仪。住宅落成后，各地都有设酒招待工匠和乡亲、帮工的传统习俗。乔迁之喜，也同样有一系列的惯例相沿而成民俗，主要包括择日入住、祖宗神位入屋以及进屋时的庆祝等。

【民居装饰】

《渔樵耕读》

《渔樵耕读》砖雕图案，反映了农耕社会的四种职业——捕鱼的渔夫、砍柴的樵夫、耕田的农夫和读书的书生，代表了普通百姓的基本生活方式和价值取向。

“渔”是东汉的严子陵，才高八斗，但一生不愿为官，多次拒绝曾经是同窗的汉光武帝刘秀的邀请，垂钓终老。

“樵”则是汉武帝时的大臣朱买臣，他以上山砍柴为生，热爱读书。妻子不堪贫穷改嫁他人，他仍自强不息，后经推荐，当了汉武帝的文臣。

“耕”所指的是“舜耕历山”的典故：舜为人忠厚仁慈，相传他牵牛耕地时牛走得太慢，他不忍心鞭打黑牛，就在牛屁股下面吊个簸箕，敲打簸箕，牛一受惊就走得快了。此事恰好让微服私访的尧看见，他想此人能以仁治畜，如为王定能以仁治民。他即有意选舜为官，并把自己的两个女儿娥皇、女英许配给舜为妻。

“读”所描述的是苏秦刺股埋头苦读的故事。苏秦为博取功名，发愤读书，每当读至深夜要打瞌睡时，就用锥子刺一下大腿来提神。他勤奋学习，终于成为战国时期著名的纵横家。

此砖雕中四个人物形象传神，栩栩如生，显示了古人高超的雕刻技艺。

赏析

一堵影壁、一段花墙、一扇门窗，以至一面墀头、一方砖雕、一片瓦当……关中古民居建筑雕刻的艺术形式及内容，都呈现着独特的风格。那一幅幅构图别致、工艺精湛的图案，大多记载了一段历史故事，显现着民族精神以及中华民族忠、义、诚、德、孝、和的传统美德。

汉民族的民居装饰是中国传统建筑中的一个重要组成部分。装饰用在表达意图、构造需要、包藏隐喻意义的地方，或用装饰把过于分散的构图联系在一起，主要是边框、门窗、厨房的墙上等需要强调的地方，使其统一、和谐地表现于建筑之中、而无多余之感。

【四合院】

四合院

所谓的四合院，就是以正房、倒座、东西厢房围绕中间庭院形成平面布局的传统住宅的统称。四合院一般为砖木结构，在抬梁式木构架的外围砌砖围成。屋顶多为硬山式，次要房屋为平顶或单庇顶，墙壁与屋顶很厚重。四合院的房屋与院落是按南北纵轴线对称分布的，大门位于院子的东南角，有内院与外院。北京的房子以坐北朝南的北房为最好，其次为坐西朝东的西房，人们建宅时，一般都要将主房定在坐北朝南的位置，再按次序安排厢房和倒座房。长辈居住在内院的北面正房，晚辈居住在东西厢房。正房的左右建有耳房与小跨院，厨房、杂屋、厕所等在这里。

四合院不对外开窗，院内种植花草，或摆设盆景。室内有炕床，以方便取暖，用方砖铺地板。贵族府第使用琉璃瓦、朱红门墙与金色装饰等；而一般住宅多是灰青色墙面与屋顶，大门、二门、走廊、影壁、墀头、屋脊等略施色彩或雕饰。

清代有句俗语形容四合院内的生活："天棚、鱼缸、石榴树，老爷、肥狗、胖丫头。"可以说是四合院生活比较典型的写照。

赏析

四合院——中国最具建筑文化底蕴的象征之一。四合院的建筑格局符合古代儒家礼教思想和道家的天人合一思想，因承载此浓郁的思想，四合院自然成为古代贵人身份及地位的象征之一。四合院不只是几间房子，它是中国古人伦理、道德观念的集合体，艺术、美学思想的凝固物，是中华文化的立体结晶。四合院是砖瓦石当作笔墨纸，记载了中国人传统的家族观念和生活方式。

四合院的适应性极强，各种不同的自然条件和社会环境都可灵活使用。全国各地的老式住宅几乎都属于四合院体系，只是有所变异而各具不同的特色与名称。在中国有相当悠久的历史，根据现有的文物资料分析，早在两千年前就有四合院形式的建筑出现。

《日下旧闻考》中引元人诗云："云开闾阖三千丈，雾暗楼台百万家。"这"百万家"的住宅，便是如今所说的北京四合院。

四合院营建极讲究风水，从择地、定位到确定每幢建筑的具体尺度，都要按风水理论来进行。装修、雕饰、彩绘也处处体现着民俗民风和传统文化，表现一定历史条件下人们对幸福、美好、富裕、吉祥的追求，如以蝙蝠、寿字组成的图案寓意"福寿双全"，以花瓶内安插月季花的图案寓意"四季平安"，而嵌于门管、门头上的吉辞祥语，附在檐柱上的抱柱楹联，以及悬挂在室内的书画佳作，更是集贤哲之古训，采古今之名句，或颂山川之美，或铭处世之学，或咏鸿鹄之志，风雅备至，充满浓郁的文化气息。登斯庭院，有如步入一座中国传统文化的殿堂。

【陕北窑洞】

黄土地中的安乐窝

窑洞式民居是一种古老的居住方式，是由穴居演变而成的。它是一种特殊的“建筑”，是以“减法”即“减”去自然界的某些东西而形成的可用的空间。主要分布在我国华北和西北的黄土高原地区、黄河中游一带。

窑洞按照结构又可分为靠崖窑、地坑院、锢窑等。靠崖窑是指在垂直崖面上开挖的窑洞，纵向开挖，可深达二十多米。靠崖窑还可向上开挖，形成层叠窑洞，每层窑洞之间借助木梯上下。地坑院又叫“天井窑”、“地阴坑”等，即在平坦的岗地上开凿的窑洞。在不垂直的崖面地区向下挖掘，坑平面多为矩形、丁字形等。坑的大小与形状依地形和居住需要而定，所挖的坑就作为低于岗地的庭院。然后在庭院四周崖面上挖窑洞，地坑一般为五米左右。锢窑不像前两种窑洞一样依地势而建，它是在平地上用土坯、砖石砌筑的。锢窑一般分为二层，室内的房顶是拱形的，有时锢窑也会按照四合院的样式建造。

赏析

黄土高原属于大陆季风性气候，干燥少雨、冬季寒冷。黄土覆被层深厚、地下水位很低，土质有不易崩塌、壁立不倒的特性。人们利用这种土壤力学性能，掏挖成顶部为拱形的洞穴，上部土层的荷重沿着曲线由拱顶传至地基，不需要其他的承重结构。

窑洞内的气候冬暖夏凉，黄土的导热系数低，隔热效应好。建造窑洞不用梁柱不用砖，大量减少木材的耗损。

可以说，窑洞是紧密结合自然、依附于大地的一种居住方式。

窑洞是黄土高原的产物，是陕北农民的象征。在这里，沉积了古老的黄土地深层文化，创造了陕北的民间艺术。

【江南民居】

水墨周庄

周庄镇为泽国，因河成街，呈现一派古朴、明洁的幽静景象，有江南典型的意境“小桥、流水、人家”，虽历经 900 多年的沧桑，仍完整地保存着原有的水乡古镇的风貌和格局。周庄最为著名的景点有富安桥、双桥、沈厅。富安桥是江南仅存的立体形桥楼合璧建筑；双桥则由两桥相连为一体，造型独特；沈厅为清式院宅，整体结构严整，局部风格各异。此外还有澄虚道观、全福讲寺等宗教场所。全镇桥街相连，依河筑屋，绿影婆娑，返璞归真，令游人会情不自禁地吟诵：吴树依依吴水流，吴中舟楫好夷游。古镇区内河道呈井字形，民居依河筑屋，依水成街，河道上横跨 14 座建于元、明、清代的古桥梁。

赏析

江南民居普遍的平面布局方式和北方的四合院大致相同，由四合房围成的小院子通称天井，仅作采光和排水用。因为屋顶内侧坡的雨水从四面流入天井，所以这种住宅布局俗称“四水归堂”。

江南民居的结构多为穿斗式木构架，不用梁，而以柱直接承檩，外围砌较薄的空斗墙或编竹抹灰墙，墙面多粉刷白色。屋顶结构也比北方住宅为薄。墙底部常砌片石，室内地面也铺石板，以起到防潮的作用。厅堂内部随着使用目的的不同，用传统的罩、槅扇、屏门等自由分隔。梁架仅加少量精致的雕刻，涂栗、褐、灰等色，不施彩绘。房屋外部的木构部分用褐、黑、墨绿等颜色，与白墙、灰瓦相映，色调雅素明净，与周围自然环境结合起来，形成景色如画的水乡风貌。

江南水乡民居的历史可以追溯到距今约七千年的河姆渡文化。先民们在这块土地上生息繁衍，传承着一切居住、生活方式。商代，这里已形成了初具规模的民居聚落。从汉代起，这里开始居住官吏。魏晋南北朝时期，北方的战乱局面使大批人向南迁徙，这一趋势使南方的经济和文化迅速发展，经济重心从此南移。唐代，这里已形成了相当规模的官宅，在宋代绘画《千里江山图》、《平江图》中，对江南民居的建筑布局已有具体生动的描绘。随着南宋建都杭州，江南在政治、经济、文化上都有了空前的发展。到了明清，江南已成为全国经济、文化最发达的地区，达官显贵、地主富商、文人雅士纷纷选择此地建宅，山庄别墅，亭台楼阁，处处皆是，各具特色。由于人口众多、土地珍贵，江南的建筑极节省空间，而在层高上下工夫，其建筑艺术也因此显得精巧有余、气派不足。但经过能工巧匠的双手，安置在潺潺流水中的一座座房宅，仍能令人倾倒。

【客家围龙屋】

围龙屋

围龙屋不论大小，大门前必有一块禾坪和一个半月形池塘，禾坪用于晒谷、乘凉和其他活动，池塘具有蓄水、养鱼、防火、防旱等作用。大门之内，分上、中、下三个大厅，左右分两厢或四厢，俗称横屋，一直向后延伸，在左右横屋的尽头，筑起围墙形的房屋，把正屋包围起来，小的十几间，大的二十几间，正中一间为“龙厅”，故名“围龙屋”。

赏析

在两晋至唐宋时期，因战乱饥荒等原因，黄河流域的中原汉人被迫南迁，历经五次大迁移，先后流落南方。由于平坦地区已有人居住，只好迁于山区或丘陵地带，故有“逢山必有客、无客不住山”之说。当地官员为这些移民登记户籍时，立为“客籍”，称为“客户”、“客家”，此为客家人称谓的由来。为防外敌及野兽侵扰，多数客家人聚族而居，形成了围龙屋、走马楼、五凤楼、土围楼、四角楼等，其中以围龙屋存世最多和最为著名，是客家建筑文化的集中体现。

围龙屋的客家文化内涵十分丰富，从建筑风格到民风民俗，处处展示了客家的人文历史，是客家文化的重要象征，被众多国内外专家誉为东方璀璨的明珠、世界上的民居建筑奇葩、一部读不完的百科全书，反映了客家人团结互助、敬老尊贤、礼貌文明、知书达理的传统美德。客家围龙屋的风格是对原始住宅风格的传承。据考古资料，处于黄河流域的原始社会中后期的半坡氏族和龙山氏族，居住的区域就是由几十座样式为方形和圆形的土夯房屋组成的。围龙屋的建筑特色也是古代阴阳思想的投射。集中体现在讲求建筑物体与天然地形的协调统一，而符合“天人合一”的哲学道理。如遇上不尽如人意的地形则通过增加半月形花台或池塘，或建筑半门调整坐向，以达到阴阳平衡和适应环境。这种阴阳思想，后来又夹杂了不少讲究“风水屋场”的巫术文化，如俗谚“风水人间不可无，全凭阴阳两相扶”等。

围龙屋也体现了传统的宗族观念。客家民居建筑规模宏大，一方面，呈现了客家人聚族而居的习性。因为客家不论是在长途跋涉的游离中，还是新到一处人生地不熟的居地，都有一家一户所难于克服的困难，得靠本姓本族人聚居在一起。另一方面，屋内住户按辈分高低及尊卑来分配房间，其建筑中心位置都安放祖宗牌位，供后人拜祭，在一定程度上反映了客家人这种传统家族伦理思想。

【杆栏式民居】

广西“杆栏式”房屋

杆栏式房屋是指在木（竹）柱底架上建筑的高出地面的房子。其具体构筑办法是用竖立的木桩为基础，其上架设竹、木质大小龙骨作为承托地板悬空的基座，基座上再立木柱和架横梁，构筑成框架状的墙围和屋盖，柱、梁之间用树皮茅草，或竹条板块、草泥填实。

赏析

广西“杆栏式”房屋，也叫高脚房屋建筑，是以竹、木、茅草等建筑材料而建的民居。“杆栏式”房屋通常分为上下两层结构，上层住人，下层用于饲养牲畜。在潮湿炎热的南方，住在这样的房子里既通风，又防潮，而且还可以免遭蛇、虫和野兽的侵害。广西众多的少数民族，长期生活居住在富有特色的杆栏式建筑中，这些建筑具有极高的历史文化价值。杆栏式房屋的设计尊重自然的本质，善于发挥个性，在日常生产生活、人际交往活动中，无不反映出顺其自然、尊重个性，人与自然、生态学与环境学的朴实思想。

可以概括地说，传统的杆栏式建筑在选址、布局、平面空间组合的设计构思上，无不讲究天时、地利、人和。取其天地相照，山水相映，天、地、人相协调、和谐，从而打造出适合人与自然共生共荣、可持续发展的优越住宿环境。

【云南“一颗印”民居】

“一颗印”

“一颗印”是汉族传统民居之一，流行于陕西、安徽，云南等地，尤其以云南最为盛行。“一颗印”也是围绕天井布置房屋，北面正房大都为三间，东西两侧为厢房，南面为厅房，也是大门所在的地方。“一颗印”的东、南、西、北房屋全部相连围合，既防风又避日晒。由于它的外观犹如印鉴，所以俗称“一颗印”。

赏析

“一颗印”式民居是由汉、彝先民共同创造的。昆明地区“一颗印”式建筑的形成始于明朝，成熟定型于清朝初期。“一颗印”式民居的基本规则为“三间两耳倒八尺”。“一颗印”是云南地区最负盛名的独特建筑。在建筑风格上很有特色，建筑形制不受约束，和自然紧密地联系在一起，极富地理特征。有着鲜明的地方特色和个性特征，蕴涵着丰富的文化内涵。除了注重实用功能外，更注重自身的空间形式、艺术风格、民族传统以及与周围环境的协调。

【内蒙古民居】

蒙古包

“蒙古包”是借用满语的汉语称呼，特指蒙古人居住的一种圆形尖顶毡帐。在蒙古语中称作“格尔”，意为“家”或“屋”。蒙古包主要由门、“哈那”（圆形围壁）、“乌尼”（椽子）和“陶脑”（圆形木质天窗）四部分组成。另外，还有地板（或者毡垫）、墙根围子。包外有塑料雨布保护以不受雨淋，包内一般铺有地毯，牧民都睡轻便的铁床，如今包内陈设比以前好得多，增加了许多现代家庭用品。

赏析

历史上的蒙古人过着“随畜牧而转移、逐水草而迁徙”的游牧生活，蒙古包是适应这种生活逐步形成的建筑。考古遗迹证实蒙古先民最原始的住所为洞穴。随着狩猎业和畜牧业的发展，住宅不断改进，以适应生产、生活需要。走出洞穴后的住宅是窝棚，一类是三木搭架覆盖桦树皮或兽皮的尖顶窝棚，另一类是用柳条、蒲草、芦苇等编成的圆顶窝棚。蒙古包由窝棚演化而成，适合四季游牧搬迁，能抵御北方高原的寒冷空气。

蒙古包色调洁白，圆状形体，陶脑与乌尼连成日月射光状，反映出蒙古族崇尚日、月、圆、白的审美习惯。内部陈设物品都有固定位置，正中央为炉灶（火撑子）。火是一个家庭兴旺繁荣的象征。蒙古族对火撑有若干禁忌，如不许往火里扔不干净的东西，甚至烟头，不准敲打火撑子，不能用剪子碰撞火撑子，不能把锅斜放在火撑子上，不能在火灶旁砍东西等。因为蒙古族崇拜火，认为激怒了火神会走厄运。其他物品摆设体现着蒙古族尚右尚西的习俗：西北侧供奉神像、佛龛、祖先，往西南摆放男人们放牧、狩猎用具，北面置床桌，东面置竖柜，东南侧置放炊具、奶具等。同样，主人、客人、家人坐卧的位置自西向东为长者、男人、女人、孩子，自北向南为客人、主人。

知识链接

台湾居住民俗

台湾由于受历史环境等因素的影响，在居住上呈现出许多不同的特色和风采。台湾汉族的房屋造型，大体可分为中、西、日式三种。中式为平房，多是闽南式样，有一条龙、镰铲把、三合院、四合院等。以浊水溪为界，农村村落，北部为散居型，南部为聚居型，大多建于山凹水隈处，以避风沙。西式多是楼房，以前悉为砖造，近年来多改为水泥钢筋。日式则在平房内铺以“榻榻米”。市镇房屋多属于西式，垒砖为墙，比邻而居，前设走廊，称曰“亭仔脚”，供行人乘凉庇阴。这些年来随着工商业的发展，新式公寓住宅快速增加，高楼大厦，形式新颖，设施完备。但由于台湾人口的急剧增长，住房问题尚未根本解决，仍有许多人居住在简屋陋室之内。

高山族的房屋则多为木结构的草房。木板围墙，上盖茅草。一般屋内要凹下四五十厘米，环墙摆设床铺。屋分正门、后门和左右旁门。窗仅四五十厘米见方。也有的用长石架床。沿海房屋用厚木板作内墙，外墙用卵石砌成。屋内用卵石垫地，上铺木板，地面多凹下两三米，故屋檐离地面仅一米左右，可防风暴袭击。

拓展与训练

一、思考题

1. 说说我国居住民俗的典型特征是什么。
2. 风水与民居的关系如何？风水真的在民居中起决定作用吗？

二、训练题

1. 徽派民居有什么特色？

2. 利用空余时间，对学校周围或自己家乡的居住民俗做一调查。

3.《周易》：“上古穴居而野处，后世圣人之宫室，上栋下宇，以待风雨。”分析回答：什么时期什么人开始造房屋？人类走出洞穴盖房定居有什么重大意义？

4. 选一个你最喜欢的民居，试分析它的特点和成因。

5. 在居住中有哪些风俗习惯？如果你带着一个团队去蒙古包做客，你与游客均需注意些什么？

第6节 婚俗

婚姻习俗是伴随着婚姻的产生而产生的。它展示了民族群体的社会生活面貌，以及审美观、伦理观、价值观、宗教观、性意识和民族心理的发展态势，是人类创造的文化积累和精神财富。从中国的婚俗及礼仪中，能看到儒家文化等传统文化对中国人思维方式、行为方式深远的影响，反映出了中国人的思想、情感和性格。

案例导入

头红

在我国民间，尤其是旧时结婚，新娘子的头上都要蒙上一块红布，以保佑新娘子平安入洞房。

相传，姜子牙在封神时将殷纣王封为喜神，专管人间的婚姻，谁家结婚都得请他送喜。可是纣王当了喜神却没改老毛病。他去送喜时，看见哪个新媳妇长得好，就抢回天上给他做小老婆。百姓都非常气愤，可是娶媳妇不能不请喜神，大家无奈，只好求姜子牙帮着想办法。姜子牙告诉大家：要给新媳妇蒙头红，新媳妇一进门就要放鞭炮，大家照这个办法做了，果然纣王一见新媳妇蒙着头红，一听鞭炮响，就吓得赶快驾云回天了。

原来，武王伐纣时是打着一色的大红旗进军殷都的，纣王死后脑袋又被挂在红旗上，而当初两军交战时，纣王又挨过姜子牙的神鞭，所以，纣王一见蒙头红，一听鞭炮响，以为是姜子牙打着红旗，用神鞭来打他呢，就吓得赶紧往天上跑。因此，以后娶亲的人家都给新媳妇蒙上头红，再放一挂长长的鞭炮，以驱走纣王，把新媳妇平平安安接回家。久而久之，头红也就成了新媳妇的护身符了。

问题：

1. 你知道我国哪些传统的婚俗习惯？

2. 各少数民族婚俗充满传奇和色彩，你知道多少？

专题欣赏

【传统婚俗一】

普那路亚

“普那路亚”，夏威夷语，意为“亲近的同伴”，是原始社会中的一种婚姻形态，为群婚的典型。即一族团内的女子与另一族团内的一群男子，或一族团内的兄弟与另一族团内的一群女子互相通婚。这些共夫的姐妹或共妻的兄弟之间，互称“普那路亚”，故又称普那路亚婚。约出现于旧石器时代晚期，是从一族团内排除同胞兄弟姊妹间和旁系兄弟姊妹间的婚姻关系后，逐步发展而来的。至19世纪，在夏威夷群岛的土著居民中，仍存有这种婚姻制度。

赏析

中国古代婚姻的变迁可以划分为五个阶段。

（1）原始群婚。它是人类祖先实行的一种两性偶合的关系，出现于人类的童年时期。当时，“其民聚生野处，知母不知父，无亲戚兄弟夫妻男女之别”。

（2）血缘婚。在血缘家族内部，开始产生婚姻禁例，即排斥亲（父母）子（子女）通婚，只允许同辈男女（兄妹）发生两性关系。这种同辈血缘婚制，在中国古文献中多有记载。

（3）伙婚，又称亚血缘婚。伙婚制家庭亦即普那路亚家庭。伙婚与血缘婚的最大区别，在于两性关系中又出现了一种新的禁例，即不准亲兄弟姐妹发生婚姻关系。伙婚制的特点是，一群兄弟和不是自己姐妹的另一群女子通婚，兄弟共妻，姐妹共夫，男女之间互为“亲密的伙伴”。

（4）对偶婚。特征是一个男子和一个女子在或长或短的时间内形成的一种不牢固的夫妻关系。较之于群婚，它是个体婚；较之于一夫一妻的专偶婚，它又是一种脆弱的、不稳定的夫妻关系。它是由群婚到专偶婚的过渡，所生子女仍然归属母系。

（5）专偶婚，俗称一夫一妻制婚姻。专偶婚制的确立，是以父权制取代母权制，以及生产资料私有制为基础的。专偶婚制自产生之时起，就表现出男权至上的特点。就夫妻地位而言，由于丈夫取得了家庭经济的支配权，因而也就获得了对妻子的统治权。

由原始群婚发展到专偶婚，是古代社会由蒙昧、野蛮走向文明的标志。

【传统婚俗二】

冰人

据《晋书》记载，孝廉令狐策做了一个梦，梦见自己坐在冰上，同冰下的人说话。索统解释这个梦说：“你在冰上同冰下的人说话，这象征着你在调和阴阳，调和阴阳就是做媒介，你将会给别人做媒。但这媒不容易做，要用你的热情把冰融化了，男女双方才能成婚。”

赏析

中国古代的婚姻政策，是指历代政府对婚姻所奉行的基本方针和原则，它反映了历代政府对婚姻所持的基本态度。总起来看，古代婚姻政策从未越出礼的规范，在礼的框架内，历代律令又根据各时期经济、政治的需要，对婚姻作出了一系列的条文规定。

西周时期，已设有“大司徒”、“媒氏”等管理婚姻的官员。古代统治者导民婚配、鼓励早婚的动因大致有二：一是保持社会安定，减少怨女旷夫；二是鼓励繁育人口，以保证征人役夫有充足的来源及增加赋税，从而增强国力。

父母之命、媒妁之言是封建聘娶婚姻的必备条件。《礼记·曲礼》说：“男女非有行媒，不相知名；不受币，不交不亲。”《诗经·豳风·伐柯》云：“伐柯如何？匪斧不克。娶妻如何？匪媒不得。”这里都提到无媒不成婚配的重要原则。《管子·形势》中也有“自媒之女，丑而不信”之说。对“自媒”的禁绝，本质上是借此保证父母之命的实施，以维护宗法社会的秩序。

同姓不婚。古人很早就认识到同血缘婚配对于繁衍后代的害处，族外婚正是基于这一认识而取代血缘婚的。西周确立的宗法制就包括立子立嫡制、庙数之制和同姓不婚之制，同姓不婚成为西周重要的婚姻政策。其实施的目的：一是确保宗法等级关系的明晰，使权力的继承归属不致紊乱。二是出于优生的考虑。

历代婚姻政策都以巩固父系家长制下的一夫一妻制为原则，但同时又允许男子“一夫多妻”，因此，一夫一妻只是针对女子的婚姻规范，对少数男子而言，实行的却是以一夫一妻为名义的、以纳妾为表现的多偶制。秦以前，贵族男子中盛行媵妾制。媵指的是陪嫁的女子。媵制实为上古姐妹共夫婚俗的遗存，秦以后，媵制消亡，但妾制依然盛行。妾与妻的区别在于，妻为明媒正娶，地位远高于妾；妾可以像一般物品那样进行买卖、赠送、交换和赏赐。

【传统婚俗三】

七出三不去

古代丈夫遗弃妻子有七条理由，叫“七出”。《孔子家语·本命》：“七出者，不顺父母，出；无子，出；淫僻，出；嫉妒，出；恶疾，出；多口舌，出；窃盗，出。不顺父母者，谓其逆德也；无子者，谓其绝世也；淫僻者，谓其乱族也；嫉妒者，谓其乱家也；恶疾者，谓其不可供粢盛（操办祭品）也；多口舌者，谓其离亲也；窃盗者，谓其反义也。”这是“七出”一词及其内容的最早记载。“七出”又叫“七去”。除“七出”外，古代在离婚制度方面又有“三不去”的规定。据《大戴礼记·本命》载：“有所取（娶），无所归，不去；与更三年丧，不去；前贫贱，后富贵，不去。”

赏析

同婚姻的缔结必须要遵守“父母之命”一样，婚姻解除的决定权也完全操纵在男方家长方面。据史籍记载，西周婚姻的解除有一套完整的制度，被称为“七出三不去”。“三不去”在某种程度上，对于任意去妻作了限制，但更主要的目的是出于维护宗法伦理的需要。“七出三不去”制度是宗法制度下父权和夫权专制的典型反映。作为西周时期婚姻制度的重要内容，其影响也极为深远。汉唐乃至明清，各朝法律中关于解除婚姻的条件和限制的相关规定，大体上都没有超出“七出三不去”的范围。

综合起来看，古代离婚制度有以下几个特征：第一，尚无现代意上的协议离婚，所谓“七出”，均属单意离婚，离与合均取决于丈夫一方的意志，显然，这是以夫权为中心的离婚制。第二，“七出”的基本点是维护夫权与封建家长制，是为保障丈夫特权制定的。丈夫遗弃妻子，理由随手可得，离婚易如反掌。第三，离婚还可以第三方的意志为转移，即通过男方家长的干预，强制当事人解除婚姻关系，这是封建家长制在离婚制度上的反映。第四，“三不去”从道德主义出发，对离婚有所限制，这是对已婚妇女仅有的一点保护。

【传统婚俗四】

拜天地

相传女娲造人的时候，开始只造了一个后生。这后生虽然吃穿不愁，逍遥自在，却感到很孤单，于是请求月亮老人给他找个知心人。月亮老人就求女娲造了一个姑娘，让他们结成伴侣。在结婚的时候，月亮老人领着两个白发长者对二人说："这是天公和地母，你们以后的生活全都离不开他俩，首先得给养育了你们的天公地母拜三拜。"从此，便流传下了"拜天地"的习俗。

赏析

在中国流传了几千年的婚嫁习俗，如今已有些被人淡忘或忽略，但无论在中国举办何种形式的婚礼，中式婚礼流程都或多或少地影响着我们。如轿夫起轿时，两面开道锣鼓喧天，前往新郎家。中途颠轿意在挡煞。新妇入门时双脚不可着地，要踩着男家铺设的麻袋或青布条而行。清王棠《知新录》说："今有娶新妇，入门不令足履地，此袋递相传，令新妇步袋上，谓之传代。代，袋同音也。"这种婚俗，主要取传宗接代之吉兆，在唐已流行民间。新郎、新娘喝"交杯酒"是婚礼上的重要仪式之一，这个习俗起源于秦代。据记载，当时使用瓢饮，二者相合，即成葫芦状，象征夫妻二人有相同的地位，婚后相亲相爱，百事和谐。到了唐代，瓢改成了酒杯，用红线把两个酒杯拴在一起，饮后将酒杯放于床下，若酒杯一仰一合是为大吉，象征着天覆地载、男俯女仰、阴阳和谐、婚姻美满。交杯酒又称为"合酒"，主要表达了夫妇连为一体的美好愿望，寄寓生活幸福美满。由于交杯酒"合"的意义深远，它象征着夫妻之间永结同好、永不分离，所以后来的婚礼中都少不了这一节目，只是形式有了很大变化。

【传统婚俗五】

"三书六礼"

传统聘娶婚的成立，以父母之命、媒妁之言为必备条件，同时婚礼要完成"三书""六礼"的仪式。"三书"指在"六礼"过程中所用的文书，包括聘书、礼书和迎书。所谓六礼，据《仪礼·士昏礼》载，它包括纳采、问名、纳吉、纳征、请期、亲迎六个仪节。一般认为，六礼创始于周而完善于汉，成为中国传统婚礼的基本模式，不仅在民间流传广泛，曾远播到朝鲜等国，影响很大。

赏析

婚礼是中国"五礼"之一，具有强大的历史背景和深厚的文化基础，被视为中国人的传统大礼。在《礼记·昏义》中记载："昏礼者，将合二姓之好，上以事宗庙，而下以继后世也，故君子重之。"古代婚姻除讲究非媒不娶外，还得有个正当的婚姻程序。三书六礼的传统婚俗历史悠久，可以追溯至西周。西周时期的"婚姻六礼"，对其后各朝代婚姻的形式产生了重要的影响。无论是皇家显贵，还是布衣百姓，都按照这个原则去对待这个人生的重大事件。古代的结婚过程与现代礼仪不同，更为庄重繁复。古人认为结婚的终极目的就是增枝散叶、开花结果、传宗接代。所以，男女在结为夫妻之前有无感情并不重要，女人有无资格进门才最重要。《诗经》有云："娶妻如之何？必告父母。"《孟子》中也说道："不待父母之命，媒妁之言，钻穴隙相窥，逾墙相从，则父母国人皆贱之。"一对男女在没有得到父母同意和媒人说合下的结合，是不被社会所认可和重视的。而三书六礼的结婚过程则包括从谈婚、订婚到结婚等过程的文书和礼仪，整个过程都通知了亲属邻里，是为了取得社会的认可和保障。

除此以外，传统婚姻习俗礼仪是使结婚的夫妇取得祖先神灵的认可并承担履行对父母及亲属的权利义务。故此男女若非完成三书六礼的过程，婚姻便不被承认为明媒正娶；嫁娶仪节的完备与否，直接影响婚姻是否吉利。

随着人们生产和生活速度的加快，六礼逐渐缩减，北宋变成四礼，南宋则变成了三礼，并一直沿用到明清。但无论六礼被如何缩减，其男尊女卑都不曾改变。从六礼的第一个环节开始，男方便一直占据主导、主动地位，女方只需要应和。

“三书六礼”的形成，是中华文明的积淀，也代表着文明程度的升华，一代一代传承了几千年，至今仍有影响。

知识链接

婚俗

1. 闹洞房

俗语：“三天不分大小。”最初为保持某些群婚遗俗，但也带有落后野蛮遗风。中原此风古已有之。《汉书》：“新婚之夕，于宿夕窃听新妇言语及其动止，以为笑乐。”东汉名儒袁隗新婚即有人听房：“袁隗娶马融女，融家富，嫁妆丰盛。新婚之夜，隗问之曰：‘妇奉箕帚而已，何乃过珍丽乎？’对曰：‘慈亲垂爱，不敢逆命。君若欲慕鲍宣、梁鸿之高者，妾亦请从少君、孟光之事矣。’……隗默然不能屈，帐外听者为惭。”（《后汉书·列女传》）

2. 媒人

原先“媒人”叫做“霉人”。在远古的时候，有两个村庄，一个叫东庄，另一个叫西庄。这两个村庄相距很远，古时候交通又不方便，所以这两个村庄的人平时很少来往。

相传，东庄有个英俊小伙叫赵景，西庄有个贤惠的姑娘叫阿彩。有一年，这两人经过一位好心老汉的牵线搭桥认识，后来相爱结婚。

婚后，小两口相亲相爱，记起好心的老人，想要报答他，却无从找起。便用米粉塑了一尊像，敬奉在台上，又怕人看了笑话，只好将塑像珍藏在柜里。

过了些日子，小两口又想念起那位老人，忍不住将藏着的米粉人拿出来看。谁知，塑像竟浑身发了霉，夫妻俩十分叹惜地呼出“霉人”二字。

之后，此事一传十，十传百，“霉人”的佳话便传开了，人们便将为青年男女牵线搭桥之人称为“霉人”。后因觉得“霉”字不吉利，才改称为“媒人”。

“媒妁之言”在古代与“父母之命”相提并论，构成婚姻所不可缺少的条件。结婚要请媒人的婚姻习俗，一直沿袭至今。《礼记·曲礼》说：“男女非有行媒不相问名。”《礼记·坊记》说：“男女无媒不交。”自周代始，婚姻的缔结要通过媒人逐渐成为一种风俗，不经过媒灼的男女婚姻是不合法的，是违背伦理道德的，“则父母国人皆贱之”。到了唐代，“媒妁之言”移入了法律条文中。《唐律·户婚》规定：“为婚之法，必有行媒。”宋、元、明、清法律亦对媒人在婚姻中的地位和作用，作了基本相同的规定，并说明对于违律嫁娶的，也处罚媒人。这样，媒人在婚姻缔结中不仅具有道德价值，而且具有法律意义。宋、元时代也实行过一种无媒的婚姻，一些权贵之家往往采用搭彩楼、抛彩球的方法，在朝廷大考、进士及第游街的时候，竞相招聘为婿。

3. 月下老人、红线

典出唐代李复言《续幽怪录》中的“定婚店”。说唐人韦固经过宋城，遇见一个老人在月光下看书，身边一大布袋中装满红线绳。韦固好奇，问道：“所检何书？”答曰：“天下男女婚约之书。”又问：“这袋中红绳作何用途？”答曰：“留作拴夫妻的足用。”老人并解释说："任凭男女两家有着血海深仇，还是男女两人分居天南海北，只要这一根红绳一系，他们终究得结为姻缘。"这就是今天所说的"千里姻缘一线牵"，讲究缘分。

拓展与训练

一、思考题

1. 古代婚姻讲究门当户对，你觉得有道理吗？
2. 中国古代的和亲婚姻反映了什么样的思想观念？

二、练习题

1. 三书六礼涉及不同应用文文体，你掌握了哪些？
2. 新婚夫妻为什么要拜天地？
3. 请收集资料两三个，说说你家乡特殊的婚俗。
4. 在中国漫长的发展历史上，存在过多种婚姻形态，其背后有哪些原因？
5. 各民族有自己民族独特的丰富多彩的缔婚礼仪，请你查阅资料并和大家分享。

第7节　民族祥瑞文化

中国历来将"麟、凤、龟、龙"尊为有灵性的动物，作为"祥瑞"的标志，自古有"四灵护主"的传统文化和美好祝愿。麟、凤、龟、龙，俗称"四灵"，是我国最早的吉祥物代表，"麟体信厚，凤知治乱，龟兆吉凶，龙能变化"。它们的历史非常久远，所象征的民族意义非常深刻，能反映中华民族追求和平、幸福、吉祥、长寿的文化心理。

案例导入

文学作品中的龙王

龙在民间文学艺术中都是人格化了的，海龙王有为民造福的，也有与民为害的。在神话小说《封神演义》、《西游记》，戏曲杂剧《柳毅传书》、《张生煮海》中，都有善恶不同、性格似人的龙王出现。李朝威所著的《柳毅传书》，写柳毅搭救龙女，终成眷属，故事曲折，引人入胜。《封神演义》中的哪吒闹海、《西游记》中的龙王降雨、除妖等，绘声绘色。元杂剧《张生煮海》写儒生张羽清夜弹琴，招来东海龙王之女的爱慕，二人约定终身，却遭到龙王的阻挠，张羽用仙姑所赠的银锅煮海水，致使海水翻腾，龙王不得已而同意婚事。

问题：

1. 中国祥瑞文化起源的背景如何？
2. 祥瑞文化中有哪些奇禽异兽？

专题欣赏

【祥瑞动物一】

苏轼求雨

苏轼在徐州做太守时，遇到严重旱情，他就领着当地百姓向龙求雨，说来也巧，雨还真就下了，苏轼很高兴，就到徐州城东一处叫“石潭”的水边，向龙磕头致谢，因为当地人说石潭里面有龙居住。致谢完毕，他去视察作物生长情况，将雨后田园的欣欣向荣景象写入《浣溪沙》词中：“簌簌衣襟落枣花，村南村北响缫车，牛衣古柳卖黄瓜。酒困路长惟欲睡，日高人渴漫思茶，敲门试问野人家。”

赏析

十二生肖中，龙排在第五位，它代表着吉庆、祥和，寓意施惠于民、风调雨顺。因此，人们崇敬它、喜欢它。

在古人的心目中，龙的主要功德是普降甘霖。对龙的这种功能寄托来自中国古代的农业经济、农耕文化。雨水是农耕的命脉，干旱导致作物的绝收。在人力难与自然抗衡的时代，人们把生存的希望寄托于龙，企盼它施展兴云作雨的能力。

龙文化历经数千年而不衰，与其独特的社会功用分不开。比如，在十二生肖中，龙的信仰色彩最浓。龙是一种祥瑞，龙最有智慧。晋代刘琬有《神龙赋》：“大哉龙之为德，变化屈伸，隐则黄泉，出则升云，贤者其似之乎。”渐渐的，龙成了贤德人士的象征。相传孔子见到老子后，认为老子是人中之龙，即难得一见的大贤。诸葛亮出山之前躬耕陇亩，自称卧龙先生。现在，人们也常用“望子成龙”表示希望子孙出人头地。

在老百姓心目中，龙也是一种吉祥的神物，能给人们带来欢乐。据考证，早在 2 000 年前，人们就开始用舞龙来求雨了，后来舞龙成了一种重要的民间喜庆活动。

在我国南方，端午节龙舟竞渡也是一个古老风俗。龙舟竞渡表现了“龙的传人”同舟共济、勇往直前的豪迈气概。

龙文化源于图腾文化，是社会生活和文学艺术的重要源泉，从古到今，生活中的许多文化现象都与它有关。

自汉以后，随着龙的日趋神圣化，从宫廷到民间，服装、首饰、用具及建筑物，很多地方饰有龙的图案。在审美创造方面，也有了石刻、玉雕、刺绣、绘画、剪纸及龙灯、龙舟等多种形式。

由于自然界的山和水在形态上变化多端，与传说中的龙相似，所以古人就将山和水都比喻为龙，把山脉称为“龙脉”，把曲折的流水称为“水龙”。这样，龙就成为山和水的象征，各种龙的塑像和图案大量出现在宫殿衙署、大户人家乃至寻常百姓家中，如北京故宫的九龙壁及太和殿的龙柱等，都为人们所熟知。

因为相信龙有某种神奇的力量，现代人也爱用龙作为装饰物或摆设。比如，住宅附近缺乏真山真水，人们可以在客厅摆放龙的雕塑，作为山水的象征；如果周围环境和室内环境不够藏风聚气，也可用龙的雕塑或图案使室内形成良好的气场。

唐代以后，象征龙凤呈祥的“龙凤配”图案开始流行。它不但象征帝王和帝后的权威，也象征人类所有夫妻间的美满结合，以及世间的一切精神与物质的阴阳两极调和。可以说，“龙凤配”图案是中华民族最具代表性的形象符号，是美妙的艺术形象。

上下数千年，龙文化已渗透到中国社会的各个方面，成为一种文化的凝聚力量。龙是中华民族和中国文化的象征，对每一个炎黄子孙来说，龙的形象都是一种符号、一种意绪、一种血肉相连的情感。

【祥瑞动物二】

麒麟吐玉书

在孔子的故乡曲阜，有一条阙里街，孔子的故居就在这条街上。父亲孔纥与母亲颜徵仅孔孟皮一个男孩，但患有足疾，不能担当祀事。夫妇俩觉得很遗憾，就一起在尼山祈祷，盼望再有个儿子。一天夜里，忽有一头麒麟踱进阙里。麒麟举止优雅，不慌不忙地从嘴里吐出一方帛，上面还写着文字："水精之子孙，衰周而素王，徵在贤明。"即告诉众人，孔子非凡人，乃自然造化之子孙，虽未居帝王之位，却有帝王之德，堪称"素王"。第二天，麒麟不见了，孔纥家传出一阵响亮的婴儿啼哭声。孔子家人将一彩绣系在麟角上，以示谢意。周敬王末年时，有人在曲阜掘土犁田时，竟挖出了那条当初系于麟角的彩绣。以后，人们又引申出玉书三卷，另有传说孔子救麒麟得天书、孔子精读后成为圣人。

赏析

麒麟，中国传统祥兽，与凤凰、龟、龙合称为中国四大灵兽。神话传说麒麟是龙和牛的杂交而生，雄性称麒，雌性称麟，而在神话故事中，麒麟常常作为神仙们的坐骑。

麒麟在传说中被赋予了十分优秀的品质，比如，说其性温善，不覆生虫，不折生草，头上有角，角上有肉，设武备而不用，因而被称为"仁宠"。麒麟崇拜之所以能在发展传承中被广大民众和统治阶级所接受，是因为这种"仁宠"所具备的品质正符合几千年来中国的礼教和儒家风范。

麒麟文化是中国的传统民俗文化，如麒麟送子，是中国旧时生育民俗。南北朝时，对聪颖可爱的男孩，人们常呼为"吾家麒麟"。此后《麒麟送子图》作为木版画，上刻对联"天上麒麟儿，地上状元郎"，以此为佳兆。民间普遍认为，求拜麒麟可以生育得子。唐杜甫《徐卿二子歌》："君不见徐卿二子多绝奇，感应吉梦相追随。孔子释氏亲抱送，并是天上麒麟儿。"

中国的建筑尤其是民居建筑多为砖木结构，盛行在房檐、房山墙、门楣、窗框、影壁、柱础、板墙、屋脊、抱鼓石等处以砖雕、木雕或石雕的方式装饰寓意深刻的吉祥图案，麒麟便是其中常用的吉祥动物。有的在大门的两侧装饰石雕麒麟，既显示门庭高贵，又镇宅避邪。

从古至今，人们都喜欢以麒麟的工艺造像作为护身符佩戴在身上，其质地有金、银、铜、玉等，尤其讲究为婴幼儿佩戴"麒麟锁"，以此为孩子祈祷长命百岁。此外，以麒麟的艺术造型为图案的传统纹样也被广泛使用。在《诗经》中，就曾以"麟之趾"来赞美周文王和他的家族。所以后来都以"麟趾"来比喻子孙才德兼备。

麒麟作为一种吉祥物，常常被用在朝政上。汉代汉武帝时期，他就在未央宫建造了一座麒麟阁，把功臣的画像挂在阁上，以此来表示最高功荣，这显然就是把麒麟比作才俊之士。唐代武则天时，以麒麟作纹饰绣于袍服，名曰"麒麟袍"，专门赏赐给三品以上的武将穿用。清代时，将麒麟绣于武官一品的"补子"上，成为等级制度的标志。由此可见，麒麟的地位很高，仅次于龙。在一些贵妇人的裙褂上，也常常会绣有百兽拜麒麟的吉祥图案，以此来表达一种美好的祝愿。在民间剪纸、年画、刺绣、蜡染等工艺美术品中，都留下了麒麟那鲜活的影子。

【祥瑞动物三】

百鸟朝凤

黄帝即位，自觉天下太平，想亲眼看看传说中的凤凰。为此，他请教天老。天老回答："凤凰显形，乃是祥瑞的预兆，只有在太平盛世才出现。见到它一掠而过已很不容易，如果能看到它在百鸟群里飞舞，那就是千载难逢的祥瑞了。"黄帝听后很不高兴，他说："我即位以来，天下太平，为什么连凤凰的影子都没有看见？"天老说："东有蚩尤、西有少昊、南有炎帝、北有颛顼，四方强敌虎视眈眈，何来太平？"黄帝听罢便率兵讨伐，于是天下一统。他看见一只带有五彩翎毛的大鸟在天空翱翔，而数不清的奇珍异鸟围着它翩翩起舞。黄帝知道，这只大鸟就是凤凰，也是他想看到的瑞象——百鸟朝凤。

赏析

凤凰的形象非常高贵，它头顶美丽的头冠，身披五彩的羽毛，是综合了许多美丽的鸟类和动物的特点，想象出来的鸟中之王。凤凰是中国传说中的瑞鸟，它标志着吉祥、太平和政治的清明。古人认为时逢太平盛世，便有凤凰飞来。凤和龙一样，被历代帝王当作权力和尊严的象征，凤冠、凤车等与凤有关的东西，只有皇家和仙人才能使用。不过，后来凤凰在民间也成了平民百姓的吉祥物，尤其在中国传统的婚礼上，凤成了新娘礼服和头饰上的装饰，代表着吉祥和喜庆。在民间的传统图案纹样中，凤凰也被广泛应用，寓意着吉祥和太平。凤凰还常和其他吉祥物配合成纹图，如"龙凤呈祥"、"凤麒呈祥"等，也是吉祥如意的象征。

而凤凰亦有"爱情"、"夫妻"的意思；语本《诗经·大雅·卷阿》："凤皇于飞，翙翙其羽。"李白《早夏于将军叔宅与诸昆季送傅八之江南序》："重傅侯玉润之德，妻以其子，凤凰于飞，潘杨之好，斯为睦矣。"

【祥瑞动物四】

龟卜

龟卜文化（用龟甲占卜）也是出于人们对龟的崇拜而产生的。龟卜一般都是天子或诸侯决定重大事项的时候用的，《殷墟书契考释》中说："凡卜祀者用龟，卜它事者以骨。"

我国古代有用龟的背甲来占卜的习惯。占卜时灼龟甲看龟甲的裂纹走向来判断吉凶祸福，所以龟有灵龟、神龟之称，《左传》中就有龟兆告吉的记载。特别是在商代，科学不发达，不仅奴隶主信鬼神，老百姓也信。上至国家大事，下至私人生活细节，如祭祀、征伐、田猎、出入、年成、风雨、疾病等都要用甲骨占卜吉凶，并把占卜的结果看成是上帝和祖先的神意指令，必须遵照执行，不得违反，否则会化吉为凶，大难临头。在商代，还专门设有问卜的机构，由卜官来掌管占卜之事。现在有些沿海的渔民视它为吉祥之物，常把捕获的海龟送回它可爱的故乡大海。

赏析

我国古人对龟类是崇拜有加的，而且龟文化源远流长。在古代，龟堪称位尊身高，被人们看做是吉祥如意、刚直不屈、先知先行的动物。

龟是实有的动物，以其能负重、长寿，能预知吉凶祸福而成为瑞兽灵物。

在所谓的"四灵"之中，龙、凤、麟都非现实存在的神话动物，而龟却是其中唯一现实存在的爬行动物，它性耐饥渴，寿命很长，被认为是介虫之长。

在中国古代，龟的文化蕴涵远比其生物特点更丰富多彩。

由于龟在古人心目中是“介中灵物”，所以人们的审美视野和价值取向便趋于重龟崇龟，形成了以龟为贵，以龟为用之风，甚至把龟视为国宝。《尚书》云：“宁王遗我大宝龟。”古人还把龟玉相提并论：“铣曰：龟玉，为国宝也。”在唐代，龟形佩物也是官员地位高低的象征。《唐书》记载，唐初官员皆佩鱼，“天授二年，改佩鱼皆佩龟”，用金龟、银龟和铜龟区别官品。

龟被神话以后，其长寿的自然属性便升华为一种文化品格，龟因此成了中国人的生命图腾。人们借龟之名，效龟之行，以追求长寿。在中国民间，亦常以“龟龄鹤寿”来喻长寿。在传统的吉祥图案中，“龟鹤齐龄”图案也是经常使用的装饰题材。

古人认为，乌龟的背甲是隆起的圆形，象征天；腹甲是方的，象征地；而乌龟的脚就象征支撑天的四根柱子。《淮南子》上载女娲炼石补天时，“断鳌足以立四极”。高诱注：“鳌，龟也，天废顿以鳌足柱之。”这实际上是说乌龟就是一个小宇宙，是缩小了的天地。

知识链接

十二生肖

生肖又叫“属相”，它是我国及东亚地区的一些民族用来代表年份和人出生的年号。而十二生肖——鼠、牛、虎、兔、龙、蛇、马、羊、猴、鸡、狗、猪，是中国民间计算年龄的方法。古时候认字的人并不多，但是又得让他们记住自己出生于哪一年，于是人们就想到了用十二种最简单的动物来记年的方法。

关于十二生肖的出处，有一种说法是它与十二个时辰有关。相传天地产生于子时。天地产生之初没有缝隙，天地里的气体跑不出来，物质便无法传播利用。而一只老鼠将天地咬了一个缝隙，才使气体挥发出来，后来才有了物质世界，因此这第一位就是鼠。物质世界产生后，丑时产生的牛就首先出来耕作，于是这第二位便是牛。据说人产生于寅时，“寅”有敬畏之意，人最害怕老虎，于是这第三位就是虎。

到了卯时，已经来到了清晨，这时太阳还没出来，照亮大地的还是月亮。而在月宫里有一只“玉兔”，于是第四位就归了兔。传说辰时正是群龙行雨之时，于是第五位就是龙。据说巳时大道上开始出现行走的人群，而蛇能够利用草来掩护自己自由爬行，所以蛇就是第六位。

午时阳气达到极限，地下的阴气开始产生。因为马离不开地，属阴类动物，所以马就是第七位。传说羊吃了未时的草，并不影响草的再生，所以第八位就归了羊。申时的“申”有“伸”的意思，而猴子最善于伸臂攀爬，所以猴子就是第九位。

酉时鸡开始归窝，第十位当属鸡。戌时天渐渐黑了，狗开始出来“工作”，看家望门护院，第十一位就属狗。亥时已入夜，万物寂静，天地混沌，而猪和天地混沌一样，除“吃”以外一无所知，最后一位自然就属猪了。

拓展与训练

一、思考题

1. 中国人是如何发明祥瑞动物的？

2. 龙文化在你身边的哪些方面有所体现？

二、训练题

1. 查阅资料，请分析“四大神兽”与中国传统的五行学说是什么关系。
2. 麒麟和龙，在中国传统文化中有何不同？
3. 你家乡对祥瑞动物有哪些崇拜方式？
4. 祥瑞动物背后有深刻的文化内涵，请你用小剧本形式进行展示。
5. 在主题班会上请介绍描述由祥瑞动物产生的故事。

第 8 节　吉祥与禁忌

吉祥崇尚是与信仰和禁忌相联系的意识观念，它反映在人们日常生活的各个方面，在婚嫁和节日活动中表现更为突出。而禁忌则是普遍存在于各民族的观念习俗和文化现象，它起源于原始社会早期，延续至今，哪怕是当代科学技术高度发展的先进民族，仍然可见种种禁忌习俗。

案例导入

狮滚绣球

据《宋书·宗悫传》记，元嘉二十二年（445 年），南朝宋与南方林邑国之间爆发了一场战争。宋军统帅刘义恭以宗悫有勇有谋，派为先锋。及开仗后，果然是所向披靡，锐不可当，连获两城。但此后林邑国派出以大象为坐骑的军队驰骋沙场，来往无碍，宋军根本抵挡不住。宗悫接连受挫后，想出条妙计。他召集将士道：“我听说狮子之威，足以镇服百兽。”旋命大家雕刻木块，制成狮子头套和面具戴上，复披黄衣，然后再与“象军”对阵。群象眼看众多“狮子”冲来，当真惊怖奔溃。宗悫趁机指挥大军掩杀，卒获全胜。往后，狮子在人们心目中，就有了压邪镇凶的作用，最终化为看宅守门的石刻。另外，因“狮”与“事”、“嗣”谐音，所以常见的狮形瑞图上象征着“事事如意”的双狮并行，还有表示“好事不断”的狮佩绶带，以及祝愿“子嗣昌盛”的雌雄狮子伴幼狮等。

问题：

1. 中国吉祥崇尚的缘由是什么？
2. 你还知道有哪些吉祥崇尚典故？

专题欣赏

【吉祥崇尚一】

提鸡报喜

相传古时候有一个樵夫，与妻结婚十年尚无孩子，夫妻俩都忧心如焚，忽一日，有一只仙鸡给他托梦，说王母娘娘派它们下凡，只要樵夫妻子吃了鸡肉，就会怀孕生育。樵夫第二天在山上果然找到了天空飞来的一对五彩缤纷、羽毛丰满的活鸡。樵夫回到家正要杀鸡，两只鸡却各叫三声，从口中吐出一团雾，升上天空消失了，留下的只是肉体。樵夫妻子吃了鸡肉，不久就有喜了，生下了龙凤胎。樵夫中年得子，大喜过望，便把一对鸡放在竹篮里，送到岳父家报喜。鸡的显灵，给樵夫家带来人口兴旺。此后经过流传，相沿成俗，就是现今一些地区仍保持的生育子嗣的人家“提鸡报喜”的习俗。

赏析

鸡，古称“德禽”，又名“烛夜”。它在家禽中虽属小个子，却是历史悠久的“元老”之一。历来雄鸡勇武雄浑的形象都深入民心：在树上啼唱、伫立于大石上昂首挺胸的雄鸡都是典型的中国吉祥图案。由于鸡与“吉”谐音，故有“鸡王镇宅”，即鸡吃害虫而保护房子的意思。

千百年来，人们赋予了鸡很多文化蕴涵，如古代专门报晓的小官称为鸡人，与朋友聚会的地方称为鸡坛，文人的书斋称为鸡窗等，构成了蔚为大观的鸡文化。

雄鸡作为善斗的勇士，它的气魄和英姿，自古以来就深受文人墨客的赏识，常以雄鸡作为诗、画创作的素材。例如，《诗经·风雨》云“风雨如晦，鸡鸣不已”，后来被引申为形容在风雨飘摇、动乱黑暗的年代，有正义感的君子还是坚持操守，勇敢地为理想而斗争。鸡一年 365 天，天天早晨啼鸣、报晓，从不懈怠、误时，人称“报晓的号手”。在中国古代，没有报时的钟表，人们日出而作，日入而息，以天亮作为一天工作的开始，而何时天亮却由公鸡报晓来决定，人们信赖公鸡，是因为公鸡有信德，而雄鸡报时从不会报错，古人说这是“守夜不失时”，是信德的表现。俗话说“三更灯火五更鸡”，按今人的话说，就是鸡有勤奋、准确、守纪律、不误时、认真负责的好品德。晋代祖逖“闻鸡起舞”的故事，鼓舞着人们的斗志，被誉为“人之楷模”。

【吉祥崇尚二】

清官变福星

唐朝时期，道州每年需要把身材矮小的人作为贡品，送到宫中做太监，但是道州并无那么多侏儒，历任道州刺史往往把好端端的儿童置身于陶罐中，只露出头部，由专人供给饮食，用这种残酷手段制造畸形侏儒进贡，满足皇帝荒唐的需求。阳城担任道州刺史以后，冒死上书给当朝皇帝，拒绝上贡，为当地百姓免除了灾祸。这个真实的故事后来被大诗人白居易写进《道州民》诗中。于是，当地人开始把阳城当做福星来供奉。

赏析

“福”即幸福、福气。古往今来，关于“福”的内涵众说不一。《礼记》有曰：“福者，百顺之名也。”也就是说，“福”有顺利、诸事如意的含义。《尚书·洪范》曰：“五福：一曰寿，二曰富，三曰康宁，四曰攸好德，五曰考终命。”“五福”是多层面的福观念，以贯穿一生的幸福为目标，讲求长寿、富裕、安康、有德行、老年无疾而终，认为这样的人生才是完美的。韩非子曰：“全寿富贵之谓福。”这是长寿加富贵的福观念。宋朝著名的文学家和政治家欧阳修在《纪德陈情上致政太傅杜相公》一诗中表达了他对福的看法：“事国一心勤以瘁，还家五福寿而康。”可见，他认为五福的核心是长寿、健康。盛行于明清时期的“五福捧寿”，图案为五只蝙蝠环绕寿字飞舞，彰显以长寿为中心的五福观念。

在吉祥图案中，福的基本图形标志可分为两类：一类是民间崇拜中的神，如天官、三星等神；另一类是借音阐义的吉祥符号和图形，如蝙蝠、佛手、云纹等。

【吉祥崇尚三】

文昌星

禄星是由一颗星辰演化而来的，位于北斗七星的正前方，总与北斗七星相伴升起。司马迁所著的《史记・天官书》中记载，北斗七星正前方这六颗星统称文昌宫，里面最末一位就是主管官禄的禄星。进入隋唐时期以后，科举制度的兴起让禄星开始走红。科举考试使平民百姓第一次有机会靠读书做官，从而改变自己的命运。然而这是一条太过狭窄的羊肠小路，欲求却不得，自然会寻求神灵的帮助，于是文昌宫里的那颗禄星就显得特别明亮了。到了北宋，文昌星渐渐成为禄星的代名词。宋代文昌星的形象是一派朝廷大员气度。几位办事员和贴身童仆侍立左右，更衬托出他高贵不凡的身份，在庙中独占鳌头，蟾宫折桂，种种吉祥图案随处可见，营造金榜题名的美好意境。这里是历代读书人的许愿福地，文昌星是他们的幸运之星。

赏析

“禄”字有追求功利和社会地位的含义。禄是从福中分化出来的主题，《说文解字》释曰：“禄，福也”。商周时称接受爵位为福、得到君王赏赐为禄。封建社会中，官越大薪俸越多，所谓“高官厚禄”，因此禄也有官位、俸禄的含义。“升官晋爵”与“科举及第”是祈禄文化的两大主题。

官禄世袭一直为士人向往，“太师少师”、“五子登科”、“带子上朝”、“苍龙教子”、“辈辈封侯”等图案，以不同的祈禄内涵满足人们的入仕心愿。封建朝廷中，官职级别直接影响经济收入与社会地位，因此升迁、位高权重，成为官吏们难以割舍的仕途情结。三国曹魏时期颁布的九品官人法，把官职、门第均分为九品。“当朝一品”、“连升三级”、“马上封侯”、“指日高升”等祈禄图案，准确地表达了士人盼升迁、求高位的心迹，因而广为流传、久盛不衰。在封建社会中，文人总是将读书与入仕的憧憬联在一起。对于读书的功利本质，孔子曾有精辟诠释：“学也，禄在其中。”圣贤的言论一直是学子们的祈禄箴言。“书中自有万钟粟，书中自有颜如玉，书中自有黄金屋”的说法，以更加直白的语言描绘读书的功利效应。科举是封建文人入仕的必由之路，科举制始于唐朝中期。金榜题名意味着吃皇粮、享俸禄，地位显赫，光宗耀祖，过荣华富贵的生活，因此读书人梦寐以求。宋代已有“鲤鱼跃龙门”的民间传说，至明、清，寓意功名利禄的吉祥图像盛行一时。在众多祈禄图像中，由于“鹿”与“禄”谐音，鹿纹成为“禄”文化的经典符号，常用于书斋、文具装饰等，取读书祈禄之意。“金榜题名”、“连中三元”、“五子夺魁”、“鱼龙变化”、“青云直上”、“春风及第”、“魁星踢斗”和“麟吐玉书”等均为典型的祈禄图像。

【吉祥崇尚四】

《百寿图》

相传古时百寿岩前有一口丹沙井，井水甘甜清凉。常有一对白白胖胖的孩童出没，系千年首乌精所变。住此地廖扶及其家人常饮用此井水。廖扶寿高 150 多岁始无疾而终，后其家人家族数百人也都个个长命百岁。

后来有一个贪官闻知此事，为图谋长生不老，也常取食此井水，并命人挖取“活首乌”烹而食之，不料却一命呜呼，丹沙井也随之干涸、消失。后人都为再也用不上这样的长寿之方而为之叹息不已。因此曾有人在岩内观世音神龛前作过一副对联：

百世上事迹如斯曾几何时碧水丹沙寻不见！

寿岩内神仙无算而今安在青山绿树我来迟！

宋代绍定二年（1229年），时任永宁知县的史谓有感此事，在自己的寿庆之日挥笔写下这个大寿字，并邀请县内长寿百名老人各写一小寿字，他亲自经年整理写入大寿字的笔画内，然后雇请名工巧匠镌刻在岩内石壁上，成为现今的《百寿图》。

赏析

“寿”即长命，活得长久。“寿”与“福”相辅相成，长寿就是大福分。民间常见“福寿双全”、“五福捧寿”等祈寿装饰题材，可见“寿”是能与“福”相提并论的吉瑞字符。商周有“长寿为五福之首”之说，青铜铭文中不乏“耆”、“孝”、“考”等与寿含义相近的文字。我国民间深受道家思想影响，一直存在“五福以寿为重”的观念，人们企盼长寿，珍惜生命，注重现世。道家认为人在一切都在，不是很偏重“来世”。正是基于这样一种现世观，中国人对长寿的追求始终不渝，并把祈寿的观念贯穿于传统文化的方方面面。

受儒家思想的影响，民间又有“忠义成神，孝悌成仙”之说。对于民间百姓来说，在民俗活动中祈寿似乎更加实际。生日祝寿是最常见的祈寿活动，围绕祝寿的装饰主题极为丰富，如“万寿如意”、“多福多寿”、“福寿绵长”等。“寿”字本身也有许多装饰变化，长字形的叫“长寿”，圆字形的叫“团寿”；也有多字表意的图案，如《百寿图》用100个不同形状的寿字组成。这些寿字还广泛地应用于日常家具、建筑、器皿上，反映了中国人用“寿”字符护佑自身、追求健康长寿的美好愿望。

【吉祥崇尚五】

上头仪式

古代婚礼礼仪中有个上头仪式，于大婚正日的早晨举行，须择时辰。男方要比女方早半个时辰开始（约一小时之差），并由“好命佬”和“好命婆”替男女双方各自在家中举行。男女双方均要穿着睡衣，女方更要在一个看见月光的窗口，开着窗进行。所谓“好命佬”和“好命婆”，是男女家中的长辈，择父母子女健在，婚姻和睦者。从前，女方上头后便不准落地走动，所以上花轿时须由大妗姐背着。上头时“好命佬”、“好命婆”会一边梳一边说：“一梳梳到尾；二梳梳到白发齐眉；三梳梳到儿孙满地；四梳梳到四条银笋尽标齐。”

赏析

吉祥语，又称“吉利话”、“口彩”，是民间在逢年过节、结婚祝寿、乔迁开张等喜庆日子或隆重场合使用的，认为能给人带来好运的词语。民间认为说吉利话可以为节日庆典增添喜庆气氛，它是人们渴望平安、希望富裕、祈求幸福、热爱生活的具体体现。

吉祥语在我们的生活中随处可闻，逢年过节更密集。无论你贫富，吉祥语能让所有人过上快活年。沿海一带的年夜饭风俗，合家会约定不吃餐桌中间那盘有头有尾的大鱼，或者干脆放上一盘中看不中吃的木雕鱼，为的是饭后可以高喊一声“年年有余”的口彩；而在西南地区的山村，男主人还会在正月初一起个大早爬山去砍柴，凑足一捆赶紧抱回来，令开门的妻儿同声欢呼“抱财回家喽”。“鱼”和“余”同音，“柴”和“财”近音，都是借助谐音的联想自祝吉祥语找乐……中国人喜闻吉祥语，乐见吉祥语衍生的图案。吉祥语民俗反映出华夏民族热爱生活、达观向上的精神。

【禁忌民俗】

吃鱼时忌讳

吃鱼时忌讳“翻”，来源于渔家，翻鱼让人联想到翻船，是非常不吉利的事情。有时候不知道这种忌讳，在吃鱼的时候把鱼翻了一面，主人会很生气，还要把鱼拿去重煮一遍。

有的地方忌讳“翻鱼”的动作，有的地方忌讳说出“翻”字，当人们用筷子将鱼翻过来时，会说“顺鱼”（把鱼顺过来），还有的地方会说“正鱼”。有的地方，动作和语言都忌讳“翻”。

内陆少水少鱼地区，从前多半并不讲究，可是后来开汽车的人多了，也渐渐开始忌讳翻鱼了。和翻船无关，和翻车有关。

在某些地方，人们把鱼从头开始倒转一面，叫做“掉头”，是出海安全回来的意思。有的地方吃鱼，还有鱼头朝屋里的讲究。因为鱼头朝外，“余”就从门口溜出去了。

在很多国家和地区的餐饮礼仪当中，都讲究吃鱼时不要把鱼翻过来，而是在吃完鱼上面的一面后，把鱼大骨头去掉，再继续吃下面的鱼肉，忌讳“翻”。

赏析

禁忌，即禁止或抑制的意思。民间禁忌源远流长，经长期积淀形成民间普遍的文化现象，规范人们的思想道德和行为，渗透到人们物质生活和精神生活的各个领域。民间禁忌确有不少具有宗教信仰性、迷信性，但也有些禁忌确有其经验性、科学性和礼仪性。《礼记·典礼》载：“入竟（境）而问禁，入国而问俗，入门而问讳。”

禁忌，属于风俗习惯中的一种观念，与法律和道德意义上的“禁止”是不一样的。法律、道德意义上的“禁止”是意志上的强加和观念上的强求，而禁忌是一种自觉自愿的自我抑制，是建立在共同信仰的基础之上的。法律、道德意义上的禁令来自于统治阶级，是社会的禁止形态，禁忌则是普遍存在于民间的、在自然状态下的自我禁止形态。

国人禁忌多体现在饮食禁忌、节日禁忌、生活禁忌、儿童禁忌、婚姻禁忌、生育禁忌、礼仪禁忌等方面。比如说“死”，古人把死亡看得太可怕，一般不会直言“死”，常用“西归”、“上西天”、“一命归西”等词代替。孩子禁食鸡爪，防止写字如鸡扒。家禽宰杀后，开膛出来的蛋称闷蛋，孩子忌食，吃了会脑子不开窍，变成笨蛋。在服饰方面，不同的民族文化圈有着不同的禁忌规约，这些禁忌一般都以某种信仰为根据，如父母在时，子女忌穿白衣，忌戴白帽。民间还有男子不戴绿巾、绿帽子的习俗。忌衣服晾干后未折好就直接穿着，否则，人会变成“竹篙鬼”。汉族最重子嗣，屋门与家门一致，因而民间忌讳常关屋门，唯恐“关门绝户”。迁居时，汉族人以为“搬家先搬灶”，灶王爷与家谱要先迁移到新居处，其后才能搬别的东西。

知识链接

筷子使用的禁忌

筷子是中国人所发明的独特进食工具，日常生活当中对筷子的运用是非常有讲究的。一般筷子用右手执拿，左手拿筷子的，民间以为反常，俗称“左撇子”。拿筷子的位置一般适中最好，忌讳拿得过低或过高。俗以为从手执筷子的部位上可以占卜小孩子日后结婚对象离家远还是近。拿筷子时要注意大拇指和食指捏住筷子的上端，另外三个手指自然弯曲扶住筷子，并且筷子的两端一定要对齐。在使用过程当中，用餐前筷子一定要整齐摆放在饭碗的右侧，用餐后则一定要整齐地竖向摆放在饭碗的正中。要绝对禁止以下十种筷子的使用方法。

1. 三长两短

即在用餐前或用餐过程当中，将筷子长短不齐地放在桌子上。这种筷子的摆放方式被视为是很不吉利的。通常我们管它叫“三长两短”，代表“死亡”。因为中国古人去世时要装进棺材，死人在进入棺材还没有盖棺材盖时，棺材的组成是前后两块短木板，两旁加底部共三块长木板，五块木板合在一起做成的棺材正好是三长两短，所以这是极为不吉利的事情。

2. 仙人指路

“仙人指路”的筷子拿法是：用大拇指和中指、无名指、小指捏住筷子，而食指伸出。这叫“骂大街”。因为在吃饭时食指伸出，总在不停地指别人。一般伸出食指去指对方时，大都带有指责的意思。所以说，吃饭用筷子时用手指人，这同骂人是一样的，是不被允许的。另外，吃饭时经常拿筷子指人也是不被人所接受的。

3. 品箸留声

“品箸留声”的做法是：把筷子的一端含在嘴里，用嘴来回不停地嘬，并不时地发出“咝咝”声响。这被视为是一种下贱的行为。因为在吃饭时用嘴嘬筷子本身就是一种无礼的行为，再加上配以声音，更是令人生厌，是缺少家教的一种表现。

4. 击盏敲盅

这种行为被看作是乞丐要饭，其做法是：用餐时，用筷子敲击盘碗。因为旧时只有乞丐要饭时才用筷子击打要饭盆，其发出的声响配上嘴里的哀告，使行人注意并给予施舍。这种做法被视为没出息的行为。

5. 执箸巡城

即手里拿着筷子，做旁若无人状，用筷子来回在桌子上的菜盘上方移动。这种行为不但不卫生，而且是典型的缺乏修养的表现，极其令人反感。

6. 颠倒乾坤

即用餐时，筷子大头朝下，将筷子颠倒使用。这种做法是非常被人看不起的，正所谓饥不择食，以至于什么规矩都不顾了。

7. 定海神针

即用餐时，用一只筷子去插盘子里的菜品。这被视为对同桌用餐人员的一种羞辱。在吃饭时作出这种举动，无异于在欧洲当众对人伸出中指，很不礼貌。

8. 当众上香

有些小孩子经常在吃饭的过程中，将筷子竖着插在饭里，往往会惹得家里老人不高兴。因为这是一种大不敬的行为，古代汉族只有给死人上香时才会这样做，如果把一副筷子插入饭中，无疑被视同于给死人上香。

9. 交叉十字

即用餐时，将筷子随便交叉放在桌上。这是很不礼貌的。在饭桌上打叉子，是对同桌其他人的全部否定，就如同学生写错作业，被老师在本上打叉子一样，不能被他人接受。除此以外，这种做法也是对自己的不尊敬，因为过去吃官司画供时才打叉子，这无疑是在否定自己，也是不行的。

10. 落地惊神

“落地惊神”是指失手将筷子滑落在地上，这是严重失礼的一种表现。因为古人认为自己的祖先全部长眠在地下，这种行为会惊扰到祖先。一旦筷子不小心落地，就应当赶紧用落地的筷子根据自己所坐的方向，在地上画出十字。其方向为先东西后南北，意思是我不是东西，不该惊动祖先，然后再拿起筷子，嘴里同时说自己该死。

拓展与训练

一、思考题

1. 宁业高先生在其《中国吉祥文化漫谈》一书中将吉祥文化分为语言文字吉祥、祝词贺语吉祥、人名称号吉祥、地舆政域吉祥、天文生物吉祥、时令人事吉祥、衣食住行吉祥七个大类。你了解多少？

2. 说说你的民族的禁忌和吉祥崇尚。

二、训练题

1. 将自己民族的吉祥物用照相机或摄影机录制，主题班会时展示。

2. 你家乡有哪些禁忌和吉祥崇尚？用故事的形式与大家分享。

3. 民间有各种禁忌典故，你知道多少？其背后有哪些文化现象？

4. 请以礼仪禁忌为题，搜集成“小风俗”读本。

5. “头次见面用久仰，很久不见说久违”、“请人帮忙说劳驾，请给方便说借光”……在我国，人人见面吉祥话语特别多，那些快要失传的中华礼仪用语、吉祥话语你还知道多少？

第9节　少数民族风俗习惯

民族的风俗习惯是一个民族在其长期的历史发展过程中相沿久积而成的风尚、习俗，是逐渐形成的难以改变的生活方式，表现在服饰、饮食、节庆、居住、婚姻、礼节、丧葬以及生产活动诸方面。风俗习惯具有社会性、规范性、地域性和相对稳定性的特点，并在不同程度上反映着一个民族的历史和文化传统、心理素质，以及道德、宗教观念等，成为民族特点的一项重要内容。

案例导入

泼水节

泼水节，亦称宋干节，起源于印度，在4月13—16日，已有700年的历史，是傣族、德昂族最盛大的传统节日。当日，泰国、老挝、缅甸、柬埔寨等国以及中国云南等地，人们清早起来沐浴礼佛，之后便开始连续几日的庆祝活动。大家用纯净的清水相互泼洒，祈求洗去过去一年的不顺，新的一年带着美好的愿望再次出发。泼水节是傣族的新年，是傣族最隆重的节日，也是云南少数民族节日中影响面最大、参加人数最多的节日，一般持续3～7天。第一天傣语叫“麦日”，与农历的除夕相似；第二天傣语叫“恼日”（空日）；第三天是新年，叫“叭网玛”，意为守岁，人们把这一天视为最美好、最吉祥的日子。

问题：

1. 我国少数民族的传统节日丰富多彩，你知道多少？
2. 泼水节是傣族的重要传统节日，泼水节有多个动人传说，请查询并赏析。

专题欣赏

【壮族风俗】

壮族三月三

壮族人有歌圩的习俗，每年农历三月初三日，大家聚集到山坡上，搭起赛歌台。参加唱山歌的男女青年们先唱“见面歌”、“迎客歌”，之后，还举行抛绣球、碰彩蛋、抢花炮等娱乐活动。大的歌圩有上万人参加，常以唱山歌来祈求风调雨顺、五谷丰登。

赏析

壮族在两三千年的历史发展过程中，创造了瑰丽的文化艺术。壮族的先民在广西左江两岸的陡壁上绘制了大量的崖壁画。从战国时期开始，壮族人民就能铸造铜鼓，它既是乐器，又是权力和财富的象征。独具民族风格的壮锦久负盛名，远销国内外。

壮族的服饰，大部分同汉族相同，但还有一些地方保留着民族服装的特点。男子多穿青布对襟上衣，以布帕缠头。妇女多穿无领左衽、绣花滚边的衣服和宽脚的裤子，腰间束绣花围腰，常穿褶裙和绣花鞋。

壮族的饮食以大米、玉米为主。有腌菜的习惯，壮族自家还酿制米酒、红薯酒和木薯酒，度数都不太高，其中米酒是过节和待客的主要饮料。壮族著名的菜肴和小吃主要有鱼生、烤乳猪、花糯米饭、宁明壮粽、白切狗肉、壮家酥鸡等。

壮族的住房与当地的汉族相同。部分地区住房是独具民族特色的“干栏式建筑”，即用木（或竹）柱做成离地面相当高的底架，再在底架上建成住宅，楼上住人，楼下关养牲畜和存放东西。

壮族人民的婚姻比较自由，在三月三“歌圩”中，人们通过对歌、抛绣球可以选择佳偶。壮族的节日还有中元节、牛魂节。中元节是仅次于春节的重大节日，这天，人们要蒸五色糯米饭祭祖。

壮族的禁忌：忌食牛肉和蛙肉；忌讳用脚踩踏锅灶，禁止在灶上煮狗肉；夜间行走禁止吹口哨；禁止坐在门槛中间；门口悬挂草帽时，暗示房内有产妇，外人不得入内。

【藏族风俗】

雪顿节

雪顿节在每年藏历六月底七月初举办，是藏族传统的节日。在藏语中，“雪”是酸奶子的意思，“顿”是“吃”、“宴”的意思，雪顿节按藏语解释，就是吃酸奶子的节日，因此又叫“酸奶节”。雪顿节起源于11世纪中叶，那时是一种纯宗教活动。民间相传，佛教的戒律有三百多条，最忌讳的是杀生害命。由于夏季天气变暖，草木滋长，百虫惊蛰，万物复苏，其间僧人外出活动难免踩杀生命，违背“不杀生”之戒律。因此，格鲁派的戒律中规定藏历四月至六月期间，喇嘛们只能在寺院待着，关门静静地修炼，称为“雅勒”，意即“夏日安居”，直到六月底方可开禁。待到解制开禁之日，僧人纷纷出寺下山，世俗老百姓为了犒劳僧人，备酿酸奶，为他们举行郊游野宴，并在欢庆会上表演藏戏。

赏析

藏族是中国古老的民族之一。据史书记载，早在秦汉以前，藏族先民就聚居在雅鲁藏布江中游两岸。7 世纪，松赞干布建立“吐蕃”王朝，直到康熙年间才称“西藏”。

藏区经济以畜牧业和农业为主。农业以种植青稞为主，也有小麦、油菜、豌豆等农作物。以青稞等制作的糌粑和酥油是农牧民的主要食品，还有酥油茶、酸奶、奶酪、奶疙瘩和奶渣等。喜欢饮用青稞酒。牧区以牛羊肉为主食。

藏族有自己的语言和文字，其语言属汉藏语系。现行藏文是 7 世纪初根据古梵文和西域文字制定的拼音文字。

藏族普遍信奉藏传佛教。佛教寺庙遍及西藏各地，著名的寺庙有布达拉宫和扎什伦布寺等。

藏族农区男子多穿长袖圆领、右开襟束带的氆氇长袍。妇女冬春穿长袍，夏秋着无袖长袍，内着各种颜色的衬衣，前系氆氇围裙。

藏族的住房大都是两三层的楼房或一层的平房，“屋皆平顶”是其主要特征。底层用来圈养牲畜，堆放杂物；二层为活动的主要场所。牧民住在用牦牛毛织成的帐篷里。

献哈达是藏族待客规格最高的一种礼仪，以白色为主，五彩哈达用于最高最隆重的仪式，如佛事等。

藏族人民热情开朗、豪爽奔放。藏族民歌抑扬顿挫，合辙押韵，悦耳动听。

藏族的丧葬方式主要是天葬。塔葬仅限于达赖、班禅及少数大活佛；火葬限于活佛；水葬用于夭折的幼童；土葬用于患传染病死者和凶死者。

藏族的禁忌有：忌讳捕杀野生动物；不吃驴、马、骡肉，忌食飞禽及鱼虾等水生动物；忌讳在寺庙内吸烟、摸佛像、翻经书、敲钟鼓及动手抚摸喇嘛随身佩戴的护身符、念珠等宗教器物；不得在寺院附近砍伐树木、大声喧哗；忌单手接递物品；进入房间后，男坐左边，女坐右边，不得混杂而坐；饮食用的碗和茶具忌扣着放置；妇女生育时，忌外人进入；忌讳别人对自己的孩子过分夸奖。

【维吾尔族风俗】

古尔邦节

古尔邦节在伊斯兰历十二月十日。过节前，牧区农区老百姓家家户户都把房舍打扫得干干净净，忙着精制节日糕点。节日清晨，穆斯林沐浴熏香，严整衣冠，到清真寺参加会礼。无论城市农村，都要在广场上举行盛大的麦西来甫歌舞集会。而广场四周则有另一番景象：色彩缤纷的伞棚、布棚、布帐、夹板房内铺设着各式各样的木桌、板车、地毯、毛毯、方巾，上面备有花样繁多的小吃甜点。哈萨克、柯尔克孜、塔吉克、乌孜别克等民族在节日期间还举行叼羊、赛马、摔跤等比赛活动。

赏析

维吾尔族，现有人口 721 万，主要分布在新疆，其中，大部分聚居在天山以南，伊犁等北疆各地亦有散居，极少部分居住在湖南的桃源、常德等县。

维吾尔族有自己的语言和文字，维吾尔语属于阿尔泰语系，文字是以阿拉伯字母为基础的拼音文字。

维吾尔族以农业为主，种植棉花、小麦、玉米、水稻等农作物，善于在盆地和河谷边缘开挖“坎儿井”，形成独特的绿洲灌溉农业经济。此外，擅长园林艺术，瓜果生产闻名全国。中国最大的葡萄生产基地——葡萄沟就在乌鲁木齐东南184千米的吐鲁番盆地。

维吾尔族全民信仰伊斯兰教。古尔邦节、肉孜节和那吾鲁孜节是其传统节日。

维吾尔族男子多穿长袍，称为“袷袢”。男女老少都爱戴四楞小花帽，称为“朵帕”。女子还喜爱耳环、手镯、项链。男女均喜穿皮靴。

维吾尔族饮食以面粉、玉米、大米为主，喜食瓜果，爱喝奶茶。日常食品有馕（烤饼）、面条、抓饭、茶、奶等。

维吾尔族的传统民居以土坯建筑为主，多为带地下室的单层或双层拱式门窗的平顶房屋。民居用天窗采光，屋内设有火墙或壁炉。

信仰伊斯兰教的维吾尔族喜好清洁，很重视沐浴，所以特别要求水源洁净，没有渠水可引的地方，几乎每户都在庭院打一口井，并严格保护水源，使其不受污染。

维吾尔族穆斯林实行土葬、薄葬、速葬。人死后净身，然后用白布裹尸，用移尸匣抬到墓地入葬。

维吾尔族的禁忌有：大门忌向西开；禁吃猪肉、驴肉、狗肉、骡肉及自死的牲畜；衣着忌短小，上衣一般要过膝，裤腿达脚面，户外忌着短裤；室外活动时，男子必须戴帽子，女子必须戴头巾或帽子；屋内就座时，要跪坐，忌双腿直伸、脚朝人；接受物品或请茶要用双手，忌用单手；探望病人时忌站在病人的头或脚的方向。

【蒙古族风俗】

白节

白节（白月，查干萨日）是蒙古族一年之中最大的节日，相当于汉族春节的年节。蒙古族崇尚白色，称岁首正月为“白月”，故称正月初一春节为“白节”。它又称席尼吉勒，意为新年、春节。这一习俗可以追溯到元朝初年。元世祖忽必烈在位时，就非常重视过白节。腊月三十日晚上，全家即穿上节日盛装，欢聚一堂，拜贺新年，彻夜不眠。通常全家老少先烧香拜佛，然后晚辈向家长献哈达、敬酒、礼拜。初一凌晨，全家老少以及族人走到蒙古包外，在长者的主持下举行向长生天祈祷仪式。据说这是蒙古族信萨满教遗留下来的传统。然后家族亲友开始互相拜年，直到正月十五或月底才结束。

除节日期间人们互相拜年、敬酒、聚餐、纵情歌舞、赛马、娱乐以祝贺全年纳福、吉祥如意外，佛教传入后，还敬献洁白的哈达，持续至今。

赏析

蒙古族，现有人口约480万，主要分布在内蒙古自治区，其余分布在西北和东北等省区。蒙古族自称“蒙古”，意为“永恒之火”，别称“马背民族”。

蒙古族有自己的语言和文字。蒙古语属阿尔泰语系，蒙古文字是13世纪初用回鹘字母创制的，经过多次改革后，现已规范化。

蒙古族的服饰包括首饰、长袍、腰带、靴子四个主要部分。

蒙古族的饮食分奶制品“查干伊得”（意为“白食”）和用肉类为原料制成的“乌兰伊得”（意为“红食”）。其羊肉传统的食用方法有全羊宴，最具特色的是烤全羊和手扒羊肉。在日常饮食中占有同样重要位置的蒙古族特有的食品是炒米、茶和酒，每逢节日或客人朋友相聚，都有豪饮的习惯。

蒙古族牧区多为圆形穹隆顶蒙古包，农区则多为砖瓦平房。蒙古族地区的标志性建筑多饰以穹隆顶。

蒙古族的婚俗各地不一，共同点是新郎佩戴火镰、蒙古刀、弓箭，有致颂词、祝词和对歌等仪式，体现了蒙古族人民勤劳勇敢和能歌善舞的特点。

蒙古族崇尚白色，所以在为女方家送聘礼时，多半是送白色的哈达或白色的马、羊。

蒙古族善于歌舞。民歌分长、短调两种。

蒙古族主要禁忌有：骑马坐车接近蒙古包时要轻骑慢行，马鞭须放在门外，以示对主人的尊敬；来客不坐西炕，西炕为供佛的神位；忌在火盆上烤脚、鞋、袜、裤子等；主人献茶时，客人要欠身双手去接；赠送礼品忌单数；出蒙古包后，要步行一段路，等主人回去后再上车或上马；见到门前挂红布条等记号，表明这家有病人或产妇，不要进入；禁止打骂守门的狗和猎犬，否则视为对主人的不礼貌。

知识链接

我国少数民族的风尚习惯的特点

1. 稳定性

所有民族风尚习惯，均为某一社会历史阶段的产物，各类民族风尚都有其社会根源、历史根源与自然根源。并且，民族风尚习惯蕴藏着该民族的共同心理情感，例如，各民族都有自己的民族语言，尽管不是住在一起或者素未谋面，而一旦聚会，听到熟悉的民族语言的时候，就会感觉很亲切很温暖；而且，各个民族都有其独特的歌曲、节日等，逢年过节，只要跳起本民族舞蹈，唱起本民族歌曲，人们很容易感受到本民族的欢乐与幸福。这种民族的共同心理感情使得各民族风尚习惯具有很大的稳定性。

2. 社会性

少数民族的风尚习惯是该民族成员所共同具备的，并且要世代相传，渗透到该民族日常生活与社会生活的每个层面，因此，民族风尚习惯具社会性特点。各民族风尚习惯是在各民族长期的社会历史生活中形成的社会现象，一旦形成，必然对该民族今后的社会发展产生深刻影响。例如，白族、彝族、基诺族等的火把节，既是全体族人狂欢、交流的节日，也是青年男女相识相恋的节日。

3. 敏感性

民族风俗习惯是某一民族文化生活的反映，反映着该民族的生活、历史传统、心理素质、道德准则、宗教观念等。民族风尚习惯一旦形成，就会得到所有族人的公认，并要求所有族人遵守，最终成为该民族的重要标志。因此，各民族交往的时候，必须彼此尊重各自的民族风尚习惯。民族风尚习惯的碰撞是民族关系的敏感问题，需要谨慎处理。

4. 地域性

我国少数民族形成了大杂居、小聚居的分布特点，所处的地理环境差异很大。这也使得各少数民族的风尚习惯地域性特征明显。

例如，在建筑方面，内蒙古草原冬天寒冷干燥、寒风凛冽，所以牧民多居住冬暖夏凉的蒙古包或者帐篷。而南方炎热多雨，因此在云南、广西的少数民族多居住有上下两层的吊脚楼，用木材与竹子建成，房顶很高，既凉快通风，又利于排水防潮。

在服饰上，居住在北方与南方的少数民族也有很大差别。北方的少数民族多穿长袍与靴子；而南方的少数民族多穿单衣、短袖上衣、短裤、裙子、凉鞋，甚至不穿鞋。

在饮食上，牧区少数民族吃牛羊肉与奶制品，喝奶茶与酥油茶；而农区少数民族则多吃米、面。

拓展与训练

一、思考题

1. 你知晓哪些少数民族的风尚习惯？请简单举例。

2. 简单回顾我国五个民族自治区的主要风尚习惯。

二、训练题

1. 苗族有哪些风尚习俗？

2. 少数民族有别具特色的爱恋方式，如“姑娘追”、“丢花包”……请搜集、整理并分享。

3. 组织大家到少数民族地区去旅游，你最想去哪里？为什么？

4. 你家乡的风俗习惯与各少数民族风俗习惯有哪些异同？

5. 《阿诗玛》是哪个民族的叙事长诗？

第 10 节　丧葬习俗

“丧”指哀悼死者的礼仪；“葬”指处置死者遗体的方式。“人生自古谁无死”，丧葬是中华文化中的人生四大礼——冠礼、婚礼、丧礼、祭礼之一，也是古今中外各民族都相当重视的礼仪。古代中国是公认的对丧葬文化最为崇尚的民族。隆重烦琐的丧葬程式、名目繁多的葬法葬式、殡葬和祭祀服饰、殡葬语言、精心规划和构建的墓地与墓室、丰厚的葬具和随葬品、埋葬礼俗、庙寝、居丧礼仪等，无不让中国古代的丧葬成为一种极富特色的文化现象和社会风俗，反映出先人对丧葬文化的崇尚。

案例导入

披麻戴孝

相传，孔子是个大孝子。一天早上，他正在陈国（今淮阳）弦歌台上给弟子们讲经，忽然，老家人快马来报：“先生，大事不好，老夫人得紧病过世了！”

这噩耗如同晴天霹雳，孔子当即昏了过去。他醒过来后，抓了块白麻布当头巾，穿了件白袍当外套，随手拿一条捆书简的麻绳束在腰里，向子路、颜回简单嘱咐一句，就随来人火速往家奔。

孔子到家后，扑到母亲床边跪下大哭。一连几天几夜，他没脱衣，没睡觉，一直痛哭不止。到送葬的时候，他哭得嗓子嘶哑，累得腰疼腿软，但还是坚持送母亲到坟茔安葬。

家人们只好给他找了根柳棍子当拐杖拄着，由一个人搀扶着他去给母亲送葬。一路上，他想着这一去就和母亲幽冥两隔，再无相见的机会了，不由哭得更加撕心裂肺。

孔子是出名的知书达理的大孝子，很受人尊重，所以来帮忙送葬的人很多，人们见孔子为母亲送葬的装束和样子，觉得好奇，就问一位见多识广的老者。老者想了半天，用手捋着一尺多长的白胡子慢条斯理地说："白为素，素为净，净为纯，纯为真。夫子披麻戴孝是要表示他对母亲的一片至纯至真的孝心。他手里的柳木棍叫哭丧棍，是表示父母死后，失去依靠，自己连行走都不方便了，只得拄棍子了。你们看到夫子的鞋后跟没提上，那也有个讲究，是说父母的丧事是天下第一要紧的事，急得连鞋跟也顾不上提呢！"

人们觉得老者说得很有道理，于是，孔子披麻戴孝、拄柳木棍子、趿拉鞋子为母亲送葬成了淮阳一带人们效法的对象，并越传越远。久之，都固定为不可更改的殡葬礼仪，一直流传至今。

问题：

1. 中国古代崇尚丧葬风气的产生与盛行，其思想渊源是什么？
2. 你家乡有哪些丧葬习俗？

专题欣赏

【丧葬制度】

五服

"五服"制度是中国礼治中为死去的亲属服丧的制度。它规定，血缘关系亲疏不同的亲属间，服丧的服制不同，据此把亲属分为五等，由亲至疏依次是：斩衰、齐衰、大功、小功、缌麻。封建服制把亲属分为五等：斩衰亲，服丧三年，着不缝边的极粗生麻布丧服；齐衰亲，服丧一年或一年以下，着缝边的次等生粗麻布丧服；大功亲，服丧九个月，着粗熟麻布丧服；小功亲，服丧五个月，着稍粗布丧服；缌麻亲，服丧三个月，着细熟布丧服。

西晋定律第一次把"五服"制度纳入法典之中，作为判断是否构成犯罪及衡量罪行轻重的标准，这就是"准五服以制罪"原则，它不仅适用于亲属间相互侵犯、伤害的情形，也用于确定赡养、继承等民事权利义务关系。

赏析

中国古代的丧葬制度包括埋葬制度和居丧制度，居丧制度还可分为丧礼制度和丧服制度。无论是埋葬制度还是丧礼制度、丧服制度，都具有等级分明、形式繁缛这两个显著的特点。丧葬制度与宗法制度密切相关，其中许多内容由国家法典规定，还有许多内容在民间相沿成俗，反映了宗法社会中人们的伦理思想和宗教观念，是古代文化的重要组成部分。

【埋葬习俗】

砖室墓

三国时乌程人吴逵家中父母兄嫂等 13 口人，在灾荒之年饿病而死。他和妻子九死一生侥幸存活，而家徒四壁已成赤贫。吴逵夫妻白天给人当雇工，晚上伐木烧砖。经过一年的辛苦，终于修筑了多座砖室墓，埋葬全部亲属。

赏析

原始社会初期，人们并没有丧葬意识，那时，死者的尸体被弃于原野和山谷，而“他日过之，狐狸食之，蝇蚋嘬之，其颡有泚，睨而不视”。进入氏族社会以后，血亲关系相对明确，人们经常梦见死去的亲人仍在生产和生活，于是人们相信人死后灵魂不会死，会到另一个世界去生活，而且具有生人不具备的神秘力量。于是人们逐渐形成对死人的崇拜，开始有意识地埋葬亲人并对尸体加以保护，丧葬习俗由此产生。母系氏族初期，人们一般把自己居住的山洞深处作为公共墓室，以土覆盖尸体，在尸体上撒上赤铁矿粉屑，并以工具及简单装饰品作为随葬品。随着生产工具的进步，到了新石器时代，掘地土葬逐渐成为普遍的葬法。

据文献记载，中原地区的土丘坟出现于春秋时期，孔子的葬地就是土丘坟。土丘坟一经出现便很快流行起来，而且坟头的高低、大小，种树的多少、随葬品的多少成为死者生前身份的一种标志。

【丧礼习俗】

招魂

民间传说人有三魂七魄，是人的本命精神所在，人的灵魂平时附于人体，当人受到意外惊吓后，其灵魂就会离体旁落，难以回归，导致萎靡不振，精神恍惚，甚至卧床不起，这就是“掉魂”。对“掉魂”者救治的唯一办法是招魂，也称为“喊魂”或“叫魂”。过去在我国乡村常见的一种招魂方式是：死人出殡以前，由死者的一位亲人站到房顶上高呼几声死者的名字，把他走掉的魂召唤回来，以免回不了家而变成野鬼。

赏析

丧礼指殡殓死者、举办丧事、居丧祭奠等的种种礼节仪式。古人把办理亲人，特别是父母的丧事看作极为重要的大事，形成了一套严格的丧礼制度。同样是死，不同身份等级的人，叫法上截然不同。《礼记·曲礼下》：“天子曰崩，诸侯曰薨，大夫曰卒，士曰不禄，庶人曰死。”丧礼的差别更大，总的说来有五六十种，非常复杂。主要分为初终、入殓、下葬三步：

初终：古代讲究“寿终正寝”、“善终”，所以将死之人要居于正室。死者亲属要守在周围，“属纩以俟绝气”。“纩”是质地很轻的丝绵新絮，用以放在临终者口鼻上察验是否还有呼吸。如确已断气，则由家人拿着死者衣服，朝着幽冥世界所在的北方，高呼死者的名氏，呼唤死者回来，叫“复”，俗称“招魂”，意为挽回死者作最后的努力。“复”后，再验纩，确已断气，则开始哭丧。向死者上级、亲友报知死讯叫“报丧”，后世则以讣告形式发出。亲友闻讯前来吊唁，并赠送死者衣被，称“致禭”，死者家属要陪哭，并跪拜答谢。在堂前西阶树一旗幡，上书“某某之柩”，目的是让人知道死者是谁，叫“铭旌”，旗幡长短标明死者身份。用烧热的洗米水为死者洁身，并为死者修剪头发、指（趾）甲，叫“沐浴”。沐浴之后，要在死者口中放入珠、玉、米、贝等物，称“饭含”。在堂前庭中设一块木牌，暂时代替神主，叫“设重”。晚上在堂上和庭中燃烛，称“设燎”，以便于死者亡灵享用供品。

入殓：入殓分小殓和大殓。小殓是指为死者穿上入棺的寿衣，清代一、二品官员殓衾用绛色，三、四品用黑色，五品用青色，六品用绀（深青透红）色，七品用灰色。民间殓衣多用绸子，以福佑后代多子多孙，忌用缎子，因其谐音“段子”，恐致“断子绝孙”。大殓指死者入棺仪式，一般在小殓次日举行。入棺前要为死者着衣祭奠，小殓时着常衣，大殓时着官服，女子则凤冠霞帔。民间习俗，要在棺底铺上一层谷草，然后再铺一层黄纸，乞求死者灵魂能够高高地升入天堂。盖棺时儿女应在场，如死者为女子，要等娘家人与之告别后方可盖棺。盖棺之后，再次祭奠。已盛尸之棺称“柩”，停柩称“殡”。此后，死者家属分别按血缘关系的远近穿着不同等级的丧服，叫“成服”。

下葬：指埋葬死者的礼仪。《礼记》载：“天子七日而殡，七月而葬；诸侯五日而殡，五月而葬；大夫、士、庶人三日而殡，三月而葬。”秦汉以后，平民三、五天后就下葬。墓地是死者的最终归宿，墓地的选择是埋葬死者的头等大事。墓地要选在地势宽广、山清水秀的地方，以使死者安息地下，庇佑子孙。下葬前一天，先举行“迁柩”仪式，即把灵柩迁入祖庙停放。第二天，灵车启行，前往墓地，叫“发引”，后世称“出殡”。出丧队伍经过之处，亲友可设“路祭”——搭棚祭奠。灵柩到达墓地后，先行祭奠，灵柩推进墓穴，安放平稳后，主人及亲属痛哭，并抓起泥土扔向灵柩上，叫做“添土”。最后，筑土成坟。西汉以后，受佛教的影响，又有“做七”和“百日”的习俗，每逢七天一祭，以“五七”为重。至100天，家人再次对死者进行祭奠。至此，丧礼基本结束。

【丧葬习俗】

裸葬

《汉书·杨王孙传》具体记载了其行裸葬的全部过程。杨王孙为西汉城固（今属陕西）人，生活在汉武帝时，是个无神论者。当时，社会上盛行厚葬，上自皇帝，下至庶民，都不惜“费财厚葬”，耗费了大量劳力资财。杨王孙痛恨至极，决心死后从我做，以“裸葬”的形式矫正时俗。及他重病之际留下遗嘱，要儿子在他死后用布囊盛其尸体，置于七尺深的土中，然后将布囊徐徐去掉，使其身体最终裸葬，此即杨公孙提出的“裸葬”方式。

对此，他的儿子很为难，便把此事告诉了父亲的好友祁侯，祁侯写信给杨王孙，说假如人死后有灵魂的话，他实行“裸葬”是“戳尸地下”，将要光着身子去见列祖列宗，这将成何体统，且时下所行葬式，乃“圣人之遗制”，又何必要独自标新立异？杨王孙回信说，时下葬式很费钱财，且世上根本没有什么鬼魂，“死者不知，生者不得”，岂非太愚蠢?遂行“裸葬”。

赏析

葬法是指遗体安葬的方法，如土葬、火葬、水葬、天葬、崖葬等。

（1）土葬。自鬼灵观念产生以后，人们认为人死后灵魂不灭，在另一世界也像活人一样生活，于是产生了保护尸体的想法。但究竟采用怎样的形式来处理死者，则与该地区的自然环境、生产形式、生活习惯、宗教信仰和意识形态有关。土葬是我国古代的主要葬式，也是中原地区汉民族最标准的葬式。在中原的广大地区，土壤肥沃，人民世代以农业为主，以土地为生命之本。因此人死后葬于土中，则是使灵魂得到安息的最好办法，所谓“入土为安”便成为汉族人民的信念。既符合其生活习惯，又能照顾到慎终追远的伦理情感。土葬反映出等级社会中因身份不同而规格不同的情况，如帝王的陵寝往往要倾其国力，使墓体雄伟，并附有墓碑、石人、石兽、华表等建筑，而下层人民则往往较简单。

（2）火葬。火葬也称“火化”，即用火焚化死者遗体的丧葬形式。这种形式也有悠久的历史，主要盛行于少数民族中。先秦时，庄子、墨子、荀子在其著作中都曾记载古代少数民族奉行火葬的情形。但汉族却视为异端，如战国时燕军围攻齐国即墨，掘其冢墓火烧死尸，齐人“望见皆涕泣”。汉代以后佛法东移，而古印度是火葬最盛行之地，故也传入到我国汉族地区。先是高僧死去后“依外国法，以火焚尸”，其后渐为民间信佛者奉行。唐、宋时民间已很流行。宋太祖建隆三年（962 年），下诏严禁火葬，但因此式较为简便，遭到一些人的反对。尤其是南宋后因江南人多地少，商品经济发展，动摇了人们“安土重迁”的观念，火葬更是“相习成风，势难遽革”。明、清政府虽对此视为丧伦灭理的行为屡加禁止，但实际上却一直盛行着。如《红楼梦》中的晴雯死后，即是被拉到“化人厂”焚化的。在我国西北、西南高原地区居住的一些少数民族，更是从古至今沿袭此式。

（3）水葬。水葬即将死者投入水中任其沉浮漂流的一种葬式，主要流行于我国古代南方一些少数民族中。奉行此式的民族，一般都生活在深谷大河之畔，以水为生，以鱼为食。他们视江河为生命的源泉与归宿，并往往流传着与水神有关的美丽传说。《南史·扶南国传》载该地四种葬式中，第一种即“水葬则投之江流”。康藏古俗也有此葬法。一般人死后先由喇嘛诵经，然后投入河中。在东南沿海，也有置棺于海滩，利用涨潮冲入大海实行水葬的，这种葬法多为渔民。后来水葬之俗影响到内地，有些地方往往将乞丐、疯子及恶疾等死者投入河中。此式对河水污染很大，妨害饮用，故各朝代都颁布法令，力革其俗，渐不被采用。

（4）天葬。天葬又称露天葬或鸟葬，是我国历史上一些少数民族奉行的葬式。在藏族地区其仪式是：人死后覆以衣被，献以酥油，延请喇嘛念经超度、烧糌粑，出殡时用马驮尸至喇嘛寺，将尸体置于专设的天葬台上以饲鹫鹰，以被食尽为吉祥，称为“归天”。古代南方的扶南国，也把鸟葬作为四种葬式之一。行鸟葬的民族多以游猎山地为生，其神话传说也往往与猛禽大鸟有关。蒙古族，尤其是西部牧区，鸟葬也极普遍。其习俗是：人死后将尸体放在木轮车上拉着快跑，直到掉落到荒野让野兽或老鹰吃掉为止，认为这样死者的灵魂可升入天堂。

（5）崖葬（悬棺葬）。其葬法是利用天然岩缝或以人工木桩把棺木悬置在悬崖峭壁上，或将棺木放在天然或人工凿成的岩洞中。其葬地多选在面临江河的绝壁高岩。其葬具除一般棺材外，抑或用船棺。悬棺葬在南方地区分布甚广，两湖、赣、皖、浙、闽、台、两广、黔、滇、川及陕等都有此俗，其中以福建年代最为久远，大约在夏代之前，距今已有3 000多年。实行悬棺葬者主要是越人、濮人和僚人，都有着血缘关系，故葬式也十分相近。此葬之俗从春秋至明代一直实行，随着迁徙，范围渐广。由于年代久远遗留下来的悬棺已不多见，只在武夷山的千仞绝壁上还能看到一处虹桥板。悬棺遗迹最多的是四川珙县麻糖坝。这种丧葬礼制的产生和形成，是与当地人民的灵魂信仰、祖先崇拜分不开的。采用悬棺安葬死者，是为了保护好死者，使他不受侵犯。把死者悬葬在临江河的绝壁上，可以使死者继续用他的智慧和权威，保护和监视他的子孙和臣民。

知识链接

丧葬习俗禁忌

死亡是自然规律，然而人们却极力回避，原因是死亡毕竟是凶祸灾难，对人们来说接触甚或听说死亡之事都是不吉利的。《礼记·曲礼》载："天子死曰崩，诸侯曰薨，大夫曰卒，士曰不禄，庶人曰死。"这里既有等级观念，又有对死字的避忌，只有平民百姓例外。后世庶民百姓也讳言死，把死称为卒、没、下世、谢世、逝世、老了、走了等。

人死的时候有诸多禁忌。白族忌讳老人死时跟前无亲人，认为老人死在亲人怀里是报答养育之恩的最后机会，俗称"接气"。汉族也忌讳人死时身旁无亲人，认为这样死去，灵魂不得安宁。河南一带，有"断气不抽毡，来世难转人"的说法。人将断气时，要马上把毛毡抽掉，不然死者会转生为马、牛、羊等带毛的兽类。忌死在原来的房间里，认为"隔梁断气"不吉利，出殡时，要买一只活公鸡随棺木一齐抬出，方可破凶。满族忌讳在西炕和北炕上死人，因为北炕为大，西炕为贵，在此死人不吉利，人将去世时，都要移到南炕上。死亡的时间，民间也有禁忌，中原一带最忌死在正月初一至正月十七日内，俗称死于大年下。

人死后，要为死者穿寿衣，东北、京津地区忌讳让死者光身而去，必须在死者断气前穿好殓衣。寿衣讲究单数，一般是五、七、九件不等，忌双数，怕凶祸再次降临。寿衣忌用缎子，因为"缎子"和"断子"谐音，多用绸子，因为"绸子"和"稠子"音同，要福佑后代多子多孙。寿衣也不能用皮毛制作，怕来世转为兽类。棺材，汉族多以松柏材料，禁用柳木。松柏象征长寿，柳树不结籽，以为会绝后。棺材做好后忌移动，据说随便移动对本人不利。入殓前，亲人到齐后要给死者蒙上盖脸纸。入殓时盖脸纸不能用手揭，只能用扇子扇掉。入殓后，忌雨打棺木，俗谚有"雨打棺材盖，子孙没有被褥盖"。如果是在下葬之后下起了雨，则为吉兆，豫北有"雨打墓，辈辈富"的说法。另外，入殓前后忌猫、狗接近尸体，认为会诈尸。

家中死人，孝子报丧，报丧时不能进屋，要在室外行跪礼。中原地区，孝子报丧，无论长幼辈，见面均磕头，俗语有"孝子头，满街流"。北方民间举丧期，非丧事不谈，面垢禁洗。女忌脂粉，男忌剃头。吊丧时，亲友往往送礼。丧家收礼时要回礼，一般的习俗是送礼忌双，回礼忌单。

古代有三日而殓，三月面葬之说。三日而殓的原因是等候死者复生，如果三日不生还，说明死者已亡。三月而葬实际上不可行，所以后世安葬死者多在三日、七日，忌双日子。台湾、南方地区有忌七日下葬的，因为七日被称为鬼日，鬼魂要到人世上来讨食，为避鬼煞，忌七日下葬。

墓地的选择自古以来都十分讲究。晋代的《葬经》说左青龙、右白虎、前朱雀、后玄武是最好的墓地。墓地应选自然环境壮美之地，忌环境崎岖古怪、歪斜险峻。

民间常常把丧事视为凶事，而丧眷也带有不祥之义，因此有诸多禁忌。服孝期间不走亲戚，不访友，不集会，不拜年，尤其不能到病人家去，以免给他人带来不幸。

拓展与训练

一、思考题

1. 中国古代的殡葬文化有哪些可取之处?
2. 简述中国古代厚葬习俗的兴盛与衰弱。

二、训练题

1. 少数民族有哪些丧葬习俗?
2. 简述农历七月十五“鬼节”来历。
3. 墓志铭、功德碑、墓碑等常用碑文的写作，你熟悉吗?
4. 佩戴黑纱是为什么?
5. 在哪些日子祭拜先人?

主要参考文献

1. 程裕祯．中国文化要略．北京：外语教学与研究出版社，2003.
2. 陶嘉炜编著．中国文化概要．北京：北京大学出版社，2009.
3. 朱光潜．朱光潜谈美．北京：金城出版社，2006.
4. 杨辛，甘霖．美学原理．北京：北京大学出版社，2004.
5. 宗白华．美学散步．上海：上海人民出版社，1999.
6. 金家翔编绘．中国古代乐器百图．合肥：安徽美术出版社，1994.
7. 王晓鹃，肖金兰编著．大学生人文修养读本．兰州：甘肃人民出版社，2006.
8. 李双芹主编．人文艺术欣赏．北京：北京大学出版社，2009.
9. 易涤尘主编．大学生人文素质修养．上海：上海交通大学出版社，2012.
10. 车辉主编．大学生人文素质修养．北京：化学工业出版社，2009.

图书在版编目（CIP）数据

人文艺术欣赏/肖育发，上官云，黄鹭璐主编．—北京：中国人民大学出版社，2014.7
21世纪职业教育规划教材
ISBN 978-7-300-19724-1

Ⅰ.①人… Ⅱ.①肖… ②上… ③黄… Ⅲ.①人文素质教育-中等专业学校-教材 Ⅳ.①G40-012

中国版本图书馆CIP数据核字（2014）第155432号

21世纪职业教育规划教材
人文艺术欣赏
主　审　庄铭星
主　编　肖育发　上官云　黄鹭璐
副主编　李雪莲　李　伟

出版发行	中国人民大学出版社		
社　　址	北京中关村大街31号	**邮政编码**	100080
电　　话	010－62511242（总编室）		010－62511770（质管部）
	010－82501766（邮购部）		010－62514148（门市部）
	010－62515195（发行公司）		010－62515275（盗版举报）
网　　址	http://www.crup.com.cn		
经　　销	新华书店		
印　　刷	北京宏伟双华印刷有限公司		
开　　本	787 mm×1092 mm　1/16	**版　　次**	2014年8月第1版
印　　张	16.5	**印　　次**	2024年8月第10次印刷
字　　数	386 000	**定　　价**	39.00元